国家职业教育铁道机车专业教学资源库配套教材
职业教育·铁道运输类专业教材

Dianli Jiche Zongti ji Zouxingbu
电力机车总体及走行部

（第 3 版）

江利国　主　编
李　丹　副主编
廖永衡　主　审

人民交通出版社股份有限公司
北京

PREFACE 第3版前言

本教材贯彻《国家职业教育改革实施方案》(以下简称"职教二十条")中的职教精神,依据教育部最近颁布的《高等职业学校铁道机车专业教学标准》和全国铁道职业教育教学指导委员会最新制定的《高等职业学校铁道机车专业建设指导标准》进行修订。教材内容对接国家铁路机务部门的生产实际,引用了电力机车(动力车)整备和检修的操作流程、技术标准、工艺规范及故障案例,参考铁路特有工种(电力机车司机、电力机车钳工、机车整备工、机车检查保养员)技能培训规范,更具针对性,符合铁路机车运用、整备、检修岗位人才培养的需求。

本次修订具有以下几方面的特点:

(1) 内容先进。前面两个版本选取的3种主讲机型为韶山系列直流传动电力机车的 SS_{9G} 型与和谐系列交流传动电力机车的 HXD_{1D} 型、HXD_3 型。在本次修订中,增选时速160km动力集中电动车组的 FXD_3 型动力车型为主讲机型,体现了大功率交流传动的世界顶尖技术。

(2) 充分融入课程思政。遵循技术技能人才成长规律,知识传授与技术技能培养并重,强化学生职业素养养成和专业技术积累,将专业精神、职业精神和工匠精神融入教材内容。因此,本教材强调机车驾驶、整备和检修人员应树立正确的人生观、价值观、职业观,培养敬业爱岗、遵章守纪、乐于奉献的职业道德,养成精检细修、严守操作规程的工匠精神。

(3) 突出"学"与"练"的结合。教材采用模块—项目—任务的架构来编写,将实际检修、整备工作任务转化为学习型任务,并将相关的检修理论作为知识拓展贯穿于各模块的学习任务之中。除实作技能项目外,每个项目都附有能覆盖该项目教学内容的"复习思考题",通过"复习思考题"的练习来巩固本模块所学的理论知识;另外,每个模块都相应安排有"实训任务",通过实训操作来培养职业素养和提高职业能力。

(4) 数字化资源建设。本教材作为"国家职业教育铁道机车专业教学资源库"中"电力机车总体及走行部"课程的配套教材,在智慧职教平台提供电子课件、微课视频、动画等整体信息化教学资源(相关资源请扫描二维码)。教材还以二维码的形式嵌入相关知识链接、视频和动画,实现教材的立体化,方便读者理解相关知识,以便更深入地学习。使用本教材的师生均可利用上述资源在智慧职教云课堂在线教学、学习,实现翻转课堂与混合式教学。

专业教学
资源库网址

(5) 与本教材配套使用的还有《电力机车总体及走行部学习任务工单》和《铁道机车专业技能实训指导书》两本辅助教材,可引导学生更有效地学习书本知识和掌握操作技能。

本教材由湖南铁路科技职业技术学院江利国担任主编,湖南铁道职业技术学院李丹担任副主编,中国铁路广州局集团有限公司机务部廖永衡担任主审。具体编写分工如下:绪论、模块1的项目1至项目4、模块2的项目5至项目7由湖南铁路科技职业技术学院江利国编写,模块2的项目8由湖南铁道职业技术学院李丹编写,模块2的项目9由湖南铁道职业技术学院汪科编写,模块2的项目10由柳州铁道职业技术学院谢小宁编写,模块3的项目11由广州铁路职业技术学院陆超编写、模块3的项目12由湖南高速铁路职业技术学院黎章文编写,模块3的项目13由中国铁路上海局集团有限公司上海机务段徐华伟编写。全书由湖南铁路科技职业技术学院江利国统稿。

在本教材的编写过程中,参考并吸收了电力机车(动力车)主机(制造)厂的技术资料和相关文件,还得到了中国铁路广州局集团有限公司、中国铁路上海局集团有限公司等路局单位机务部门有关现场技术专家的大力支持与指导,在此一并致谢!

由于编者对和谐型电力机车的资料收集不全,再加之理解上的偏差,书中难免存有纰漏,敬请参阅者给予批评指正,不甚感谢!

编　者
2021年6月

目 录

绪论 1

模块1　电力机车车体 7
项目1　车体结构与设备布置 7
　　任务1.1　车体结构认知 9
　　任务1.2　车体设备布置认知 25
　　复习思考题 47
项目2　通风冷却与空气管路 48
　　任务2.1　通风冷却系统认知 49
　　任务2.2　空气管路系统认知 63
　　复习思考题 82
项目3　车体检修与车钩缓冲装置 84
　　任务3.1　车体及其附件检修 89
　　任务3.2　车钩缓冲装置检修 94
　　复习思考题 120
项目4　车体实作技能训练 121
　　任务4.1　司机室内检查 121
　　任务4.2　车钩检查与测量 123

模块2　电力机车转向架 129
项目5　转向架组成与解体 129
　　任务5.1　转向架结构认知 130
　　任务5.2　转向架解体 135
　　复习思考题 138
项目6　构架及附属装置 139
　　任务6.1　构架检修 140
　　任务6.2　附属装置认知 145
　　复习思考题 154
项目7　弹性悬挂装置 155
　　任务7.1　轴箱检修 156
　　任务7.2　Ⅰ系悬挂部件检修 168
　　任务7.3　Ⅱ系悬挂装置检修 178

复习思考题 ··· 186

项目 8　轮对驱动装置 ··· 187
　　任务 8.1　轮对检修 ··· 194
　　任务 8.2　电机悬挂装置检修 ··· 208
　　任务 8.3　驱动单元检修 ··· 216
　　复习思考题 ··· 233

项目 9　牵引制动装置 ··· 234
　　任务 9.1　牵引杆装置检修 ··· 236
　　任务 9.2　基础制动装置检修 ··· 248
　　复习思考题 ··· 267

项目 10　转向架实作技能训练 ··· 269
　　任务 10.1　走行部周边检查 ··· 269
　　任务 10.2　单元制动器闸瓦更换 ··· 276

模块 3　组装调试与运用维保 ··· 280

项目 11　机车组装调试 ··· 280
　　任务 11.1　技术参数认知 ··· 281
　　任务 11.2　总组装与调试 ··· 286
　　复习思考题 ··· 294

项目 12　机车运用维保 ··· 295
　　任务 12.1　运用整备作业 ··· 296
　　任务 12.2　整备检查范围 ··· 303
　　任务 12.3　运用维护保养 ··· 316
　　复习思考题 ··· 332

项目 13　机车实作技能训练 ··· 333
　　任务 13.1　车顶受电弓检查 ··· 333
　　任务 13.2　走行部地沟检查 ··· 339

参考文献 ··· 345

绪 论

一、我国电力机车的发展概况

我国电气化铁路从 1958 年开始筹建,电力机车的研究也同时起步。经过 60 多年的发展,已形成了从 $SS_1 \sim SS_9$ 型 4、6、8、12 轴的韶山系列(记作"SS",下同)交-直流传动电力机车型谱。2006 年以后,SS 系列电力机车已全部停产,仅有部分机车继续投入运营,其余均下线封存或等待报废。与此同时,交流传动电力机车的研制也取得了快速发展,从 SSJ_3、DJ 等早期机型发展到统一定名后的和谐型,已形成了 HXD_1(HXD_{1B}、HXD_{1C}、HXD_{1D}、HXD_{1F}、HXD_{1G})、HXD_2(HXD_{2B}、HXD_{2C}、HXD_{2F})、HXD_3(HXD_{3B}、HXD_{3C}、HXD_{3D}、HXD_{3G})的和谐系列(记作"HXD",下同)大功率交-直-交流传动电力机车型谱,产量累计已超过 10000 台,占据整个电力机车保有量的七成以上。2016—2017 年,以 HXD_{1G}、HXD_{3G} 型 8 轴交流传动客运电力机车为技术基础,用于中国普速线路及客运专线旅客运输的时速 160km 动力集中动车组动力车(记作"FXD",下同)完成样车试制、列车组编、调试试验。至此,覆盖多速度等级、多轴列式的客货运电力机车平台已基本完成,实现了从有级调速到无级调速、从电子模拟控制到数字计算机网络控制、从直流传动到交流传动的三次技术飞跃,使我国牵引动力技术水平进入了一个崭新的时代,达到世界先进水平。此外,国外机型的引进以及对国际先进技术的消化、吸收和再创新,对我国电力机车的生产研制起到了巨大的推动作用。

(1)起步期:从 1958 年到 20 世纪 70 年代末,代表机型 SS_1、SS_2,有级调压调速。到 $SS_1$0221 号机车,SS_1 型已基本定型并大批量生产,至 1988 年停产时,共制造出了 826 台。1969 年 SS_2 型电力机车研制出试验车。

(2)成长期:从 20 世纪 70 年代末到 20 世纪 80 年代末,代表机型 SS_3、SS_4 型,有级与无级相结合的调压调速。SS_3 型干线客货两用机车,1978 年设计试制,1989 年开始批量生产。SS_4 型两节 8 轴干线货运机车,1985 年设计试制,功率 6400kW。

(3)成熟期:从 20 世纪 90 年代中期到 21 世纪初,SS_{3B}、SS_{4G}、SS_5、SS_6、SS_{6B}、SS_7、SS_{7C}、SS_{7D}、SS_{7E}、SS_8、SS_9 型电力机车相继投产,多段桥晶闸管相控无级调压调速。

(4)飞速发展期:该阶段始于 2004 年。我国"十一五"计划确立了大力发展轨道交通的宏伟蓝图,拉开了铁路建设的序幕,大力扩展路网规模和提高机车车辆技术装备水平的发展战略为牵引动力迎来了又一次飞速发展的黄金时期,使我国牵引动力和载运工具进入了升级换代阶段。在这一阶段,积极发展交流传动技术,逐步完成由直流传动向交流传动的过渡。

二、SS 系列直流传动电力机车简表

SS 系列直流传动电力机车简表见表 0-1。

SS 系列直流传动电力机车简表　　　　　表 0-1

型号	轴列式	功率（kW）	速度（km/h）	调压方式	电机悬挂方式	电机电压（V）	首台出厂年份	备注
SS_1	C_0-C_0	3780	90	低压侧调压开关，中抽式全波整流	抱轴式半悬挂	1500	1968	电阻制动
SS_3	C_0-C_0	4320	100	低压侧调压开关，级间相控调压		1550	1978	电阻制动
SS_{3B}	$2(C_0-C_0)$	8640	100			1550	2002	加馈
SS_4	$2(B_0-B_0)$	6400	100	不等分三段桥相控		1020	1985	电阻制动
SS_{4G}	$2(B_0-B_0)$	6400	100			1020	1993	功补、加馈
SS_{4B}	$2(B_0-B_0)$	6400	100			1020	1995	功补、加馈
SS_6	C_0-C_0	4800	100	二段桥相控		1570	1991	功补、加馈
SS_{6B}	C_0-C_0	4800	100	不等分三段桥相控		1020	1994	功补、加馈
SS_7	$B_0-B_0-B_0$	4800	100	二段桥相控		925	1992	功补、再生
SS_{7C}	$B_0-B_0-B_0$	4800	120	二段桥/不等分三段桥相控		905	1998	再生、加馈
SS_{7E}	C_0-C_0	4800	170	不等分三段桥相控	架悬式全悬挂	1030	2001	复励、加馈
SS_8	B_0-B_0	3600	170			1000	1994	加馈
SS_{9G}	C_0-C_0	4800	170			1080	2003	加馈

三、SS_{9G} 型电力机车

韶山 9 改进型电力机车是一种用于牵引 160km/h 准高速旅客列车的 6 轴 4800kW 干线客运电力机车，能满足长距离区间、长大坡道上牵引大编组旅客列车运行的运输需要。SS_9 型 0001～0043 号电力机车按原铁道部科技研究开发计划项目的要求而研制，2002 年，株洲电力机车有限公司针对首批 SS_9 型电力机车存在的问题，按照"模块化、标准化、系列化"的原则，从 SS_9 型 0044 号机车开始进行重大设计改进，保持主要技术参数和牵引制动特性不变，吸收原 SS 系列直流传动机车和早期交流传动机车的成熟经验和技术，研制开发出一种新型的机车设备布置平台。采用独立通风系统、中央走廊设备布置方式以及流线型车体外观设计，并进行大批量生产，先后在哈大线、秦沈快速客运专线、京广线投入运营，成为当时国内 160km/h 准高速主型机车，担当铁路提速旅客列车的牵引重任。

除特别注明外，本书所涉及的韶山 9 型机车均指从 0044 号机车开始的改进型机车，记作"SS_{9G}"。其主要技术特点如下：

(1) 轮对空心轴六连杆弹性传动系统和牵引电机架承式全悬挂三轴转向架的研制，可确

保机车运行的安全性和平稳性。

(2) 采用 8668kV·A 大容量牵引变压器,实现了 6 轴电力机车主变压器与平波电抗器及滤波电抗器的一体化。

(3) 采用逻辑控制单元(LCU)及微机控制系统,使机车控制系统具有控制、诊断、监测功能,并可方便地改变软件,满足机车控制要求,实现了机车牵引、制动的恒流准恒速特性控制,并具备了防空转/防滑行保护控制、轴重转移补偿控制、列车安全监控等功能。

(4) 车体及辅机系统采用轻量化设计,最大限度地减轻了车体质量。

(5) 机车外观采用圆弧微流线型设计及整体承载式全钢焊接结构,满足了空气动力学要求。

(6) 机车空气制动系统在 DK-1 型电空制动机的基础上,增加了机车电制动与列车制动联合制动的功能、列车平稳操纵功能及列车电空制动功能;向列车实行双管制供风。

(7) 采用 DC600V 列车供电装置。

四、HXD 系列交流传动电力机车简表

HXD 系列交流传动电力机车简表见表 0-2。

HXD 系列交流传动电力机车简表　　　　　表 0-2

型号	轴列式	功率(kW)	速度(km/h)	电机悬挂方式	首台出厂年份	备注
HXD_1	$2(B_0-B_0)$	9600	120	抱轴式半悬挂	2006	货运型
HXD_{1B}	C_0-C_0	9600	120	抱轴式半悬挂	2009	货运型
HXD_{1C}	C_0-C_0	7200	120	抱轴式半悬挂	2009	货运型
HXD_{1D}	C_0-C_0	7200	160	架悬式全悬挂	2012	准高速客运
HXD_{1G}	$2(B_0-B_0)$	11200	160	架悬式全悬挂	2015	准高速客运
HXD_{1F}	$2(B_0-B_0)$	9600	100	抱轴式半悬挂	2013	重载货运型
HXD_2	$2(B_0-B_0)$	9600	120	抱轴式半悬挂	2007	货运型
HXD_{2B}	C_0-C_0	9600	120	抱轴式半悬挂	2009	货运型
HXD_{2C}	C_0-C_0	7200	120	抱轴式半悬挂	2010	货运型
HXD_{2F}	$2(B_0-B_0)$	9600	100	抱轴式半悬挂	2013	重载货运型
HXD_3	C_0-C_0	7200	120	抱轴式半悬挂	2004	货运型
HXD_{3B}	C_0-C_0	9600	120	抱轴式半悬挂	2009	货运型
HXD_{3C}	C_0-C_0	7200	120	抱轴式半悬挂	2010	客货型
HXD_{3D}	C_0-C_0	7200	160	架悬式全悬挂	2012	准高速客运
HXD_{3G}	$2(B_0-B_0)$	11200	160	架悬式全悬挂	2016	准高速客运

五、HXD_3 型电力机车

HXD_3 型电力机车是大连机车车辆有限公司与日本东芝公司合作生产的新一代大功率交流传动电力机车,是我国第六次铁路大提速以来的主力货运机型。因采用当时最先进的交流传动技术、计算机控制和轮盘制动等十多项先进技术,单机在铁路Ⅰ级线路上可牵引

5000t,最高时速可达 120km。自 2007 年 4 月起投入使用,主要用于京沪线、京广线等主要干线铁路和重要运煤通道。其主要技术特点如下:

(1)轴列式为 $C_0—C_0$,电传动系统为交-直-交流传动,采用 IGBT(绝缘栅双极型晶体管)水冷变流机组,1250kW 大转矩异步牵引电动机,具有起动(持续)牵引力大、恒功率速度范围宽、黏着性能好、功率因数高等特点。

(2)辅助电气系统采用 2 组辅助变流器,能分别提供 VVVF(变压变频)和 CVCF(恒压恒频)三相辅助电源,对辅助机组进行分类供电。

(3)采用微机网络控制系统,实现了逻辑控制、自诊断功能,而且实现了机车的网络重联功能。

(4)总体设计采用高度集成化、模块化的设计思路,电气屏柜和各辅助机组斜对称布置。

(5)转向架采用滚动抱轴承半悬挂结构,Ⅱ系悬挂采用高圆螺旋弹簧;采用整体轴箱、推挽式低位牵引杆等技术。

(6)采用下悬式安装方式的一体化多绕组(全去耦)主变压器,具有高阻抗、质量轻等特点,并采用强迫导向油循环风冷技术。

(7)采用独立通风冷却技术。

(8)空气制动系统采用了集成化气路,具有空电制动功能;采用新型颗粒式空气干燥器,有利于压缩空气的干燥,减少制动系统阀件的故障率;机械制动采用轮盘制动。

六、HXD_{1D} 型电力机车

HXD_{1D} 型电力机车是株洲电力机车有限公司生产的大功率 6 轴干线准高速客运机车,机车持续功率 7200kW,轴重 21t,最高运行速度 160km/h。其主要技术特点如下:

(1)车体采用整体承载式结构及模块化设计,由钢板及钢板压型件组焊成全钢焊接结构,车头采用流线型设计,以减少运行时的空气阻力。车内设备以两侧屏柜化、平面斜对称布置,中间贯通走廊,通道左右两侧设有主变流柜、冷却塔、列车供电柜、空气压缩机等设备。机车采用预布线和预布管设计,两端各设一个司机室。

(2)采用车体独立通风方式,从侧墙上部进风百叶窗吸入冷风,给发热部件冷却后从车底排出,并维持机械间呈微正压,改善机车防尘效果及防寒性能。机车采用电子控制的空气制动系统,具有重联控制功能,可实现两台机车的重联控制。

(3)轴列式为 $C_0—C_0$,构架为箱形梁焊接结构,Ⅰ系悬挂采用单拉杆轴箱定位+螺旋弹簧方式,Ⅱ系悬挂采用高圆螺旋弹簧+橡胶垫结构,驱动系统采用弹性架悬方式,牵引杆装置采用低位推挽牵引,基础制动采用轮盘制动。

(4)机车主电路采用 IGBT 模块(3300V/1200A)组成四象限整流器和逆变器,车顶设有两台 TSG15B 型单臂受电弓,主变压器采用卧式悬挂结构,与总风缸共同吊装于车体底架中部,大功率异步牵引电机采用轴控技术。

(5)机车辅助电路采用辅助逆变器(集成在主逆变器中)供电方式,辅助回路供电分为 CVCF 与 VVVF 两个回路,具有冗余功能,可实现在过分相时辅助回路不间断供电功能。

(6)采用成熟的微机网络控制系统,实现网络化、模块化,使机车控制系统具有控制、诊断、监测、传输、显示和存储功能,控制网络符合 IEC 61375 标准要求。

(7) 机车上设有由中央处理平台 CPP(central processing platform)和六个子系统组成的车载安全防护系统,简称 6A 系统。六个子系统分别为空气制动安全监测(air brake safety monitoring and data record system,ABDR)、防火监控(fire alarm and data record system,AFDR)、车顶高压绝缘检测(anti-ground detection system for resistance of high voltage equipment,AGDR)、列车供电监测(appliances train power diagnosis and record system,APDR)、走行部故障监测(advanced truck defect diagnosis and record system,ATDR)、自动视频监控及记录(automatic video display and record system,AVDR)。6A 系统是针对机车运行过程中危及行车安全的重要事项、重点部件和部位,在已有技术成熟、批量应用的各机车安全设备的基础上,完善功能、综合集成,形成系统性、平台化的安全防护装置,用于提高防范机车安全事故的能力。

(8) 其他还预留了列车运行监控记录装置(LKJ)、车号识别设备(TMIS)、机车安全信息综合检测装置(TAX2)、列车运行状态信息系统(LAIS)车载设备、机车信号车载系统设备(JT-C)、机车综合无线通信设备(CIR)、机车远程监视与诊断系统(CMD)等安装位置和接口。

七、FXD_3 型动力车

FXD_3 型动力车是大连机车车辆有限公司在保持 HXD_{3G} 型 8 轴 160km/h 客运电力机车的总体技术参数和系统设计方案不变的前提下,进行适应动车组运用需求的优化和调整,保证了动力车整车的成熟度,同时利用了既有和谐系列电力机车的维修能力和制造条件。动力车装载高容量变压器及一体化变流系统,单轴牵引功率 1400kW(短时可达 1600kW),最大启动牵引力 240kN,轴重 19.8t,最高运用速度 200km/h。其主要技术特点如下:

(1) 总体设计采用高度集成化、模块化的设计思路,电气屏柜和各种辅助机组分功能斜对称布置在中间走廊的两侧。除受电弓、避雷器、高压连接器外,其他高压设备均放置在车内高压柜内,降低了恶劣天气车顶高压放电的可能性,并减少了检修工作量,提高了动力车运行可靠性。规范化司机室有利于动力车的安全运行。

(2) 电传动系统为交-直-交传动,采用 IGBT 水冷变流机组、1400kW 大转矩异步牵引电动机,具有起动(持续)牵引力大、恒功率速度范围宽、黏着性能好、功率因数高等特点。

(3) 车体采用准流线型外观设计和轻量化桁架式整体承载结构,前、后端分别采用 105A 型、MJGH-25T 型钩缓装置,无连挂间隙,方便安装、检修、维护,有利于减小列车冲动。采用独立通风单层铝合金绝缘顶盖,在降低质量的同时,提高了避雷器和高压设备在雾霾天气下运行的可靠性和安全性。

(4) 采用下悬式安装方式的一体化多绕组(全去耦)主变压器,具有高阻抗、质量轻等特点,并采用强迫导向油循环风冷技术。

(5) 采用牵引、辅助、列供变流器一体化设计,每节动力车的辅助电气系统采用 2 组辅助变流器,能分别提供 VVVF 和 CVCF 三相辅助电源,对辅助机组进行分类供电,互为冗余。列车供电系统采用 2 组 200kW 水冷列供单元,通过列供配电柜提供 2 路 200kW 或 1 路 400kW 列车 DC600V 供电电源。

(6) 轴列式为 $B_0—B_0$,驱动单元采用承载式整体铸造铝合金齿轮箱体,将进风道设置在齿轮箱体上,可有效降低牵引电机质量,大大降低了簧间质量,提高了动力车的运行品质。

(7)基础制动为轮盘式,采用集成化气路的空气制动系统,具有空电制动功能。新型模式空气干燥器有利于压缩空气的干燥处理,减少了阀类部件的故障率。

(8)微机网络控制系统采用符合 IEC 61375 标准的列车通信网络。列车级为 WTB,实现互联互通互控;车辆级为 MVB + ETH,互为冗余。控制系统的网络化、模块化使动力车具有控制、诊断、检测、传输、显示和存储功能。

(9)机车设有高压安全联锁装置以及 6A、LKJ、CTCS(中国列车运行控制系统)(预留)等安全装置,车外悬挂部件具有防脱落设计。

(10)与 HXD_{3G} 型电力机车(单节)相比,在空压机、受电弓、车钩缓冲器配置,司机室头形等方面发生了变更,质量大约增加 3t。为了消化新增的质量,保证动力车质量指标不变,在总体方案、设备布置、车体长度、系统减重等多方面进行了优化。

模块 1　电力机车车体

　　车体位于电力机车上部车厢部分,是机车的主要承载部件之一,车内设备以主变压器为中心、分室斜对称布置。SS_{9G}型、HXD 系列、FXD 动力车均采用中央走廊式布置,而 SS 系列其他机型均采用双边走廊式布置。通风冷却系统有车体通风与独立通风两种基本方式,空气管路系统按工作原理可划分为风源系统、控制管路系统、辅助管路系统和制动机管路系统四大部分,车钩缓冲装置包括车钩、缓冲器和复原装置。

项目 1　车体结构与设备布置

📖 项目描述

　　通过电力机车实物参观和 3D 动画演示,激发学生对电力机车车体和车内设备布置的兴趣。通过理论知识讲解和实践技能操作,引导学生掌握车体的结构组成与车内设备的布置原则。通过小组 PPT 汇报和提问环节,检测学生对知识的掌握程度。

📚 教学目标

☞ 知识目标
1. 掌握 SS_{9G}、HXD_3、HXD_{1D} 型电力机车、FXD_3 型动力车的车体结构组成。
2. 掌握 SS_{9G}、HXD_3、HXD_{1D} 型电力机车、FXD_3 型动力车的车体设备布置。
3. 了解维修制度、定检修程。

☞ 技能目标
能说出车体各组成部分、各主要设备的名称与作用。

☞ 素质目标
1. 培养敬业爱岗、遵章守纪、乐于奉献的职业道德。
2. 养成精检细修、严守操作规程的工匠精神。

📱 背景知识

　　电力机车是由电气部分、机械部分和空气管路系统组成的一个有机整体,各部分既互相配合,又各自发挥独特作用,共同保证机车性能的正常发挥。

一、电力机车总体组成(相关教学资源见二维码 1*)

二维码1　电力机车车体概述

　　电力机车总体由电气部分、机械部分和空气管路系统三大部分组成。
　　电气部分包括受电弓、主断路器、主变压器、主变流器、牵引电机以及其他各

---

*扫描本教材中二维码教学资源时,应在"智慧职教平台"注册并登录后,按二维码对应的教学资源名称检索后即可观看。

种电器等,主要功用是将取自接触网的电能转变为牵引列车所需的机械能,实现能量转换,同时实现对机车的控制。

机械部分包括车体、转向架、车体与转向架的连接装置和车钩缓冲装置,主要用来安设司机室和各种电气、机械设备,承担机车质量,产生并传递牵引力和制动力,实现机车在线路上的平稳行驶。其中,车钩缓冲装置是机车与车列(组)的连接装置;车体与转向架的连接装置,既起连接作用,又起活动关节作用,同时承担垂向力、横向力和纵向力的传递以及缓和冲击振动。

空气管路系统包括风源系统、控制管路系统、辅助管路系统和制动机管路系统四大部分,主要功用是产生压缩空气,供给机车上的各种风动器械使用,并实现对机车及车列的空气制动。

二、车体的作用及分类

车体是位于电力机车上部车厢部分、由钢板和梁组焊而成的箱形壳体,是工作人员操纵、保养和维修机车的场所,根据功能划分为司机室和机械间,其中,机械间用来安装各种机械和电气设备(分室布置),并保护车内设备不受风沙雨雪的侵蚀。车体受力十分复杂,须传递垂向力(重力载荷)、纵向力(牵引力、制动力、冲击载荷)和横向力(离心力、空气阻力等侧向载荷)等。

车体通常可按以下方式进行分类:

(1)按车体承载结构分为底架承载式、侧壁承载式和整体承载式。底架承载式车体是由底架单独承担所有载荷,而侧墙、车顶均不参与承载;侧壁承载式车体是将侧墙与底架焊接成一个牢固的整体,侧墙参与承载,侧墙骨架较为坚固,外蒙钢板也较厚,又分桁架式和框架式两种结构形式;整体承载式车体是将底架、侧墙、车顶组成一个坚固轻巧的承载结构,使整个车体的强度、刚度更大,而自重较小。SS系列和HXD型电力机车均采用整体承载式车体。

(2)按运行速度分为普速车体和高速车体。高速机车因速度快、空气阻力大,须采用流线型车体。

三、车体设备布置原则(相关教学资源见二维码2)

二维码2
设备布置原则

车体设备布置是将电力机车(动力车)上各种机械设备、电气屏柜以及元器件进行合理布局,这些部件结构复杂、体积不同、质量不等,因此设备布置应考虑以下原则:

(1)质量分布均匀。目的在于使机车的轴重分布均衡,能使机车牵引力充分发挥,因此成对的设备应两端对称或斜对称布置。

(2)安装和维修方便。设备应尽可能按照屏柜化、模块化的设计原则进行设计和布置,便于车下组装和车上吊装,结构紧凑,接近容易,维修方便。特别是运用中经常要接近的设备,应留有足够的作业空间。

(3)安全防护。凡危及人身安全的设备,譬如高压设备,要有防护措施及警示标牌。

(4)经济。设备布置应充分利用空间,缩短车体长度,电缆、母线、风管、风道尽可能短,以简化施工,节约材料。

(5)舒适。舒适主要是指司机室设备布置,即在设计上符合造型设计和人机工程,要求人机之间的作业范围合适,操作方便,视线角度合理,有良好的瞭望和采光条件,容易正确观察仪器、仪表及信号灯的指示,留出必要的工作和生活空间,并尽量使噪声远离司机室。同时某些部件需兼顾机车维修时检修人员的操作舒适性。

任务 1.1　车体结构认知

任务描述

通过认知 SS_{9G}、HXD_3、HXD_{1D} 型电力机车和 FXD_3 型动力车的车体结构组成,熟练掌握电力机车车体各组成部分的名称与作用,培养团结协作意识,为后续任务的学习打下基础。

知识准备

一、SS_{9G} 型电力机车车体

车体是 SS_{9G} 型电力机车的主要承载部件之一,主要包括车底架、司机室、侧构、台架、车顶盖、排障器、车钩缓冲装置以及其他部分,如图 1-1 所示。车体采用整体承载式结构,由高强度低合金结构钢 Q345A、16MnL、耐候钢 Q345GNHL 及普通碳素结构钢 Q235A 等钢板或钢板压型件组焊而成。车体结构以横向中心线对称布置,使车体质量分配易于均衡。车底架位于车体下部,是车体的基础,两侧是侧墙结构(简称侧构),两端是司机室,它们都焊装在底架上。底架上面还焊有设备安装骨架(简称台架),它是车内设备安装和电缆布线等的基础。车体通过 3 根车顶活动连接横梁将两边侧构连接成箱形壳体,车体顶部安装 3 个可拆卸的大顶盖。

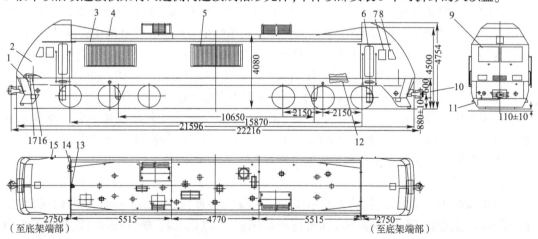

图 1-1　SS_{9G} 型电力机车车体总图

1-底架;2-司机室;3-侧构;4-车顶盖;5-侧墙百叶窗;6-车门安装;7-司机室侧窗;8-司机室固定窗;9-司机室前窗;10-车钩;11-排障器;12-台架;13-走廊地板;14-司机室后墙;15-司机室内装;16-司机室地板和铁梁安装;17-司机室设备骨架

1. 车底架

车底架主要由两侧侧梁、两端牵引梁、4 根枕梁、2 根变压器安装梁、2 根隔墙梁、4 个牵

引座和一些辅助梁等组焊而成,各梁均采用高强度低合金结构钢 16MnL 钢板压型而成,如图 1-2 所示。为适应光滑流畅的司机室头形的需要,有效地减少风阻,底架两端横截面制成 $R10000$mm 的圆弧,并在纵截面以 1:3.3 的斜度向横向中心线收拢,端部与两侧 $R300$mm 的圆弧相切。底架组焊后全长 21300mm,宽 3105mm。

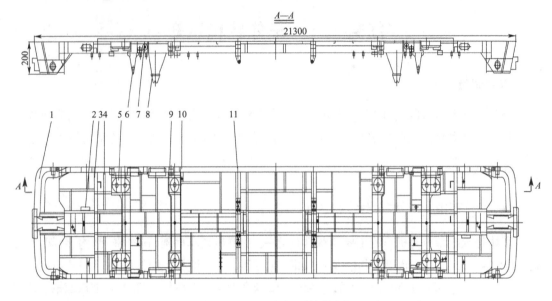

图 1-2 SS_{9G} 型电力机车车体底架

1-牵引梁;2-小纵梁;3-隔墙梁;4-小横梁;5-一、四位枕梁;6-抗蛇行减振器安装座;7-吊销套组成;8-牵引座;9-二、三位枕梁;10-侧梁;11-变压器安装梁

1)侧梁

侧梁位于底架两侧,是主要的承载和传力部件,它是由 8mm 的钢板压型成的槽形梁和 8mm 的立板组焊成的箱形梁,具有较高的抗弯和抗扭强度。侧梁上焊有吊销套装置,吊销孔孔径为 $\phi130$mm,可用专用吊具将车体吊起。侧梁底部焊有 24 个吊座,每个吊座上都有 $\phi30.5$mm 的孔,可用吊具穿过该孔将转向架吊挂在车体上,然后与车体一同吊起。由于这种方法会引起车体局部产生较高的应力,非必要时不宜采用这种起吊方法。

机车采用低拉杆牵引结构,牵引力和制动力由转向架的牵引杆装置传递到车体底架的牵引座装置上,然后通过侧梁传递到两端的车钩。牵引座焊接在侧梁上,使侧梁承受和传递牵引力、制动力、冲击力以及车内设备的垂向载荷。

2)牵引梁

牵引梁是传递牵引力、制动力和承受冲击力的主要部件,它是由 8mm 厚的前端板、立板、侧立板、上盖板、筋板、隔板和 10mm 厚的后端板、下盖板、加强板、加强撑板、弯板等组焊成的空腹箱形结构,如图 1-3 所示。牵引梁中下部焊有铸钢材料的从板座,用来安装车钩缓冲装置。从板座是按标准尺寸设计的,以便车钩缓冲装置的互换。为了使车钩正位,从板座应成对进行机械加工,其高度为 $(330±0.5)$mm,从板座凸缘的前后距离为 $(635±0.5)$mm,预留 10mm 间隙用于在车钩缓冲装置安装时加垫调整车钩尾部与从板间的间隙。牵引梁前端焊有前凸的冲击座,冲击座设有安装车钩吊杆的长孔。在缓冲器安装处上方的两端焊有限位板,用于限制缓冲器在机车运行时上跳的范围。牵引梁两侧焊有救援吊销套装置,吊销孔孔径为 $\phi 130 mm$,必要时可用专用吊具从端部整体起吊机车。

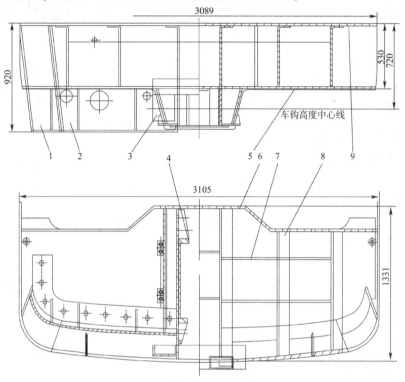

图 1-3　SS$_{9G}$型电力机车车体牵引梁

1-前角板;2-前端板;3-冲击座;4-从板座;5-下盖板;6-后端板;7-隔板;8-立板;9-上盖板

3) 枕梁

枕梁是承受机车垂向载荷的重要部件,是由 8mm 厚的上、下盖板和立板以及 6mm 厚的弯板等组焊而成的箱形结构,共有四根,其中一、四位两根,如图 1-4 所示;二、三位两根,如图 1-5 所示。由于机车Ⅱ系圆弹簧的安装尺寸较大和支承高度较高,加上牵引电机通风口的限制和枕梁承受的载荷较高,因此,枕梁均设计成变截面形状。枕梁两端焊有安装机车Ⅱ系圆弹簧的簧座和引导销,引导销采用圆孔定位,以保证其位置准确。枕梁内部焊有 6mm 厚的弯板,以增强枕梁的抗弯和抗扭强度。

4) 变压器安装梁

两根变压器安装梁位于底架中部,是由 10mm 厚的下盖板、8mm 厚的上盖板和立板以及 6mm 厚的弯板和筋板等组焊而成的箱形结构,两端焊有封闭筋板和加强筋板,并分别加工有 4 个 $\phi 28mm$ 的孔,用于安装卧式变压器。每组 4 个 $\phi 28mm$ 安装孔的中部,均加工有锥形孔,用于变压器安装时定位。底部两端焊有加强底板和防落吊板,用来安装变压器防落销,如图 1-6 所示。

5) 隔墙梁

隔墙梁为 $200mm \times 140mm \times 8mm$ 的压型槽钢,司机室隔墙骨架和若干底架小纵梁均装在该梁上。其他各纵、横梁除用于加强结构的稳定性外,分别用作台架、座椅、风缸、固定地板等的连接和支撑梁。

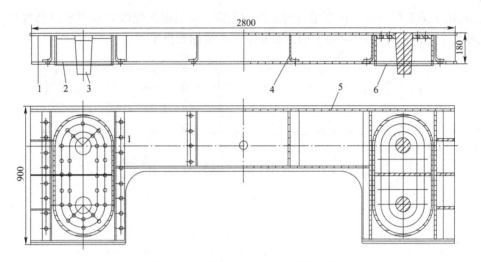

图1-4 SS$_{9G}$型电力机车车体一、四位枕梁

1-上盖板；2-下盖板；3-引导销；4-弯板；5-立板；6-簧座

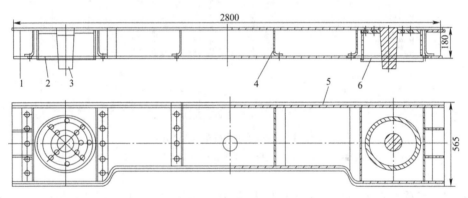

图1-5 SS$_{9G}$型电力机车车体二、三位枕梁

1-上盖板；2-下盖板；3-引导销；4-弯板；5-立板；6-簧座

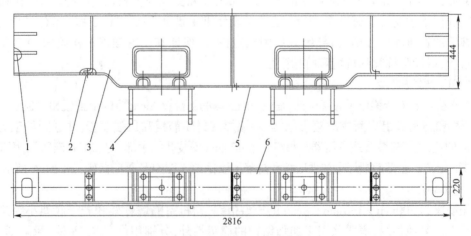

图1-6 SS$_{9G}$型电力机车车体变压器安装梁

1-筋板；2-弯板；3-立板；4-防落吊板；5-下盖板；6-上盖板

2. 司机室

车体两端的司机室结构完全一致。司机室钢结构长2958mm,宽3105mm,其前部、顶部及与两侧连接部分均设计为曲面结构,造型美观,有利于减小风阻。由于采用曲面结构,司机室骨架除门、窗周围的结构采用压型槽钢外,其余均为板梁组焊而成。各板梁均为激光切割机下料,轮廓尺寸准确,保证了曲面头形的流畅。曲面形状的司机室蒙皮采用便于成型的冷轧钢板08AL,以满足司机室外表面光滑流畅的要求。前窗、头灯、标志灯的安装框均为曲面结构,确保安装玻璃后其外表面与司机室蒙皮外表面光滑过渡。顶部焊有头灯安装座,它主要由钢板压型件组焊而成,底部盖板可以打开,以便更换和调整头灯光源。

司机室前上部设有宽敞明亮的前窗,两侧设有升降式活动侧窗,视野开阔,便于司机瞭望。司机室两侧还设有固定侧窗,便于司机观察后视镜。从入口门可直接进出司机室,通过走廊门可进入车内各设备室。前窗装有两块宽大的电热玻璃,均由三块钢化玻璃夹装电阻丝胶合成。机车在冬季运行时,只需通电加热,玻璃上的霜雪就会融化,不至于妨碍司机的视线。侧窗前下部的外壳上焊装有扶手,供工作人员调车、维护等作业时用手抓住,扶手装置由不锈钢复合管和扶手杆座组成。喇叭箱组焊在两标志灯中间的司机室骨架上,外部安装有栅格,便于排水及喇叭的维护。

司机室内层结构是在司机室骨架上焊装二次骨架作为安装内墙板的骨架,司机室后墙将司机室与车内各设备室隔开,走廊门设在后墙上,采用双重密封结构。墙板内部填充高发泡聚乙烯材料,作为司机室防寒、隔热、吸振和隔音的材料。司机室内墙板采用多孔铝板,门、窗装饰框用玻璃钢材料整体成型。司机室地板为新型轻质复合地板,分为三大块,中间一块为活动地板(可揭开),便于控制线路的布线及管路的安装和检修,两侧为固定地板。安装时,在地板铁梁上配钻螺孔,各地板均通过螺钉紧固在地板铁梁上。

3. 侧构

侧构主要由侧墙板、车顶侧梁以及各种纵、横梁组焊而成,是车体承载结构的重要组成部件。侧构总长15800mm,侧面高2020mm,上弦带高224mm。侧构纵立柱由压型槽钢和钢板组焊成箱形封闭梁,各横梁由钢板压制成乙字形、角形或槽形等形状。侧构侧梁由钢板折弯成形的顶侧梁和侧梁顶板组焊而成,组成一斜向空腹梁,从而增强了侧构的承载能力。顶侧梁用来安装、支承和紧固车顶活动顶盖。侧梁上焊有用于紧固车顶活动顶盖的螺母座。每个侧墙中间设有4个侧墙进风口,用来安装新型侧墙空气过滤装置。每个侧墙进风口内侧均焊有夹层风道,用于实现独立通风。

4. 台架

台架主要是由钢板压制成的乙字形、角形或槽形梁组焊而成的骨架、面板、底板以及各种安装座、风道等焊接组成的。机车各室设备都集中安装在台架上。台架的骨架、面板和底板上开有通过电缆或电线的线孔以及通风和设备安装孔,并安装有敷装电缆或电线的线槽。台架骨架上表面开有各种设备的安装螺栓孔,并配焊有螺母和螺母座。为便于布线,在线槽上方设有可拆卸的活动盖板。

5. 车顶盖

车顶盖主要包括Ⅰ位端顶盖、中央顶盖、Ⅱ位端顶盖以及顶盖密封装置。为了减少车顶风阻,并使车顶整体效果更佳,在车顶四角安装有三角裙板。

所有车顶盖的断面形状和密封结构均相同。两边为边梁，截面形状为台阶形，其上台阶用来支撑、定位和紧固顶盖，下台阶上焊有密封槽，用来安装橡胶密封垫。顶盖骨架由2根端梁、2根边梁和一些纵、横梁等组焊而成。横梁具有变截面形状，由钢板压制成的槽形梁与盖板组焊而成，小纵向梁为压型槽钢或压型箱形梁，端梁为压型槽钢。顶盖板由钢板压制成形后拼焊组成，由中间向两侧小角度倾斜，边梁部分的盖板向两侧倾斜60°，这样既便于排水，又可加强顶盖的刚度。相邻两顶盖中间及车体顶盖与司机室顶盖中间，用公共压板及盖形螺母紧固。在顶盖的两边梁上焊装有螺母和螺母座，用于与侧构上的螺母座相匹配进行紧固。顶盖两侧焊有4个吊耳供吊装用。各顶盖两侧边梁的密封槽内嵌装软橡胶密封垫，与侧构侧梁形成密封面。两端梁的凹槽内也嵌装密封条，与车顶横梁或司机室顶、侧排水槽形成密封。通过螺栓、压板装置使顶盖四周与相应部位紧贴密封，防止雨水或灰尘侵入车内。

Ⅰ位端顶盖紧靠着Ⅰ端司机室，长5477mm，宽2896mm。顶盖上方焊有3个受电弓安装座、3个瓷瓶安装座和1个隔离开关安装座以及由车内通往车顶的人孔天窗、制动电阻柜和变压器的通风口框架，同时安装有制动通风罩和变压器通风罩。天窗与受电弓实行电气联锁控制，当天窗盖打开时，行程控制器切断受电弓控制电路，使受电弓不能升起，以确保车顶作业人员的安全。

中央顶盖位于车顶中央，长4738mm，宽2896mm。顶盖上方焊有1个避雷器安装座、5个瓷瓶安装座以及电流互感器、电压互感器、真空断路器、高压隔离开关等安装座。

Ⅱ位端顶盖紧靠着Ⅱ端司机室，其形状和规格与Ⅰ位端顶盖基本相同。顶盖上方焊有3个受电弓安装座、2个瓷瓶安装座以及制动电阻柜通风口框架，并安装有制动通风罩。

6. 排障器

机车两端下部装有排障器，用来清除线路上的障碍物，保证列车运行安全。排障器上设有脚踏板，便于工作人员调车作业。排障器为曲面板式结构，主体采用钢板组焊而成。由于落车后要求排障器底部距轨面高度在原设计轮径为 $\phi1250mm$ 的情况下，为$(110\pm10)mm$（正常运用机车为80~120mm），因此排障器主体下部装设有可调节高度的调整梁，用螺栓安装。排障器上开有长圆孔，便于落车后调整排障器的高度。排障器用螺栓安装于牵引梁下部，按检修要求应能互换。在排障器的中间部分开有缺口，便于车钩的拆装。

7. 其他

SS_{9G}型电力机车采用中间走廊形式，两侧为电气屏柜、通风机组和劈相机等，各电气屏柜均设置有带安全门联锁装置的柜门，柜门上部嵌装有用于观察柜内设备运行状况的玻璃。走廊两侧分别设有一道带安全门联锁装置的侧门，通过侧门可进入屏柜后面，以便检修车内设备。屏柜后面的通道安装有可揭开的走廊地板，地板的高度与中间走廊地板的高度一致。车内安全门联锁装置以及车顶门的钥匙都放在钥匙箱中。

机车在规定位置设有标志。前端标志位于司机室前端中部、底架上平面以上105mm处，用大红色丙烯酸聚氨酯漆喷涂机车型号及车号字码。司机室前端中部、底架上平面以上940mm处用信号白丙烯酸聚氨酯漆喷涂路徽标志。司机室两外侧用大红色丙烯酸聚氨酯漆喷涂车号牌和车端号牌。底架边梁中部装有机车铭牌，标明机车型号、出厂日期及制造厂名。

车体外壳焊装完后应进行外表面防锈处理（打砂或喷丸处理），除锈后的车体应立即喷涂防锈底漆，然后按有关规定进行油漆作业。

二、HXD₃型电力机车车体(相关教学资源见二维码3)

二维码3
HXD₃型电力机车车体

HXD₃型电力机车整体承载式车体钢结构主要由司机室装配、底架装配、侧墙装配、顶盖以及连接横梁等结构组成。在这一全钢焊接结构中,最重要的是合理配置骨架材料,使侧墙立柱、车顶固定横梁、底架横梁连接位置一致,接近于环状结构,从而形成车体整体刚性,同时,它与牵引装置、前围板装配、排障器安装等辅助结构组成一个完整的功能整体,如图1-7所示。为满足车体强度、刚度、工艺、寿命等性能要求,承载结构选用的材质有普通碳素结构钢Q235、普通低合金结构钢Q345B、高耐候性结构钢09CuPCrNi等。在车体的非承载部分,一般采用普通碳素结构钢Q235—A和高耐候性结构钢09CuPCrNi;司机室门、侧提窗等采用铝合金复合材料。由于电力机车自重比内燃机车小很多,为满足货运机车重载牵引的需要,达到机车轴重要求,从而获取足够的黏着牵引力,车体部分的质量分配及配重显得尤为重要。

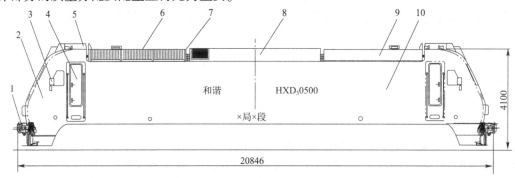

图1-7 HXD₃型电力机车车体总图

1-车钩;2-司机室装配;3-后视镜;4-司机室入口门;5-空调;6-牵引电机进风口百叶窗;7-Ⅰ端顶盖;8-中央顶盖;9-Ⅱ端顶盖;10-侧墙

1. 底架装配

底架是机车主要承载部件,它不但承受车体本身的质量和车内所有设备的质量,还传递牵引力和制动力以及复杂的动应力。车体底架主要分端梁(牵引梁)、旁承梁(Ⅱ系簧座梁)、中梁(变压器梁)、边梁等,如图1-8所示。其中端梁安装有车钩缓冲装置,用于牵引;中梁下面吊挂着主变压器;旁承梁则通过旁承座连接转向架支撑整个车体。对于重载机车,底架钢结构的强度和刚性尤为重要。

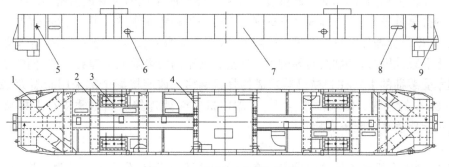

图1-8 HXD₃型电力机车车体底架

1-端梁(牵引梁);2-旁承梁;3-旁承座;4-中梁(变压器梁);5-救援吊座;6-吊车筒;7-边梁;8-脚蹬;9-冲击座

1) 端梁

底架前后端梁直接传递机车的纵向牵引力及纵向冲击载荷,其下部结构为车钩箱,用于安装车钩及缓冲装置。车钩箱与端牵引梁上、下盖板及前、后端板等主要板件组焊成一较为复杂的箱形体。

2) 旁承梁

旁承梁(Ⅱ系簧座梁)通过Ⅱ系簧座与转向架Ⅱ系弹簧连接,主要承受机车的垂向载荷,纵向连接着端部牵引梁与中梁,横向箱形梁跨连着两侧边梁,使整个底架大的网格框架有机组合起来,对从前、后端牵引梁和侧梁传递过来的力进行分散。旁承梁主要由两组横梁加盆型中梁以及旁承座组成。

3) 中梁

中梁,又称变压器梁,由两根横梁加侧边梁组成。中梁主要承受变压器的垂向载荷及其产生的惯性力。HXD_3型电力机车采用吊挂式安装变压器,主要由两组相同的变压器横向安装梁组成,两端与底架侧梁连接,变压器通过安装螺栓穿过吊挂孔,吊挂在变压器梁下方。

4) 边梁

边梁是狭长的箱形结构,由 510×108×16 的压型槽钢与宽550mm、厚16mm的外板组焊而成。侧墙就固定在边梁上面,箱型梁内部布置有加强筋板。

2. 司机室

根据司机室"小流线"外形特点,钢结构采用传统的"板、梁组合"结构,所有板梁厚度均为8mm,其中与底架焊接的板梁厚度为20mm。由于司机室是车体承载纵向力流的必经之路,再加上前窗上下、前窗左右、侧窗上下等某些特殊位置容易形成应力集中,所以,在这些部位布置有较强的封闭箱形梁,以满足承载要求。司机室内部采用铝板进行装修,前窗玻璃为一块柱面玻璃,直接黏结于司机室的风挡玻璃框上,侧窗采用提拉式结构,各墙、顶棚、地板都填充有防寒隔音材料。司机室内的布局按照铁路机车规范化司机室的要求进行布置,包括司机室入口门、添乘座椅、暖风机、电热水器、衣帽钩、冷藏箱、灭火器等。司机室门采用气密封整体结构,通过了密封试验及整车淋雨试验,隔音降噪及防水防尘密封性能非常好,完全达到了设计要求,解决了以往车门漏雨等密封问题。

3. 侧墙

侧墙承担着大部分的垂直载荷,侧墙立柱都与底架边梁相连。由于侧墙承担着垂直载荷产生的车体剪切力,因而侧墙的强度与提高车体弯曲刚性的关系最为密切。由于侧墙的主剪切构件是外蒙皮,所以提高蒙皮的强度就可以提高弯曲刚性。但由于蒙皮的面积大,车体较长,如果过分增加蒙皮的厚度,一是会使整车质量增加;二是在生产制造,尤其整体平面度保证上有较大困难。因此,需要配置一些能将底架的力有效地传递到蒙皮,使整个蒙皮能均匀地承受载荷的由立柱和横梁等组成的骨架网格。该网格梁全部采用断面为120mm×80mm×8mm的方管。侧墙两端与Ⅰ、Ⅱ端司机室骨架连接。侧墙蒙皮在上横梁处翻边10mm,用于顶盖密封胶条安装。

4. 顶盖

HXD_3型电力机车车体顶部设有三个可拆卸的活动顶盖,分别为Ⅰ端侧顶盖、中央顶盖、Ⅱ端侧顶盖。虽然顶盖不作为车体整体的承载部分,但其上面有车顶电气设备,如受电弓、主断路器、隔离开关、导电杆、支持绝缘子等,另外对提高车体的自振频率有很大的作用,因此结构设计时也要求考虑到足够的强度和刚度。同时,牵引电机通风也从顶盖部分进入,在Ⅰ端侧顶盖、Ⅱ端侧顶盖上设有独立结构通风风道,风道成为顶盖的主要构架。各顶盖上根据车顶电气设备安装需要设有相关的安装支座。在车内设备相对应位置设有进风口,装有百叶窗供电器件通风冷却。为能够通过车内梯子到达车顶进行各种作业,设置有活动天窗(人孔盖)。由于电力机车内布置有大量的电气设备,又由于顶盖的制造精度以及顶盖与车体之间的间隙很难达到理论设计尺寸要求,所以整个机车的密封、防水就显得尤为重要,机车顶盖相应地采用了双层密封胶条结构。

5. 前围板与排障器

1)前围板

前围板位于车体底架前端下部排障器上方,为底架、司机室与排障器的过渡部件,它主要由2.5mm蒙皮及8mm厚纵、横板梁骨架组焊而成,如图1-9所示。

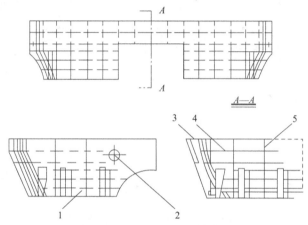

图1-9 HXD$_3$型电力机车车体前围板

1-外蒙皮;2-救援吊座孔盖;3-上板梁;4-横板梁;5-纵板梁

2)排障器

排障器安装在机车车体前端下部,它主要用于排除机车运行前方的障碍物,对机车的安全运行起保护作用,因此排障器需具有一定的强度和刚度。排障器设有脚踏板,便于工作人员调车作业。排障器与前围板外表面均随司机室外形方案采用流线型圆滑过渡设计,骨架也是采用板梁结构。排障器采用可拆卸安装方式,排障器上安有小排障器,小排障器与轨面距离可调整,以保证与轨道面间距不小于110mm,如图1-10所示。

三、HXD$_{1D}$型电力机车车体

车体是电力机车的主要机械部件之一,不仅要传递机车的纵向牵引力和制动力,还要承受各种复杂的运动力,车体内除用来安装各种机械、电气设备外,还为机车乘务人员和检修人员提供良好的工作和维修场所。车体包括排障器组装、车钩缓冲装置、前窗玻璃组装、头灯玻璃组装、顶盖安装、司机室底板组成、司机室内装组成、走廊底板组成、车体承载结构、入门口扶手、机车门安装、活动侧窗等部分,如图1-11所示。车体采用整体承载式全钢焊接结构,全部由钢板和钢板压型件组焊而成箱形壳体,底架、侧构、司机室等主要部件组成一体。

整个车体能承受2000kN的压缩载荷和1500kN的拉伸载荷，主要材质为16MnDR和Q345B。车内采用中央走廊方式，走廊地板采用平整、具有防滑功能的花纹铝板，车内设备安装骨架主要采用导轨式安装结构，便于实现车内设备的模块化设计及其安装。

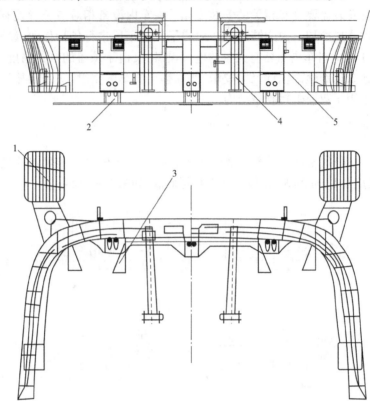

图1-10 HXD$_3$型电力机车车体排障器

1-脚踏板；2-小排障器；3-ATP安装支座；4-斜撑；5-板梁

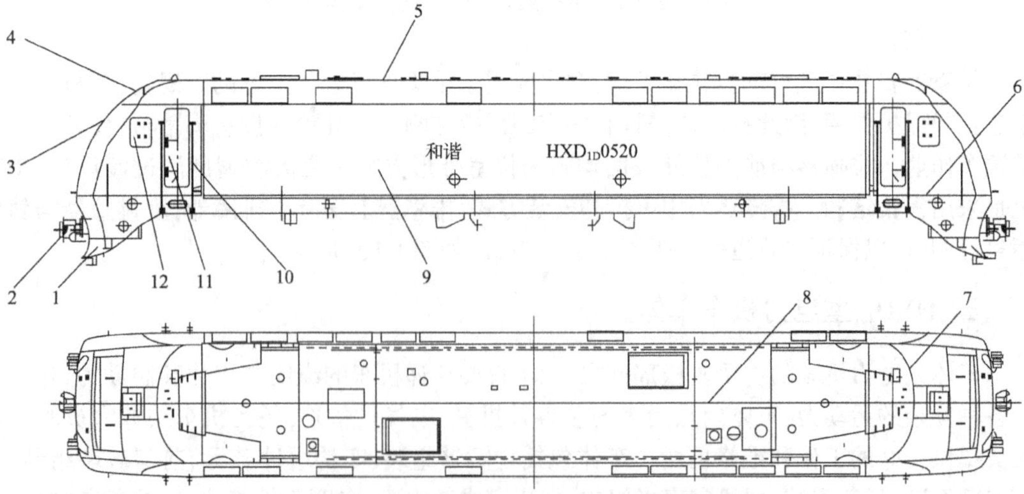

图1-11 HXD$_{1D}$型电力机车车体总图

1-排障器组装；2-车钩缓冲装置；3-前窗玻璃组装；4-头灯玻璃组装；5-顶盖安装；6-司机室底板组成；7-司机室内装组成；8-走廊底板组成；9-车体承载结构；10-入门口扶手；11-机车门安装；12-活动侧窗

1. 底架

底架是机车车体的主要承载部件，它不仅承受垂向载荷，而且传递机车的纵向牵引力及承受各种复杂的运动力，因此必须具有足够的强度和刚度。底架主要由端牵引梁、边梁、中央纵梁、枕梁、变压器梁、隔墙梁、底架地板、各减振器安装座等组成一个整体框架式承载结构，如图1-12所示，底架长度21885mm、底架宽度3100mm、两枕梁中心距12106mm。为适应机车中央布线及布管需要，底架中央纵梁上部为内凹结构，在保证结构强度的情况下预留足够的布线空间。

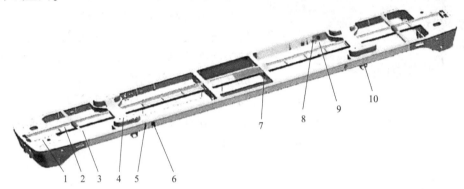

图1-12　HXD_{1D}型电力机车车体底架

1-端牵引梁;2-中央纵梁;3-隔墙梁;4-枕梁;5-边梁;6-吊座;7-变压器梁;8-横向减振器座;9-垂向减振器座;10-抗蛇行减振器座

2. 侧构

侧构是车体钢结构的重要组成部分之一，分左、右两侧，主要由蒙皮、纵梁、立柱、斜立柱和上、下弦梁组焊而成框架式承载结构，两端分别与两个司机室骨架连接，顶部倾斜部分设有侧墙进风口，用来安装通风百叶窗及滤尘器，如图1-13所示。

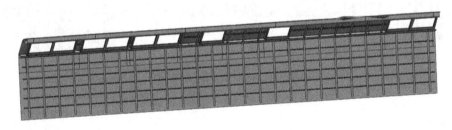

图1-13　HXD_{1D}型电力机车车体侧构

3. 司机室

司机室钢结构总成由司机室钢结构焊接组合和司机室后墙组成，司机室钢结构焊接组合为网架梁结构，按国际铁路联盟《机车动车司机室布置规则》(UIC 617—6)标准规范，司机室前窗下部能承受300kN的均布荷载，前部有一结构强化区域，整个司机室钢结构主要由纵向、水平、横向三个方向的梁结构及两侧的门立柱等槽形梁组成，使司机室具有足够的强度和刚度。其中腰梁、顶部腰梁、两侧纵向角梁、顶部前后横梁、门立柱等组成司机室钢结构的主要承载结构，如图1-14所示。

司机室前部设有视野开阔的前窗，两侧设有上下活动侧窗以及供出入的入口门。前窗

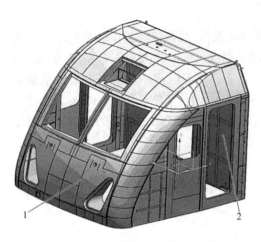

图1-14 HXD$_{1D}$型电力机车司机室钢结构
1-司机室钢结构焊接组合；2-司机室后墙

玻璃分为多层结构玻璃，两层安全玻璃，中间夹层为PVB(聚乙烯醇缩丁醛酯)层，在司机室内侧贴有一层防爆膜。前窗玻璃的加热丝布置在PVB薄膜层上，在前窗玻璃的下方粘有温度控制器，用来控制加热时的温度高低，对玻璃的过热起保护作用。侧窗玻璃为多层绝缘玻璃，侧窗外部玻璃由三层组成，中间过渡层为PVB胶层，其他两层为清晰的化学硬化玻璃，外部玻璃上有一层金属涂层，以降低90%的光线传播；内部窗玻璃为明亮的热硬化玻璃；内、外部玻璃中间的空腔充满氩气。活动侧窗利用连杆机构来实现活动窗的上下运动，通过调整弹簧力的大小来实现活动窗在任意位置的平衡。密封条能抵抗运行环境下的紫外线、辐照、臭氧，并且耐低温、抗老化。

司机室地板由左、中、右三块木地板组成，左右为固定地板，中间为活动地板，在左右地板上有固定床的支座。

4. 车顶盖

车顶盖为4块可拆卸的活动顶盖，便于车内设备的吊装。根据车顶电气设备安装的需要，在各顶盖上设有相关的安装支座(如受电弓等)，另外还有车顶通风罩、车顶人孔盖等装置。靠近两端司机室的位置为绝缘顶盖，如图1-15所示。

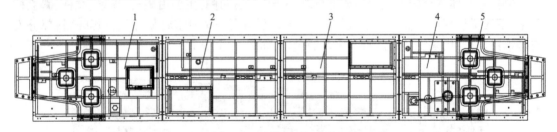

图1-15 HXD$_{1D}$型电力机车车顶盖
1-顶盖1；2-顶盖2；3-顶盖3；4-顶盖4；5-绝缘顶盖

5. 排障器

车体两端司机室下方装有排障器，通过螺栓连接在端牵引梁下部，主要用于排除机车运行前方的障碍物，对机车的安全运行起保护作用，因此需具有一定的强度和刚度。排障器采用板式结构，如图1-16所示。其上安装可调节高度的排障板，通过调整保证其距轨面高度为110_{0}^{+10} mm。在排障器上装有防落保护装置。

6. 其他

机车门安装包括左右入口门和走廊门，均采用双层密封条密封结构。入口门上装有入口门锁、密封条等，走廊门上装有走廊门锁、密封条等。入口门锁为联动锁，在下锁与中锁之间设置有联动杆，在中锁体与下锁体之间设置了上下拉杆解锁装置。

车体前端结构设计能在不拆除排障器的情况下更换车钩及缓冲器。砂箱盖为防盗砂箱盖,由曲柄弹簧结构关闭;用发泡三元乙丙密封条,以防止雨水杂物等进入。

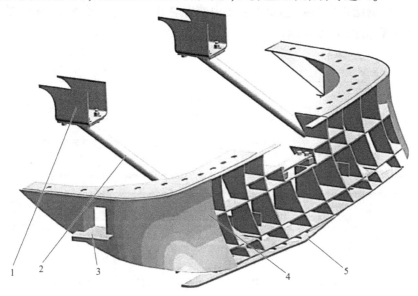

图 1-16　HXD$_{1D}$ 型电力机车车体排障器
1-安装支座;2-斜撑管;3-踏板组成;4-排障器主体;5-排障板

车体侧下设有四个架车支承座和供检修用的四个支承点,在车体支承座架起距轨面高度不超过 2500mm 的条件下,转向架和主变压器可从车体下推出。车体侧梁外侧设有四个检修作业用吊车销孔,前后牵引梁两旁分别设有救援用的吊车销孔。在机车检修库内,天车吊钩距轨面高度达到 9000mm 的条件下,能把机车车体内各屏柜和部件单独吊入和吊出。车体与转向架间设有连接装置,可使车体、转向架一并起吊。

四、FXD$_3$ 型动力车车体

车体为中间内走廊式单司机室整体承载焊接结构,主要由车体钢结构、顶盖、车钩缓冲装置等组成,如图 1-17 所示。其中,车体钢结构由司机室、左右侧墙、底架、后端墙、前围板和排障器等大部件组成整体结构;顶盖为 3 块可拆卸的独立顶盖,方便车内设备吊装,其密封结构可多次重复使用,并保持其密封性能。

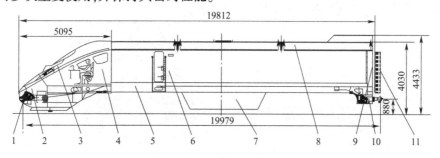

图 1-17　FXD$_3$ 型动力车车体总图
1-前端车钩缓冲装置;2-开闭机构;3-头罩;4-司机室;5-底架;6-侧墙;7-裙板;8-铝合金顶盖;9-后端墙;10-后端车钩缓冲装置;11-折棚风挡

1. 底架

底架是车体钢结构中的关键部件,主要由前后端牵引梁、前后旁承梁、变压器梁、中梁及左右边梁等组成,如图1-18所示。

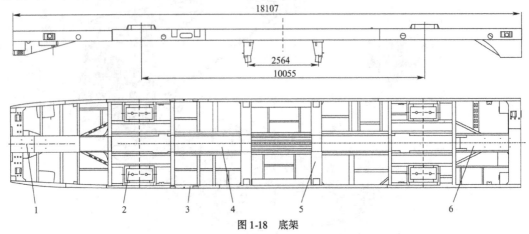

图1-18 底架

1-前端部牵引梁;2-旁承梁;3-边梁;4-中梁;5-变压器梁;6-后端部牵引梁

前端部牵引梁是由端梁、牵引梁、边梁、砂箱等组成的框架结构,为车钩缓冲装置提供安装接口,后端部牵引梁是由端梁、牵引梁等组成的框架结构。前、后端部牵引梁主要承受车钩缓冲器处传递的压缩力和拉伸力。旁承梁是由旁承座、横梁、纵梁组成的框架结构,旁承座为铸钢件,焊接在旁承梁上。变压器梁是由变压器横梁、纵梁、中间梁等组成的框架结构,横梁采用鱼腹结构,除承受由于变压器吊挂在其下而产生的垂直载荷外,还承受通过牵引销从转向架传递过来的纵向牵引力。中间走廊两侧设置前后贯通的"乃"字形中梁。边(侧)梁是由盖板和压型槽钢组成的箱形梁结构,布置有两个供整车起吊用的吊车筒、救援吊座及加砂口。端部砂箱半埋藏在底架中,与边梁和前后端部相连。

2. 司机室

司机室由钢结构和头罩两部分组成。钢结构骨架由厚度4mm、5mm、6mm的钢板组成,蒙皮厚度为2mm,如图1-19所示。在司机室侧窗下方设置"腰梁",与前方横梁、后墙横梁构成一个闭环防护带。司机室后墙由槽钢框架和蒙皮组成,网格内填充吸声隔热材料,用于司机室与机械间的噪声隔绝和温度传导。后墙还安装有司机室隔墙门、防夹手扶手杆、衣帽钩等。所有穿过后墙的管线都预安装穿墙体进行密封。

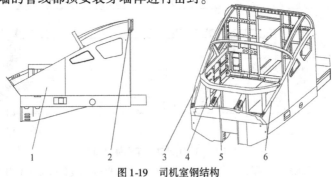

图1-19 司机室钢结构

1-侧墙;2-后墙;3、6-头罩粘结面;4-防撞角柱;5-防撞柱头罩采用玻璃钢夹芯复合材料,流线型外形设计,如图 1-20 所示。整体造型工艺配合辅标灯的造型和头部分色体现出"利剑"的形态特征,曲线和锋线的结合产生强大的视觉冲击力和力量感!复合材料总厚度为 40mm,内外层采用高性能玻璃钢,厚度为 4.5mm,中间层材料采用泡沫,泡沫起到吸音、隔热作用。头罩与钢结构采用 20 个螺栓连接和高强度胶粘剂粘结的混合连接方式,确保安全牢固,满足机车用玻璃标准所规定的"飞弹"冲击要求。

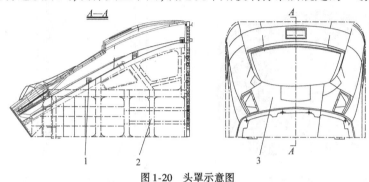

图 1-20 头罩示意图
1-头罩与钢结构连接螺栓;2-钢结构;3-头罩

3. 侧墙

侧墙为由上弦梁、蒙皮(厚度 2mm 的钢板)、盆型梁和角钢组成的网格状框架结构,上弦梁为 120mm×120mm×4mm 的方管,可有效提高侧墙和整车的刚度。在侧墙靠司机室端设置有入口门。

4. 后端墙

后端墙由门框、蒙皮(厚度 2mm 钢板)、上梁、侧立梁、横梁、加强板及通过台安装座和折棚风挡安装架等组成。

5. 顶盖

为减重目的,顶盖采用铝合金型材 6063-T6 与板材 5083-H111 组焊而成,共分为 3 块。在顶盖Ⅰ、Ⅲ上设置受电弓和避雷器等的安装座,并集成了牵引通风机的风道,侧面为进风口。在顶盖Ⅱ上安装活动天窗和梯子,用于登车顶检修作业。

6. 开闭机构

开闭机构通过承载玻璃钢承载其他所有部件质量和运行中的气动载荷,并通过承载玻璃钢安装到车体上,主要由舱门、环形头罩、运动机构、锁闭机构等部件组成,如图 1-21 所示。开闭机构作为动车组前端活动舱门的驱动机构,在单列运行时,使前端活动舱门处于关闭状态,形成完整的列车空气动力学外形,减小风阻和风噪;在需要重联运行时,使前端活动舱门处于开启位置,以便车钩能够完全、无障碍连挂,并能够适应在不同曲线半径上运行时车钩摆角带来的影响。

7. 折棚风挡

折棚风挡为轨道客车两车厢之间的柔性连接部件,能满足列车在规定路况下的相对运动,给乘客提供一个安全可靠舒适的通道。折棚风挡总成包括对接框总成(对接框架组成、定位销、定位销座、锁杆)、踏板组成、拉杆组成、折棚组成、拉簧组成、收紧绳组成、锁盒组成等,如图 1-22 所示。对接框架由特殊铝型材焊接而成,一面与铆钉框连接,实现与折棚组成的连接;另一面装配锁闭机构、锁杆长座等部件,组成半个风挡。踏板组成包括上、下踏板组件两部分,下踏板组件由下踏板、下踏板连接板、折页组成;上踏板组件由2块上踏板和2个折页组成。

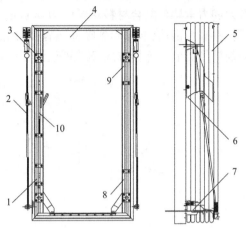

图1-21 开闭机构示意图
1-前端活动舱门;2-上部运动机构;3-玻璃钢环形头罩;4-侧面检修门;5-下部运动机构

图1-22 折棚风挡总成结构
1-锁杆长座;2-拉杆组成;3-定位销;4-对接框架组成;5-折棚组成;6-收绳组成;7-拉簧组成;8-锁板;9-定位销座;10-锁盒组成

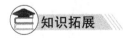 任务实施

1.教师下发学习任务工单(见本教材配套学习任务工单中任务1.1),明确任务内容,并给出本次任务的实施方法与评价标准。

2.学生课前研究学习计划、查找相关学习资源,按要求完成预习任务。

3.教师进行课堂讲解、现场教学或操作演示。

4.将学生按5~8人为限组成若干个学习小组,以小组形式组织讨论、交流。教师全程关注每个小组的学习进程,提出引导性意见,激发学生学习兴趣,提高学生自主学习能力。

5.完成学习任务后,小组要进行总结汇报演讲,或针对实践技能的掌握进行实作演示,学生进行自我评分及小组评分,给出学习任务中的成绩。

6.教师对学生测试检查或成果展示情况给出评分,并根据学生的自评分、互评分给出综合评分。

想一想

试列表比较 SS_{9G}、HXD_3、HXD_{1D}、FXD_3 四种机型的车体各组成部分的结构特点。

知识拓展

维 修 制 度

维修是使机车及其零部件保持或恢复到规定状态所进行的全部活动,包括检查、修理、改进、维护、保养等。一般来说,机车检修更侧重于在定期修程中所做的检查、修理、改进等工作,除此之外,机车维修还包含运用整备和维护保养。

维修制度是指在一定的维修思想指导下所制定出的一系列规程与规定,包括维修计划、维修类别、维修方式、维修等级、维修组织、考核体系等,它直接关系到机车的技术状态、可靠性、有效性、使用寿命和运用维修成本。

目前,世界上的维修制度大致可分为三大体系,一是在"事后维修"的思想指导下,在装备发生故障以后才进行维修、保养(修复性维修);二是在"以预防为主"的思想指导下,以磨损理论为基础的计划预防修制(定时维修);三是在"以可靠性为中心"的思想指导下,以状态监测技术和故障诊断技术为基础的状态修制(视情维修)。

我国现行的机车检修实行计划预防修,逐步推行基于大数据技术的预见性维修,开展机车主要部件的故障预测和健康管理,实施主要零部件的专业化、集约化、规模化、集中检修。状态修是近年来机车检修发展的趋势,与"计划预防修制"相比,其优点是针对性强,可充分发挥机车设备的工作寿命,提高维修的有效性,减少维修工作量和人为差错,但费用支出高,需要适当的检测条件和较高的人员素质。

任务1.2 车体设备布置认知

任务描述

通过认知SS_{9G}、HXD_3、HXD_{1D}型电力机车和FXD_3型动力车的车体设备布置,熟练掌握电力机车车体设备名称与布置原则,培养团结协作意识,为后续任务的学习打下基础。

知识准备

一、SS_{9G}型电力机车设备布置

SS_{9G}型电力机车设备采用中央直通走廊(宽度≥600mm)、分室斜对称布置方式。全车设备布置共分车顶设备布置、车内设备布置和车下设备布置三大部分,如图1-23所示。设备屏柜化、成套化,便于车下组装,车上吊装;结构紧凑,便于检修和维护。车体内分为5个室:Ⅰ端司机室、Ⅰ端电气室、主变流室、Ⅱ端电气室、Ⅱ端司机室。卧式主变压器悬挂在主变流室底部,节约了车上空间;车内设备斜对称方式布置可使机车重心下降、质量分配均匀;标准化双司机室符合人机工程学的要求。

1. 车顶设备布置

机车车顶设备属户外高压电气设备,既要满足机车电气性能的要求,还要具有足够的高压绝缘性能和抗击风沙雨雪等恶劣气候的侵害及雷电过电压袭击的能力。车顶设备布置主要分为:Ⅰ端电气室车顶设备安装、主变流室车顶设备安装、Ⅱ端电气室车顶设备安装,如图1-24所示。

机车车顶主要布置有高压电器设备、导电杆母线以及支持绝缘瓷瓶,其中高压电气设备包括受电弓(DSA200型)、高压隔离开关(THG2—400/25型),主断路器(TDZ1A—10/25型空气主断路器或ALSTON、BAVC.N99型真空主断路器)、避雷器(YH10WT—42/105型无间隙金属氧化锌硅橡胶避雷器,起过电压保护作用)、高压电流互感器(TBL1—25型),高压电压互感器(TBY1—25型)。此外,在车顶上还布置有制动电阻车顶百叶窗、车顶门、空调机等设备。

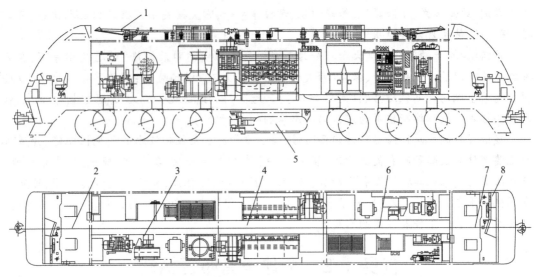

图 1-23　SS₉G 型电力机车设备布置

1-车顶设备安装；2-Ⅰ端司机室设备布置；3-Ⅰ端电气室设备安装；4-主变流室设备安装；5-辅助设备安装；6-Ⅱ端电气室设备安装；7-Ⅱ端司机室设备布置；8-机车布线

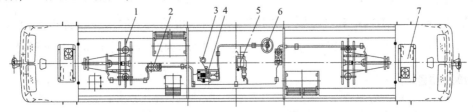

图 1-24　SS₉G 型电力机车车顶设备布置

1-受电弓；2-高压隔离开关；3-避雷器；4-主断路器；5-高压电压互感器；6-高压电流互感器；7-空调

受电弓安装设计时要求受流滑板中心线与转向架旋转中心线尽量一致，以减小机车运行时受电弓滑板与接触网的偏离值，提高受电弓的可靠性。主断路器是机车动力电源的总开关，承担机车正常工作时电路的分闸、合闸以及机车故障时的最终保护性分闸。高压隔离开关用来隔离故障受电弓。高压电流互感器主要用来提供原边电流信号，与电流继电器配套组成原边短路保护装置，当一次侧电流达到整定值时，继电器动作使主断路器动作分闸。高压电压互感器主要提供网压信号，使司机在升弓后就能观察到网压。避雷器为无间隙金属氧化锌硅橡胶避雷器，起过电压保护作用。

主变流室顶盖设有登车顶门及车顶接地装置，乘务人员确认接触网无电后，可由此上车顶进行检查和维修作业。为保证司乘人员安全，车顶门设有电气联锁装置。当打开车顶门时，受电弓控制回路被切断，无法升弓，同时车顶接地装置将 25kV 电路接地，使因分布电容积聚的电荷放电，以确保安全。

2. 标准化双司机室设备布置

标准化双司机室的布置基本相同。司机室正、副司机侧各设有一扇通向车外的门，后墙中间设有一扇通向电气室的门，与车内中央走廊连通。司机室结构和设备布置满足《机车动车司机室布置规则》(UIC 617-6) 的有关规定，并符合人机工程学的要求，保证司机方便清楚地瞭望到前方信号、线路,并能看清司机控制台上的仪表设备。在所有门窗关闭和全部辅助机组运转的条件下,机车按各种速度运行,司机室的噪声不超过78dB。每个司机室内设两把固定座椅,座椅可以转动,也可以上、下、前、后调节。司机室的所有操作装置和显示装置均布置在正司机台周围合适的地方,以便于司机操作,不致引起司机额外疲劳。主、副司机脚踏采用整体结构设计模式,在主司机脚踏上设置了两个脚踏开关,分别用于撒砂和风笛的控制。脚踏板下部设有脚炉。司机室采用顶置式冷暖空调进行空气调节,空调安装在司机室顶部,并在主、副司机台下安装有暖风机,通过风道对司机室制冷(取暖),对出风口进行优化设计,使得司机室内温度均匀。

司机室设备布置可分为侧墙、前墙、后墙、顶面和操纵台五大部分,如图1-25所示。

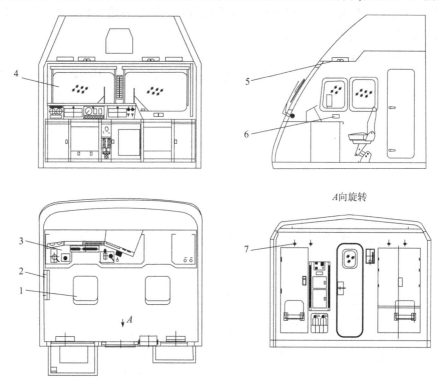

图1-25 SS_{9C}型电力机车标准化司机室设备布置

1-司机座椅;2-左侧墙设备布置;3-操纵台设备布置;4-前墙设备布置;5-顶盖设备布置;6-右侧墙设备布置;7-后墙设备布置

1)侧墙设备布置

左侧墙上安装有辅助司机控制器组装、侧窗遮阳帘、烟灰盒、机车标志牌、下拉式活动侧窗和一个固定的三角侧窗,车外侧还装有机车后视镜。辅助司机控制器组装包括一个辅助司机控制器、一个风笛按钮以及一个由无线列调电台控制盒、无线调度指令接收器和扬声器组成的模块。右侧墙上安装有侧窗遮阳帘、烟灰盒、下拉式活动侧窗和一个固定的三角侧窗,车外侧还装有机车后视镜。

2)前墙设备布置

前墙有刮雨器装置、前窗遮阳帘、双面八色显示机车信号机。其中刮雨器装置主副司机侧各一个,采用下置式安装,用来清除灰尘和雨水,保证司机的前方视野清晰。

3)后墙设备布置

每个司机室后墙上都安装有一台多功能饮水机,在饮水机下方装有灭火器,上方安装有衣帽钩,在主司机侧的后墙上装有紧急制动放风阀。中间安装有通往电气室的走廊门,两侧还安装有添乘座椅。副司机侧为端子柜,端子柜门上安装有机车相关设备隔离开关板。

Ⅰ、Ⅱ端司机室后墙上安装的设备不同之处:Ⅰ端司机室后墙主司机侧为信号柜,里面装有行车安全装置,包括监控装置主机箱、信号主机、轮喷控制器、信号接线盒、TAX2 监测装置主机箱、列车供电集控盒等;Ⅱ端司机室后墙主司机侧下部为逻辑控制单元,上部位微机柜。

4)顶面设备布置

司机室顶面设备有前照灯、司机室灯、吸顶风扇和空调的进出气风栅等。前照灯和司机室灯均分强弱两挡,分别进行控制。

5)操纵台设备布置

操纵台的设备布置主要包括仪表座、司机台面布置、左柜、中柜、右柜五大部分,如图 1-26 所示。

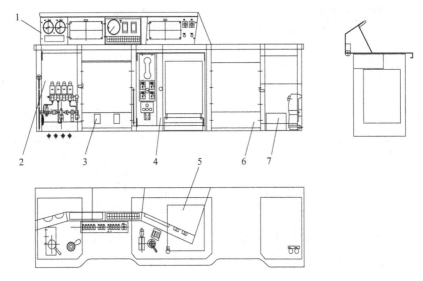

图 1-26 SS$_{9G}$ 型电力机车司机室操纵台设备布置

1-仪表座设备布置;2-左柜组成;3-主司机脚踏组成;4-中柜组成;5-台面板组成;6-副司机脚踏组成;7-右柜组成

(1)仪表座。

仪表座位于司机操纵台的前方,其上几乎集中了所有提供给司机的显示信息。仪表座上安装有仪表面板,共 5 块,从左至右依次为:压力仪表模块、监控显示安装、多功能状态组合模块、微机显示安装、开关安装。

①压力仪表模块由两块压力仪表、一个语音箱和供风指示灯组成。两块压力仪表用于显示的四个参数是【制动缸(黑)、总风缸(红)】和【列车管(黑)、均衡风缸(红)】。压力仪表模块的气路的对外接口通过快拧式接头和软管与司机室管路屏连接。指示灯用于指示双管供风情况。语音箱用来实现机车司机室各种设备语音提示、报警的集中管理、规范发声。语音范围包括监控装置语音、无线录音测试语音、弓网检测、轨道检测、轴温检测、列尾遥控、升

降弓提示等语音。

②监控显示安装了 TPX10 型通用屏幕显示器,用于显示机车 LKJ2000 监控运行的相关参数和曲线。

③多功能状态组合模块包括两块状态表、一块双针速度表、一个紧急制动按钮和 24 个状态指示灯。两块状态表用于显示【网压、控制电压】和【一架电压、二架电压】4 个参数,其中一架电压和二架电压分别指该架电机中的最高电机电压。双针速度表用于显示机车的运行实际速度,机车在线运行的限制速度和机车运行的里程计。状态指示灯用于显示机车运行状态及故障信息。

④微机显示安装同样安装了 TPX10 型通用屏幕显示器,与监控显示屏可以互换,同时监控屏和微机屏的显示内容也可通过屏切换开关相互切换。

⑤开关安装板安装了列车供电钥匙开关、屏切换转换开关、微机复位按钮和停放制动按钮,另外还装了一个后视镜控制阀。屏切换开关可以使监控显示屏的内容和微机显示屏的内容相互切换,实现两屏之间的冗余。屏切换开关为三位置转换开关【左屏、关、右屏】,其中间位为两屏均正常工作时的正常位。

当微机屏故障关闭时,可通过转换开关转换到左屏位置,将微机屏的显示内容切换到监控屏,此时监控屏仍显示监控内容,通过连续按两次查询键可查询原微机屏中显示的参数内容。

当监控屏故障关闭时,可通过转换开关转换到右屏位置,将监控屏的显示内容切换到微机屏,此时微机屏仍显示微机内容,通过连续按两次查询键可查询原监控屏中显示的参数内容。

(2)司机台面布置。

司机台面上主要安装了司机操纵机车所必需的一些设备。

①台面左侧(制动区)布置有小闸、电空制动控制器和记点灯。其中,小闸采用沉入式安装,在操纵台面板上只露出操纵手柄和微动开关;电空制动控制器采用转动操作方式,保持大、小闸在操作方式上一致。

②台面正前方是记点平台和主扳键开关组,其中主扳键开关组包括启动和照明两部分。启动部分包括:【合主断、分主断】,【升弓、降弓】,【劈相机】,【通风机】,【压缩机】,【制动风机】,【备用压缩机】等。照明部分包括:【前照灯】,【辅照灯】,【标志灯】,【仪表灯】,【司机室灯】。扳键开关组设有机械和电联锁。

③台面右侧布置司机控制器、风笛按钮和扳键开关组 2,扳键开关组 2 包括的开关有【各室灯】、【走廊灯】、【备用】;司机控制器的方向手柄采用转动式,调速手柄采用推拉式;风笛按钮用于司机鸣笛控制。

(3)左柜主要布置了司机室空气管路屏和刮雨器的二联体。

(4)中柜位于正司机的右侧,在面板上布置了重联电话、刮雨器控制开关以及司机室取暖、空调、电热玻璃和电风扇四个气候开关,内部布置了冰箱和操纵台对外接线的插头插座安装板。

(5)右柜分两层设计,下层内布置有刮雨器水箱、安全防护用品箱;上层作为无线列调主机的预留安装位置。

3. 电气室设备布置

Ⅰ、Ⅱ端电气室紧邻司机室,室内设备布置呈基本斜对称分布。

Ⅰ端设备(图1-27):列车供电柜,1号电器柜(含控制电源柜及部分蓄电池柜),制动电阻柜1,空气压缩机组1,1号牵引通风机组,劈相机1,变压器风机(油散热器)。

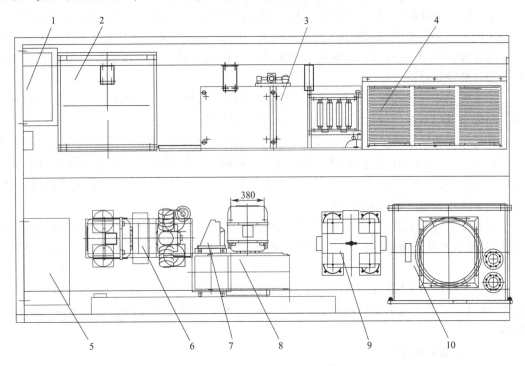

图1-27 SS₉G型电力机车Ⅰ端电气室设备安装

1-Ⅰ端端子柜;2-列车供电柜;3-1号电器柜;4-制动电阻柜1;5-控制柜;6-空气压缩机组1;7-复轨器;8-1号牵引通风机组;9-劈相机1;10-变压器风机

Ⅱ端设备(图1-28):储油柜(下部为空调电源),劈相机2,4号牵引通风机组,空气压缩机组2,制动电阻柜2,2号电器柜(含部分蓄电池柜),干燥器,空气管路柜。

主要设备布置的具体情况如下:

(1)电器柜(1号、2号):由两部分组成——一部分为电源部分,装有蓄电池、充电机、车辆制动系统交流和直流电源、各控制电路过流保护用的自动开关和相应的电源控制电路部件;另一部分为电器部分,装有各种接触器、自动开关和继电器等,主要是辅助电路和控制电路的控制电器。

(2)控制柜:主要安装了机车的信号主机、LKJ2000监控、TAX2机车安全装置等。

(3)牵引通风机组:牵引风机通过相应风道吸风,然后将冷风吹入牵引电机,带走硅整流柜及牵引电机工作时产生的热量。

(4)制动电阻柜:由电阻柜、弹性连接件、过渡风道、通风机、底板和风道继电器等组成,其中电阻柜中的制动电阻是机车电阻制动时消耗电能的元件。

(5)空气管路柜:集成了DK-1型电空制动机和空气管路系统的相关部件以及相应的制动逻辑控制单元。

(6)列车供电柜：装有列车供电系统部件，该系统用于控制主变压器的列车供电绕组用电的输出。

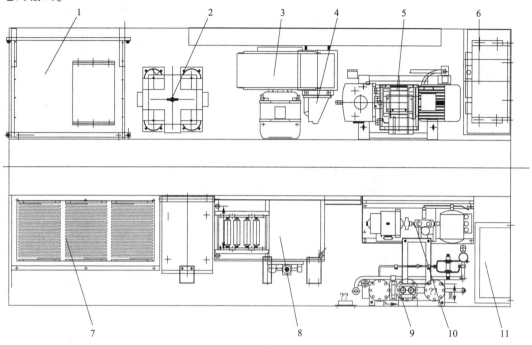

图1-28　SS$_{9G}$型电力机车Ⅱ端电气室设备安装

1-储油柜；2-劈相机2；3-4号牵引通风机组；4-复轨器；5-空气压缩机组；6-逻辑柜；7-制动电阻柜2；8-2号电器柜；9-干燥器；10-空气管路柜；11-Ⅱ端端子柜

4. 主变流室设备布置

主变流室位于机车中部，主变压器为卧式结构，悬挂在主变流室底部。室内主要设备（图1-29）为1号、2号高压柜，1号、2号硅整流柜，2号、3号牵引通风机组。

主要设备布置的具体情况如下：

(1)硅整流柜(1号、2号)：主要由大功率晶闸管、整流管元件组成，具有主电路整流和相控调压、制动励磁、加馈制动和作为无级磁场削弱分路开关的功能。

(2)高压柜(1号、2号)：安装的主要是主电路直流供电电路中除平波电抗器和制动电阻以外所有的电气设备。

(3)牵引通风机组(2号、3号)：由离心式通风机和普通三相异步电动机组成。

5. 车下设备布置

车下设备布置主要包括库用插座、110V照明插座、感应线圈，在机车两端还装有列车供电装置插座以及电空制动用插座等，如图1-30所示。

主要设备布置的具体情况如下：

(1)感应线圈(整车数量为4个)：安装在排障器的后方，每端两个并附相应的接线盒，给安全系统提供地面信号。

(2)控制回路库用插座(整车数量为1个)：当机车在车库内时，给蓄电池充电和给车内控制系统提供直流110V电源。

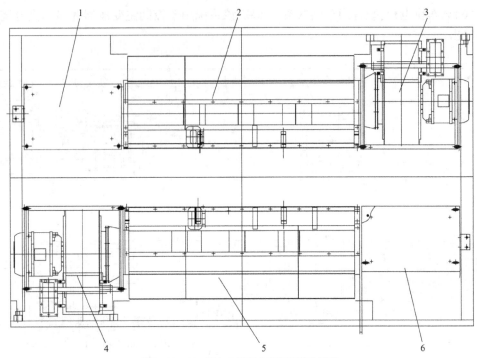

图 1-29 SS$_{9G}$ 型电力机车主变流室设备安装

1-1 号高压柜;2-1 号硅整流柜;3-2 号牵引通风机组;4-3 号牵引通风机组;5-2 号硅整流柜;6-2 号高压柜

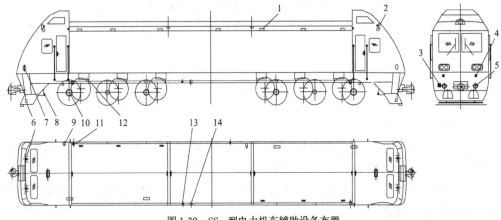

图 1-30 SS$_{9G}$ 型电力机车辅助设备布置

1-无网灯;2-机车前照灯;3-43 芯集控插座;4-5 芯插座;5-供电插座;6-感应线圈安装;7-标志灯组装;8-机车电子标签;9-控制回路库用插座;10-光电速度传感器;11-主回路库用插座;12-帆布连管组装;13-行灯插座;14-辅助回路库用插座

(3)光电速度传感器(整车数量为 4 个):给微机、监控、轮喷、速度表提供机车速度信号,安装在 1、3、4、6 轴轴端,对称布置,附相应的接线盒。

(4)主回路库用插座(整车数量为 2 个):当机车在车库内时,给牵引电机提供三相交流 380V 电源,实现库内动车。

(5)帆布连管组装(整车数量为 6 个):连接机械间内的牵引风机出风口和转向架上牵引电机的进风口,是牵引风道的组成部分之一,分别位于进风口之上。

(6)辅助回路库用插座(整车数量为 1 个):当机车在车库内时,给辅助回路各电气设备提供三相交流380V电源。

6. 机车布线

机车布线是将机车各电气设备按其作用的不同,用不同规格、型号的电缆连接起来,形成完整的系统,使各电气设备能按设计好的逻辑关系工作,传输能量和传递信号。机车布线按《机车电气设备布线规则》(TB/T 1507—1993)的要求进行。机车布线采用套软管加以防护,采用金属扎带固定条、橡胶或高压聚乙烯线卡、线槽、扎带座、金属软管卡(单耳)等方式加以固定,并采取密封措施。

根据连接不同的电气回路的要求,机车布线可分为主电路、辅助电路和控制电路布线。主电路布线是指主电路中从变压器牵引绕组、励磁绕组至牵引电动机之间的电连接,除母排连接外,库用动车插座采用 70mm^2 的 WDZ—DCYJ—125 1500V 电缆,其余均为2根 150mm^2 的 DCEYHR—1500V 电缆并联。辅助电路布线主要是指三相交流380V辅助电机和单相交流220V加热电器设备的电连接,包括单相交流860V的客车取暖供电回路。控制电路布线主要是指 DC110V 各电气设备之间的导线连接,包括 DC24V、DC15V 电气回路。

二、HXD$_3$型电力机车设备布置(相关教学资源见二维码4)

HXD$_3$型电力机车为6轴货运电力机车,在车体下设有2台3轴转向架及一台主变压器,在顶盖上设有高压电器,车内设备以平面斜对称布置为主,设备成套安装,有利于机车的制造、检修、部件互换和质量分配。全车分为Ⅰ、Ⅱ端司机室设备安装、车顶设备安装、车内机械室设备安装和车下设备安装5部分,如图1-31所示。机车设备布置具有以下特点:①机车两端设有司机室,中间为机械室。在机械室内设有600mm宽的中央通道,设备布置在通道两侧,设备屏柜化、成套化,便于设备的安装和维护、检修。②在机械间内,辅助设备按功能在两端分布布置;Ⅰ端主要布置电气设备,Ⅱ端主要布置空气管路设备,有利于缩短机车电气导线连接和空气管路连接,减少系统故障率,提高系统的可靠性。③机车电气传动的主要部件(1台主变压器和2台牵引变流装置)安装在机车的中心部位。质量较大的主变压器下悬式安装在车体底部的中心位置,牵引变流装置安装在机械室中央走廊的两侧。④机车设置有同时对主变压器和牵引变流装置进行冷却的复合冷却器,冷却器上部设置轴流通风机进行独立通风冷却,2台复合冷却器靠近主变流器和主变压器安装,尽量缩短连接配管。⑤机车以牵引变流装置和复合冷却器为整体单元布置在机车中心部位,有利于机车的质量分配。⑥机车设置单独的轴流通风机对牵引电机进行冷却,冷却风道进风口设置在顶盖上,通风机安装在机车机械室地板支架上。⑦牵引通风道内设有惯性滤尘器进行二次除尘,保证电机冷却空气的清洁度。⑧机车顶盖设有换气口,有利于机车夏季的换气和冬季的保温。

1. 车顶设备布置

机车顶盖设计成3个大顶盖,有利于车顶设备的安装。车顶设备布置分为Ⅰ端、Ⅱ端和中央顶盖设备布置,如图1-32所示。

1) Ⅰ、Ⅱ端顶盖设备布置

Ⅰ、Ⅱ端顶盖的结构和安装尺寸完全相同,其设备布置也完全一致,主要布置有受电弓和空气绝缘子。因在Ⅰ端顶盖上开有卫生间通风口,故两个顶盖不能换装。顶盖上设置有牵引电机冷却风进风口,顶盖通风道横向贯通顶盖,通风口开在通风机相对侧,车体侧墙不设通风口,有利于提高车体强度。通风道与顶盖在车下整体焊装,有利于提高机车组装的工作效率。顶盖设有与外界交换空气的换气孔,有利于夏季车内降温。

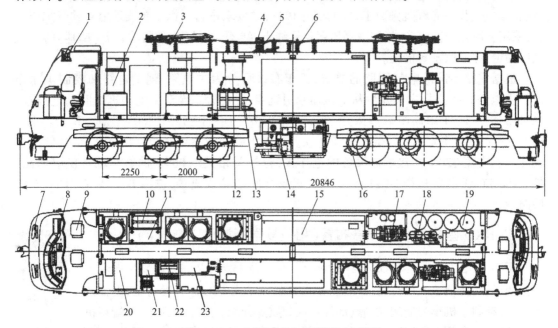

图1-31 HXD₃型电力机车主要设备布置总图

1-前照灯;2-牵引电机通风机组;3-受电弓;4-主断路器;5-高压电压互感器;6-高压隔离开关;7-标志灯;8-操纵台;9-司机室座椅;10-滤波柜;11-蓄电池充电器;12-复合冷却器通风机组;13-复合冷却器;14-主变压器;15-主变流器;16-牵引电机;17-空气压缩机;18-空气干燥器;19-总风缸;20-卫生间;21-综合通信柜;22-微机及监控柜;23-控制电器柜

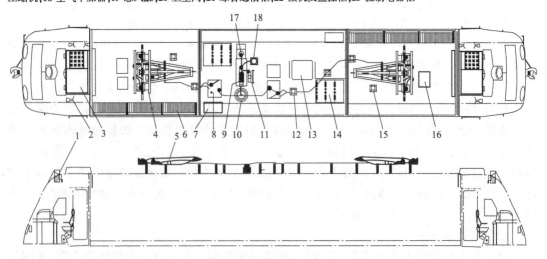

图1-32 HXD₃型电力机车车顶设备布置

1-前照灯;2-风笛;3-空调;4-受电弓;5-受电弓绝缘子;6-牵引风道过滤器;7-辅变流器风道过滤器;8-高压隔离开关;9-真空断路器;10-高压电压互感器;11-接地开关;12-支持绝缘子;13-车顶天窗;14-复合冷却器通风过滤网;15-绝缘子;16-车顶通风口;17-高压电缆;18-避雷器

2) 中央顶盖设备布置

机车上的主要高压设备大都布置在中央顶盖上,具体有受电弓、真空断路器、高压电压互感器、高压隔离开关、接地开关、避雷器、高压电缆及连接母线等,同时设置有辅助变流器通风口、过滤网和检修用天窗,为确保登顶作业安全,天窗与接地开关设置了钥匙联锁装置。

2. 司机室设备布置

司机室的结构和设备布置按规范化司机室要求设计,按照人机工程学理论设计司机的座椅位置、腿部空间以及瞭望视野,如图1-33所示。主司机座椅尽量靠近司机室中间,保证司机两侧的视野范围。司机室采用隔热材料进行防寒保暖、采用空调风扇进行通风防暑、采用降噪材料确保室内噪声降到75dB以下。在后墙上设置饮水机、暖风机、空调控制箱等司机生活必要设施,这些在机车运用中一般不参与运行控制,在后墙上还设置有一个紧急制动阀和灭火器,如图1-34所示。

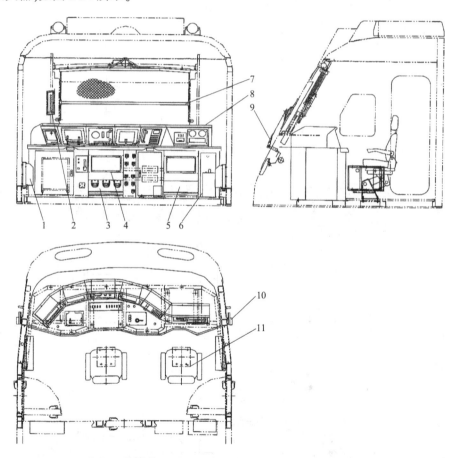

图1-33 HXD$_3$型电力机车司机室设备布置

1-壁炉;2-八灯显示器;3-脚炉;4-主台膝炉;5-副台脚炉;6-刮雨器水箱;7-遮阳帘;8-操纵台;9-刮雨器;10-后视镜;11-司机室座椅

司机室内设有操纵台、八灯显示器、司机座椅、端子柜、饮水机、紧急放风阀、灭火器、暖风机等设备,顶部设有空调装置(冷热)、风扇、头灯、司机室照明等设备,司机室前窗采用电加热玻璃,窗外设有电动刮雨器,窗内设有电动遮阳帘,侧窗外设有机车后视镜。司机操纵台上设有TCMS显示器、ATP显示器、压力组合模块、司机控制器、制动控制器、扳键开关组、制动装置显示器、冰箱等设备，司机通过操纵台上各装置发出控制机车指令，完成机车前进、后退、牵引、制动等各项工作，并通过操纵台上各仪表、显示器等观测机车实际运用状态，如图1-35所示。

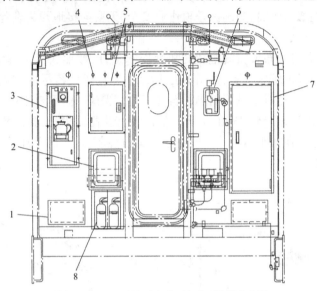

图1-34 HXD$_3$型电力机车司机室后墙设备布置

1-后墙暖风机；2-添乘座椅；3-饮水机；4-衣帽钩；5-空调控制箱；6-紧急制动阀；7-端子箱；8-灭火器

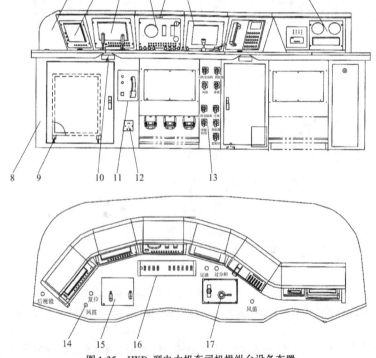

图1-35 HXD$_3$型电力机车司机操纵台设备布置

1-面板；2-制动显示屏；3-监控显示屏；4-多功能状态组合模块；5-记点灯；6-微机显示屏；7-压力仪表模块；8-柜体；9-冰箱；10-烟灰缸；11-重联电话；12-电源插座；13-万转开关；14-按钮；15-电空制动控制器；16-扳键开关组；17-司机控制器

3. 机械室设备布置

1）Ⅰ端机械室

Ⅰ端机械室紧邻Ⅰ端司机室,设备布置以电气系统设备为主,各装置和机械设备按功能和电压等级进行分区集中布置,有利于布置特高压、高压、低压、传送信号类等各种配线和减短各装置之间的连线,提高系统可靠性,降低故障率,具体有牵引电机通风机组、更衣箱、卫生间、蓄电池充电装置、蓄电池柜、滤波装置、微机及监控柜、控制电器柜、综合通信柜、辅助变压器等。

2）Ⅱ端机械室

Ⅱ端机械室紧邻Ⅱ端司机室,设备布置以空气系统设备为主,有利于布管作业和尽量减短空气管路;尽量减少不必要的交叉配管;尽量组合成单元,以提高作业效率。具体有牵引电机通风机组、空气压缩机、总风缸、辅助风缸、干燥器、制动屏柜等。

3）中央机械室

在Ⅰ端机械室和Ⅱ端机械室之间设有中央机械室,布置有主变流装置、复合冷却器及复合冷却器通风机组等设备。为了保证机车的质量分配,机车安装两套完全一样的主变流器和两台用于冷却主变流器与主变压器的复合冷却器,并斜对称布置。为了保证主变流器冷却系统的可靠性,尽量减短冷却管路,在室内将主变流器和复合冷却器作为整体单元布置在机车中心位置,与复合冷却器和主变流器相连接的牵引控制系统按左右配置。因主变流装置的输入端子部位直接连接在主变压器的二次端子上,主变压器二次端子的排列顺序和主变流装置主回路端子的排列顺序一致,并且尽量缩短与复合冷却器的连接管路。主变压器二次线圈侧的端子互相隔开,配置在主变压器的中央部位,即将主变压器的二次端子设置在主变流器端子正下方。

4. 车下设备布置

主变压器悬挂在车体底部的中央位置,以主变压器为中心,对称布置2台三轴转向架,另外在车体下部配置动车插座、辅助/控制电路外接电源插座、行灯插座、机车电子标签、速度传感器等设备,如图1-36所示。

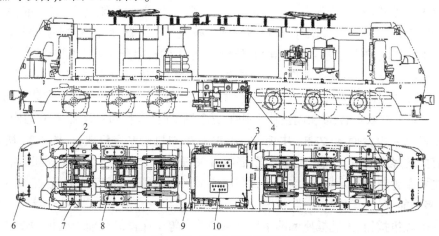

图1-36 HXD$_3$型电力机车车下设备布置

1-信号互感器;2-速度传感器;3-110V充电插座;4-机车电子标签;5-车底灯;6-重联插座;7-接地装置;8-转向架;9-动车用插座;10-主变压器

三、HXD_{1D}型电力机车设备布置

从整体上来说,机车设备布置分为车顶、车内和车下设备布置,其中,车内设备布置又分为司机室设备布置和机器间设备布置。

1. 车顶设备布置

车顶设备包括高压户外电气设备和通信用的天线设备,高压户外电气设备既要满足机车电气性能要求,又要有足够的高压绝缘性能和抵抗风、沙、雨、雪、低温等恶劣自然环境侵害以及雷电过电压袭击的能力。车顶高压设备分别配置在绝缘顶盖上,如图1-37所示,主要包括两台受电弓、两个避雷器、车顶母线及支持绝缘子、设备天线等。在顶盖上设有登顶窗,司乘、检修人员确认接触网无电后,可经此上车顶进行检查和维修作业,为保证人身安全,登顶窗设置安全电气联锁装置,打开登顶窗前,接通顶盖上的接地装置,将25kV电路接地,确保人身安全,同时受电弓控制回路被切断,无法升弓,避免误升弓操作发生。在车顶上还装有两个高频喇叭(分别向前、向后安装)、一个低音喇叭和一个电笛。

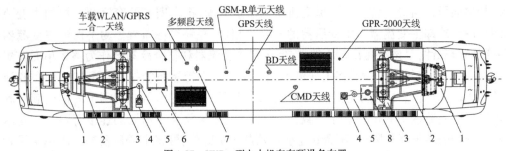

图1-37 HXD_{1D}型电力机车车顶设备布置

1-风笛及电笛;2-绝缘顶盖;3-受电弓;4-高压穿墙套管;5-避雷器;6-登顶门;7-卫生间通风口;8-母线支持绝缘子

2. 司机室设备布置

在车体两端设置具有同样操作功能的双司机室,司机室设备布置符合人机工程学要求和美学原理,具有友好的人机界面,便于司机操作和日常检查维修,并能实现单司机执乘。司机室内部设备包括司机操纵台设备、司机座椅、八显灯、灭火器、紧急制动阀、遮阳帘、顶棚灯、空调、暖风机、膝炉、主副司机脚踏等,司机室外部设备包括刮雨器、后视镜、扶手、踏板等。司机室前窗采用分层电加热玻璃,可通过司机操纵台中柜上的转换开关对玻璃加热器进行开断,以去除挡风玻璃上的冰。在每个前窗上方均布置有一个可调遮阳帘、下方各安装一个气动刮雨器,控制开关在操纵台中柜上,刮刷面积符合司机视野要求。在前窗鼻梁上安装了八显灯,在后墙上分别布置有取暖器、多功能坐卧两用椅、紧急制动阀(车长阀)、灭火器、衣帽钩等。

司机操纵台由台面板、左柜、中柜、右柜和主、副司机脚踏等组成,如图1-38所示,布置与运行有关的操纵装置、仪表、显示装置、各类开关按钮等分为司机侧和副司机侧。其中,在司机侧主要布置制动显示屏、电空制动机(DK-2或CCBII型)、风表模块、监控显示屏、微机显示屏、多功能模块、司机控制器、扳键开关组、无人警惕安全装置、风笛按钮等;在副司机侧仅布置一个风笛按钮、五孔插座和网络控制系统端口等。在操纵台前设两把高度、前后可调座椅,在左柜下方布置有第三方设备的车载通话器,整体脚踏开关有撒砂开关、无人警惕脚踏开关和低音喇叭开关。

模块1 电力机车车体/项目1 车体结构与设备布置

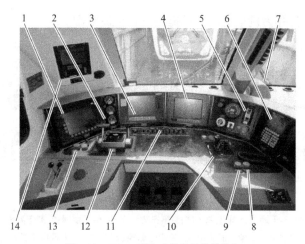

图1-38 HXD₁D型电力机车司机操纵台

1-制动显示屏;2-风表模块;3-监控显示屏;4-微机显示屏;5-多功能模块;6-CIR显示屏及通信电话;7-路况摄像头;8-高压风笛按钮;9-电笛按钮;10-司机控制器;11-扳键开关组;12-电空制动控制器;13-无人警惕安全装置、风笛按钮;14-6A系统音视频显示终端

司机操纵台上的扳键开关包括司机钥匙开关、主断路器(HVB)控制开关、受电弓控制开关、空压机开关、前照灯开关、辅照灯开关、本端标志灯开关、它端标志灯开关、机械间灯、仪表灯/阅读灯、司机室灯/地脚灯开关等,如图1-39所示。

图1-39 HXD₁D型电力机车司机操纵台扳键开关组

1-司机钥匙开关;2-主断路器(HVB)控制开关;3-受电弓控制开关;4-空压机开关;5-前照灯开关;6-辅照灯开关;7-本端、它端标志灯开关;8-机械间灯;9-仪表灯/阅读灯;10-司机室灯/地脚灯开关

3. 机器间设备布置

机器间设备布置采用中间走廊贯穿结构(宽度≥600mm),原则上两侧设备斜对称分布。主要设备有:牵引通风机、主变流柜、冷却塔、低压电器柜、控制电源柜、蓄电池柜、制动柜、第三方设备柜、主压缩机组、总风缸、干燥器、辅助滤波柜、列车供电柜、6A系统柜、网侧柜(主断路器、高压隔离开关、高压电压互感器、高压电流互感器、高压接地开关)、工具柜、卫生间、登顶梯及其他附件等,如图1-40所示。

机械间内设备布置的数量及作用分述如下:

(1)牵引通风机6台,通过相应风道从侧墙小斜面吸风,然后将冷风吹入牵引电机,带走牵引电机工作时产生的热量。包含轴流风机、水泵和复合冷却器的冷却塔2台,冷却主变流器和主变压器的水路和油路,带走主变流器和主变压器工作时产生的热量。

(2)主变流柜2台,采用主辅一体化设计,牵引时将主变压器次边提供的单相交流电逆变后给牵引电机供三相电,电制动时将牵引电机发出的三相交流电逆变成单相后通过主变压器反馈回接触网,并为机车上的辅机提供三相交流电源。

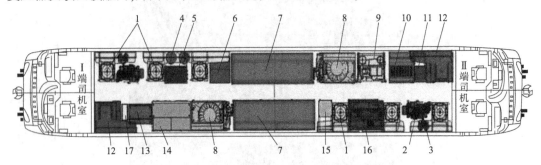

图 1-40 HXD$_{1D}$ 型电力机车机械间设备布置

1-牵引通风机;2-主压缩机组;3-干燥器;4-车上总风缸;5-第三方设备柜;6-卫生间;7-主变流柜;8-冷却塔;9-制动柜;10-列车供电柜;11-工具箱、冰箱、微波炉;12-辅助滤波柜;13-控制电源柜、蓄电池柜;14-低压电器柜;15-6A 系统柜;16-网侧柜;17-复轨器

(3)低压电器柜 1 个,内装微机网络控制单元和机车控制用的接触器、继电器、辅机自动开关、转换开关等部件。

(4)网侧柜 1 个,安放高压电气部件,包括主断路器、高压隔离开关、避雷器、高压电压互感器等。

(5)控制电源柜 1 个,为机车内部电器提供控制电压(充电机功能)、针对 110V 输出和 24V 输出进行一定的低压配电、对机车蓄电池进行充电管理。蓄电池柜 1 个,装有蓄电池 48 节,为机车提供 DC110V 控制电源。

(6)主压缩机组及干燥器 2 套,生产压缩空气并进行干燥、过滤处理。制动柜 1 个,是机车制动机的核心部件。总风缸 2 个,储存压缩空气。

(7)列车供电柜 1 个,向机车后部客运车厢提供 DC600V 电源。6A 系统柜 1 个,存放 6A 系统各子系统主机及 6A 系统电源等。

(8)第三方设备柜 1 个,安装 TAX2 型机车安全信息综合监测装置、LKJ2000 列车运行监控记录装置、机车综合无线通信设备(CIR)主机、JT-C 系列机车信号车载系统设备主机等部件。

(9)卫生间 1 个,采用整体非直排式,主要配备有坐便器、洗手台、水箱、镜子、加热器、污物收集箱等。工具柜 1 个,存放随车工具。

(10)其他附件:包括冷藏箱 1 个、微波炉 1 个、接地棒 1 套、登顶梯 1 套、受电弓阀板 2 个及总风缸 2 个等,冷藏箱和微波炉只有在主断路器闭合状态时才能使用,接地棒安装在机械间顶盖上,复轨器(左、右)安装在机械间内蓄电池柜和辅助滤波柜之间,在机车两侧安装了显示自动制动和停放制动的指示器,机车信号装置包括头灯、辅照灯、标志灯。

4. 车下设备布置

车下设备布置包括转向架、主变压器、车钩缓冲装置、排障器、总风缸、空气管路系统部件、车底灯等,主变压器安装在两转向架之间和两个总风缸之间,高压电缆通过连接器缚在穿墙套管内部,原边电压通过高压电缆接入主变压器侧边高压套管。机车两侧配备 DC600V 插座,给牵引逆变器提供 DC600V 电源,用于库内动车运行模式。

四、FXD₃型动力车设备布置

FXD₃型动力车的前端是司机室,中间是机械室,在机械室内设有700mm宽的中央通道,在通道两侧设有主变流装置、通风机、复合冷却器、空气压缩机等电气设备,如图1-41所示。车内设备布置以平面斜对称布置为主,设备成套安装,有利于制造检修、部件互换和质量分配。

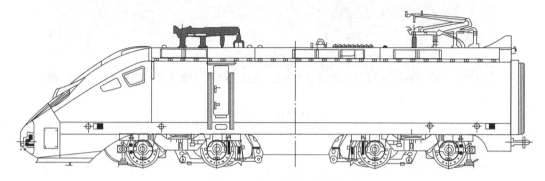

图1-41 FXD₃型动力车外形

1. 车顶设备布置

在顶盖Ⅰ、Ⅲ上布置有受电弓及支持绝缘子、避雷器、高压穿墙套管,避雷器底部和高压电缆穿墙套管上部和下部采用绝缘防护,能够有效防止污闪,在顶盖Ⅰ上还设有天线安装预留座;在顶盖Ⅱ上设有受电弓摄像头、LKJ车载三合一天线、北斗天线、3G天线和活动天窗,活动天窗(设置钥匙联锁装置)用于登车顶检修作业,如图1-42所示。

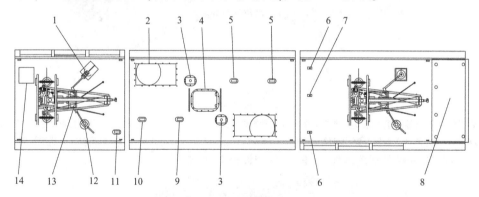

图1-42 车顶设备布置

1-高压套管;2-复冷风机通风口;3-受电弓摄像头;4-活动天窗;5-LKJ车载三合一天线;6-多频天线;7-电台GPS天线;8-导流罩;9-北斗天线;10-3G天线;11-天线安装预留座;12-避雷器;13-受电弓;14-空调风道

2. 司机室设备布置

司机室设备布置及设计采用人机工程优化,并进行降噪处理。室内宽敞明亮,司机能较方便地接近室内的每一个部位。司机室两侧各设有1个可打开的侧窗,后墙中部设有通向机械间的门。整个司机室分为操纵台设备布置(图1-43~图1-48)、后墙设备布置(图1-49)、顶盖设备布置(图1-50)、侧墙设备布置(图1-51)、前墙设备布置(图1-52)5个部分。

仪表盘区域设备布置从左至右分别为6A显示屏、司机显示屏2、监控显示屏、CTCS显示屏、紧急制动按钮、门关闭指示灯、蜂鸣器指示模块、司机显示屏、CIR电台的MMI显示终端和送受话器等。

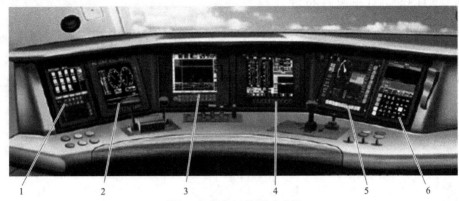

图1-43 仪表盘区域设备布置

1-6A显示屏;2-司机显示屏2;3-监控显示屏;4-CTCS显示屏、紧急制动按钮、门关闭指示灯、蜂鸣器指示模块;5-司机显示屏1;6-mini受话器

　　台面板设备布置从左至右分别为后备制动阀、蜂鸣器、高音风笛、左门控制等按钮、制动控制器、半自动过分相按钮、扳键开关(主断路器、受电弓、空压机)、牵引模式按钮、司机控制器、扳键开关(前照灯、司机室灯、辅照灯)、右门控制按钮、司机警惕按钮、高音风笛按钮、送受话器。

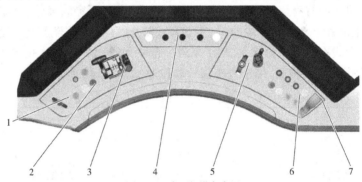

图1-44 台面板设备布置

1-后备制动阀;2-蜂鸣器、高音风笛、左门控制等按钮;3-制动控制器;4-半自动过分相、扳键开关(主断路器、受电弓、空压机)、牵引模式按钮;5-司机控制器;6-扳键开关(前照灯、司机室灯、辅照灯)、右门控制按钮、司机警惕、高音风笛按钮;7-送受话器

　　中柜顶部布置了刮雨器控制开关、空调控制开关等。

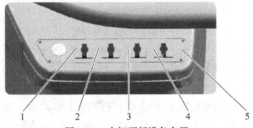

图1-45 中柜顶部设备布置

1-刮雨器喷淋按钮;2-刮雨器控制开关;3-空调模式控制开关;4-空调风速控制开关;5-遮阳帘控制开关

　　左边柜功能区布置有网压表、控制电压表、制动缸压力表、总风/列车管压力表、后备均衡压力表、茶杯托、紧急放风阀、开关面板1、开关面板2等,在左柜立面上布置有烟灰盒、打印机及外部扬声器、重联电话。

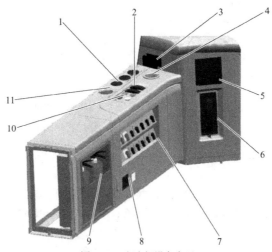

图 1-46 左边柜设备布置

1-制动缸、总风/列车管、后备均衡压力表;2-网压表、控制电压表;3-烟灰盒;4-茶杯托;5-打印机及外部扬声器;6-重联电话;7-开关面板 2;8-五孔插座、地脚灯;9-灭火器;10-开关面板 1;11-紧急放风阀

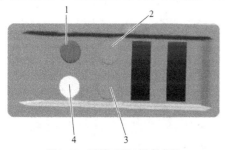

图 1-47 开关面板 1 设备布置

1-停放制动施加;2-停放制动缓解;3-踏面清扫;4-换端

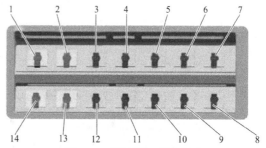

图 1-48 开关面板 2 设备布置

1-控制电源;2-紧急牵引;3-电风扇;4-膝炉脚炉;5-底架灯;6-仪表灯;7-标志灯;8-走廊灯;9-尾灯;10-地脚灯;11-暖风机;12-窗加热;13-监控隔离;14-车门零速

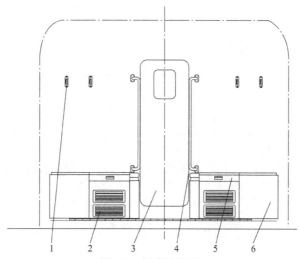

图 1-49 后墙设备布置

1-衣帽钩;2-后墙暖风机;3-司机室隔墙门;4-防夹手装置;5-添乘座椅;6-后柜

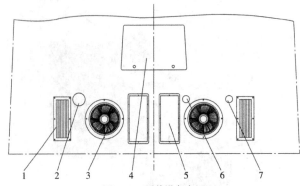

图 1-50 顶盖设备布置

1-风扇回风栅;2-摄像头;3-风扇;4-头灯检修仓;5-司机室顶灯;6-感温探头;7-感烟探头

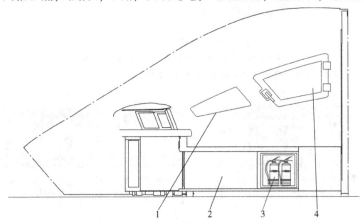

图 1-51 侧墙设备布置

1-侧固定窗;2-右边柜;3-灭火器;4-侧开窗

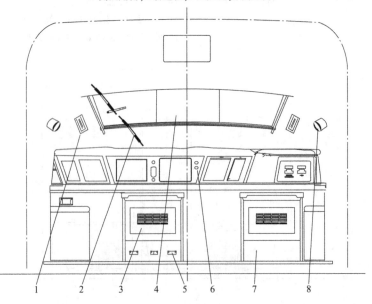

图 1-52 前墙设备布置

1-八显灯;2-刮雨器;3-前端暖风机;4-遮阳帘;5-主脚炉;6-操作台;7-副脚炉;8-出风口

3. 机械室设备布置

机械室设备布置如图 1-53 所示,其主要特点如下:

(1)主变流器、复合冷却器、牵引通风机采用斜对称布置,便于平衡机车轴重。

(2)机车的电器柜采取适当集中、合理化布置的方式。

(3)机车主变压器位于机车中部,下悬于底架下,以降低机车重心。

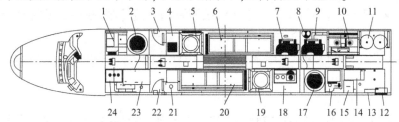

图 1-53　FXD$_3$ 型动力车机械室设备配置

1-柜式空调;2-牵引风机 1;3-侧入门;4-列车供电柜;5-复合冷却器;6-变流柜 1;7-空压机 1;8-干燥器;9-空压机 2;10-网侧柜;11-总风缸;12-空气箱;13-端子柜;14-低压柜;15-辅助变压器;16-蓄电池充电柜;17-牵引风机 2;18-制动柜;19-复合冷却风机 2;20-变流柜 2;21-6A 系统柜;22-侧入门;23-第三方设备柜;24-微机柜

(4)机车采用先进的油水冷却设备来冷却变压器油和变流器水,散热器采用共体分层模式,充分利用空间并提高冷却效率。

(5)机车机械间内管路和布线采用先进的预布式中央管排、线槽方式,安装在中央走廊地板下,美观且便于安装和维护。

(6)机车通风系统为独立式通风系统,各通风系统相互独立、互不影响。机车运行时机械间保持微正压工况。

4. 车下设备

车下设备布置如图 1-54 所示。主变压器悬挂在车体底架中部,以变压器为中心对称布置 2 台转向架。在转向架上配置有牵引电机等设备。另外,还配置了动车插座、辅助/控制电路外接电源插座、行灯插座、机车电子标签、速度传感器和轴温传感器等设备。

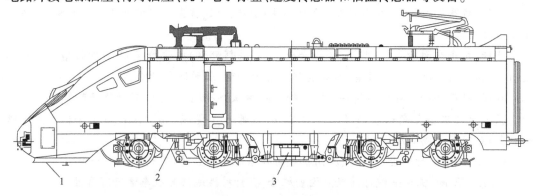

图 1-54　车下设备布置
1-排障器;2-走行部;3-主变压器

任务实施

1.教师下发学习任务工单(见本教材配套学习任务工单中任务 1.2),明确任务内容,并给出本次任务的实施方法与评价标准。

2. 学生课前研究学习计划、查找相关学习资源，按要求完成预习任务。

3. 教师进行课堂讲解、现场教学或操作演示。

4. 将学生按5~8人为限组成若干个学习小组，以小组形式组织讨论、交流。教师全程关注每个小组的学习进程，提出引导性意见，激发学习兴趣，提高学生自主学习能力。

5. 完成学习任务后，小组要进行总结汇报演讲，或针对实践技能的掌握进行实作演示，学生进行自我评分及小组评分，给出学习任务中的成绩。

6. 教师对学生测试检查或成果展示情况给出评分，并根据学生的自评分、互评分给出综合评分。

练一练

从 SS_{9G}、HXD_3、HXD_{1D}、FXD_3 四种机型中任选一种，画出车体内设备布置简图，并标注出主要设备的名称。

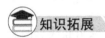
知识拓展

定 检 修 程

为更好地保证机车在牵引运行中的安全、正点、可靠，把故障率降到最低点，除了提高机车本身的可靠性，加强运用操作的规范性、准确性及日常正确的维护、保养外，对运行公里数达到规定范围的机车，还应进行全面检修，确保机车以良好状态投入运营，并延长机车的使用寿命。

直流传动机车定期检修的修程分为大修（轻大修）、中修、小修、辅修4个等级，其中，大修（轻大修）属于厂级修程，中修、小修、辅修属于段级修程。

大修：机车全面检查，大范围（各部件、管系等）解体检修，恢复机车的基本质量状态，属于全面恢复性修理。

中修：机车全面检查，中等范围（主要部件）解体检修，恢复其可靠使用的质量状态，属于平衡性修理。

小修：机车全面检查，小范围（关键部件、易损易耗部件）解体检修，有针对性地恢复机车运行可靠性，有诊断技术条件者，可按其状态进行修理，属于运行性修理。

辅修：机车全面检查保养清扫，做故障诊断，按状态修理，属于临时性维修和养护。

交流传动机车定期检修的修程分为C1~C6修6个等级，其中，C1~C4修属于段级修程，C5、C6修属于高等级修程。

C1修：机车例行检查和保养，利用机车自检系统进行故障诊断，按状态修理。

C2修、C3修：机车关键部件重点检查维修，有针对性地恢复机车运行可靠性。

C4修：机车主要部件检查，性能参数测试，修复不良状态部件，恢复机车可靠质量状态。

C5修：机车主要部件分解检修，性能参数测试，恢复机车可靠性质量状态。

C6修：机车全面分解检查，全面性能参数测试，恢复基本性能，可同时进行机车或主要部件的技术提升。

按维修地点来分，大修一般在工厂进行；C6修统筹路内路外市场，一般在工厂或检修基地进行;C5 修在路网性规划的检修基地进行;中修、小修、辅修、C1~C4 修在机务段进行。

复习思考题

1. 简述电力机车的总体组成及各部功用。
2. 简述电力机车车体的功能与受力特点。
3. 电力机车的车体必须满足哪些性能要求?
4. SS_{9G} 型电力机车总体布置有哪些特点?
5. HXD_{1D} 型电力机车车体由哪几部分组成?各有何功用?
6. 试述 HXD_3 型电力机车司机室的总体布置。
7. 与"计划预防定期修理制度"相比,状态修具有什么明显特点?
8. 机车定检修程是如何规定的?

项目 2　通风冷却与空气管路

📖 项目描述

通过电力机车实物参观和 3D 动画演示,激发学生对电力机车通风冷却和空气管路的兴趣。通过理论知识讲解和实践技能操作,引导学生掌握通风冷却系统的布置与空气管路系统的功能。通过小组 PPT 汇报和提问环节,检测学生对知识的掌握程度。

📚 教学目标

☞ **知识目标**

1. 掌握通风冷却系统的布局与通路。
2. 掌握空气管路系统的功能与结构。
3. 了解检修周期、检修范围。

☞ **技能目标**

1. 会对车体通风系统设备进行整备检查作业。
2. 会对空气管路系统设备进行整备检查作业。

☞ **素质目标**

1. 培养敬业爱岗、遵章守纪、乐于奉献的职业道德。
2. 养成精检细修、严守操作规程的工匠精神。

📓 背景知识

通风冷却系统是电力机车中的一个非常重要的系统,它担负着牵引电机、主变压器、主辅变流器、制动电阻等重要部件的冷却工作,以保证其正常工作。机车通风冷却系统按类别可分为自然通风和强制通风两类,按方式可分为车体通风(车外空气由侧墙吸入车体内,再自行分配进入各风道)和独立通风两种。对于分布在车体内不同部位的需要强制冷却的电气设备,通常将它们就近分为若干组,根据不同部件和冷却要求,采用合适的通风机和冷却风道,共同组成一个布置合理、适应要求的通风冷却系统,两种通风方式也可以混合采用。

在机车通风冷却系统中,通常采用的通风机有离心式和轴流式两种类型。

离心式通风机(也称鼓风机)的叶轮装在蜗壳内,叶轮轴由电机驱动。当叶轮在蜗壳内做高速旋转时,叶片间的空气也被迫做高速旋转,在离心力的作用下,沿叶轮甩出来,以一定速度沿蜗壳进入风道,如图 2-1 所示。由于叶轮间形成真空,外界空气从叶轮轴进风口不断被吸入,流进截面渐扩的蜗壳通道,把空气的流速转变为压强,使风道的风压得到升高。其特点是轴向流入、径向流出;风压大,风力较集中,适合远距离通风,出风体积大,但转速低(受叶轮形状和强度的影响),效率也低。

轴流式通风机(也称风扇)的叶轮轴与风道平行(也可不设风道),叶轮在电机驱动下高速旋转,由于叶片有一定的斜度,形成空气的轴向流动,叶轮背面形成真空,外界空气不断补入,如图2-2所示。其特点是空气轴向流入、轴向流出;风压小,风力较分散,不适合远距离送风,出风体积小,但转速高,效率较高。

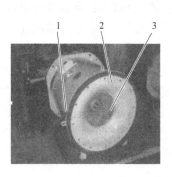
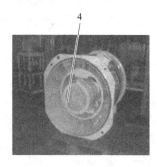

图2-1 离心式通风机
1-风筒;2-导风板;3-叶轮;4-电机

图2-2 轴流式通风机
1-机壳;2-盖板;3-叶片

两类通风机在电力机车通风冷却系统中均被采用。对于一些距离车体较远的设备(如牵引电机),通常采用离心式通风机冷却,一些设备因位置局限(如制动电阻柜),通常采用轴流式通风机冷却。为解决机车车体受空间限制的问题,使一台通风机能冷却多台设备,通常采用通风支路或将需要冷却的设备分别置于通风机两侧的进风口和出风口。

空气管路系统是电力机车的重要组成部分,直接关系到机车的运行安全。按照原理和功能可划分为风源系统、控制管路系统、辅助管路系统和制动机管路系统四大部分。

任务2.1 通风冷却系统认知

任务描述

通过认知SS_{9G}、HXD_3、HXD_{1D}型电力机车和FXD_3型动力车的通风冷却系统,熟练掌握电力机车通风冷却系统的布局与通路,培养团结协作意识,为后续任务的学习打下基础。

知识准备

一、SS_{9G}型电力机车通风系统

SS_{9G}型电力机车采用独立通风系统,车外空气不直接进入车体,而是通过各自独立的专用风道对各部件进行冷却,有利于降低车内负压,保持机械间相对清洁、干净,减少车内积尘,减少灰尘对车内各种电气设备的污染,如图2-3所示。按照被冷却对象,主要有牵引通风、主变压器通风和制动通风三大通风系统,共设置4台离心式通风机和5台轴流式通风机。

(一)过滤除尘装置

牵引电机和硅机组采用独立风道的侧墙进风方式,车体左右两侧墙上各安装有4个空

气过滤器,全车共计8个。新型过滤装置由铝合金百叶窗和泡沫海绵过滤网组成,不仅要求具有较好的滤尘效果,还须具有很高的滤水性能。铝合金百叶窗为机械式除尘器,如图2-4所示,采用离心—沉降—分离的除尘机理,其前部设有进风导流体,中部和后部设有分离器。车外空气经进风导流体后被加速,灰尘和水滴在惯性作用下进入中部和后部分离器减速,并在自重作用下沉降到沉积室排出。与V形百叶窗相比,新型百叶窗具有过滤效率较高、防水性能优异、阻力损失小、低噪声等优点,而且它设有积尘箱和排尘口,能够自动清除滤掉的灰尘和雨水,实现免维护和自清洁,从而可以在一定程度上延长后一级过滤器的清洗维护周期。后一部分泡沫海绵过滤网是除尘装置的第二级除尘器,具有很高的过滤效率,能够过滤掉空气中大部分灰尘。泡沫海绵过滤网还具有较大的容尘量,能够延长使用周期。在经过一定时间的运用后,空气中的尘粒会黏附在滤料内部,堵塞滤网,造成通风阻力增加,影响系统的通风量,因此必须定期对滤网进行检查、清洗。

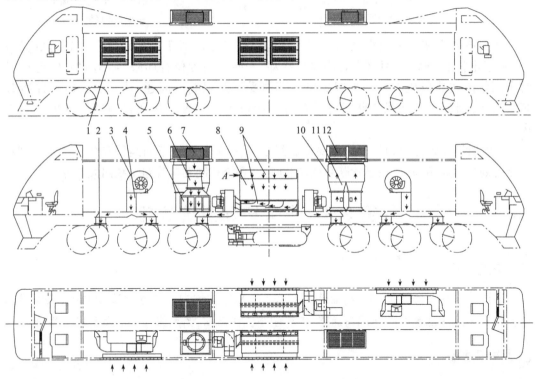

图2-3 SS$_{9C}$型电力机车独立通风系统示意图

1-侧墙过滤器;2-牵引电机;3-牵引通风机;4-风道;5-变压器油散热器;6-主变风机;7-变压器通风罩;8-整流柜;9-整流柜风道;10-制动电阻柜;11-制动风机;12-制动电阻通风罩

离心沉降过滤器的工作原理是:进入风道的空气在进风件的风口处加速,加速后的灰尘和水滴因含有较高的冲量而进入分离器1和分离器2并减速,由于本身的重力而下坠至沉积室,排到车顶侧墙外侧。离心沉降过滤器的优点是低压降、低噪声、免维修、质量轻。

(二)牵引通风系统

全车共有6台牵引电动机和2台硅整流柜,工作中会产生相当大的热量,它们分别由4台离心式牵引通风机形成各自独立的风道系统进行强迫风冷。其中,1号牵引风机对1位和2位牵引电机进行强迫风冷;2号牵引风机对1号硅整流柜和4位牵引电机进行强迫风冷;3号牵引风机对2号硅整流柜和3位牵引电机进行强迫风冷;4号牵引风机对5位和6位牵引电机进行强迫风冷。牵引风机额定风量$3m^3/s$,全压5kPa,转速2930r/min,驱动电机功率30kW。

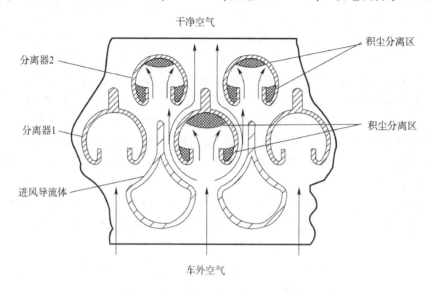

图2-4　SS_{9G}型电力机车侧墙铝合金百叶窗原理图

各风道系统中冷却空气走向如下:

(1) 车外吸入→侧墙过滤装置→车体夹层风道→1号牵引风机→风道→1位牵引电机→车底排出
　　　　　　　　　　　　　　　　　　　　　　　　　　　　　　→2位牵引电机→车底排出

(2) 车外吸入→侧墙过滤装置→车体夹层风道→整流柜风道→1号整流柜→2号牵引风机→风道
　→4位牵引电机→车底排出
　→放风口→进入车内

(3) 车外吸入→侧墙过滤装置→车体夹层风道→整流柜风道→2号整流柜→3号牵引风机→风道
　→3位牵引电机→车底排出
　→放风口→进入车内

(4) 车外吸入→侧墙过滤装置→车体夹层风道→4号牵引风机→风道→5位牵引电机→车底排出
　　　　　　　　　　　　　　　　　　　　　　　　　　　　　　　→6位牵引电机→车底排出

(三) 制动通风系统

全车共有2个制动电阻柜,工作时会产生非常大的热量,由4台轴流式制动风机对其进行强迫风冷,每2台制动风机并联冷却1个制动电阻柜。制动风机额定风量$6.25m^3/s$,全压1.6kPa,转速2900r/min,驱动电机功率15kW。

制动通风系统中冷却空气走向如下:车底吸入→制动风机→过渡风道→制动电阻柜→车顶通风罩→车顶排出。

(四) 主变压器通风系统

主变压器工作时,油散热器中的冷却用油温度会急剧升高,由1台轴流式主变风机对油散热器进行强迫风冷,主变风机额定风量$7.78m^3/s$,全压1.77kPa,转速2920r/min,驱动电机功率22kW。

主变压器通风系统中冷却空气走向如下:车顶通风罩吸入→过滤器→过渡风道→变压器风机→油散热器→车底排出。

二、HXD₃型电力机车通风系统（相关教学资源见二维码5）

二维码5
HXD₃型电力机车通风系统

HXD₃型电力机车强电设备的工作电流和电压都较大，如主变压器、主变流器、牵引电机等都需要采用强迫冷却，使这些强电设备工作中产生的大量热量经空气强制循环，散发到大气中，使工作温升不超过允许值，从而保证机车正常可靠地工作。另外，冷却系统还包括机车司机室空调换气装置，给司乘人员提供一个舒适的工作环境。机车采用独立通风系统，按机车纵向中心线斜对称布置在机车中间走廊两侧。司机室通风系统布置在两端司机室顶部，其他通风系统都有各自相对独立的通风部件和管道，各风路系统相互不影响，进风量均匀，不需进行风量再分配。冷却系统具有以下主要特点：

（1）冷却系统设计采用高度集成化、模块化的设计思路。根据机车总体对称布置的被冷却装置的要求，采用独立通风冷却技术，具有结构简单、进风面积大、风阻小、各通风支路风量分配均匀等特点。

（2）通风冷却系统的冷却空气尽量进行净化，如牵引电动机通风冷却系统采用惯性过滤器，并有自动排尘功能。冷却空气净化较好，电气部件少积灰尘，提高了工作的可靠性，并且它的部分净化空气排入机车机械间内，使机械间成为正压。

（3）主变压器油冷却和主变流器水冷却使用油、水复合冷却器，缩减了油、水连接管路，减少了流阻，提高了冷却性能，减轻了质量，使得机车总体设计更加合理。

（4）冷却系统采用性能较好的轴流通风机组，滚动轴承是进口单列深沟球轴承，为双面非接触橡胶密封圈式，具有较高密封性、防尘性能好、日常维护方便、运用寿命长。

（一）复合冷却通风系统

为简化机车冷却系统，将冷却主变流器的水散热器和冷却主变压器的油散热器共同制成一个整体的冷却器（上部为水散热器、下部为油散热器），称为复合冷却器，它们共用一台复合冷却通风机组来冷却。每台机车安装2台具有全铝合金板翅式结构的复合冷却器，相应地每台机车有2套复合冷却系统，斜对称布置在机车中心线两侧，每套系统负责对一台主变流器的水（纯水加乙二醇混合液）和主变压器的油（1/2油）进行冷却。

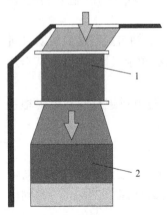

图2-5　HXD₃型电力机车复合冷却器通风冷却系统
1-复合冷却器风机；2-复合冷却器

1. 复合冷却器通风支路的冷却空气走向

由2台复合冷却风机组等部件组成的复合冷却通风系统分别对2台复合冷却器进行冷却，如图2-5所示，冷却空气由车顶滤网经过进风道进入复合冷却通风机组，再经过异径风道进入复合冷却器对油、水冷却，然后从车底部排入大气。

复合冷却器通风支路的冷却空气走向如下：

车外空气→滤网→复合冷却器风机组→异径风道→复合冷却器→车底大气。

2. 复合冷却系统

1）油循环回路

如图2-6所示，主变压器的两个油路被隔板分隔成两个区：一端为进油区，另一端为出油区。进出油区均有管路连接，保持两端油压平衡。出油部热油被油泵抽出，经油流继电器、蝶阀、

φ100联管、波纹管送入复合冷却器油散热器,经吹风冷却后再经波纹管、φ100联管、蝶阀由油箱进油侧进入线圈,通过挡油圈、撑条、垫块、围屏导向在线圈内部流动冷却发热件,然后由线圈排油侧流出,形成油循环回路。通过变压器油反复循环来冷却主变压器发热件。

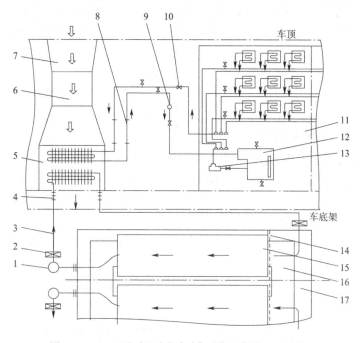

图2-6 HXD₃型电力机车复合冷却系统示意图(一个油路)

1-油泵;2-蝶阀;3-φ100联管;4-波纹管;5-复合冷却器;6-复合冷却通风机组;7-风道;8-φ80波纹管;9-流量计;10-闸阀;11-主变流器;12-水箱;13-水泵;14-止油隔板;15-线圈;16-铁芯;17-主变压器

2) 水循环回路

冷却水通过设置在牵引变流装置内的水泵进行循环。由水箱被水泵抽出来的冷却水,分成为三路,分别流入各分路,通过与散热片交换热量来冷却半导体元件。三路冷却半导体元件的冷却水在一根总管内汇集,从装置左侧面的出水口流出,经过闸阀、φ80波纹管经复合冷却器入口到水散热器,经吹风冷却后再通过φ80波纹管、流量计、闸阀返回水箱,形成水循环回路。通过冷却水反复的循环来冷却主变流器中的半导体元件。

3) 风循环回路

复合冷却通风机组内的通风机从车顶吸入冷却空气,先进入通风机,经过异径风道,进入复合冷却器,先冷却复合冷却器上层主变流器的冷却水,然后冷却下层的主变压器的冷却油,最后空气从车底排出。

(二) 牵引电机通风系统

由6台牵引风机组等部件组成的牵引电机通风冷却系统分别对6台牵引电机进行冷却,如图2-7所示。

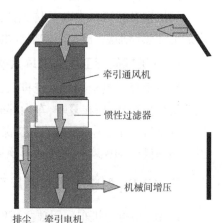

图2-7 HXD₃型电力机车牵引电机通风冷却系统

机车可拆卸顶盖的夹层作为进风道,大气通过百叶窗、顶盖夹层进入牵引通风机组,再经风道内的惯性过滤器进入牵引电机,对电机进行冷却,然后排向车外大气。通过惯性过滤器的冷却空气还有两个支路:一个支路是经过自动排尘装置排入大气;另一个支路是经过牵引通风机底座的风道侧旁风口,通过金属过滤网向车内排风,以确保机械间内空气的清洁,并在机械间内形成对流,及时带走机械间各电气部件散发的热量,有效地降低机械间温度。

牵引通风支路的冷却空气走向如下:

车外空气→百叶窗→夹层风道→弯管→牵引通风机组→

→惯性过滤器→┌牵引风机底座→┌车体风道→牵引电机→车底大气
　　　　　　 └排尘器→车外　 └旁风口→过滤网→机车内→车体出风口→车外

(三)辅助变流器通风系统

机车具有 2 台辅助变流器,分别安装在 2 台牵引变流装置内,具有各自独立的通风冷却系统,如图 2-8 所示。冷却空气由车顶侧滤网进入辅助变流器柜进风口后,经柜内通道、离心通风机、散热元件到柜排风口,然后从车底排入大气。

辅助变流器通风支路的冷却空气走向如下:

车外空气→车顶滤网→辅助变流器柜进风口→通道→离心通风机→各散热元件→风道→柜出风口→车底大气。

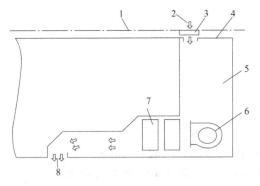

图 2-8 HXD_3 型电力机车辅助变流器通风系统示意图
1-车顶侧;2-进风;3-滤网;4-顶盖侧;5-通道;6-通风机;7-散热片;8-排风

(四)司机室通风系统

司机室通风系统采用顶置单元式空调机组,安装在机车Ⅰ、Ⅱ端司机室顶部。

司机室降温通风支路:司机室内的循环空气由空调机组内的通风机组经过装有滤尘网的回风道吸入,再通过空调机组内的蒸发器进行冷却,冷却后的空气经过出风口处的可调出风栅送入司机室,使司机室内温度降低。

司机室升温通风支路:司机室内的循环空气被空调机组内的通风机吸入,通过空调机组内的电加热器加热,被加热的空气由通风机送入司机室内,使司机室内温度上升。

(五)机械间及卫生间通风系统

平时由牵引电机通风系统排入机械间的空气使机车车内形成正压,部分空气通过空气压缩机排出车体,而在夏季,车内部分空气则通过车顶排气口排出车体,增加室内空气对流。机车内设有一个卫生间,其通风支路为车内空气经卫生间门下的透气口进入卫生间内,再经卫生间顶棚电动风扇将空气从车顶排风口吹入大气。

三、HXD_{1D} 型电力机车通风系统

HXD_{1D} 型电力机车采用独立通风系统,通风系统各通风支路都有其独立的进风风道,经风机送入各需冷却部件进行强迫冷却。需要进行通风冷却的主要部件有:6 台牵引电机、油水散热器(主变压器油散热器和主变流器的纯水/防冻剂混合液散热器)、2 个辅助滤波柜、

2台主压缩机等,如图2-9所示。机械间内通过机械间通风机向车内送风维持正压,可有效防止车外灰尘、雨雪等杂物进入车内。

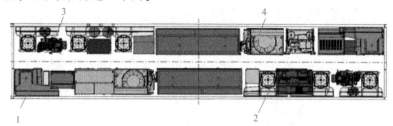

图2-9 HXD$_{1D}$型电力机车通风系统冷却部件布置示意图
1-辅助滤波柜;2-牵引通风机;3-主压缩机;4-冷却塔

(一)牵引通风支路

牵引通风机从车顶侧吸入冷却空气,冷却相应的牵引电机,每一个牵引电机用一台风机进行强迫风冷,全车共有六台牵引风机。空气走向如下:车外空气→侧墙百叶窗→风道→牵引通风机→车体台架风道支架→牵引电机软风道→牵引电机→车底大气。

(二)冷却塔通风支路

机车装备两个冷却塔,如图2-10所示,位于机械间内,在1号冷却塔油冷却回路中集成了一个副油箱和复合散热器,副油箱用于平衡油热量引起的膨胀,在副油箱上的液位指示器处可以检查油位。空气减湿器吸收从空气流进入副油箱中的湿气。冷却塔通过法兰直接连接到变流器水的入口和出口,它包含用于牵引逆变器的冷却管路以及用于主变压器的冷却管路。冷却塔拥有冷却水泵和用于主变流器冷却的膨胀水箱。

图2-10 HXD$_{1D}$型电力机车冷却塔
1-膨胀水箱;2-冷却水泵;3-复合散热器;4-副油箱(油,仅1号冷却塔有);5-液位指示器;6-空气减湿器;7-主冷风机

冷却塔有两个独立的冷却回路,如图2-11所示,用于主变流器水冷却液回路和主变压器油冷却液回路,两个冷却回路的冷却液在冷却塔中彼此独立地进行风冷。冷却塔通风支路的作用是冷却主变流器水、防冻液散热器和主变压器油散热器组成的油水散热器。全车共有两个冷却塔通风支路,其空气走向如下:车外空气→车顶过滤网→冷却塔风机→油水散热器→车底大气内。水冷却回路包含一个冷却水泵和一个膨胀水箱,冷却水泵用于提供冷却水,膨胀水箱用于自动通风及平衡冷却水热量引起的膨胀,可以在膨胀水箱上的液位显示处通过箱内的漂浮开关检查冷却液位。

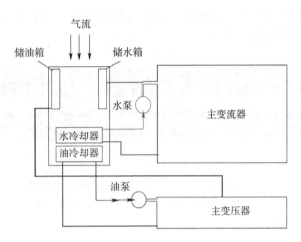

图 2-11　HXD_{1D} 型电力机车冷却塔系统原理图

(三) 辅助滤波柜通风散热支路

辅助滤波柜通风散热支路的作用是冷却机械间,并从机械间取风来冷却辅助变压器。全车共有两个辅助滤波柜通风散热支路,如图 2-12 所示,并设有冬夏季转换装置。夏季工况时的空气走向:车外空气→辅助滤波柜→车内;冬季工况时的空气走向:车外、车内空气→辅助滤波柜→车内。

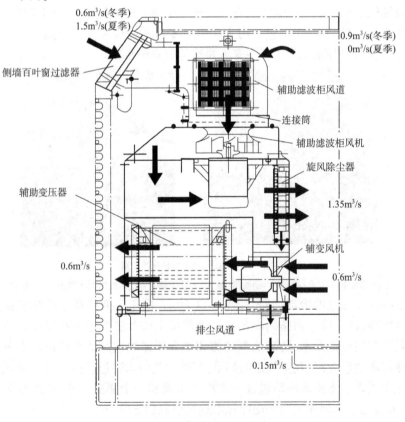

图 2-12　HXD_{1D} 型电力机车辅助滤波柜散热通风支路

(四)主压缩机通风支路

全车共有两个主压缩机通风支路,作用是冷却主压缩机散热器,如图 2-13 所示,主压缩机通风支路采用冬夏季转换装置。

夏季工况的冷却空气的走向[图 2-13a)]:车内空气→主压缩机散热风机→主压缩机散热器→车体压缩机风道→车底大气。

冬季工况的冷却空气的走向[图 2-13b)]:车内空气→主压缩机散热风机→主压缩机散热器→车体压缩机风道→机械间。

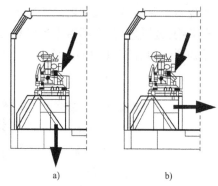

图 2-13 HXD_{1D}型电力机车主压缩机通风支路

(五)机械间通风支路

机械间通风支路的作用是冷却机械间,使机械间温升维持正常水平,同时维持机械间的正压。机械间通风支路的冷却空气由辅助滤波柜风机提供,冷却机械间后,经车顶通风窗和压缩机散热排风口排出车体。通过辅助滤波柜通风机向机械间放风后,机械间维持正压,由于机械间正压的作用,机械间热空气通过机械间排风口和压缩机散热排风口排出车体,起到了降低车内空气温度的作用。

四、FXD_3型动力车通风冷却系统

通风冷却系统主要用来对动力车上需要冷却的电气设备实施强迫通风,以使其工作温升不超过允许值,保证设备正常、可靠工作。另外,该系统还设有司机室空调、机械间换气等装置,给司乘人员提供一个舒适的工作环境。

FXD_3型动力车通风冷却系统的主要特点如下:

(1)通风系统设计采用高度集成化、模块化的设计思路。根据动力车总体设备斜对称布置的要求,采用独立通风冷却技术,具有结构简单、进风面积大、风阻小,各通风支路风量分配均匀并互不干扰等特点。

(2)通风的冷却空气应进行必要的过滤,如牵引电机通风冷却系统采用顶盖百叶过滤器+旋风式自动排尘过滤器对吸入的空气进行过滤。具有冷却空气清洁度高,进气阻力小,电气部件积灰尘少,工作可靠性高等特点。

(3)主变压器油冷却和主变流器水冷却使用油、水复合冷却器。采用这种"复合冷却"技术使动力车主要部件减少,缩减了油、水连接管路,减小了流阻,提高了冷却性能,减轻了质量,使得动力车总体设计更加合理。

(4)通风机组采用了铝合金等高强度轻质材料,不仅满足了风机性能要求,还极大地减轻了机组质量,便于动力车的轻量化设计。风机电机轴承采用进口可维护注油脂轴承,极大地提高了轴承使用寿命,并能更好地适应苛刻的线路条件,大幅提高了风机的可靠性。

(一)通风冷却系统组成

通风冷却系统主要包括牵引电机通风、复合冷却通风、机械间通风、司机室通风和空压机散热等通风系统。按动力车纵向中心线斜对称布置在动力车中间走廊两侧。司机室通风

系统布置在两端司机室内。各通风系统有各自相对独立的通风部件和管道,各通风系统互不影响,进风量均匀,不需进行风量再分配。FXD_3型动力车通风冷却系统总体布置、风量分配如图2-14、图2-15所示。

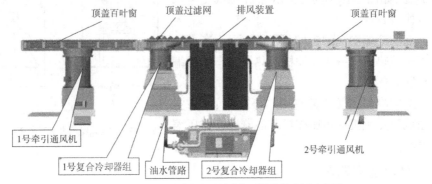

图2-14　FXD_3型动力车通风冷却系统总体布置示意图

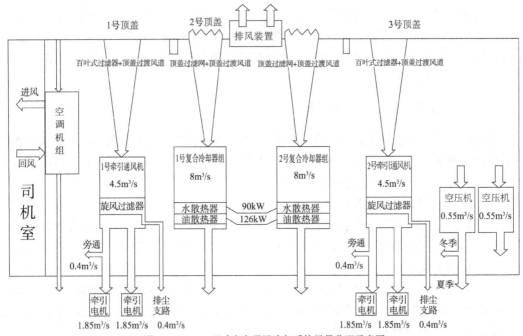

图2-15　FXD_3型动力车通风冷却系统风量分配示意图

1)牵引电机通风系统

牵引电机通风系统由两台通风机来完成,每一台通风机分别用来冷却一台转向架的两台牵引电机,室外空气经过顶盖百叶式过滤器、顶盖过渡风道、通风机、旋风过滤器和风机底座,在风机底座分成两个通风道,分别通过软管和牵引电机的入口连接,并在风机底座处加开机械间旁通口为机械间通风,如图2-16所示。

每组牵引电机通风支路的空气走向如下:

车外大气→顶百叶过滤器→车顶过渡风道→通风机→旋风过滤器→风机底座→车体风道→连接软管→牵引电机→大气
　　　　　　　　　　　→机械间旁通口→机械间换气
　　　　　　　　　　　→排尘支路

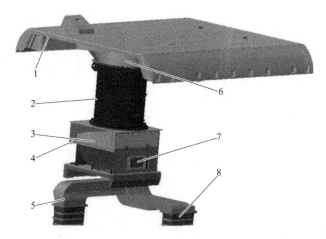

图 2-16 牵引电机通风系统示意图

1-百叶式过滤器;2-牵引通风机;3-旋风过滤器;4-排尘支路;5-1 号牵引电机进风口;6-顶盖过渡风道;7-机械间旁通口;8-2 号牵引电机进风口

牵引通风机组的主要特点如下:

(1) 采用离心式叶轮,叶轮修正为两面修正,以提高风机性能和效率。

(2) 风机机壳及电机机壳均采用高强度铝合金材料,在保证结构强度的同时极大地减轻了质量。

(3) 风机电机轴承采用进口可维护注油脂轴承,极大地提高了轴承使用寿命,并能更好地适应苛刻的线路条件,大幅提高了风机的可靠性。

2) 复合冷却通风系统

将水散热器和油散热器制作成串联一个整体的复合冷却器(上层为水、下层为油),通过共用一台复合冷却通风机组来冷却,既能解决主变压器油冷散热需要,又能解决主变流器水冷散热需要。由两台复合冷却通风机组等部件组成的复合冷却通风系统分别对两台复合冷却器进行独立冷却,复合冷却通风系统布置示意图、工作原理如图 2-17、图 2-18 所示。

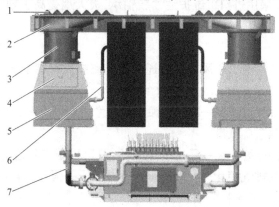

图 2-17 复合冷却通风系统布置示意图

1-顶盖百叶滤网;2-顶盖过渡风道;3-复合冷却器风机组;4-过渡风道;5-复合冷却器;6-水循环回路;7-油循环回路

冷却空气走向如下:

车外空气→顶盖百叶滤网→顶盖过渡风道→复合冷却器风机组→过渡风道→复合冷却

器→车底大气。

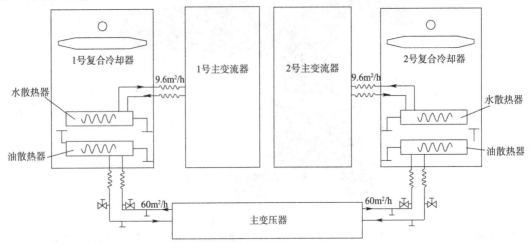

图 2-18　复合冷却通风系统工作原理图

FL216 型复合冷却器采用全铝合金板翅式结构。该冷却器由水芯体散热器和油芯体散热器组成。水芯体和油芯体之间留有空气吹道过渡带,空气从水芯体经过渡带进入油芯体吹向复合冷却器底部直向大气。由于空气经二次加热和中间带混合过程,从而提高了散热效果,包括由进出水(油)管、进出水(油)侧道、水(油)芯体等组成的水散热器用螺栓连接于钢结构框架上,组成整体结构,具有冷却散热效率高,流体阻力损失少,节约能源,体积小,质量轻,结构紧凑的优点。

复合冷却通风机的主要特点:

(1)叶轮形式为斜流螺旋桨式,叶轮修正为两面修正,以提高风机性能和效率。

(2)风机机壳及电机机壳均采用高强度铝合金材料,在保证结构强度的同时极大地减轻了质量。

(3)风机电机轴承采用进口可维护注油脂轴承,极大地提高了轴承使用寿命,并能更好地适应苛刻的线路条件,大幅提高了风机的可靠性。

3)机械间通风系统

机械间通风是由两组牵引通风系统旁通一条支路提供冷却空气,每组机械间通风支路空气走向如下:

车外大气→车顶百叶过滤器→车顶过渡风道→牵引通风机→旋风过滤器→抽板式棕纤维过滤器→机械间→顶盖排风口。

为了维持机械间内始终存在一稳定的微正压,可以根据实际情况调节抽板过滤器的进气流量和顶盖排风口的排气流量,以保证机械间内正压的恒定,排风装置示意图如图 2-19 所示。

4)司机室通风系统

司机室通风采用单元式空调机组,安装在动力车司机室前端罩板内。司机室内的循环空气由空调机组内的通风机经过装有滤尘网的回风道吸入,并与外界的新鲜空气混合,在通过空调机组内的蒸发器后,冷空气经过出风口处的可调出风栅送入司机室。制冷系统连续工作,使车内温度逐渐降低,从而达到制冷、除湿的目的,车内空气温度由控制器自动进行控制。

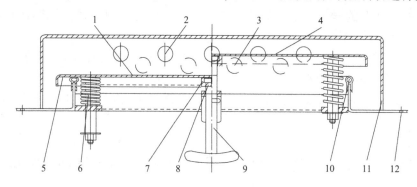

图2-19 排风装置示意图

1-排风口关闭位置;2-U形钢管一;3-U形钢管二;4-排风口开启位置;5-排风盖;6-压紧弹簧;7-卡槽;8-卡舌;9-手柄;10-密封胶条;11-侧排风口;12-铆钉

5)空压机通风散热系统

空压机通风散热采用机械间进气,冷却空压机后,冬季热空气排到车内,并由车体排气口排出车体;夏季热空气直接通过风道排出车体。

(二)空气过滤装置

百叶式过滤器安装在动力车顶盖上方,复合冷却器通风支路中,其主要作用是可以有效地过滤空气中的柳絮及漂浮物,阻力小,安装简单,清洗方便。

当外界空气通过旋风式过滤器入口,进入螺旋体之后产生高速旋转,在离心力的作用下空气中较大颗粒物被甩向周边,并从下导流管与上导流管之间的通道进入空滤器内腔,在余压的作用下加速从排尘风道排出车体,而上导流管中心部分的清洁空气则从下导流管内腔通过,达到过滤的效果。其优点有阻力小、噪声低、免维修和质量轻。

牵引电机通风冷却要求空气过滤精度相对较高,采用顶盖百叶式过滤器 + 旋风式自动除尘过滤器的二级过滤方式,并增加了自动排尘装置,以提高过滤效率、精度和降低系统阻力,增强防雨性能,延长了保养周期。

复合冷却器进气系统中安装有百叶式过滤网,由于复合冷却器空气翅片最小间隙为2.3mm,过滤器为1mm×1mm孔径钢丝网结构,钢丝直径0.5mm。因此,颗粒较大污物可以被滤网有效过滤,颗粒较小污物可以随冷却空气吹出冷却器,这样不仅可以有效防止冷却器阻塞,还可以最大限度地降低通风阻力,延长过滤器维护周期。

机械间通风要求过滤精度较高,其由牵引通风系统中旁通的一条支路完成,过滤形式为百叶式过滤器 + 旋风式过滤器 + 抽板式棕纤维过滤器的三级过滤方式。

任务实施

1. 教师下发学习任务工单(见本教材配套学习任务工单中任务2.1),明确任务内容,并给出本次任务的实施方法与评价标准。

2. 学生课前研究学习计划、查找相关学习资源,按要求完成预习任务。

3. 教师进行课堂讲解、现场教学或操作演示。

4.将学生按5~8人为限组成若干个学习小组,以小组形式组织讨论、交流。教师全程关注每个小组的学习进程,提出引导性意见,激发学习兴趣,提高学生自主学习能力。

5.完成学习任务后,小组要进行总结汇报演讲,或针对实践技能的掌握进行实作演示,学生进行自我评分及小组评分,给出学习任务中的成绩。

6.教师对学生测试检查或成果展示情况给出评分,并根据学生的自评分、互评分给出综合评分。

想一想

试比较 SS_9、SS_{9G}、HXD_3、HXD_{1D}、FXD_3 五种机型的牵引通风支路的冷却空气走向。

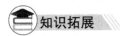

检修周期

机车各级修程的周期(公里或期限)是指机车零部件在两次修程之间保证安全运用的最短期限,并且非经该修程不足以恢复其基本技术状态。检修周期应根据机车实际技术状态和走行公里或使用时间确定,各铁路局集团公司应按机车检修规程规定的检修周期及技术标准执行。

1.直流传动机车检修周期(表2-1)

直流传动机车检修周期　　　　　表2-1

修程	电力机车		内燃机车	
	客/货运本务(万km)	补机/小运转(年、月)	干线(万km)	调小(年/月)
大修	货160~200 客200~240	≥15年	70~90	8~10年
中修	货40~50 客50~60	≥3年	23~30	2.5~3年
小修	8~10	≥6个月	4~6	4~6个月
辅修	1~3	≥1个月	≥2	≥2个月

从2003年起,对直流传动机车实施分层次大修:内燃机车检修周期结构由"新造—中修—中修—大修"变为"新造—中修—中修—轻大修—中修—大修",检修周期保持不变;电力机车检修周期结构由"新造—中修—中修—中修—大修"变为"新造—中修—轻大修—中修—大修",增加了轻大修,延长了大修周期。

2.交流传动机车检修周期(以先到为准)(表2-2)

交流传动机车检修周期(以先到为准)　　　　　表2-2

修程	电力机车(万km)	内燃机车(万km)
C6	200×(1±10%);≤12年	180×(1±10%);≤10年
C5	100×(1±10%);≤6年	90×(1±10%);≤6年
C4	50×(1±10%);≤3年	45×(1±10%);≤3年

续上表

修　程	电力机车(万 km)	内燃机车(万 km)
C3	$25\times(1\pm10\%)$；≤1 年	$23\times(1\pm10\%)$；≤1 年
C2	$13\times(1\pm10\%)$；≤6 个月	$12\times(1\pm10\%)$；≤6 个月
C1	$7\times(1\pm10\%)$；≤3 个月	$6\times(1\pm10\%)$；≤3 个月

任务 2.2　空气管路系统认知

任务描述

通过认知 SS_{9G}、HXD_3、HXD_{1D} 型电力机车和 FXD_3 型动力车的空气管路系统,熟练掌握电力机车空气管路系统作用与规章原理,培养团结协作意识,为后续任务的学习打下基础。

知识准备

一、SS_{9G} 型电力机车空气管路系统

(一) 风源系统

风源系统是空气管路系统的基础,负责生产、储备、调节、控制压缩空气,并向全车各气路系统提供所需的高质、洁净、干燥和稳定的压缩空气。SS_{9G} 型电力机车风源系统主要由空气压缩机组、压力控制器、空气干燥器、总风缸、止回阀、逆流止回阀、高压安全阀、启动电空阀、双管供风调压阀、排水阀、塞门、软管连接器和连接管路等组成,如图 2-20 所示。

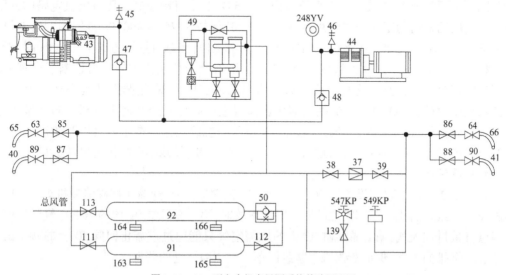

图 2-20　SS_{9G} 型电力机车风源系统管路原理图

43-TSA—230A 型螺杆式压缩机;44-V—2.4/9 型活塞式压缩机;45、46-高压安全阀;47、48-止回阀;49-双塔干燥器;50-逆流止回阀;40、41、65、66-供风软管连接器;63、64、89、90-供风折角塞门;85～88-防撞塞门;91、92-总风缸;111～113、139-截断塞门;163～166-排水阀;547KP-压力控制器;549KP-压力开关;248YV-启动电空阀

风源系统可分为主压缩空气的生产制备、压力控制、净化处理、储存和风源保护5个环节,具有双管供风功能。因为机车空气压缩机启动频繁,为保证压缩机在任何工况下都能顺利启动,在压缩机44排风口和止回阀48间装有启动电空阀248YV。确保总风管路不超压的高压安全阀45、46整定值为950kPa,给客车供风的调压阀37整定值为600kPa。用于供风压力状态指示的压力开关549KP整定值为480kPa,可从双管供风装置的风压表观察到供风风压或通过司机台上的指示灯来判断供风风压是否正常。

1. 主压缩空气的制备

机车采用一台TSA—230A型螺杆式压缩机和一台V—2.4/9型活塞式压缩机来制备压缩空气。TSA—230A型螺杆式压缩机额定排气压力为900kPa,排气量为2.4m^3/min,控制电压为DC110V,压缩机电机转速为2955r/min,轴功率为22kW;V—2.4/9型活塞式压缩机额定排气压力为900kPa,排气量为2.4m^3/min,控制电压为DC110V,压缩机电机转速为1500r/min,轴功率≤18.5kW,适用温度范围-40~+50℃(当环境温度低于-25℃时,应使用润滑油加热装置)。在运行中,如果一台压缩机出现故障,可用另一台机组继续维持运行。

2. 压缩空气的净化与储存

压缩空气在储存前必须经过净化处理,将压缩空气中的油水、杂质、尘埃去掉。机车采用具有再生作用的JKG1D型双塔空气干燥器来完成上述过程。压缩机组制备的饱和湿空气经压缩机出风管进入干燥器滤清筒,将压缩空气中的油雾、水和机械杂质过滤掉。洁净饱和湿空气进入干燥筒,经过活性氧化铝的吸附,使干燥筒排出的压缩空气既清洁又干燥。洁净干燥的空气经连接管道送入两个串联的总风缸内储存,以供全列车气动器械及制动机所需。两个总风缸平行于车体纵向中心线吊挂在车体底架下部,容积均为612L。

3. 压缩空气的压力调整

为保证安全和给各系统提供压力稳定的压缩空气,必须使总风缸保持在一个规定的压力范围。风源系统由YWK-50C型压力控制器547KP来自动控制空压机电机电路的开闭,通过控制压缩机组的工作来调节总风缸压力,使其保持在750~900kPa范围内。当总风缸压力低于750kPa时,接通压缩机控制回路,压缩机工作;当总风缸压力高于900kPa时,断开压缩机控制回路,压缩机停止供风,从而使总风压力处于整定值。当压力控制器出现故障时,可通过139塞门切除,此时司机可通过监视总风缸压力,利用强泵按键操作压缩机组。当总风缸压力达950kPa时,安装在压缩机出风管上的高压安全阀连续不断地向外排气,并发出尖锐警报声,提示司机断开强泵按键,停止压缩机组工作。在压缩机组开始启动时,出风管上的启动电空阀得电延时排出风管中的压缩空气,以减小压缩机组启动负载。

4. 风源保护

在91、92总风缸之间设置了逆流止回阀50,正常运行时,逆流止回阀能使机车91、92总风缸压力一致。当机车与车辆之间发生断钩事故时,第一总风缸91内的压缩空气随拉断的供风管直接排向大气,第二总风缸92内的压缩空气只能通过逆流止回阀50上的ϕ6mm逆流小孔缓慢排向大气,保证断钩机车紧急停车时对压缩空气的调整。

(二)控制管路系统

控制管路系统负责向受电弓(升弓动作与状态保持)、主断路器(分闸与合闸动作)及高压电器柜内的电空接触器、转换开关等机车气动电气设备提供所需的压缩空气。SS_{9G}型电力机车控制管路系统主要由辅助压缩机组、控制风缸、辅助风缸、单向阀、调压阀、分水滤气器、膜板塞门和连接管路等组成,系统管路原理如图2-21所示。为满足各种气动器械工作风压的不同要求,在控制管路系统中设置有51、52调压阀。

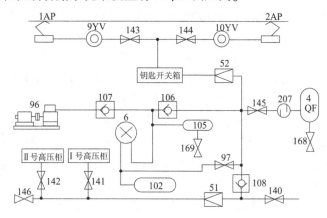

图 2-21 SS$_{9C}$型电力机车控制管路系统原理图

1AP、2AP-受电弓;4QF-主断路器;9YV、10YV-升弓电空阀;6-双针压力表;51、52-调压阀;96-辅助压缩机;97-膜板塞门;102-控制风缸;105-辅助风缸;106~108-单向阀;140~146-截断塞门;168、169-排水塞门;207-分水滤气器

1. 工作原理

控制管路系统的作用可分为正常运用时由总风缸供风、库停后由控制风缸供风以及库停后由辅助压缩机供风三种工况。

1) 正常运行时的总风缸供风

机车正常运用时,由总风缸向控制管路提供风源,其工作通路如下:机车总风缸压缩空气经140塞门后分为2路,一路经51调压阀(减压至500kPa)后,经141、142塞门供给I、II号高压柜,并经146塞门(常闭)供给机车做备用风源(吹扫用风);另一路经108止回阀分为4条支路:一路经106止回阀截止;二路经97膜板塞门进控制风缸102内储存;三路经145塞门、207分水滤气器(再次净化)向主断路器4QF风缸供风;四路经52调压阀(减压至500kPa)、钥匙开关箱、143(144)塞门进入升弓电空阀9YV(10YV),在电空阀得电后,进入受电弓1AP(2AP)的升弓气囊,使受电弓升起。

控制风缸102的设置是为了稳定控制管路系统内的风压,防止主断路器分合闸时引起压力波动。在机车停放前,应将控制风缸内的压力充至大于900kPa,然后关闭膜板塞门97,以备再次升弓合闸时所需(降低辅助压缩机组的工作频次)。止回阀106、107、108是为了防止控制管路系统内压缩空气逆流,同时代替换向阀实现风源转换而设置。

2) 库停后的控制风缸供风

机车停放后再次投入使用时,若总风缸由于泄漏使风压低于升弓合闸所需的最低值450kPa,而此时控制风缸内储存的风压大于600kPa(供参考)时,可打开膜板塞门97,利用控制风缸102风压进行升弓合闸操作。升弓合闸后,应立即启动主压缩机组打风,尽快恢复正常运行工况,由总风缸供风。其工作通路如下:控制风缸内储存的压缩空气经开放的膜板塞门97后分为四路:一路被止回阀108截止,不能进入总风缸;二路被止回阀106截止,不能进入辅助风缸;三路经塞门145、分水滤气器207进入主断路器4QF风缸,供给车分合闸使用;四路经52调压阀、钥匙开关箱去往受电弓。同样,控制风缸内风压可通过空气管路柜上双针风表6观察,此工况下,Ⅰ、Ⅱ号高压柜没有压缩空气。

3) 库停后的辅助风缸供风

机车停放较长时间后再次投入使用时,若总风缸和控制风缸由于泄漏使风压均低于升弓合闸所需的最低值450kPa,已无法进行升弓合闸操作,则可启动辅助压缩机组打风,但此时蓄电池的电压不得低于90V。辅助压缩机由机车蓄电池供电、直流电动机驱动,为减轻其工作负担,应在启动机组前关闭膜板塞门97、切除控制风缸102。当辅助压缩机打风使辅助风缸105内压力升至大于600kPa(供参考)时,可边打风边升弓合闸。完毕后,应立即启动主压缩机组打风,待总风缸压力大于450kPa后,停止辅助压缩机工作。其工作通路如下:辅助压缩机96产生的压缩空气首先经止回阀107后,一路进入辅助风缸105(辅助风缸压力可通过空气管路柜上的双针风表6显示,同时可以通过压力传感器和司机室内电测压力表显示);另一路经止回阀106后,分为四路:一路被止回阀108截止,二路被关闭的膜板塞门97截止,三路经塞门145进入主断路器4QF风缸,四路经52调压阀进入升弓通路。

为方便司乘人员操纵辅助压缩机,机车上设置了3个并联的辅助压缩机按钮,一个在空气管路柜,借助于双针风表进行操纵,另外2个分别在Ⅰ、Ⅱ端司机室操纵台。在操作中应注意关闭辅助压缩机的时机,在主压缩机组打风、总风缸压力低于450kPa时,不可停止辅助压缩机工作,否则将使已经升起的受电弓降下,主断路器跳闸。

辅助风缸105的设置,一方面起稳定、储存压缩空气的作用,另一方面对辅助压缩机产生的压缩空气进行冷却,故每次使用辅助压缩机后,应打开辅助风缸下方排水塞门169排放积水。

2. 高压安全保护

在机车受电弓升起时,为保证与高压区的隔离,SS_{9C}型电力机车采用门联锁钥匙箱。若在升弓时,任一高压室门或变流室门未关好,即安全联锁门钥匙未全部在安全钥匙箱内放置到位,则钥匙开关箱不能开放升弓通路,压力空气不能进入受电弓。升弓后,钥匙开关箱内的钥匙取不出,必须降弓并且待钥匙箱内的安全联锁状态解除后,才能取出各室的钥匙,避免司乘人员误入高压区,确保人身安全。

(三) 辅助管路系统

辅助管路系统可改善机车运行条件,确保行车安全。SS_{9C}型电力机车辅助管路系统主要由撒砂器、风喇叭、刮雨器、后视镜和连接管路等组成,系统管路原理如图2-22所示、系统控制电路原理如图2-23所示。各辅助装置直接使用总风缸压缩空气,在每个装置前均设有塞门。当某个装置出现故障或进行检修时,可将相应塞门关闭以切断风源。

1. 风喇叭

风喇叭是机车运行中发出警告和进行联络的必备设施。SS_{9C}型电力机车共设置了2个风喇叭(俗称风笛,采用规范化司机室以前有3个),一个为向前高音喇叭27(28),一个为向前低音喇叭31(32),位于司机室顶盖的喇叭安装盒内,每端司机室采用3个风喇叭按钮和一个脚踏开关控制喇叭。

正台的17SB(18SB)、副台的19SB(20SB)或靠近窗户的用于调车的辅助司控器附近的21SB(22SB)被按下后,高音喇叭电空阀19YV(20YV)得电,总风经该电空阀下阀口进入高音喇叭27(28)发出音响。如果踩下脚踏开关33SA(34SA),低音喇叭电空阀17YV(18YV)得电,总风经该电空阀下阀口进入低音喇叭31(32)发出音响(图2-23)。

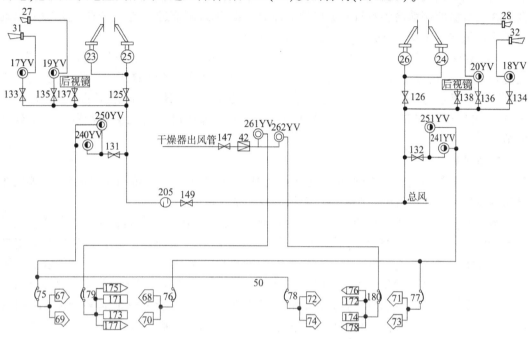

图2-22 SS$_{9G}$型电力机车辅助管路系统原理图

17YV~20YV-喇叭电空阀;23~26-刮雨器;27、28-高音喇叭;31、32-低音喇叭;42-停放制动调压阀;67、74-撒砂器;75~78-撒砂器连接软管;125、126、131~138、147、149、150-截断塞门;131、133、135、137、171~174-轮喷油箱;175~178-轮喷喷嘴;179、180-轮喷连接软管;205、206-分水滤气器;240YV、250YV、241YV、251YV-撒砂电空阀;261YV、262YV-轮喷电空阀

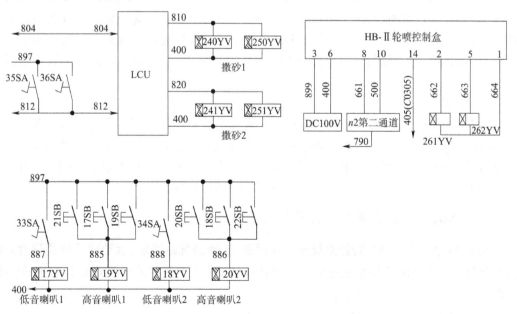

图2-23 SS$_{9G}$型电力机车辅助管路系统控制电路原理图

17SB~22SB-喇叭按钮;33SA、34SA-低音喇叭脚踏开关;35SA、36SA-撒砂脚踏开关

2. 刮雨器

为了刮去司机室前窗玻璃上的雨、雪、水珠,便于司机瞭望、确保行车安全而设置刮雨器。在司机室两侧前窗各装有一套风动双杆刮雨器,通过调节进气阀口的供气量大小,启动或停止刮雨器的摆动,同时能调节雨刷的摆动速度。

SS_{9G}型电力机车安装了FDG型气动刮雨器23(24)和25(26),使用时打开喷淋开关,喷嘴能喷出洗涤液,避免刮雨器干刮;将刮雨器控制模块上状态旋钮置于关闭状态,手动可以使刷臂自由摆动;正常运用时将状态旋钮置于开启状态,刮雨器在干净潮湿的车窗玻璃上开始移动,此时调整速度旋钮(顺时针旋转为减速,反之为加速),可以调整刮刷频率达到预定值。

3. 撒砂装置

撒砂装置是为向轨面撒砂、增加轮轨间的黏着力、防止轮对空转和踏面擦伤、改善机车牵引和制动性能而设置的,主要由砂箱、撒砂器和撒砂阀组成。

撒砂装置不仅能受司机的控制,也能与制动机、防空转滑行及断钩保护配合作用。当司机踩动脚踏开关35SA(36SA)、断钩保护动作、大闸紧急制动或监控装置启紧急时都能使812号、804号导线转为高电平;断钩保护、大闸紧急制动时,监控装置启紧急也能够通过硬线或制动逻辑控制装置使804号导线为高电平。当812号或804号导线为高电平或者机车发生空转滑行时,加上机车运行方向条件,机车控制系统LCU经过逻辑运算后使810号或820号导线输出高电平,使得撒砂Ⅰ电空阀250YV、240YV或撒砂Ⅱ电空阀251YV、241YV得电,总风缸内压缩空气将通过开放的电空阀下阀口,到达与机车运行方向一致的撒砂器,将砂子吹撒到轨面。

4. 轮轨润滑

SS_{9G}型电力机车装有HB—2型轮轨润滑装置,其作用是减少轮轨磨损、降低轮轨有害摩擦、节约机车牵引能耗、减少机车车辆运行噪声和脱轨倾向。轮轨润滑装置采用定距离喷脂方式工作,总风压缩空气将通过开放的电空阀到达与机车运行方向一致的喷头和油脂缸,喷出油脂,润滑轮轨。该装置适用于0~240km/h速度范围,有利于目前高速列车的选用。

5. 后视镜

为方便司机不将头伸出司机室就可以观察机车后面的情况,SS_{9G}型电力机车在司机室两端的外侧墙上各安装了一套气动后视镜,以便于司机向后面瞭望。平常后视镜收放在后视镜箱内,当司机需要瞭望时打开。后视镜转换开关设置在司机台面板上,设有三个位置:"0"位(切除位)、"1"位(打开位)、"2"位(打开并且加热位)。

二、HXD_3型电力机车空气管路系统

HXD_3型电力机车空气管路系统分为风源系统、辅助管路系统、制动机系统及防滑系统四大部分。由于采用了国外先进的电子、微机控制技术和先进的集成化安装工艺,便于检修和维护。

(一) 风源系统

风源系统负责生产并提供全列车气动器械以及机车、列车制动机所需要的高质量的清

洁、干燥和稳定的压缩空气。HXD₃型电力机车风源系统由空气压缩机组(A1)、高压安全阀(A3、A7)、空气干燥器(A4)、精油过滤器(A5)、低压维持阀(A6)、总风缸(A11、A15)、总风缸排水塞门(A12)、止回阀(A8)、调压器(K1、K2、K4)、总风软管连接器(B83)、总风折角塞门(B80)等组成,如图2-24所示,其各部分的作用如下:

(1)空气压缩机组采用两台SL22—47型螺杆式空气压缩机(部分机车采用国产TSA—230AVI型)作为系统的供风设备,额定流量2750L/min,转速2920r/min,工作压力10bar(bar:非法定计量单位,1bar=100kPa),设有无负荷启动装置、高温保护开关和低温加热装置。

(2)空气干燥器采用LTZ3.2H型双塔干燥器,安装在空压机和总风缸之间,具有过滤压缩空气中油与水、降低压力空气露点的功能,使得空气系统在正常使用时不会出现液态水。部分机车采用TMG—Ⅲ型膜式干燥器,利用水分子的压力差,使水分子从湿度大的状态向湿度小的状态移动,达到降低空气露点的功能。

(3)总风缸采用四个容积为400L的储风缸串联直立安装,作为压缩空气的储存容器。

(4)在干燥器前后分别有一个开启压力为11bar、9.5bar的高压安全阀,以确保机车空气系统的安全。

(5)调压器的作用是根据总风缸压力来控制空气压缩机的启停,当总风压力由900kPa下降到825kPa时,其中一台空压机启动打风;如果总风压力继续下降到750kPa以下,两台空压机同时启动打风。

(6)低压维持阀确保干燥器内部快速建立起压力,以便进行再生和干燥工作。

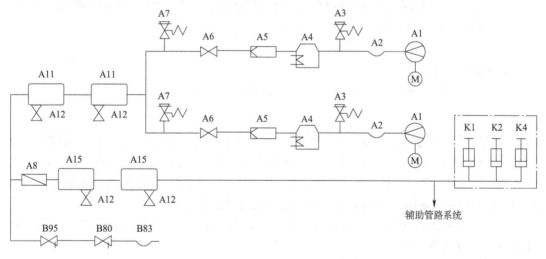

图2-24 HXD₃型电力机车风源系统原理图

(二)辅助管路系统

辅助管路系统包括升弓控制模块(U43)、弹簧停车制动装置控制模块(B40)、踏面清扫器控制模块(B50)、撒砂控制模块(F41)、警惕装置(Z10)、鸣笛控制及其他部分,如图2-25所示。

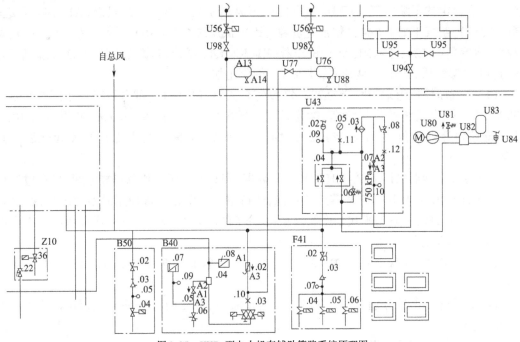

图 2-25　HXD₃型电力机车辅助管路系统原理图

1．升弓控制模块（U43）

为受电弓和主断路器提供干燥、稳定的压缩空气，此模块包括双逆止阀(.04)、安全阀(.06)、压力开关(.02)、机械压力表(.05)、过滤器(.03)、减压阀(.07)、塞门(.08)和测试接口(.09、10)，它和辅助压缩机(U80)、辅助压缩机用干燥器(U82)、升弓风缸(U76)以及升弓电磁阀(U56)、升弓塞门(U98)共同工作。

1）正常运行时的总风缸供风

具体通路如下：

　　　总风缸→双逆止阀(.04)→升弓风缸(U76)→过滤器(.03)→
　　　　　　┌→升弓塞门(U98)→升弓电磁阀(U56)→升弓阀板
　　　　　　└→减压阀(U.07)→主断路器

总风缸的压缩空气直接进入升弓模块，通过双逆止阀(.04)左侧的逆止阀后压缩空气分为两路，其中一路进入升弓风缸(U76)，将压缩空气存储起来；另一路通过过滤器(.03)，又将压缩空气分为两路，其中一路通过减压阀(.07)为主断路器提供风源，另一路通过升弓塞门(U98)和升弓电磁阀(U56)进入升弓阀板，为受电弓提供风源。

在机车退乘之前，应将升弓风缸内压缩空气充至900kPa，然后关闭塞门(U77)，以备机车再次使用时的升弓操纵。

2）库停后使用辅助压缩机供风升弓

具体通路如下：

　　　辅助压缩机(U80)→干燥器(U82)→双逆止阀(.04)→┬→升弓风缸(U76)
　　　　　　　　　　　　　　　　　　　　　　　　　　└→过滤器(.03)→
　　　　　　┌→升弓塞门（U98）、升弓电磁阀(U56)→升弓阀板
　　　　　　└→减压阀(.07)→主断路器

启动辅助压缩机(U80),压缩空气通过干燥器(U82)进入升弓模块,通过双逆止阀(.04)右侧的逆止阀后压缩空气分为两路,其中一路进入升弓风缸(U76),将压缩空气存储起来;另一路通过过滤器(.03),又将压缩空气分为两路,其中一路通过减压阀(.07)为主断路器提供风源,另一路通过升弓塞门(U98)和升弓电磁阀(U56)进入升弓阀板为受电弓提供风源。当辅助空压机产生的压缩空气达到735kPa后,电磁阀(U84)动作,自动切断辅助压缩机,同时干燥风缸(U83)中的干燥空气将干燥器中的水和油污排出。

2. 弹簧停车制动装置控制模块(B40)

该模块接受司机控制指令,从而控制机车走行部弹簧停车制动缸压力。当弹簧停车制动缸中的空气压力超过480kPa时,弹簧停车制动装置缓解,允许机车行车;机车停车后,将弹簧停车制动缸中的压力空气排空,弹簧停车装置动作,闸瓦压紧轮对,避免机车因重力或风力的原因溜走。机车第一、第六轴上安装有四个弹停装置。机车停车后通过操作司机室弹停旋钮,可使弹停脉冲电磁阀(.03)中的作用阀得电,然后将弹簧停车制动缸中的压力空气通过弹停脉冲电磁阀(.03)排出,弹簧停车制动装置作用。如果需要走车,通过操作司机室弹停旋钮,可使弹停脉冲电磁阀(.03)中的缓解阀得电,总风将通过上述通路进入走行部的弹簧停车制动缸,使得弹簧停车制动缸缓解。

1) 弹簧停车制动缸缓解

具体通路如下:

总风缸→逆止阀(.02)→┬→弹停风缸(A13)
　　　　　　　　　　　└→弹停脉动电磁阀(.03)→双向止回阀(.04)→减压阀(.05)→弹停塞门(.06)→走行部弹停风缸

2) 弹簧停车制动装置作用后,机车制动缸作用时的工作状态

具体通路如下:制动缸→双向止回阀(.04)→减压阀(.05)→弹停塞门(.06)→走行部的弹停风缸。制动缸风压进入弹停制动缸后,可以缓解部分弹簧压力,避免停车后或机车运行时制动缸产生的压力和弹停风缸产生的弹簧压力同时作用在制动盘上,造成制动盘的损伤[注:当关闭弹停塞门(.06)后,弹簧停车装置动作,如果要缓解弹停动作,必须在走行部的弹停风缸上进行手动缓解]。

3. 踏面清扫器控制模块(B50)

该模块为机车走行部踏面清扫风缸提供风压,每个车轮的踏面清扫器配合制动单元的动作,清扫车轮圆周表面的杂物及油污,增加机车和钢轨的黏着系数。具体通路如下:总风缸→踏面清扫塞门(.02)→清扫减压阀(.03)→清扫电磁阀(.04)→踏面清扫风缸。

当制动缸压力高于100kPa时,通过压力开关K05使得清扫电磁阀(.04)得电,总风通过上述通路进入踏面清扫风缸,踏面清扫器动作。

4. 撒砂控制模块(F41)

机车设有八个砂箱和撒砂装置,每个走行部上面四个砂箱,容积为100L/个,撒砂量可在0.5~1L/min范围内调节。撒砂动作与司机脚踏开关、紧急制动、防空转、防滑行等功能配合使用,撒砂方向与机车实际运行方向一致。撒砂装置具有砂子加热功能,加热装置在砂箱底和撒砂管喷嘴处。具体通路如下:

总风缸→撒砂塞门(.02)→减压阀(.03)→加热电磁阀(.04)/撒砂电磁阀(.05)/撒砂

电磁阀(.06)→砂箱。

5. 警惕装置(Z10)

该装置接受机车监控系统的指令,当监控系统发出指令后,电磁阀(.36)得电动作,引起机车的紧急制动,机车制动缸控制塞门(.22)也在此模块中。

6. 鸣笛控制及其他部分

机车两端均设有两个高音喇叭、一个低音喇叭,由电空阀控制,电空阀由司机操纵台面板上的喇叭按钮、操纵台下的喇叭脚踏开关分别控制。后视镜采用四个气动式后视镜,由操纵台上的开关控制。

(三)防滑系统

防滑系统由控制单元 ESRA(G1)、速度传感器(G6/G7)、防滑电磁阀 GV12—ESRA(G5)等部件组成,速度传感器的脉冲信号传输到电子控制单元,控制单元对本车或本转向架的速度进行处理,对已经发生滑行的情况发出防滑控制指令,操纵防滑电磁阀,控制制动缸的压力,以保证最佳利用有效黏着和最短的制动距离。

1. 控制单元

控制单元安装在空气制动柜里,在其左侧安装两块 110V 电源模块,在其右侧安装 3 块芯片主板(EB01B—3、MB04B—1、MB03B—2)。电源模块为控制单元提供稳定的电源,芯片 EB01B—3 处理防滑系统与机车微机系统的数据传输信号,芯片 MB04B—1 接受第一转向架的三个速度信号,并对控制第一转向架的三个防滑电磁阀发出控制指令,芯片 MB03B—2 接受第二转向架的三个速度信号,并对控制第二转向架的三个防滑电磁阀发出控制指令。

2. 速度传感器

6 个速度传感器安装在机车六根车轴的端部,通过磁场脉冲信号将采集到的机车速度信号传送到防滑系统控制单元,为控制单元进行计算提供数据。

3. 防滑电磁阀

防滑电磁阀是防滑行保护系统中的动作部件,装有防滑阀之后,可控制制动缸压力逐步降低。

三、HXD_{1D} 型电力机车风源系统

风源系统是制动及供风系统的基础,它为机车与车辆制动系统及全列车气动辅助装置提供稳定洁净的压缩空气。HXD_{1D} 型电力机车风源系统分为主风源系统和辅助风源系统两个相对独立的部分。

(一)主风源系统

主风源系统包括主空气压缩机组(以下简称主压缩机)、主空气干燥器(以下简称干燥器)、主风缸等组件,分为压缩空气的生产、压力控制、净化处理、储存、风源保护等环节。

(1)装用 CCBII 制动系统的 HXD_{1D} 型电力机车主风源系统原理如图 2-26 所示。

(2)装用 DK-2 制动系统的 HXD_{1D} 型电力机车主风源系统原理如图 2-27 所示。

(3)主压缩机。机车采用两台排量为 $2.4m^3/min$ 的双轴机械旋转螺杆式主压缩机,其启停控制可根据需要选用以下两种模式中的一种:①当总风压力低于$(680±20)$kPa,启动两台主压缩机工作,压力达到$(900±20)$kPa 时停止工作;当总风压力低于$(750±20)$kPa 但不低于(680

±20)kPa 时,启动一台主压缩机工作,压力达到(900±20)kPa 时停止工作。②当总风压力低于(750±20)kPa 时,启动两台主压缩机工作,压力达到(900±20)kPa 时停止工作。

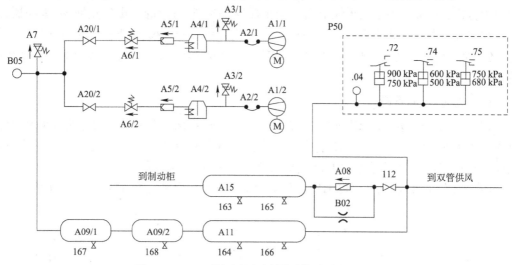

图 2-26　HXD$_{1D}$ 型电力机车主风源系统原理图(CCBII)

A1/1、A1/2-主压缩机;A2/1、A2/2-软管;A3/1、A3/2-高压安全阀 1100kPa;A4/1、A4/2-干燥器;A5/1、A5/2-微油过滤器;A6/1、A6/2-最小压力阀;A20/1、A20/2-截断塞门;A7-高压安全阀 950kPa;B05-测试口;P50-空气压力调节器模块;A09-车上总风缸;A11-第一总风缸;A15-第二总风缸;112-总风缸截断塞门;A08-止回阀;B02-逆流阀;163~168-总风缸排水阀

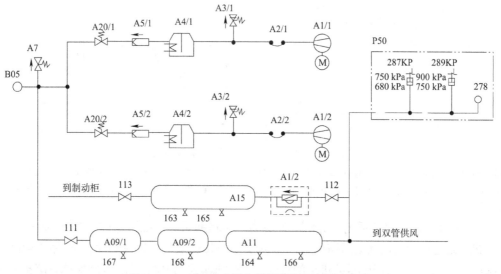

图 2-27　HXD$_{1D}$ 型电力机车主风源系统原理图(DK-2)

A1/1、A1/2-主压缩机;A2/1、A2/2-软管;A3/1、A3/2-高压安全阀 1100kPa;A4/1、A4/2-干燥器;A5/1、A5/2-微油过滤器;A20/1、A20/2-截断塞门;A7-高压安全阀 950kPa;B05-测试口;P50-空气压力调节器模块;287KP、289KP-空气压力调节器;278-测试口;A09-车上总风缸;A11-第一总风缸;A15-第二总风缸;111/112/113-总风缸塞门;A12-逆流止回阀;163~168-总风缸排水阀

(4)总风缸及干燥器。

机车上安装有 2 个 200L 的总风缸,车下安装有 2 个 500L 的总风缸,总风缸总容积为 1400L。压缩空气进入总风缸前,采用双塔式干燥器对压缩空气进行干燥及净化处理,防止

机车、车辆制动系统产生锈蚀、堵塞、凝结水、结冰等现象。机车采用两室吸附式双塔干燥器,并带有自动排水功能的冷凝器和干燥器控制单元,通过干燥器安装架垂直安装在空气压缩机组旁边的车体侧墙上。干燥器由2个干燥塔、进气阀、排气阀、出气止回阀、电控器、离心式油水分离器及安装架等组成,通过电控器和电控阀对进气阀、排气阀和出气止回阀的控制,使2个干燥塔定时在干燥、再生两种状态下周期性地转换,保证处理后的空气达到相应指标,满足机车、车辆的用风要求。

(二) 辅助风源系统

辅助风源系统包括辅助压缩机组(含辅助空气干燥系统)、升弓风缸及连接管路等组件,负责在机车库停时间较长、总风缸中压缩空气压力不够的情况下给机车电气系统用风设备供风,分为压缩空气的产生、压力控制、干燥净化处理、储存等环节。

(1) 装用CCBII制动系统的HXD_{1D}型电力机车辅助风源系统原理如图2-28所示。

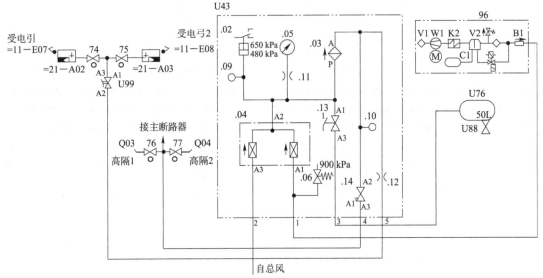

图2-28　HXD_{1D}型电力机车辅助风源系统原理图(CCBII)

U43.06-高压安全阀;U43.04-止回阀;U43.02-压力控制器;U43.05-压力表;U43.09-测试口;U43.11-缩孔;U43.03-过滤器;U76-升弓风缸;96-辅助压缩机组;U99-安全联锁箱;74~77-塞门;Q03/Q04-高隔;=21-A02/=21-A03-升弓阀板;=11-E07/=11-E08-受电弓

(2) 装用DK-2制动系统的HXD_{1D}型电力机车辅助风源系统原理如图2-29所示。

机车设有一台直流辅助压缩机组,工作电源DC110V,安装位置在制动柜上,用于辅助风源系统压缩空气的生产,辅助压缩机组的自动启停受机车控制电路控制,辅助风源系统压力由位于制动柜内的压力控制器控制,其启、停压力整定值分别为480kPa和650kPa。辅助压缩机组设置一套由吸附式单塔干燥器、过滤器、自动排水阀、加热装置、消音器等组成的辅助空气干燥系统,用于净化辅助风源。其中,吸附式单塔干燥器再生方式为无热再生,当压缩机停机时,再生风缸的干燥压缩空气经过干燥筒和消音器后排入大气,空气干燥器完成再生,同时将积累的水自动排出。过滤器用来清洁干燥后的压缩空气,加热装置用来防止压缩空气结冰。经干燥处理后的压缩空气质量满足国际标准《压缩空气》(ISO 8573)含尘埃等级3、含油等级4和含水等级3的标准要求,通过止回阀送入位于空气管路柜背面的升弓风缸备用。

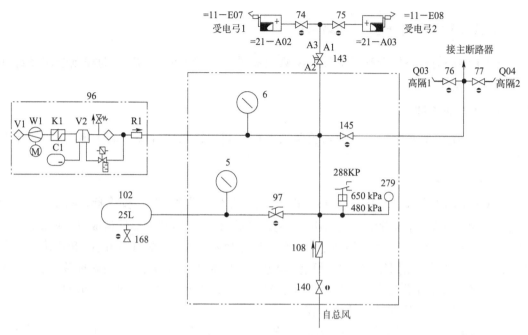

图 2-29 HXD$_{1D}$ 型电力机车辅助风源系统原理图 (DK-2)

140-升弓模块总风控制塞门;108-控制管路总风止回阀;97-升弓风缸塞门;288KP-辅助压缩机压力控制器;279-升弓风缸压力测试口;145-主断高隔总风塞门;5-升弓风缸压力表;6-辅助压缩机压力表;102-升弓风缸;96-辅助压缩机组;143-安全联锁箱;74~77-塞门;Q03/Q04-高隔;=21-A02/=21-A03-升弓阀板;=11-E07/=11-E08-受电弓

(三) 双管供风装置

为满足客运机车供风需求,HXD$_{1D}$ 型电力机车设计了双管供风装置,如图 2-30 所示,安装在机械间司机室后墙。该装置包括供风管调压阀(整定值为 600kPa)、压力传感器、单向阀、塞门等,其中压力传感器输出 4~20mA 电流给司机室显示供风管压力。通过操作相应塞门,可使供风管压力在 600kPa 和 750~900kPa 之间切换。

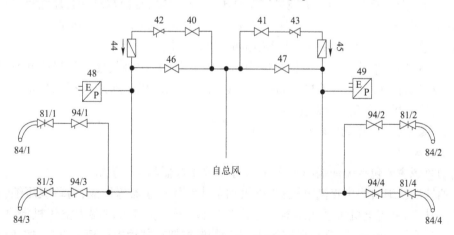

图 2-30 HXD$_{1D}$ 型电力机车双管供风装置原理图

40、41、46、47-塞门;42、43-供风管调压阀;44、45-单向阀;48、49-压力传感器;94/1、94/2、94/3、94/4-防撞塞门;81/1、81/2、81/3、81/4-折角塞门;84/1、84/2、84/3、84/4-软管连接器总成

四、FXD₃型动力车空气管路系统

FXD₃型动力车空气管路系统包括风源系统、制动控制管路系统、辅助控制管路系统和基础制动管路系统。

(一) 风源系统

风源系统用来为列车的制动系统及辅助用风装置提供符合要求的干燥、洁净的压缩空气。

1. 风源系统组成

FXD₃型动力车风源系统由空气压缩机组、空气干燥器、总风缸、安全阀、总风低压保护开关、微油过滤器、除水除油过滤器组、除尘过滤器、最小压力阀等部件组成,原理如图2-31所示。采用2台螺杆式空气压缩机组,每台机组排风量不小于1600L/min,配套使用双塔干燥器、微油过滤器、除水除油过滤器组、除尘过滤器作为风源的滤水、滤油处理装置;双塔无热、再生吸附式干燥器的空气处理量不小于3500L/min;2个容积均为500L的总风缸串联立式安装在车内,作为压缩空气的储存容器。

空气压缩机组包括螺杆式空气压缩机和三相交流异步驱动电机。由阴、阳两个螺杆形的转子旋转进行空气的压缩和输送,900kPa的压缩空气一级压缩产生。压缩机散热冷却器的排风口向下,可满足机械间的独立通风要求。机组设有温度、压力控制装置,可以实现超温保护功能、无负荷启动,机组起、停状态可由总风压力开关进行自动控制,也可通过手动按钮强行控制。

空气压缩机具有间歇工作和延时工作两种模式。当压缩机需要频繁启动或发生轻微的机油乳化现象时,可以将压缩机设置在延时工作模式,延时工作模式可以有效减少压缩机频繁启动对电机及机头造成的损害,同时可以减缓压缩机机油乳化现象。设有两个压力开关,控制空气压缩机的自动启停动作。

(1) 间歇工作制:当压力开关检测到总风压力小于750kPa时启动一台压缩机,总风压力达到900kPa时压缩机停止工作;当压力开关检测到总风压力小于680kPa时,同时启动两台压缩机,当总风压力达到900kPa时压缩机同时停止工作。

(2) 延时工作制:当空气压缩机打风到总风压力为900kPa时,使空压机的卸荷阀失电,压缩机空载运行20min后再停机。如果空载运行期间压缩机重新进入打风状态,则卸荷阀重新得电,压缩机的空载运行需重新计时。

(3) 间歇、延时工作制的转换见表2-3。

2. 辅助风源

辅助风源主要包括无油辅助压缩机、小型单塔干燥器和再生风缸。

无油辅助压缩机组由直流电机、空压机和干式空气过滤器等组成,为单级压缩,自带法兰安装。其中,直流电机通过联结器与空压机连接,干式空气过滤器为空压机提供纯净空气。机组与升弓控制模块、升弓风缸相连,手动控制按钮在制动控制柜上,按下按钮后,辅助压缩机开始工作。升弓控制模块上的压力开关对空压机的启停进行自动控制。

空压机的控制模式分为手动控制和自动控制两种。

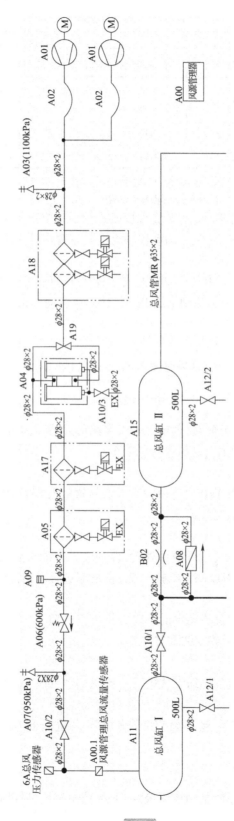

图 2-31 FXD$_3$ 型动力车风源系统原理图

A01-空气压缩机组；A02-软管；A03-安全阀；A04-双塔干燥器；A05-微油过滤器；A06-最小压力阀；A07-安全阀；A08-止回阀；A09-湿度指示器；A10-截断塞门；A11、A15-总风缸；A12-排水塞门；A17-除尘过滤器；A18-除水除油过滤器组；B02-缩堵

间歇、延时工作制转换表　　　　　　　表2-3

序　号	转换模式	转换时压力	压缩机执行过程
1	间歇→延时	P<设定值	总风压力至900kPa后,进入延时模式
2	间歇→延时	P≥设定值	压缩机先不工作,压力低于设定值时启动,待压力至900kPa后,进入延时模式
3	延时→间歇	P<设定值	总风压力至900kPa后,停止工作,进入间歇模式
4	延时→间歇	P≥设定值	压缩机不工作,进入间歇模式

注:①空载运转时间超过20min,该机组停止运行。空载计时内,压缩机进入加载工作,其空载计时清零。
　　②空气压缩机的启停逻辑和压力值可根据实际需要进行调整。

(1)当动力车初次升弓或进行升弓装置试验时采用手动控制方式,操作时需要操作者持续按下辅助空气压缩机启动按钮(位于制动控制柜内),并观察升弓压力表的指示值,在满足升弓压力要求后松开按钮。

(2)当动力车投入运用后采用自动控制方式,当辅助风缸压力低于480kPa时,辅助压缩机自动投入工作;当辅助风缸压力达到735kPa时,压缩机自动停止工作。

3.其他风源部件

1)总风缸

每台动力车采用两个500L的总风缸直立安装在机械间内作为储风设备,设计压力为1.0MPa,风缸材质为16MnDR。

2)安全阀

在干燥器前、后各有一个安全阀,其中,A3安全阀的开启压力为1100kPa,A7安全阀的开启压力为950kPa,以确保动力车总风系统的安全。

3)总风低压保护开关

当总风压力低于(500±20)kPa时,动力车牵引封锁(动力制动仍可投入),确保动力车内保留能够安全停车用的压缩空气。

4)微油过滤器

对通过干燥器后的压缩空气进行油污处理,保证通过微油过滤器后的压缩空气满足国际标准《压缩空气》(ISO 8573)油2级要求。该过滤器需进行定期排污处理。

5)除水除油过滤器组

对空气压缩机输出含有大量液态水的压缩空气进行处理,对于水(不包括液态水)的过滤效率≥92%,对于油的过滤效率≥99.925%。

6)除尘过滤器

对干燥器后微油过滤器前的压缩空气进行处理,对于尘的过滤效率不低于99.925%。

7)最小压力阀

保证干燥器内部快速建立起压力,使干燥器可以进行再生、干燥工作,开通压力为600kPa。

(二)辅助控制管路系统

辅助控制管路系统包括停放制动控制模块、升弓控制模块、撒砂控制模块、后备空气制动等部分,用于改善动力车的运行条件,确保行车安全。

1. 停放制动控制模块

停放制动控制模块(图2-32)接收司机控制指令,从而控制动力车走行部弹簧停车制动缸压力。当弹簧停车制动缸中的空气压力达到480kPa及以上时,弹簧停车制动装置缓解,允许动力车牵引;停车后,将弹簧停车制动缸中的压力空气排空,弹簧停车装置动作,闸瓦压紧轮对,避免动力车因重力或风力的原因溜车。

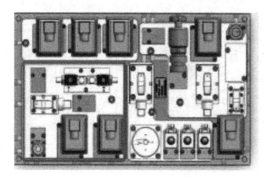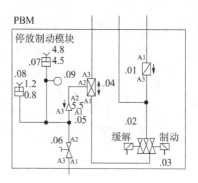

图 2-32　停放制动控制模块

动力车停车后按下操作台左侧弹停作用开关,可使弹停脉冲电磁阀(.03)中的作用阀得电数秒,弹停脉冲电磁阀(.03)处于作用位,弹簧停车制动缸中的压力空气通过弹停脉冲电磁阀(.03)排出,弹簧停车制动装置完全作用。如果需要走车,按下操作台左侧弹停缓解开关,可使弹停脉冲电磁阀(.03)中的缓解阀得电数秒,弹停脉冲电磁阀(.03)处于缓解位,总风将通过上述通路进入走行部的弹簧停车制动缸,当弹簧停车制动缸中的压力高于480kPa后,操作台上弹停指示灯常灭,弹簧停车制动缸完全缓解,允许动力车牵引。

1)弹簧停车制动缸缓解

其具体通路如下:

总风缸→逆止阀(.02)→┬→弹停风缸(A13)
　　　　　　　　　　　└→弹停脉冲电磁阀(.03)→变向阀(.04)→减压阀(.05)→弹停塞门(.06)→走行部弹停风缸

2)弹簧停车制动装置作用后,制动缸作用时的工作状态

其具体通路如下:

制动缸→变向阀(.04)→减压阀(.05)→弹停塞门(.06)→走行部的弹停风缸

制动缸风压进入弹停制动缸后,可以缓解部分弹簧压力,避免停车后或运行时制动缸产生的压力和弹停风缸产生的弹簧压力同时作用在制动盘上,造成制动盘的损伤。

在发生供电故障的情况下,也可以使用脉冲电磁阀的手动装置对停放制动装置进行手动操作。在系统无风的情况下,可以使用停放制动单元的手动缓解装置(位于制动缸夹钳上)缓解停放制动。手动缓解后,不能再次实施停放制动。如果需要重新实施停放制动,必须使系统总风压力达到450kPa及以上。

2. 升弓控制模块

升弓控制模块(图2-33)包括双逆止阀(.04)、压力开关(.02)、机械压力表(.05)、过滤器(.03)、塞门(.13、14)、缩堵(.11、12)和测试接口(.09、10),它和辅助压缩机(U80)、

辅助压缩机用干燥器（U82）、干燥风缸（U83）、压力开关（U84）、升弓风缸（U76）、升弓塞门（U98、U99）等共同工作，为受电弓和主断路器提供干燥、稳定的压缩空气。

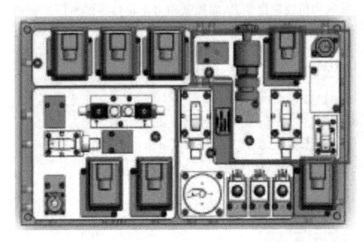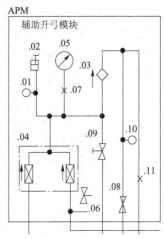

图 2-33　升弓控制模块

1）库停后使用辅助压缩机供风升弓

其具体通路如下：

辅助压缩机（U80）→干燥器（U82）→双逆止阀（.04）→

⎡塞门（.13）→升弓风缸（U76）
⎣过滤器（.03）→缩堵（.12）→⎡升弓塞门（U99）→升弓塞门（U98）→升弓阀板
　　　　　　　　　　　　　　⎣塞门（.14）→主断路器

起动辅助压缩机，压缩空气通过干燥器（U82）进入升弓模块，通过双逆止阀（.04）右侧的逆止阀后压缩空气分为两路，其中一路进入升弓风缸（U76），将压缩空气存储起来。另一路通过过滤器（.03），又将压缩空气分为两路，其中一路通过塞门（.14），为主断路器提供风源；另一路通过升弓塞门（U98、U99）进入升弓阀板，为受电弓提供风源。

动力升弓指令投入后，若升弓风缸压力低于 480kPa 时，压力开关（.02）动作发出指令，辅助压缩机自动投入工作，当升弓风缸压力高于 735kPa 时，压力开关（U84）动作发出指令，辅助压缩机自动停止工作，同时干燥风缸（U83）中的干燥空气将干燥器中的水和油污排出。如果通过按钮手动控制辅助压缩机起动，压力开关（.02、U84）将不再对压缩机的起停进行控制。

2）正常运行时的总风缸供风

其具体通路如下：

总风缸→双逆止阀（.04）→⎡塞门（.13）→升弓风缸（U76）
　　　　　　　　　　　　⎣过滤器（.03）→缩堵（.12）→⎡升弓塞门（U99）→升弓塞门（U98）→升弓阀板
　　　　　　　　　　　　　　　　　　　　　　　　　　⎣塞门（.14）→主断路器

总风缸的压缩空气直接进入升弓模块，通过双逆止阀（.04）左侧的逆止阀后，压缩空气分为两路，其中一路进入升弓风缸（U76），将压缩空气存储起来。另一路通过过滤器（.03），又将压缩空气分为两路，其中一路通过塞门（.14），为主断路器提供风源；另一路通过升弓塞门（U99、U98）进入升弓阀板，为受电弓提供风源。

在动力车退乘之前,应将升弓风缸内的压缩空气充至900kPa,然后关闭塞门(.13),以备动力车再次使用时不必起动辅助压缩机就可进行动力车升弓操纵。

3. 撒砂控制模块

撒砂控制模块(图2-34)由撒砂切除塞门(.01)、撒砂减压阀(.02)、撒砂压力测点(.03)、撒砂干燥电磁阀(.04)、向后撒砂电磁阀(.05)、向前撒砂电磁阀(.06)组成。撒砂动作与司机脚踏开关、紧急制动、防空转、防滑行等功能配合使用,撒砂方向与机车实际运行方向一致。

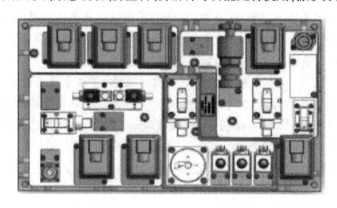 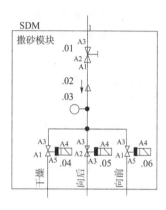

图2-34 撒砂控制模块

4. 后备空气制动与空气防滑器

动力车在电控制动系统故障失效后,可使用后备空气制动来实现对列车的制动控制,保证列车继续运行。当转入后备制动模式后,动力车可以继续牵引和实施电制动,同时微机显示屏的故障履历中会记录后备制动投入信息。

在动力车空气制动状态下,制动力超过了黏着限制,车轮转速急剧下降甚至停转而车速降得很慢,这称"滑行"或"抱死轮"。为了消除动力车运用过程中的这一现象,制动系统采用了防滑装置。采用轴控方式,每根轴均设置一个防滑速度传感器、测速齿轮和防滑排风阀。防滑系统主机集成安装在制动控制柜内,防滑速度传感器、测速齿轮安装在车轴轴端,防滑排风阀安装在动力车机械间。

任务实施

1. 教师下发学习任务工单(见本教材配套学习任务工单中任务2.2),明确任务内容,并给出本次任务的实施方法与评价标准。

2. 学生课前研究学习计划、查找相关学习资源,按要求完成预习任务。

3. 教师进行课堂讲解、现场教学或操作演示。

4. 将学生按5~8人为限组成若干个学习小组,以小组形式组织讨论、交流。教师全程关注每个小组的学习进程,提出引导性意见,激发学生学习兴趣,提高学生自主学习能力。

5. 完成学习任务后,小组要进行总结汇报演讲,或针对实践技能的掌握进行实作演示,学生进行自我评分及小组评分,给出学习任务中的成绩。

6. 教师对学生测试检查或成果展示情况给出评分,并根据学生的自评分、互评分给出综合评分。

想一想

试列表比较 SS_{9G}、HXD_3、HXD_{1D}、FXD_3 四种机型的风源系统的部件名称及结构特点。

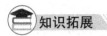知识拓展

检 修 范 围

机车各级修程必须有科学合理的检修范围,并认真贯彻执行。直流传动机车的小修、辅修范围由机务段负责编制,报铁路局集团公司审批、备案;中修范围由铁路局集团公司编制,报国铁集团备案。交流传动机车的 C1~C3 级修范围由机务段负责编制,报铁路局集团公司审批、备案;C4 级修范围由铁路局集团公司编制,报国铁集团备案。

机车段修范围编制的依据:①段修周期;②各机组、部件的技术要求;③机车状态的变化规律;④原范围的执行情况。检修范围要做到:机车不发生因范围不当而造成的机破、临修和超范围修;在完成规定的检修周期和保证机车运用安全可靠的基础上,尽力减少"过剩"修理;各级修程的基本技术要求和尺寸限度互相衔接。

机车段修范围应由编制单位根据执行中发现的机破、临修、碎修、超范围修等情况定期组织修订。

主机厂提供的 HXD_{1D} 型电力机车检修范围见表 2-4。

HXD_{1D} 型电力机车检修范围 表 2-4

维修等级	说 明	走行公里数(万 km)	周 期	检修范围(供参考)
—	日常检查	机车出入库	—	机车出入库检查
VI	目视检查	1	半月	目视检查及选择部件和功能的检查
I1	检查 1 级	10	半年	主要部件和安全功能的检查
I2	检查 2 级	20	1 年	每年一次的整个机车的检查,整个机车的功能检查/测试
I3	检查 3 级	40	2 年	两年一次的检查,整个机车的全面检查和清洗
R1	修正 1 级	80~120	4~6 年	车体和设备/车内设备的中修;转向架的更换和维修,更换车轮
R2	修正 2 级	160~240	8~12 年	车体和设备/车内设备的大修,转向架的更换和大修,驱动和制动单元的大修
R3	修正 3 级	320~360	16~18 年	整个机车的全面大修,所有磨耗部件的更换/重造,如果需要,重新喷漆
UM	—	计划外维修	—	计划维修以外发生的所有维修活动,均属于计划外维修

复习思考题

1. HXD_{1D} 型电力机车通风系统采用何种方式?分为哪几个通风支路?

2. 试比较 HXD_3 型电力机车和 FXD_3 型动力车通风系统通风支路的异同。
3. 试述 HXD 系列机车复合冷却通风系统的循环回路。
4. 试述 HXD_{1D} 型电力机车主风源系统的原理。
5. 试述 HXD_3 型电力机车辅助管路系统的原理。
6. SS_{9G} 型电力机车控制管路系统有何作用？可分哪几种供风状态？
7. 试述使用辅助压缩机打风升弓、合闸的注意事项。
8. 机车检修周期是如何规定的？
9. 机车检修范围由谁编制？段修范围编制的依据是什么？

项目 3　车体检修与车钩缓冲装置

项目描述

通过电力机车实物参观和 3D 动画演示,激发学生对电力机车车体和车钩缓冲装置检修的兴趣。通过理论知识讲解和实践技能操作,引导学生掌握车体检修的技术要求、工艺与车钩缓冲装置的结构组成、检修工艺。通过小组 PPT 汇报和提问环节,检测学生对知识的掌握程度。

教学目标

☞ 知识目标

1. 掌握 SS_{9G}、HXD_3、HXD_{1D} 型电力机车、FXD_3 型动力车的车体检修技术要求。
2. 掌握车钩缓冲装置的功能与结构。
3. 了解车钩缓冲装置的检修工艺。
4. 了解检修计划、检修规程。

☞ 技能目标

1. 会使用车体检修作业用的工装工具。
2. 会对车钩进行拆装与三态检查。

☞ 素质目标

1. 培养敬业爱岗、遵章守纪、乐于奉献的职业道德。
2. 养成精检细修、严守操作规程的工匠精神。

背景知识

车钩缓冲装置主要由车钩、缓冲器和复原装置组成,设置在机车车体底架两端牵引梁空腔内的标准高度上,实现连挂列车,并且传递、缓和列车在运行、制动或调车时所产生的牵引力、制动力和冲击力,从而减少旅客和货物的损伤以及机车车辆的破损,提高列车运行的平稳性。

一、车钩缓冲装置的一般组成(相关教学资源见二维码6)

车钩缓冲装置一般包括车钩、钩尾销、钩尾框、从板、缓冲器、吊杆、均衡梁、钩提杆等部件,如图 3-1 所示。车钩及缓冲器设置在牵引梁内,车钩与钩尾框通过钩尾销连成一体。在钩尾框内预先安装从板及缓冲器,然后再装到牵引梁从板座内。钩尾框利用尾框磨耗板及尾框托板托住,托板固定在牵引梁上。钩体前部坐落在磨耗板及均衡梁上。组装后的车钩允许在人力作用下上下、左右小幅度摆动。

力的传递:机车牵引运行时,车钩处于受拉状态,牵引力经车体底架、牵引梁、从板、缓冲器、钩尾框、钩尾销传至车钩;当机车推进运行或受到冲击时,车钩处于受压状态,推进力或冲击力的传递方向与牵引时相反。

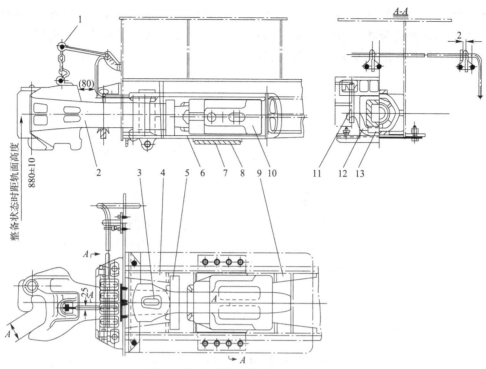

图 3-1 电力机车车钩缓冲装置的一般组成

1-钩提杆装置;2-车钩;3-钩尾销;4、9-从板座;5-从板;6-钩尾框;7-尾框托板;8-尾框磨耗板;10-缓冲器;11-吊杆;12-均衡梁;13-磨耗板

二、车钩(相关教学资源见二维码7)

铁路机车车辆的车钩型号有 2 号、13 号、13A(B)型、13C 型、13E 型、15 号、15C 型、15X 型、16 型和 17 型等,铸钢材质分为 B 级钢、C 级钢和 E 级钢。根据车钩的开启方式,可以将车钩分为上作用式和下作用式两种:由设在钩头上部提升机构开启的,称为上作用式;由设在钩头下部推顶机构开启的,称为下作用式。目前,我国电力机车普遍采用 13 号下作用式自动车钩。

1. 13 号下作用式车钩的结构

13 号下作用式车钩由钩体、钩舌、钩舌销、钩锁、钩舌推铁和下锁销装配等组成,如图 3-2 所示。车钩采用铸造碳钢 ZG230—450 时,钩舌、钩体、钩尾框的最小破坏载荷分别为 2250kN、2850kN、2800kN;采用低合金铸钢时,钩舌、钩体、钩尾框的最小破坏载荷分别为 2820kN、3150kN、3150kN;采用 E 级钢时,钩舌、钩体、钩尾框的最小破坏载荷分别为 3430kN、4005kN、4005kN。

(1)钩体:车钩的主体件,由铸钢铸成,按部位可分为钩头、钩身、钩尾三部分,整个钩体像一个半张开的拳头。①钩头:钩头前部空腔用来安装其他车钩零件,钩腕可容纳对方钩舌,钩耳用来安装钩舌,钩锁腔(钩头中空部)容纳并安装钩锁、钩舌推铁等零件。②钩身:铸成中空断面结构。③钩尾:钩尾分叉并设销孔,用来连接车钩尾框,在尾框内设缓冲器。

(2)钩舌:形状复杂的铸钢件,按部位可分为钩舌、钩舌尾部。钩舌是挽钩部分,钩舌尾部是锁钩、开钩的控制部分,并且是车钩承受拉压载荷的部分。在钩舌转轴处设一垂向销孔,通过钩舌销把钩舌装在钩头上,并可以适当转动,呈张开或闭拢状态。张开时可以进行挂钩,闭拢并锁住后即为连挂好以后的状态。

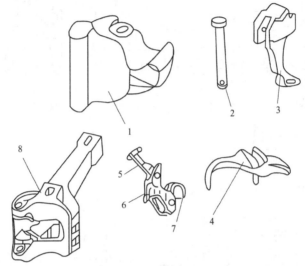

图 3-2　13 号下作用式自动车钩
1-钩舌;2-钩舌销;3-钩锁;4-钩舌推铁;5-下锁销;6-下锁销体;7-下锁销钩;8-钩体

(3)钩舌销:锻钢制成的圆柱形长销穿在钩头及钩舌的销孔内,把钩舌装在钩头上,并保证钩舌可以绕其适当转动,其顶部有凸边,下部有开口销孔,避免脱落。

(4)钩锁:形状复杂的铸钢件。它有相当大的自重,安放在钩头空腔内,处于钩舌尾部适当位置。当钩舌转到闭拢位置时,钩舌尾部和钩头空腔内壁之间转出一个空间,钩锁因自重落下,卡住钩舌尾部,使钩舌不能张开,即成锁钩状态。在钩锁的下端尾部,有一销孔,用来连接下锁销;在钩锁的上部,还设有一个短梁,这是为上作用式车钩连接提锁零件用的。

(5)钩舌推铁:形状弯曲的铸钢件,平置于钩头空腔内,处于钩舌尾部的后面,下部有一短圆销作为转轴。当钩锁被提起时,钩锁推动钩舌推铁的一端,使它绕轴转动一定角度,其另一端则拨动钩舌尾部,使钩舌张开,成为全开状态。在挂钩后,钩舌尾部又将它转回原位。

(6)下锁销装配:用于下作用式车钩顶起钩锁。由下锁销、下锁销体和下锁销钩组成,用沉头铆钉活动连接。下锁销钩以转轴孔和钩头上的转轴连接,另一端和下锁销体相连;下锁销体另一端和下锁销相连,其上有二次防脱(跳)尖端,中部有回转挡和钩提杆止挡;下锁销另一端由下锁销轴与钩锁的下锁销轴孔相连。

2. 车钩的"三态"作用

根据车钩技术条件规定,应在钩身轴线呈水平的状态下,通过钩提杆严格检查车钩的"三态"作用是否良好。

(1)闭锁状态:该状态是车钩连挂好以后的状态,如图 3-3 所示,确保机车车辆在运行中不至于脱钩。在全开状态时,将钩舌缓缓地向钩头里推动,钩锁以自重完全落下,拦住钩舌不能张开,即为闭锁状态良好。

(2)开锁状态:该状态是一种闭而不锁的状态,如图 3-4 所示,为摘钩做好准备。轻轻提起钩提杆,使钩锁的开锁坐锁面支在钩舌推铁的锁铁座上,放下钩提杆,钩锁仍未落下,钩舌也未转动。此时,将钩舌由里向外推,钩舌能立即张开,即为开锁状态良好。

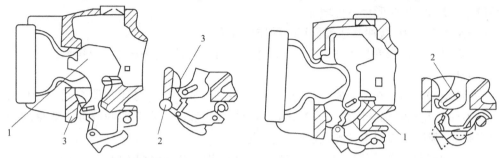

图 3-3　13 号车钩闭锁位置
1-钩锁位置;2-二次防跳位置;3-下作用式防跳位置

图 3-4　13 号车钩开锁位置
1-钩锁开锁坐锁面位置;2-下作用式脱离防跳位置

(3)全开状态:该状态是钩舌完全张开的状态,如图 3-5 所示,为车钩再次连挂做好准备。用力提起钩提杆,钩舌完全张开,钩锁坐落在钩舌尾部上方,不能落下,即为全开状态良好。

在挂钩时,相互连挂的两个车钩必须有一个处于全开位,另一个则处于什么位置都可以,即挂钩的充要条件是其中一个车钩处于全开位。

三、缓冲器(相关教学资源见二维码8)

缓冲器的工作原理与减振器相同,它一方面借助弹性元件来缓和冲击作用力,另一方面在弹性元件的变形过程中吸收冲击能量。

1. 缓冲器的型号

铁路机车车辆的缓冲器型号有 1 号、2 号、3 号、G1 型、G2 型、ST 型、MX-1 型、MX-2 型、MT-2 型、MT-3 型、QKX100/KC15 型等。我国早期生产的电力机车多采用 MX-1 型橡胶缓冲器,后来改进的电力机车则采用 MT-3 型缓冲器。目前,HX 型电力机车普遍采用 QKX100/KC15 型胶泥缓冲器。

2. 缓冲器的性能参数

图 3-6 所示为缓冲器的示功图,其中,纵坐标为阻抗力,横坐标为行程。

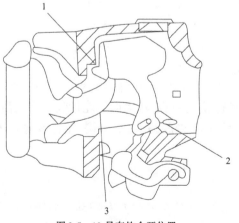

图 3-5　13 号车钩全开位置
1-钩锁以全开作用支点为支点;2-钩锁后踢足踢动钩舌推铁;3-推铁踢足踢动钩舌尾部

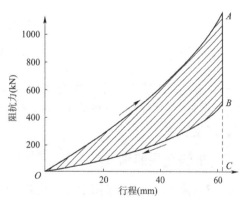

图 3-6　缓冲器的示功图

(1) 行程。缓冲器受力下产生的最大变形量称为行程。此时,弹性元件处于压死状态,当继续增大外力时,变形量不再增加。

(2) 最大阻抗力。缓冲器达到行程时的作用外力。

(3) 容量。缓冲器受到冲击时,全压缩过程中所做的功称为缓冲器的容量,即图3-6中的面积 OAC。

(4) 能量吸收率。缓冲器在压缩过程中,有一部分冲击能量被阻尼所消耗,即图3-6阴影面积 OAB。其消耗部分能量与容量之比称为能量吸收率。它表明吸收冲击能量的能力。吸收率越大,则反拨作用小,冲击过程停止得越快。

(5) 回弹能量。缓冲器在复原时所放出的能量,即图3-6面积 OBC。

(6) 耐久性。缓冲器在运用过程中保持其容量的能力,称为耐久性。

3. MX-1 型橡胶缓冲器

MX-1 型橡胶缓冲器是带有橡胶减振片和摩擦楔块的缓冲器,如图3-7所示,包括箱体、压块、楔块、顶隔板、中隔板、底隔板、底板、金属橡胶件片等部件。缓冲器的头部为摩擦部件,由三个形状相同带有倾角的楔块、压块、金属橡胶片、隔板和箱体组成。楔块介于箱体与压块之间,当缓冲器受压缩时产生摩擦,消耗冲击动能。后部为弹性部分,由九块金属橡胶片和隔板所组成,除起弹性压缩和复原作用外,也能吸收一部分冲击动能。其行程为65mm,阻抗力为1568kN,额定容量为34kJ。

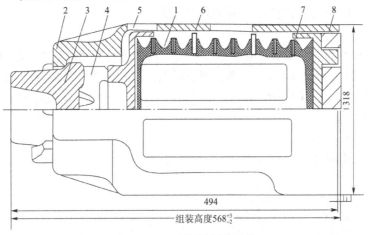

图3-7 MX-1 型橡胶缓冲器结构
1-金属橡胶片;2-箱体;3-压块;4-楔块;5-顶隔板;6-中隔板;7-底隔板;8-底板

SS_{4G}、SS_{6B}、SS_8 等型机车上普遍采用 MX-1 型橡胶缓冲器,其优点是能量吸收率较高、零件少、重量轻、结构简单,维修量小;缺点有性能不稳定、橡胶易老化、开裂,箱体及底板等零部件易产生裂纹。

四、车钩复原装置

机车在曲线运行时,车钩中心线偏离车体中心线,车钩会发生左右摆动。为使车钩在偏倚后能及时恢复正常位置,避免车钩任意摆动不稳,减小摘挂车钩时的困难,在钩头后面、钩身下部设置了车钩复原装置。常用的复原装置有弹簧式和吊杆式两种,如图3-8所示。车钩尾部加工成 $R130mm$ 圆弧,相应地从板与其接触面也加工成圆弧形。车钩组装后钩身可以在人力作用下左右摆动,以便于在曲线上摘挂。钩头肩部与冲击座距离为80mm,在冲击座上方安装吊杆装置以增加车钩摆动的灵活性和复原能力。

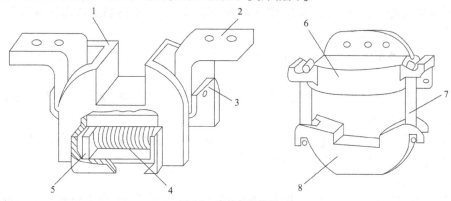

图3-8 车钩复原装置

1-复原弹簧鞍;2-钩身托板;3-复原弹簧托;4-复原弹簧;5-整板;6-冲击座;7-摆块吊;8-摆块

五、车钩安装及高度调整

1. 车钩与缓冲器的安装

缓冲器和前后从板安装在车钩尾框内,钩尾框通过钩尾销与钩体尾部连接。钩尾框和前后从板是车钩缓冲装置中传递纵向力的构件,它们和车钩、缓冲器组装后,一同安装在车体底架前后端牵引梁内,缓冲器、从板卡装在牵引梁前后从板座之间。无论机车是牵引运行还是推进运行,纵向力都是通过压缩缓冲器来传递的。

2. 车钩高度调整

机车落车后,车钩水平中心线距轨面高度应符合中修限度规定[原形尺寸为(880±10)mm]。如出现下垂或钩尾框上浮等现象,可在尾框托板上加垫(最大厚度不超过10mm)或在冲击座下方均衡梁上的磨耗板上加垫(最大厚度不超过10mm)调整,必要时也可稍稍改变吊杆头上的垫板厚度来进行调整。

任务3.1 车体及其附件检修

任务描述

通过认知SS_{9G}、HXD_3、HXD_{1D}型电力机车车体检修技术要求、范围及工艺,FXD_3型动力车车体的维保要求,全面了解车体的检修范围、工艺、工装设备,培养团结协作意识,为后续任务的学习打下基础。

知识准备

一、SS_{9G}型电力机车车体中修

1. 技术要求

(1)滤尘网、百叶窗、座椅、遮阳帘、扶手、门窗、门锁、地板、司机台、头灯、标志灯、标志件

等车体附件均须清洁、完好,安装正确、作用可靠。各风道不许有破损、开焊。牵引电动机帆布连接风筒良好。

(2)车顶盖螺栓齐全,不许漏雨;安装螺栓齐全、紧固;排水槽畅通;车顶各通风百叶窗作用良好。

(3)车体内及车体底架各梁及牵引支座、各减振器安装座不许开焊、裂损,局部缺损时允许整修。

(4)排障器安装牢固,不许裂损,距轨面高度须符合限度要求[原形尺寸(110±10)mm,中修限度75~120mm]。

(5)机车喷漆。按规定对车体表面、司机室、转向架进行喷漆,涂刷识别标记。漆面须平滑、均匀、光亮,不许有发黏、皱皮、流淌、剥离现象。

2. 工装设备

工装设备包括牵车机、电气焊设备、电(风)动砂轮、油压顶镐、库内风源、抽芯铆枪、油漆喷涂设备。

牵车机是机车出入库的动力装置,如图3-9所示,需入库检修的机车由牵车机引入库,它主要由ZQA—500/50型硅整流设备、手提电源棒、触电碳块及其导线等组成,其中硅整流设备提供机车出入库用直流电源。

操作步骤:①将牵引装置插头插入机车库用插座;②合上整流柜内自动开关,则控制回路带电;③按起动按钮;④将手持电源棒与触电碳块可靠接触,缓缓牵引机车出入库。

图3-9 牵车机

3. 工艺要点

(1)检查检修前的清洗、吹扫,清洁度符合有关标准。

(2)检查各梁、板不许有裂纹、开焊、底架局部腐蚀深度超过原形20%时,进行补强焊修或截换(牵引梁母材开裂时应及时通知技术部门,以确定修补方案);车体侧板、顶板、顶盖不许有裂纹和开焊,侧板平面度在$1m^2$内不大于2mm;各板(以焊缝为界)局部腐蚀面积超过40%且深度超过0.5mm时更新;车体与转向架的横向间隙符合限度规定。

(3)检查、检修车内各门窗、门窗锁、门窗胶条、窗玻璃、座椅、扶手等附件应完好,作用可靠,窗玻璃及胶条破损者更新;维修侧墙过滤网、风道、百叶窗、地板、司机台、灯、标志灯、标志件、排障器等。

二、HXD_3型电力机车车体检修

1. 工装设备

工装设备包括电气焊设备、电动或风动砂轮、千斤顶、毛刷、铲污工具、钢卷尺、气刨、手锤、扁铲、库内风源。

2. 工艺要点

(1)在吊销孔及架车位置处起吊车体及架车,如需一端起吊则在救援吊孔处起吊。

(2)清除底架各梁上的污物及杂物,为便于检查裂缝,对前后牵引梁、侧梁、前后旁承梁、变压器梁等主要承载处可做局部清洗。

（3）目测前后牵引梁、侧梁、前后旁承梁、变压器梁等主要承载件及其相互连接处焊缝有无裂纹及锈蚀、母材是否开裂。

（4）焊缝裂纹及锈蚀处打磨光亮并进行补焊加强，裂缝严重时用气刨切出 V 形坡口，深度以焊透为原则，底架所有梁的母材为 Q345-B 钢，有关焊接工艺参数根据母材相应确定；母材有裂缝处应在裂缝前端钻 $\phi 6$ 的止裂孔，同时用气刨切出 V 形坡口施焊，并用砂轮磨平。

（5）对影响承载及行车安全性的焊缝和母材裂缝，如补焊不能达到要求，则应进行局部结构加强或挖补更换。

（6）检查限位器、减振器安装座、牵引拉杆座处焊缝是否开裂，如开裂则应进行补焊。

（7）各切割及补焊部位应涂防锈漆。

（8）检查侧梁上吊座是否安全无缺，如缺损则应增补；吊销套孔及其盖板是否完好无缺。

三、HXD_{1D} 型电力机车车体检修

（一）定检修程检查

1. C1 修检查要求

（1）车体盖密封良好，不许有漏雨痕迹；玻璃钢绝缘顶盖不许开裂渗水；顶盖安装螺栓齐全、紧固。排障器安装牢固，不许有裂损、严重变形，距轨面高度须符合限度要求。脚踏、扶手不许有裂损、严重变形，安装牢固。目视检查车体底架各梁及牵引座、各减振器安装座可见部分不许有开焊、裂损。

（2）司机室门窗及部件、门锁、地板、标志件等车体附件清洁、齐全、良好。前窗玻璃清洁，不许有裂损及影响瞭望的划痕，功能良好。侧窗不许有裂损，与车体侧墙安装牢固；侧窗活动窗与固定墙之间密封胶条状态良好；上下推拉扣紧装置，活动窗不许有阻滞，且能随时、随处平衡；关闭侧窗时转动压紧装置能锁紧活动窗。司机操纵台面板安装螺栓紧固齐全。司机室座椅清洁，部件齐全，安装良好，功能良好。刮雨器部件齐全，安装可靠，功能良好。刮臂基座、输气软管不良者更新。遮阳帘清洁，功能良好。喇叭脚踏开关作用良好，喇叭声响正常。灭火器清洁，压力指示器指针不低于绿色区；灭火器达到有效期限需更换。

（3）卫生间清洁，并进行消毒处理；外观检查，不许有漏泄；各部件功能良好，动作可靠；门锁作用良好。污物排放顺畅，车体排污管保温材料齐全。各状态灯显示正常，冲水及封水作用良好，排空功能正常。

（4）床安装支架紧固件不许有松动，床、床垫外观清洁，不许有破损。油水冷却塔进风道、辅助滤波柜风道、牵引风机风道不许有损坏，密封良好，安装螺栓不许有松动。蓄电池柜安装螺栓紧固牢靠，柜门锁闭良好；柜内清洁，不许有杂物。工具柜衬垫、橡胶垫不许有损坏，柜门、门锁工作状态正常。登顶梯作用良好。车顶门所有紧固件不许有松动。铰链不许有损坏、腐蚀。车顶门须平滑、活动自如。入口门锁功能正常。外观检查，砂箱体不许有破损、裂纹；砂箱盖各螺栓紧固，防缓标记清晰，不许有错位，作用良好；砂管畅通。接地杆安装螺栓紧固，部件完好，绝缘检测不许超期。软风道安装牢固，无破损。复轨器清洁，不许有损坏。复轨器安装松动处须紧固。工具箱及锁完好。低电压器柜、第三方设备柜柜门、门锁工作状态正常。

2. C2 修检查要求

刮雨器刮片有损坏须更新,气动马达不许有异音,刮臂、输水管、输出轴密封圈不许有损坏。脚踏开关及连接器等控制部件功能良好。

3. C3 修检查要求

卫生间管道和接头密封良好。清洗卫生间污物箱、污物箱加热器,更换水过滤器。卫生间水泵不许有裂纹,控制模块、电源模块外观及接线良好,各伴热线加热功能良好。

4. C4 修检查要求

(1)车体底架各梁及牵引座、各减振器安装座不许开焊、裂损,局部缺损时允许整修。车顶各进风口、车顶侧各进风口的防护栅清洁。更新顶盖与车体连接的自锁式螺母及垫圈。

(2)司机室门及机械间门密封橡胶条状态良好。前窗玻璃四周密封状态良好。司机室内顶、侧墙、后墙装饰板清洁,不许有松动、变形,内装饰附件不许有缺损。司机操纵台面板、柜体、仪表座不许有裂纹、变形。铭牌清晰,安装良好。司机室座椅不许有损伤。刮雨器喷淋系统不许有漏泄。刮臂弹簧不良者更新,更新刮雨器软管及刮片。喇叭筒、喇叭体、膜片清洁。喇叭体不许有裂纹,喇叭筒不许有变形,螺栓齐全、紧固。膜片破损须更换。

(3)排污阀、橡胶接头、水过滤器、卫生间软管、防污套、污物箱加热器不良者更新。清理污物箱、便盆和喷嘴。用500V兆欧表测量卫生间电器及水泵对地绝缘电阻,须符合设计技术要求。显示面板完好。各部件安装及连接牢固,功能良好,动作可靠。吸力风机作用良好。

(4)登顶梯不许有裂纹、破损。

(二) 故障检修(表3-1)

HXD$_{1D}$型电力机车车体故障检修 表3-1

序号	故障现象	可能原因	处理方法	检修工具
1	前窗玻璃破损	玻璃受外部尖锐物体撞击	更换玻璃	螺丝刀、刀、铲
	玻璃表面不加热	玻璃加热引出线断线	检查引出线接头,并重新连接	螺丝刀、铲胶器、清洗剂
		玻璃温控盒接头接触不良	重新拧紧接线盒接头	
		玻璃内部加热丝烧毁	更换玻璃	
2	活动玻璃窗升降不灵活,存在卡滞现象	活动玻璃窗导轮和滑块破裂	更换	扳手、撬刀、干抹布
	活动玻璃窗升降耗力或无法在任意位置平衡,但无卡滞现象	拉簧张力不够或拉簧断裂、失效	调整拉簧张力或更换失效拉簧	
	侧窗出现透风渗漏现象	密封橡胶条老化、破损,或锁挡磨损	更换密封橡胶条或锁挡	
	排水槽出现积水或外漏现象	排水管被堵塞	疏通排水管	

续上表

序号	故障现象	可能原因	处理方法	检修工具
3	司机室入口门、走廊门不密封	密封条老化或铰链安装螺钉松动	更换密封条 调节铰链紧固螺钉	扁铲、扳手
	入口门锁舌不复位	锁舌弹簧失效或内外执手不同心或长时间不用生锈	更换锁舌弹簧 重新安装执手 清洗并涂润滑脂	
	入口门门锁打不开	锁芯失效或小联杆变形	更换锁芯 更换联杆	
	入口门下执手失效	联杆脱落	重新安装	
	走廊门门锁锁舌不能伸出	锁体内锁舌弹簧失效	更换锁舌弹簧	
	走廊门门锁锁舌不能收回	锁舌与安装板卡滞	调整锁舌与安装板的位置	
	走廊门门锁二次压紧不够或锁闩不能伸出	锁扣板移位	调整锁扣板位置	
4	排障器严重变形	碰撞	整体更换排障器	套筒扳手、力矩扳手
5	车体出现裂纹	疲劳载荷	打磨,补焊或局部加强	砂轮、焊接设备、库内风源
6	顶盖漏雨	密封条老化	更换密封条	扁铲、小刀
7	司机室木地板腐烂	水浸泡或其他原因腐蚀	更换	螺丝刀
	司机室地板革脱胶或老化开裂	水浸泡或其他原因腐蚀	地板革补胶或更换地板革	
8	顶盖气动撑杆失效	气动撑杆表面有划痕或密封失效	整体更换	扳手

四、FXD_3型动力车车体维保

(1) 车顶盖螺栓紧固、齐全、密封良好、不得漏雨。

(2) 排障器应无裂纹及破损,安装牢固,排障器最底面距轨面高度符合限度规定。

(3) 各橡胶密封定期检查,老化、破损必须更换。

任务实施

1. 教师下发学习任务工单(见本教材配套学习任务工单中任务3.1),明确任务内容,并给出本次任务的实施方法与评价标准。

2. 学生课前研究学习计划、查找相关学习资源,按要求完成预习任务。

3. 教师进行课堂讲解、现场教学或操作演示。

4. 将学生按 5~8 人为限组成若干个学习小组，以小组形式组织讨论、交流。教师全程关注每个小组的学习进程，提出引导性意见，激发学生学习兴趣，提高学生自主学习能力。

5. 完成学习任务后，小组要进行总结汇报演讲，或针对实践技能的掌握进行实作演示，学生进行自我评分及小组评分，给出学习任务中的成绩。

6. 教师对学生测试检查或成果展示情况给出评分，并根据学生的自评分、互评分给出综合评分。

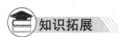知识拓展

检修计划

机车检修计划编制须综合考虑机车担当交路、走行公里、检修次数、实际状态、在段停时等情况，按修程大小进行编制，按照程序审批后下达实施。机车检修应按计划均衡地进行。

1. 机车大、中修计划的编制

机车大、中修计划由铁路局集团公司统一管理、分级负责。

各机务段在每年下半年测算出下年度需大、中修机车的机型、车号、修程、修次、计划大修月份等内容，分全年和上半年编制出大修建议报表上报铁路局集团公司。

铁路局集团公司将各机务段上报的大、中修计划进行审核汇总，召集各机务段召开检修计划编制会议，根据各段运输任务及检修能力等情况，最终确定下年度及上半年的大、中修计划。

厂做大修实行招标管理，铁路局集团公司分上、下半年将厂做大修计划报送国铁集团机辆部，同时提报机车技术提升与改进计划。国铁集团负责协调、指导和监督机车大修招标活动，组织制订机车大修招标文件中技术部分的标书范本。各铁路局集团公司根据中标通知书，须在 30 天内与中标单位签订机车大修合同。

根据会议和招标结果，铁路局集团公司发布机车大、中修的承委修计划。机务段技术科按照承委修计划，会同检修车间编制出月度大、中修实施计划并发布。

2. 机车小辅修计划的编制

小辅修计划的管理由机务段负责，技术科组织运用科、检修车间共同编制。

小辅修计划要根据机车运用状态、周转快慢等具体情况编制月、旬或周计划，其中，月计划在前 5 天、旬、周计划在前 3 天编制完成。

机车走行公里是编制小辅修计划的主要依据，小辅修计划编制还须综合考虑的因素：机车出租、备用、封存、调拨、检修计划兑现等情况；承修班组分组和影响生产的大型设备整修等情况；小辅修修程、检修通过能力等情况。

任务 3.2　车钩缓冲装置检修

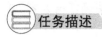任务描述

通过认知 SS_{9G}、HXD_3、HXD_{1D} 型电力机车和 FXD_3 型动力车车钩缓冲装置的结构组成，熟练掌握电力机车车钩、缓冲器的结构及作用，培养团结协作意识，为后续任务的学习打下基础。

知识准备

一、SS_{9G}型电力机车车钩缓冲装置

SS_{9G}型电力机车车钩缓冲装置由13号下作用式车钩、MT-3型弹簧摩擦式缓冲器和车钩复原装置组成。车钩钩身装入牵引梁车钩箱内以保持钩体位置正确,车钩尾部设有扁销孔,以便通过扁销与钩尾框连接,如图3-10所示。

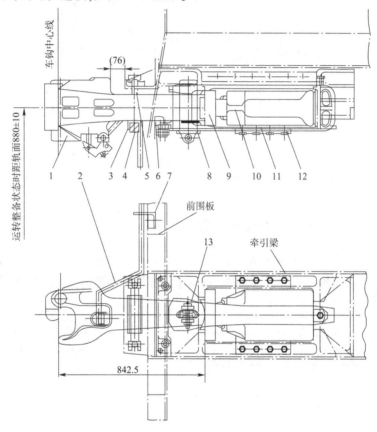

图3-10 SS_{9G}型电力机车车钩缓冲装置组成

1-车钩(下作用);2-钩提杆;3-磨耗板;4-均衡梁;5-吊杆;6-托板;7-提杆座;8-钩尾销;9-前从板;10-缓冲器;11-钩尾框;12-钩尾框托板;13-钩尾销螺栓

MT-3型弹簧摩擦式缓冲器由箱体、楔块、动板、外固定板、弹簧、斜板等组成,如图3-11所示。缓冲器的头部为摩擦部分,由两个形状相同、带有倾角的楔块、斜板、动板、内圆弹簧、外圆弹簧、角弹簧、复原弹簧、压头和箱体组成。当缓冲器受压缩时,通过压头、斜板、楔块、动板及箱体之间产生的摩擦以及内外圆弹簧的弹性变形,消耗冲击能量,起到缓冲作用。其行程为83mm,阻抗力为2000kN,额定容量≥45kJ。

MT-3型弹簧摩擦式缓冲器的优点是容量较大、维修量少,外形尺寸可与其他类型缓冲器互换。检修要求:外观检查,无油污、浮锈,状态须良好。中修时,检查缓冲器自由高度须大于572mm。

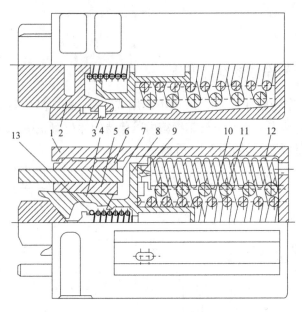

图 3-11 MT-3 型缓冲器

1-箱体;2-压头;3-缩短销;4-楔块;5-斜板;6-外固定板;7-动板;8-中心弹簧座;9-角弹簧座;10-内圆弹簧;11-外圆弹簧;12-角弹簧;13-复原弹簧

二、HXD_3 型电力机车车钩缓冲装置

HXD_3 型电力机车车钩缓冲装置安装在车体底架两端牵引梁的车钩箱内,由 E 级钢车钩(下作用)、QKX100 型胶泥缓冲器、钩尾框、前从板及提杆装置等组成,如图 3-12 所示。

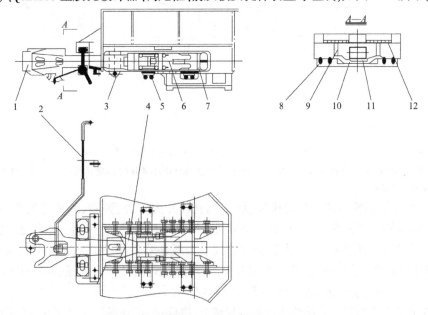

图 3-12 HXD_3 型电力机车车钩缓冲装置组成

1-车钩(下作用);2-钩提杆;3-钩尾销;4-前从板;5-钩尾框托板;6-缓冲器;7-钩尾框;8-托板;9-吊杆;10-均衡梁;11-磨耗板;12-垫板

(一)E级钢车钩

车钩借助钩尾销与钩尾框连成一体,在钩尾框内安装有前从板和缓冲器。车钩连挂中心距牵引梁前端面608mm。车钩尾部设有扁销孔,以便通过扁销与钩尾框连接。车钩外形如图3-13所示。机车落车后,车钩水平中心线距轨面高度为(880 ± 10)mm。

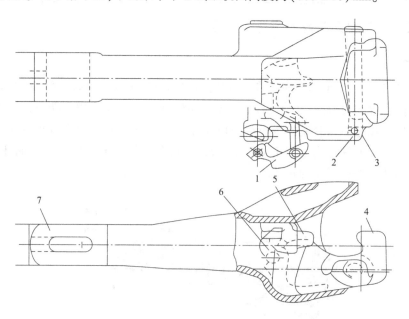

图3-13　HXD$_3$型电力机车E级钢车钩

1-下锁销装配;2-销;3-钩舌销 4-钩舌;5-钩锁;6-钩舌推铁;7-钩体;

(二)QKX100型胶泥缓冲器

QKX100型胶泥缓冲器由壳体、连接板、预压板、弹性胶泥芯子、垫块、减磨套、紧固件等组成,如图3-14所示,其技术指标参见表3-2。

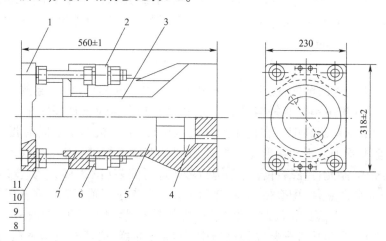

图3-14　QKX100型胶泥缓冲器

1-预压板;2-连接板;3-壳体;4-垫板;5-弹性胶泥芯子;6-垫块;7-减磨套;8-垫圈;9-螺母;10-螺杆;11-螺母防松板

QKX100型胶泥缓冲器技术指标　　　　　表3-2

项目	初压力(kN)		最大阻抗力(kN)		行程(mm)		容量(kJ)		吸收率(%)	
	静态	动态	静态	动态	静态	动态	静态	动态	静态	动态
指标	≤150	≤150	≥1 200	≤2 500	≤83	≤83	≥35	≥100	≥45	≥80

三、HXD$_{1D}$型电力机车车钩缓冲装置

(一)结构

HXD$_{1D}$型电力机车车钩缓冲装置及过载保护装置由15号小间隙车钩、钩尾框、胶泥缓冲器、变形吸能元件组成,如图3-15所示,车钩利用钩舌与钩舌间的相互啮合来实现连挂牵引作用,缓冲器利用箱体内胶泥的摩擦产热以及缓冲器内筒内弹簧的弹簧能将外界冲击能量消耗掉,变形吸能元件在机车非正常碰撞情况下,由吸能钢筒开始轴对称屈曲变形,吸收冲击能量,从而达到保护机车的目的。

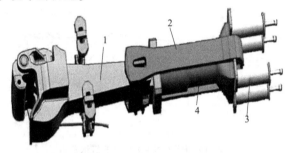

图3-15 HXD$_{1D}$型电力机车车钩缓冲装置及过载保护装置结构
1-15号小间隙车钩;2-钩尾框;3-变形吸能元件;4-KC缓冲器

15号小间隙车钩由钩体、钩舌、钩舌销、钩锁、钩舌推铁、下锁销组成,车钩通过钩尾销与钩尾框相连,在钩尾框内安装有从板和缓冲器,车钩材质为E级钢、钩尾框为13B型;KC15型弹性胶泥缓冲器由箱体、半环、弹性胶泥芯子、缓冲器内筒、大套筒、铭牌组成;NX04型变形吸能元件包括吸能钢筒、上下支撑板、衬套、铭牌、螺钉、变形检测板,外形尺寸为328±1(长)mm×124(宽)mm×280(高)mm。

(二)安装

将车钩从板放进钩尾框,然后将预压缩的缓冲器放入钩尾框,一起放入车钩箱,随后将车钩装上,插入钩尾销并装好钩尾销螺栓,最后将均衡梁及吊杆装好并通过均衡梁上的调整垫板来调节车钩的高度。在机车连挂或运用时,由于机车车辆间的相互撞击,KC15型缓冲器完全夹紧于从板和变形元件之间,在机车车辆运行过程中起到缓和、吸收冲击能量的作用,变形吸能元件在缓冲器与车钩箱之间进行安装(图3-16)。其安装工艺过程如下:①变形单元分左右件,配套使用,将变形单元的上支撑板置于安装底板沉孔中,一端用2×M20的螺栓(须上螺纹锁固胶)固定于安装底板上,紧固力矩为375N·m,并做好防松标记;②将缓冲器及前从板安装在钩尾框中;③将缓冲器、前从板及钩尾框组装到机车的车钩箱内;④用钩尾销将车钩及组装好的钩尾框连接起来;⑤将钩尾框托板安装在车体上。

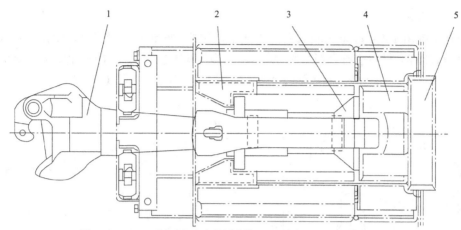

图 3-16　HXD_{1D} 型电力机车车钩缓冲装置及过载保护装置安装工艺图
1-车钩；2-车钩箱；3-缓冲器；4-变形吸能元件；5-安装底板

四、FXD_3 型动力车车钩缓冲装置

车钩缓冲装置由车钩、缓冲器及其连接机构组成，用于传递牵引力、制动力，并吸收机车对列车进行连挂时及列车在运行中由于动态作用产生的纵向冲击力。FXD_3 型动力车前端（司机室端）采用 MJGH–D32、15 号托梁车钩缓冲装置（简称"105A 型钩缓装置"），必要时可换装密接式车钩；后端（尾端）采用 MJGH–25T 型提速客车密接车钩缓冲装置（简称"25T 型钩缓装置"），可实现机械自动连接。

（一）105A 型钩缓装置

105A 型钩缓装置（TJ/JW033—2017）由连挂系统、缓冲系统及安装吊挂系统组成，如图 3-17 所示。整套钩缓装置的最小破坏载荷为 1800kN。

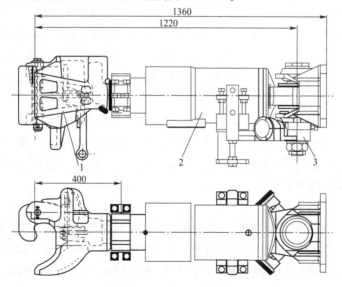

图 3-17　105A 型钩缓装置结构组成
1-连挂系统；2-缓冲系统；3-安装吊挂系统

1. 连挂系统

连挂系统由105A型车钩和其后的连接卡环组成,如图3-18、图3-19所示。105A型车钩材料为C级钢,材料应符合《铁路用铸钢件采购与验收技术条件》(TB/T2942—1999)的规定。最小拉伸强度620MPa、屈服强度415MPa、最小拉伸破坏载荷2000kN。

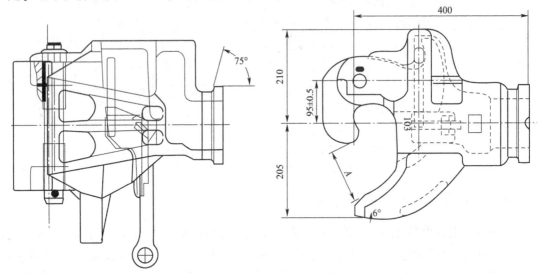

图3-18 105A型车钩示意图

105A型车钩连接轮廓应符合《机车车辆车钩连接轮廓》(TB/T 2950—2006)的规定,并执行15X型小间隙轮廓。车钩装有下作用式单侧解钩提杆,并配有单独的解钩套杆,应注意合理存放,防止丢失。车钩的"三态"作用应在车钩钩身轴线呈水平的状态下,通过解钩提杆,严格检查车钩的"三态"作用是否良好。

(1)开锁状态:用手缓慢扳动解钩提杆,使闭锁位的钩锁抬高到钩舌尾部以上。在此过程中钩舌不应转动,钩舌仍处在闭锁位置。当回转检查提杆使钩锁落下时,钩锁应坐落在钩舌推铁的锁座前顶面上。此时用手扳动钩舌内腕,钩舌应能自由地转动至全开位置。

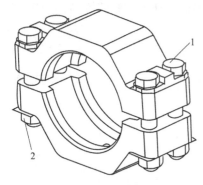

图3-19 连接卡环示意图
1-螺栓 M16×150;2-螺母 M16

(2)全开状态:用力扳动解钩提杆,钩舌完全伸开,即为全开状态良好。

(3)锁闭状态:在全开状态时,将钩舌缓缓地向钩头里推动,锁铁以自重完全落下,使钩舌不能转出,即为锁闭状态良好。

2. 缓冲系统

缓冲系统是用来缓和与消减机车和车辆连挂、牵引及制动时,机车与车辆相互碰撞而引起的冲击和振动,从而提高列车运行的平稳性。动力车前端缓冲系统选用QKX80型弹性胶泥芯子加壳体及其他连接件,具有性能稳定、阻抗力低、免维护等诸多优点,结构如图3-20所示。

缓冲系统的主要性能参数:初压力80~150kN,行程≤73mm,最大阻抗力≤2270kN;容量80kJ。

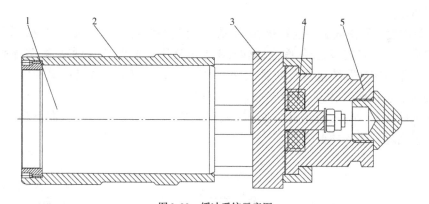

图 3-20 缓冲系统示意图

1-QKX80 弹性胶泥芯子;2-内筒;3-拉压转换板;4-弹性体组成;5-牵引杆

3. 安装吊挂系统

安装吊挂系统采用橡胶支撑,通过调节橡胶支撑两侧的支撑螺栓的高度可以很方便地调节车钩高度。整个车钩缓冲装置采用 4 个 M36 内六角圆柱头螺钉和Ⅱ型全金属六角锁紧螺母与车体连接,按照图 3-21 所示的①→②→③顺序,依次装入平垫圈及锁紧螺母后,以交叉拧紧方式将 4 个螺钉及螺母按规定的扭紧力矩扭紧。M36 螺钉及螺母的扭紧力矩推荐值为 1400~1500N·m,主机厂可根据经验自行调整该扭紧力矩值。M36 的螺钉及螺母安装完成后,应使用红色标记笔标上表示拧紧力矩的线条。

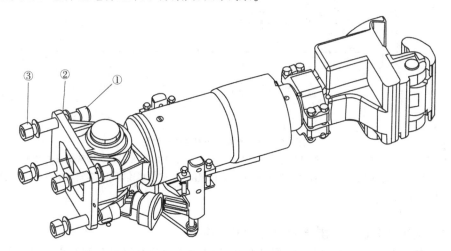

图 3-21 105A 型钩缓装置安装示意图

(二)25T 型钩缓装置

25T 型钩缓装置可实现动力车后端与客车之间的自动连挂(连挂状态为刚性连接),保证列车能顺利通过现有线路及所有平、竖曲线,缓和及吸收列车运行过程中车辆间的冲击能量。

密接式车钩不能直接与普通车钩连挂。特殊情况下,需与普通 13 号及 15 号车钩连挂时,可采用过渡钩或托梁式车钩。过渡钩仅适用于段内调车及紧急救援;托梁式车钩可与机车连接使用,适用于所有运行工况。

1.结构组成

25T型钩缓装置由安装吊挂系统、缓冲系统、连挂系统组成,结构如图3-22所示。其中,安装吊挂系统包括安装座、安装螺栓、螺母、钩尾销及开槽螺母、支撑弹簧盒、复原弹簧盒、支架(φ50mm孔);缓冲系统包括缓冲器、拉杆、内半筒、蝶簧筒(有内装蝶簧和弹性体两种结构);连挂系统包括钩体、钩舌、解钩手柄、连接螺栓、螺母。

车钩依靠钩舌与钩舌间的相互啮合来实现连挂牵引,缓冲器利用胶泥材料流过小孔产生的阻尼来消耗外界的冲击能量。

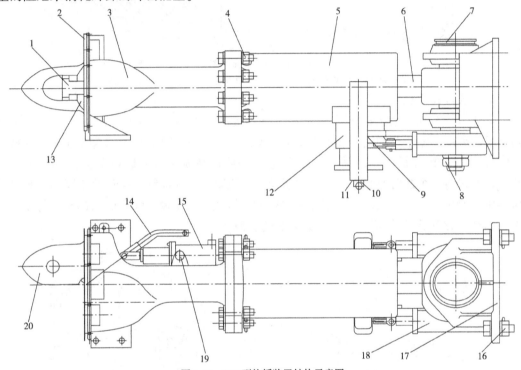

图3-22 25T型钩缓装置结构示意图

1-钩舌;2-端面防尘条;3-钩体;4-连接螺栓、螺母;5-缓冲器;6-车钩拉杆;7-钩尾销;8-厚螺母和薄螺母;9-支架;10-M16螺母;11-钩高调整位置;12-支承弹簧盒;13-凹锥;14-解钩手柄;15-解钩风缸;16-安装螺栓螺母;17-安装座;18-水平复原弹簧盒;19-回转轴;20-凸锥

2.性能特点

(1)可实现列车自动连挂,连挂状态为刚性连接。

(2)在使两车可靠连挂的同时,保证列车能顺利通过现有线路及所有平、竖曲线。

(3)缓和及吸收列车运行过程中车辆间的冲击能量。

(4)解钩采用人工作业。

(5)密接式车钩不能直接与普通车钩连挂。特殊情况下,需与普通13号及15号车钩连挂时,可采用过渡钩或托梁式车钩。过渡钩仅适用于段内调车及紧急救援;托梁式车钩可与机连接使用,适用于所有运行工况。

3.主要技术指标

(1)整体抗拉伸破坏强度≥1800kN。

(2)缓冲器性能参数:初压力≤30kN;阻抗力≤800kN;容量≥30kJ;行程≤73mm;吸收

率≥80%。

(3) 车钩平均连挂间隙≤1.5mm(运用中限度为5mm)。

(4) 水平转角≥±17°,垂直转角≥±4°。

4. 安装要求

25T车钩通过4个M36螺栓与M36锁紧螺母固定在车体安装座上。组装时,采用测力扳手作业,紧固扭矩为1400N·m。一般情况采用向后方穿螺栓方式,遇有装配困难等特殊情况可改变方向。

5. 钩高要求

密接式钩缓装置安装到车体后,在车辆整备正常状态下,钩体凸锥顶点距轨面的垂直距高为850~880mm。需要说明的是,较低的钩高对减轻支架等零件的受力更为有利,只要钩高在820~880mm范围内,车钩都可安全连挂(密接车钩一旦连挂完成后钩高会自动保持与车体一致),因此,建议运用中钩高最低限按820mm控制。

6. 拆卸要求

需成套拆下密接式钩缓装置时,只需拆下4个M36安装螺栓,即可将整套车钩拆下车。拆装作业时,可采用叉车、通用或专用升降小车辅助作业。

7. 连挂

(1) 连挂前必须确认手柄定位销位于解钩手柄的销孔中[图3-23a)位置1]。连挂时如该销装于位置2,不仅会连挂不上,还会损坏解钩手柄。

(2) 移动连挂车辆撞击被连挂车辆,直至两车钩连挂端面靠紧,连挂速度不能大于5km/h(注:虽然车钩具备5km/h的连挂能力,但连挂速度应尽可能低,并要符合相关规范,通常情况下应控制在1~3km/h)。

(3) 观察解钩手柄平直部分与车钩纵向中心线近乎平行即可确认连挂到位。

(4) 连挂后,应将手柄定位销插到钩体的销孔内[图3-23b)位置2],以防止人为随意拨动解钩手柄而意外打开车钩。

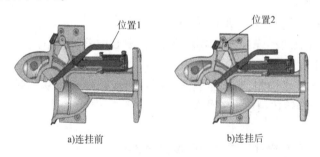

图3-23 车钩连挂前、后手柄定位销位置

8. 解钩

解钩由人工操作钩体上的解钩手柄来完成(注:车钩带有解钩风缸,与车上风源连接后具备自动解钩的功能,但目前动力车尚未启用该功能)。

(1) 确认手柄定位销位于解钩手柄的销孔中(图3-24位置1),同时确认钩体销孔中(图3-24位置2)无任何销子存在。

(2) 机车向后微退,使待分解车钩处于受压状态。

(3)扳动解钩手柄至解钩位,在钩体销孔内插上手柄定位销(图3-24位置2)。之后操作人员离开操作位置。

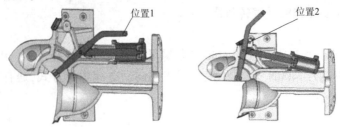

图3-24 解钩时手柄定位销位置示意图

(4)机车向前运动,将待分解车钩拉开。

(5)操作人员进入操作位置,拔出手柄定位销,使车钩处于待挂状态,并将定位销插回解钩手柄的销孔(图3-24位置1)中。

五、SS_{9G}型电力机车车钩缓冲装置中修

(一)技术要求

1. 车钩中修

(1)车钩"三态"(闭锁状态、开锁状态、全开状态)须作用良好。

(2)车钩在闭锁状态时,钩锁往上的活动量为5~22mm,钩锁与钩舌的接触面须平直,其高度不少于40mm。钩舌与钩锁铁侧面间隙不大于6.5mm。钩体防跳凸台和钩锁的作用面须平直,防跳凸台高度为18~19mm。

(3)车钩复原装置作用良好,车钩从板与前从板座、缓冲器与后从板座不许有1mm以上贯通间隙,车钩尾部与从板间隙须符合限度表规定。

(4)车钩各零部件不许有裂纹,在多数情况下禁止焊修。

2. 缓冲器装置中修

(1)前、后磨耗板有裂纹及变形时须整修。

(2)缓冲器与从板间不许有贯通间隙,其组装中心偏差、尾框厚度及尾框安装从板处的磨耗量,均须符合限度表规定。

(3)缓冲器按限度表检测,当不能达到限度要求或已经超过9年时,应返回制造厂或指定修理厂修理,缓冲器箱体裂纹允许焊修。

3. 主要限度

SS_{9G}型电力机车车钩缓冲装置主要限度见表3-3。

SS_{9G}型电力机车车钩缓冲装置主要限度(单位:mm) 表3-3

序号	名称	原形	限度 中修	限度 禁用
1	锁闭后钩舌尾部与锁铁垂直面的接触高		≥40	
2	钩舌与锁铁间的间隙	≤6.5	≤6.5	
3	锁闭后钩锁铁向上活动量		5~22	

续上表

序号	名 称		原 形	限 度	
				中 修	禁 用
4	钩舌销孔的直径		$\phi 42^{+0.4}_{0}$	$\leqslant \phi 46$	$\geqslant \phi 50$
5	钩舌销与销孔的间隙(以短轴计)		1.2~2.6	$\leqslant 3$	$\geqslant 5$
6	钩舌与钩耳上、下面的间隙		1~6	$\leqslant 8$	$\geqslant 12$
7	车钩开度	锁闭状态	112~122	110~127	<110 或 >130
		全开状态	220~235	220~245	<220 或 >250
8	车钩距轨面高度		880±10	840~890	<815 或 >890
9	钩尾扁销孔		$110^{+3}_{0} \times 44^{+2}_{0}$	$\leqslant 115 \times 49$	
10	钩尾框扁销孔长度		160^{+3}_{0}	$\leqslant 111$	
11	防跳凸台高度			18~19	
12	MT-3 型缓冲器组装长度		568^{+3}_{-2}	566~571	
13	钩尾部与从板间隙		0~8	0.5~8	$\geqslant 8$
14	钩尾框厚度		28^{+2}_{-1}	$\geqslant 25$	
15	缓冲器、从板及尾框组装后中心偏差			$\leqslant 5$	

(二)工艺要点

1. 工装设备

工装设备包括压力机、专用升降小车(拆装缓冲器)、油压机、专用液压油缸、车钩检修台、吊具、手砂轮、拆装用扁销、车钩检查样板尺、专用车钩高度测量尺。

2. 解体顺序

解体前"三态"试验及全面检查→取下车钩提杆→拆下钩尾销→吊出车钩→拆下尾框托板螺栓→用专用液压油缸压缩缓冲器→缓解油缸分开尾框、缓冲器、从板→在检修台上分解车钩,依次拆下钩舌销、钩舌、下锁销、钩锁铁、钩舌推铁。

3. 钩体检修

(1)用钢板尺和样板检查钩身上下、左右变形、弯曲量大于5mm时报废。检查钩腕外胀及钩耳上下变形,当影响组装部件和"三态"作用时报废。

(2)探伤检查钩体尾部300mm内钩耳销孔周围及其后部圆弧处,钩体上的横向裂纹、耳销孔处超过断面的40%的裂纹、销孔向尾部发展的裂纹禁止焊修,并应报废。目视检查钩体其他部位,重点为钩头与钩身的交界处,下锁销孔筋部,钩腔内的上下牵引台,有裂纹时报废。

(3)用游标卡尺检查钩尾端面与扁销孔边缘的距离,不足40mm或上下偏差超过2mm时,或扁销孔磨耗大于115×49mm时,应对扁销孔或尾部进行焊修,使各处符合限度要求。

(4)检查钩耳销孔的直径,大于$\phi 46$mm或镶套松脱破损时,应焊修或换套。

(5)用卡钳检查下锁销孔处的跳台,尺寸小于16×18mm,腔宽大于66mm时须进行焊修。

(6)检查钩身下部磨耗状态,磨耗大于5mm时应焊修,堆焊时应纵向重叠施焊,分层焊时应将第一层焊渣彻底清除,焊后应留1~2mm余量并修磨平整。

4. 钩舌检修

(1) 探伤检查钩舌,重点为牵引面的弯角部和上下弯角,钩舌销孔周围、牵引台、冲击台、钩舌有裂纹时更新。

(2) 外观目测钩舌牵引面应略呈弧形,已磨耗成平面,用内卡钳测得中部 200mm 内钩舌厚度的平均值小于 68mm 时应更新。

(3) 检查钩舌尾部因与钩锁铁接触造成的磨耗大于 3mm 时应堆焊加工平整,并保证堆焊部位至上部的距离不小于 40mm。

(4) 检查钩舌销孔的磨耗,由凸台顶部向内深入 30mm 处用卡钳进行测量,销孔直径大于 46mm 时应焊修加工。

(5) 外观检查钩锁铁、钩舌推铁、钩锁销,有裂纹时更新,磨耗大于 2mm 时焊修,弯曲变形时更新,钩锁销的下锁销、下锁销体及下锁销钩之间应连接可靠,转动灵活。

(6) 探伤检查钩舌销、钩尾销,有裂纹时更新;钩舌销弯曲时应加热调修并探伤复查;检测钩尾销,尺寸小于 96mm×36mm 时更新。目视检查钩尾销穿销螺栓,有弯曲、裂纹,直径小于 ϕ18mm 或螺纹不良时更新。

5. 缓冲器检修

(1) 测量缓冲器自由高度须不小于 572mm。

(2) 箱体无裂纹,无影响使用的严重变形;其他外露零部件无折损或缺件。

(3) 木槌锤击动板端头后,动板间隙(中心楔块顶面至动板顶面距离)的平均值不小于 4.5mm。

6. 钩尾框检修

(1) 探伤检查钩尾框,各处有横裂纹,框角处裂纹,后部圆弧处裂纹及销孔向前发展的裂纹不得焊修,其他部位裂纹焊修时须有增强焊波。

(2) 测量钩尾框宽度和厚度磨耗,厚度磨耗大于 3mm 时,宽度及其他部位磨耗大于 4mm 时应纵向分层堆焊并磨平;尾框厚度小于 22mm 时应更新。

(3) 外观检查扁销孔下方的穿销螺栓止挡,两外侧面销孔周围不平整时应整修,有裂纹时应焊修,销孔直径大于 ϕ26mm 时焊修。

7. 其他部件检修

(1) 外观检查从板,有裂纹时更新,磨耗大于 3mm 时堆焊修平。

(2) 外观检查车体牵引梁,牵引梁焊缝开裂时焊修,冲击座母材开裂时应报技术部门处理,从板座磨耗量大于 7mm 时焊修。

(3) 外观检查钩提杆及座,提杆变形应热调恢复,提杆与提杆座凹槽之间配合松旷时应焊修。

(4) 检查复原装置,钩体复原均衡梁应摆动灵活,消除开焊与变形,探伤检查车钩吊杆不得有裂纹。

8. 组装

(1) 将钩体卡在工作台上,各部件配合面上涂少许润滑脂后,依次装入钩舌推铁,下锁销、钩锁铁。托起钩锁铁装入钩舌,穿上钩舌销、开口销,然后对车钩进行全面检查,状态应良好。锁闭后钩舌尾部与锁铁的垂直面的接触高不小于 40mm,钩舌与锁铁的间隙不大于 6.5mm,锁闭后钩锁铁向上活动量为 5～22mm,钩舌销与销孔的间隙(以短轴计)不大于 3mm,钩舌与钩耳上下面的间隙不大于 8mm,锁闭状态车钩的开度为 110～127mm,全开状车钩的开度为 220～245mm,状态不良或部件配合超限时应修配。

(2)将缓冲器、从板、尾框套装在一起后,用油压机压缩缓冲器,当从板及缓冲器总长小于 625mm 时,连尾框托板和专用升降小车推至牵引梁下方,对准位置并缓慢升起小车直至缓冲装置进入安装座内,前后从板座各加 5mm 厚磨耗板后缓解油缸,检查缓冲器、从板及尾框组装后中心偏差应不大于 5mm,从板贯通间隙应不大于 1mm,然后紧固全部托板螺栓,撤去油缸、专用扁销及升降小车。

(3)用天车吊装钩体,到位后装上钩尾销,穿上钩尾销螺栓,弹簧垫圈,螺母后适度紧固,打上开口销。调整复原装置托架垫片,使车钩处于水平位置。检测车钩尾部与从板间隙应为 0.5～4mm,过小时压缩缓冲器后再从板座处加垫,过大时吊出车钩,在钩尾加焊垫。调整结束后应将从板座处磨耗板及垫焊死。

(4)组装提杆,确认其灵活可靠。车钩和缓冲器涂刷黑漆,并由钩舌水平中心线沿钩头左右两侧喷涂 5mm 宽白色漆线的车钩中心线。用中心高度尺检测车钩中心高度为 835～885mm,组装后检查"三态"作用是否良好。

六、HXD_3型电力机车车钩缓冲装置检修

(一)工装设备

工装设备包括压力机、气电焊设备、插床、车床、专用升降小车(拆装缓冲器)、手锤、专用手推液压缸(压缩缓冲器)、探伤设备、天车、车钩检修台、"三态"模拟试验台、吊具、手砂轮、机械钳工常用工具、钢丝刷、毛刷、撬棍、拆装用扁销、游标卡尺、内外卡钳、钢板尺、钢卷尺、车钩检查样板尺和塞尺等。

(二)检修要求

(1)车钩"三态"作用良好。

(2)车钩在锁闭状态时,钩舌尾部与锁铁垂直的接触高度、钩舌尾部与锁铁间的横向间隙、钩舌与钩锁之间贯通间隙、钩锁铁往上活动量均须符合限度规定。钩体防跳凸台的作用面须平直,钩舌与钩体的上下承力面接触良好。

(3)钩耳销孔及钩舌销孔的直径、钩舌销与销孔的间隙、钩舌与钩耳上下面的间隙、车钩的开度、车钩的中心高度、钩舌厚度、钩尾销尺寸及钩尾销与销孔的间隙等符合限度规定。

(4)车钩复原装置作用良好。吊杆不许有裂纹,提杆装置完好,组装后机车中间车钩的提杆应锁闭可靠。

(5)车钩前从板与从板座、缓冲器与后从板座不许有 1mm 以上贯通间隙。车钩尾部与从板间隙符合限度规定。

(6)车钩各零部件不许有裂纹。下列情况禁止焊修:钩体上的横裂纹,销孔向尾端发展的裂纹,耳销孔处超过断面 40% 的裂纹;钩舌上的裂纹;车钩尾框上的横裂纹及变形时须整修。

(7)前、后磨耗板有裂纹及变形时须整修销孔向前发展的裂纹。

(8)缓冲器与从板间不许有贯通间隙,其组装中心偏差、尾框厚度及尾框安装从板处的磨耗量均须符合限度规定。

(9)缓冲器按限度表检测,当不能达到限度要求或已经超过 9 年时,应返回制造厂或指定修理厂修理(保修期为 6 年),并有 12t 落锤机的实验报告,实验不合格的应予报废,但缓

冲器箱体裂纹允许焊修。

(三)主要限度

HXD$_3$型电力机车车钩缓冲装置主要限度见表3-4。

HXD$_3$型电力机车车钩缓冲装置主要限度(单位:mm)　　　　表3-4

序号	名　称		原　形	限　度	
				C4 修	禁　用
1	钩体钩耳销孔的直径(衬套)		$\phi 42.2^{+1}_{0}$	≤$\phi 44.2$	≥$\phi 45$
2	钩舌与钩耳上、下面的间隙		2	≤6	
3	车钩开度	锁闭状态	105~115	105~109*	≥120
		全开状态	205~230	205~240*	
4	车钩距轨面高度		880±10	820~890	<815 或 >890
5	钩体尾部厚度		50^{+1}_{0}	48	47
6	钩体及钩舌牵引突缘处间隙		≤1.6	≤2.6*	
7	钩体及钩舌冲击突肩处间隙		≤1.5	≤2.5*	
8	下防跳凸台高度		16^{+2}_{0}	16~18	
9	锁闭后钩锁铁向上活动量		3~15	3~17	
10	钩舌销孔的直径		$\phi 42^{+0.4}_{0}$	≤$\phi 44$	≥$\phi 45$
11	钩舌厚度		80	76.5*	
12	钩尾框框身厚度		25^{+2}_{0}	≥23	21
13	钩尾框扁销孔长度		98^{+5}_{0}	≤105	≥107
14	钩尾销磨耗量			≤2	5
15	钩舌销直径		$\phi 41^{0}_{-0.4}$	≥$\phi 40$	≤$\phi 38.6$
16	缓冲器、从板及尾框组装后中心偏差			≤5	
17	QKX100 型缓冲器组装长度		560±1	559~561	

注:表中数字带"*"者指参考值,可不作检验依据。

七、HXD$_{1D}$型电力机车车钩缓冲装置检查与维修

(一)定检修程检查

1. C1 修检查要求

(1)车钩"三态"(闭锁状态、开锁状态、全开状态)须作用良好,相关尺寸符合限度规定。车钩在闭锁状态时,钩舌尾部与锁铁垂直的接触高度、钩舌尾部与锁铁间的横向间隙、钩舌与钩锁之间贯通间隙、钩锁铁往上活动量须符合限度规定。钩舌与钩体的上、下承力面须接触良好。车钩的中心高度须符合限度规定。车钩复原装置作用良好。吊杆不许有变形、裂损,提杆装置完好。车钩从板与前从板座、缓冲器与变形吸能元件立板之间不许有1mm以上贯通间隙。车钩尾部与从板间隙须符合限度要求。钩舌、钩舌销、推铁、锁铁探伤检查不许有裂纹;钩体与钩尾框目检不许有裂纹。

(2)车钩各零部件有下列情况禁止焊修:钩体上的横向裂纹,扁销孔向尾部发展的裂纹;钩体上距钩头 50mm 以内的砂眼及裂纹;钩体长度超过 50mm 的纵向裂纹;耳销孔处超过该处端面 40% 的裂纹;上、下钩耳间(距钩耳 25mm 以外)超过 30mm 的纵横裂纹;钩腕上超过腕高 20% 的裂纹;钩舌上的裂纹;车钩尾框上的横裂纹及扁销孔向端部发展的裂纹。

(3)外观检查缓冲器箱体不许有裂纹,胶泥不许有漏泄。外观检查前磨耗板不许有裂纹、变形。缓冲器与从板间不许有贯通间隙。外观检查变形吸能元件单元端板,不许有翘曲、变形或倾斜。变形吸能单元压缩尺寸不许超过原形尺寸 5mm。

2. C3 修检查要求

钩体、均衡梁、吊杆、钩尾销探伤检查不许有裂纹。

3. C4 修检查要求

(1)钩耳销孔及钩舌销孔的直径、钩舌销与销孔的间隙、钩舌与钩耳上下面的间隙、钩舌厚度、钩尾销尺寸及钩尾销与销孔的间隙须符合限度规定。钩尾框探伤,不许有裂纹。尾框厚度尺寸须符合限度表规定。钩尾销螺栓更新。

(2)从板及预压板磨耗量不大于 3mm。拆下变形吸能单元检查端板,不许有翘曲、变形、裂纹或倾斜,同一组两个吸能元件自由高度差不大于 1mm。缓冲器组装中心偏差、尾框厚度须符合限度要求。

(3)下列部件在各修程中采用磁粉探伤检查:钩舌、钩舌销、推铁、锁铁 C1～C4 修,钩尾框 C4 修,钩体、钩尾销、均衡梁吊杆 C3～C4 修。

(二)定期维修

1. 解体

(1)解体前进行"三态"试验及全面检查,确定检修重点并记录。

(2)取下钩提杆并用天车轻吊车钩钩身后,拆下钩尾销螺栓,用小撬棍拆下钩尾销,推出并吊出车钩。

(3)将专用升降小车推至尾框托板下方后升起并顶住尾框托板,如图 3-25 所示,拆下托板螺栓,装上专用扁销及专用手推液压缸,加压使缓冲器压缩后缓慢落下升降小车,推出小车并吊走组件至指定处,缓解油缸后分开钩尾框、缓冲器、从板。

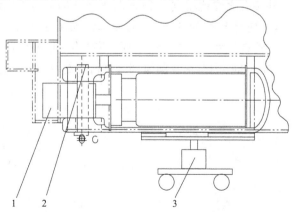

图 3-25 HXD$_{1D}$ 型电力机车缓冲器及尾框组件拆装示意图

1-专用手推液压缸;2-专用扁销;3-专用升降小车

(4)对车钩表面除垢并用清洗液清洗后,将其吊上检查台,然后依次拆下钩舌销、钩舌、下锁销、钩锁铁、钩舌推铁。

(5)拆下变形吸能元件。

2.清洗

用清洗液清洗各部件,清洁度符合有关标准。探伤部件及部位用除漆剂、除锈剂清洗,达到探伤要求。

3.钩体检修

(1)用钢板尺和样板检查钩身上下、左右变形,弯曲量大于5mm时报废;检查钩腕外胀及钩耳上下变形,当影响组装部件和"三态"作用时报废。

(2)探伤检查钩体尾部300mm内钩耳销孔周围及其后部圆弧处,钩体与钩身连接线前后50mm以内有横裂纹或车钩其余部分的横裂纹超过该宽度的1/3、销孔向尾部发展的裂纹禁止焊修并应报废。目视检查钩体其他部位,重点为钩头与钩身的交界处、下锁销孔筋部、钩腔内的上下牵引台,有裂纹时报废。

(3)用游标尺检查钩尾端面与扁销孔边缘的距离,不足48mm,或上下偏差超过2mm时,或扁销孔磨耗大于142mm×41mm时,应对扁销孔或尾部进行焊修,使各处符合限度要求。

(4)检查钩耳销孔的直径,大于ϕ45mm或镶套松脱破损时应焊修或换套。

(5)检查钩身下面磨耗状态,磨耗大于5mm时应焊修。堆焊时应纵向重叠施焊,分层焊时应将第一层焊渣彻底清除,焊后应留1~2mm余量并修磨平整。

(6)钩耳孔及钩舌销孔磨耗过限须镶3~6mm厚、表面硬度为38~50HRC的衬套,镶套后钩耳孔边缘允许有宽1mm、深5mm以内的间隙,钩舌销孔边缘允许有宽1.5mm、深10mm以内的间隙。

4.钩舌检修

(1)探伤检查钩舌,重点为牵引面的弯角部和上下弯角、钩舌销孔周围、牵引台、冲击台,钩舌有裂纹时更新。

(2)机车选用15号小间隙车钩,小间隙车钩钩舌不得换装其他钩舌。

(3)钩舌尾部和锁铁接触面磨耗超过1.5mm时焊修并加工至原设计尺寸。

(4)拉紧钩舌,使钩舌尾部与钩锁铁压紧,测量车钩如图3-26所示,有A、B、C三个尺寸,当B尺寸超过86mm或C尺寸小于76.5mm时,须对钩S形曲面进行焊修并加工至原设计尺寸。A尺寸超过120mm时,须对钩舌圆弧部分进行焊修并加工至原设计尺寸。

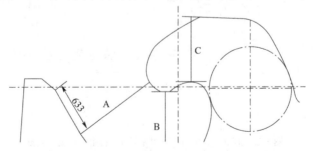

图3-26 HXD$_{1D}$型电力机车小间隙车钩检查位置示意图

5. 外观检查

检查钩锁铁、钩舌推铁、钩锁销,有裂纹时更换,磨耗大于2mm时焊修,弯曲变形时更换,钩锁销的下锁销、下锁销体及下锁销钩之间应连接可靠、转动灵活。

6. 探伤检查

对钩舌销、钩尾销、摆块吊进行探伤检查,有裂纹时更换;钩舌销弯曲时应加热调修并探伤复查;检测钩尾销尺寸小于89mm×29mm时更换。目视检查钩尾销螺栓,有弯曲、裂纹,直径小于$\phi 18$mm或螺纹不良时更新。

7. 钩尾框检修

(1) 允许焊修部位应先清除表面锈斑(注意:禁焊部件及部位不得焊修),有裂纹时沿裂纹长度方向铲削60°V形坡口,彻底清除裂纹痕迹后施焊,施焊场地及工件温度低于10℃时应局部预热至50~100℃,焊修后进行探伤检查。

(2) 探伤检查钩尾框,各处有横裂纹、框角处裂纹、后部圆弧处裂纹及销孔向前发展的裂纹时不得焊修,其他部位裂纹焊修时须有增强焊波。

(3) 测量钩尾框宽度和厚度的磨耗,厚度磨耗大于3mm,或宽度及其他部位磨耗大于4mm时应纵向分层堆焊并磨平。尾框厚度小于22mm时应更换。

(4) 外观检查扁销孔下方的穿销螺栓止挡,两外侧面销孔周围不平整时应修整,有裂纹时应焊修,销孔直径大于$\phi 26$mm时焊修。

(5) 钩尾框扁销孔长度磨耗超过105mm或尺寸(774±1)mm大于776mm时焊修并加工恢复原设计尺寸。

8. KC15型缓冲器检修

KC15弹性胶泥缓冲器的日常检修,需检查缓冲器与前从板、缓冲箱体与后从板座及前从板与前从板座间的间隙,正常情况下该三处位置均不能出现大于2mm的贯通间隙,当出现贯通间隙时应仔细检查缓冲器、前从板是否有产生间隙的外力作用。若在无外力作用的情况下还存在间隙,则可初步判定缓冲器存在问题。应将缓冲器从车体上拆下后,测量缓冲器的自由高,自由高应满足570mm,缓冲器自由高不满足要求时缓冲器应返厂检修。缓冲器异常磨耗或发生胶泥泄漏等故障时换新,弹性胶泥缓冲器到厂修期时,将弹性胶泥缓冲器整体拆下,送缓冲器生产厂家进行厂修。

9. 外观检查从板

对从板进行外观检查,有裂纹时更新,磨耗大于3mm时堆焊磨平。

10. 组装

(1) 装上变形吸能元件。

(2) 将钩体卡在工作台上,各部件配合磨耗面上涂少许润滑脂后,依次装入钩舌推铁、下锁销、钩锁铁。托起钩锁铁装入钩舌,穿上钩舌销及垫、开口销,然后对车钩进行全面检查,状态应良好。测量钩舌与钩腕内侧面距离,闭锁位置时不大于130mm,开钩位置时不大于245mm。在闭锁位置时,往上托起钩锁铁,其移动量不得大于15mm。检查钩提杆与下锁销连杆的距离须大于15mm;钩提杆须正位,与提杆座凹槽间隙不大于2mm。状态不良或部件配合超限时应修配。部件焊修时禁止以点代面,局部堆焊后用砂轮修磨光滑。

(3) 将缓冲器、从板、尾框套装在一起后,装入专用扁销及专用手推液压缸,加压压缩缓冲器,当从板及缓冲器总长小于625mm时,整体吊至预先放有尾框托板的专用升降小车上后,推至牵引梁下方,对准位置并缓慢升起小车,直至缓冲装置进入安装座内,前从板座加5mm厚调整垫板后缓解油缸,检查缓冲器、从板及尾框组装后中心偏差应不大于5mm,从板贯通间隙应不大于1mm,然后紧固全部托板螺栓,拆去专用手推液压缸、专用扁销及专用升降小车。

(4)用天车吊装钩体,到位后装上钩尾销,穿上钩尾销螺栓、弹簧垫圈、螺母后适度紧固,打上开口销。调整复原装置托架垫片,使车钩处于水平位置。检测车钩尾部与从板间隙应为0~5mm,过小时压缩缓冲器后在从板座处加垫,过大时吊出车钩在钩尾部加焊垫。调整结束后应将从板座处磨耗板及垫焊死。

(5)车钩和缓冲器涂刷黑漆并由钩舌水平中心线沿钩头左右两侧喷涂5mm宽白色漆线的车钩中心线。用中心高度尺检测车钩中心高度应为875~890mm。

11. 检查与试验

(1)全面检查各部件应组装到位,连接可靠,防缓件完好。

(2)"三态"试验良好。

(3)机车试运后,应再次检查车钩中心高度,超过时调整。

12. 维修限度

HXD_{1D}型电力机车车钩缓冲装置维修限度见表3-5。

表3-5 HXD_{1D}型电力机车车钩缓冲装置维修限度(单位:mm)

序号	名称		原形	限度	
				C4修	禁用
1	钩体钩耳销孔的直径(衬套)		$\phi 42.2^{+1}_{0}$	$\leq\phi 44.2$	$\geq\phi 45$
2	钩舌销孔的直径		$\phi 42^{+0.4}_{0}$	$\leq\phi 44$	$\geq\phi 45$
3	钩舌销直径		$\phi 41^{0}_{-0.4}$	$\geq\phi 40$	$\geq\phi 38.6$
4	钩舌与钩耳上下面间隙		2	≤ 6	
5	锁闭后钩锁铁向上活动量		3~15	3~17	
6	钩体尾部厚度		50^{+1}_{0}	48	47
7	车钩开度	闭锁状态	105~115	105~119*	≥ 120
		全开状态	205~230	205~240*	
8	车钩距轨面高度		880±10	820~890	<815或>890
9	钩体及钩舌牵引突缘处间隙		≤ 1.6	≤ 2.6*	
10	钩体及钩舌冲击突肩处间隙		≤ 1.5	≤ 2.5*	
11	下防跳凸台高度		16^{+2}_{0}	16~18	
12	钩舌厚度		80	76.5*	
13	钩尾框框身厚度		25^{+2}_{0}	≥ 23	21
14	钩尾框扁销孔长度		98^{+5}_{0}	≤ 105	≥ 107
15	钩尾销磨耗量			≤ 2	5
16	缓冲器、从板及尾框组装后中心偏差			≤ 5	
17	变形吸能单元安装面至端板垂直高度		280^{+1}_{0}	≤ 275	

注:表中数字带"*"者指参考值,可不作检验依据。

(三)故障维修

1. 故障查找与处理(表3-6)

故障查找与处理　　　　　　　　　　　　　表3-6

序号	故障现象/信息	可能原因	处理方法/测量/测试
1	车钩不能全部打开	车钩提杆变形	调整车钩提杆
2	钩头摆动不灵活	1. 钩体尾部(130±2.5)mm尺寸超差; 2. 钩体尾部腰子孔内不光滑 3. 变形元件变形较大	1. 对钩体尾部进行加工,确保尺寸为(130±2.5)mm。 2. 打磨钩尾框扁销孔 3. 更换变形元件
3	车钩、钩尾框有裂纹	表面或内部质量问题	打磨、焊修或换新
4	缓冲器没有压力或压力不够	缓冲器胶泥泄漏或弹簧失效	换新
5	变形吸能元件变形	异常撞击导致变形吸能元件损坏	换新

2. 拆卸(表3-7)

拆卸　　　　　　　　　　　　　表3-7

序号	部件	方法
1	钩尾销	将钩尾销螺栓上的开口销取出,然后松开螺母,将钩尾销螺栓从钩尾框中取出,钩尾销从车钩中退出
2	钩舌	将车钩处于全开状态,把钩舌销上的开口销取下,将钩舌销取出就可取出钩舌
3	车钩、钩尾框、缓冲器	—
4	变形吸能元件	取下钩缓系统后,取下4个M20的螺栓

3. 拆卸修复或更换(表3-8)

拆卸修复或更换　　　　　　　　　　　　　表3-8

序号	部件	方法
1	车钩	参见本部分"(二)定期维修"
2	钩尾框	
3	缓冲器	
4	变形吸能元件	焊缝开裂;是否变形(测量变形单元下支撑板上的变形检测板与托架组成的间隔距离,距离达到5mm时必须更换)

4. 组装(表3-9)

组装　　　　　　　　　　　　　表3-9

序号	部件	方法
1	钩舌	组装钩舌时,用提钩杆将钩锁提起,然后将钩舌以钩舌销为中心旋进钩体腔,装上钩舌销

5. 重新安装(表3-10)

重新安装 表3-10

序号	部　件	方　法	注意事项
1	变形吸能元件	将变形单元的上支撑板置于安装底板沉孔中,一端用2×M20的螺栓(须上螺纹锁固胶)固定于安装底板	紧固力矩为375N·m,并做好防松标记
2	钩尾销	将钩尾销从车钩与钩尾框上的钩尾销孔中插入,并将钩尾销螺栓安装好	
		用转矩扳手拧紧螺栓	拧紧力矩80N·m
3	钩缓系统	调整车钩中心线距轨面高度	车钩中心线距轨面高度为(880±10)mm

八、FXD₃型动力车车钩缓冲装置检修

(一)日常及C1、C2检修

无须拆卸车钩,按以下程序对钩缓装置进行检查,必要时进行修补或更换,如图3-27所示。

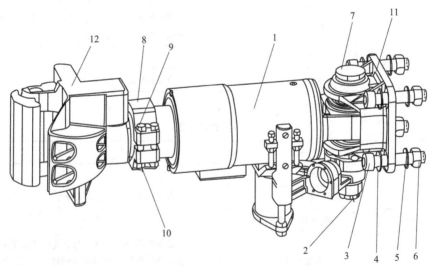

图3-27　105A钩缓装置部件

1-壳体焊接组成;2-开口销(6.3×45);3-内角圆柱头螺钉(M36×200);4、5-平垫圈(36);6-Ⅱ型六角螺母(M36);7-钩尾销;8-连接环;9-六角头螺母(M16×150);10-螺母(M16);11-安装座;12-105A钩头

(1)检查钩缓装置钩尾销上的开口销2是否变形损坏,开口销变形损坏时,应及时更换开口销,开口销应按国家相关标准规定进行锁定。

(2)检查钩缓装置与车体连接处的安装螺栓3、螺母6及连接环组成上的螺栓10、螺母9是否有松动或遗失。发现有松动时,应按规定力矩及时扭紧并锁定。安装螺栓及螺母的扭

紧力矩推荐值为1400～1500N·m,连接环组成上的螺栓、螺母的扭紧力矩推荐值为(160±10)N·m。

(3)检查钩缓装置上安装座11、壳体焊接组成1等零部件是否有裂纹或变形现象,发现以上零部件有裂纹或变形时,应及时更换相应零部件或整体更换钩缓装置。

(4)检查带卡环105A车钩钩舌销的开口销是否断裂,开口销断裂者更换新品。

(5)车钩"三态"及防跳作用必须良好,安全牢固,各部分无裂纹;各紧固件安装须牢固,各磨耗部涂润滑脂。对带卡环105A车钩内部的钩舌、钩腔内部相互运动部位涂抹干性润滑脂。

(6)在锁钩位置时,往上托起钩锁铁,其移动量不大于15mm。钩舌尾部与钩锁铁接触面须平整。

(7)105A车钩采用C级钢,焊修时须采用与母材相对应的焊条,焊前预热,焊后热处理。是否允许焊修应依据《机车车辆用车钩、钩尾框》(TB/T 456—2008)确定。

(8)钩舌销与钩耳孔、钩舌销与钩舌孔之间的间隙、钩舌与上钩耳的间隙、车钩的开度、车钩的中心高度、钩尾销尺寸及钩尾销与钩尾销孔的间隙等符合限度规定。

(9)车钩各零部件不得有裂纹,且下列情况禁止焊修:①钩舌的裂纹;②锁铁及钩舌推铁上的裂纹;③钩舌销的裂损。

(二) C3、C4检修

(1)进行日常检修及C1、C2修的所有检修内容。

(2)采用专用吊具或提举装置拆解105A车钩的连挂系统(也可整套取下车钩缓冲装置),如图3-28所示,使用锤子及凿子等工具将连接环组成上的防松板4展开,使用扳手将Ⅰ型六角螺母5松开,拆下连接环3(连接环不能手动拆下时,允许使用铜棒轻轻敲击,待连接环松动后,取下连接环)。

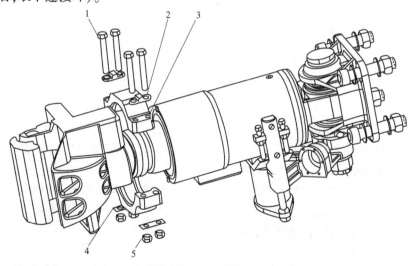

图3-28 105A车钩的分解
1-六角头螺栓M16×150;2-防松块;3-连接环;4-防松板;5-Ⅰ型六角螺母

(3)将带卡环的105A车钩进行分解,并按15号小间隙车钩的检修要求及检修标准,对钩舌、钩体、钩舌销等零件进行探伤检查。

(4)恢复时,Ⅰ型六角螺母5的力矩为(160±10)N·m,并需重新画防松线。

(三)C5 检修

(1)进行日常检修及 C1～C4 修的所有检修内容。

(2)需从车体上拆下整套105A型车钩缓冲装置。

(3)按C3、C4检修方法将带卡环的105A车钩与缓冲系统分解开来。进一步分解车钩上的钩舌、钩舌销、钩舌推铁、钩锁铁等相关零部件,按15号小间隙车钩的检修标准对105A型车钩进行探伤及检修。

(4)由生产厂家对缓冲系统和安装吊挂系统进行分解,并对安装座、钩舌销、壳体组成的外表面进行磁粉探伤检查,对缓冲系统进行静压试验。

(5)更换橡胶支撑、橡胶轴承、轴承垫圈、钩尾销轴套、钩舌套、钩体套及所有标准件。

(6)重新装车前需要重新喷涂油漆。

(7)需要注意的是,弹性胶泥芯子为高压容器,严禁拆解。因此,日检或段修时,当缓冲系统出现故障时应及时将缓冲器整体返回生产厂家检修。

(四)车钩高度调节

1. 前端车钩高度调节(图3-29)

(1)松开件1(螺母1),逆时针旋转件2(限位螺栓),使螺栓的底部脱离件3(限位板)。

(2)松开件4(螺母2),顺时针方向拧紧件5(调节螺栓)一定圈数,可带动橡胶支撑向上顶起车钩。

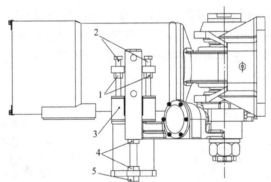

图3-29 车钩高度调节示意图
1-螺母1;2-限位螺栓;3-限位板;4-螺母2;5-调节螺栓

(3)调节车钩高度时需同时操作车钩两侧的调节机构,调节完成后应测量橡胶支撑两侧的件5(调节螺栓)裸露的螺纹长度基本相同。

(4)调节完成后将调节螺栓两侧的件4(螺母2)拧紧,拧紧力矩为200N·m,将件2(限位螺栓)的底部与件3(限位板)接触,并将件1(螺母1)重新拧紧,拧紧力矩为160N·m,使用红色标记笔标上表示拧紧力矩的线条。

2. 后端车钩高度调节

25T型密接式钩缓装置安装到车体后,新车在动力车正常整备状态下,钩体凸锥顶点距轨面高度为850～880mm,车钩缓冲装置中心线距轨面高度的限度为820～880mm。

(1)松开支撑弹簧盒固定螺母(下穿螺栓结构)或螺栓头(上穿螺钉式结构)的防松垫片(图3-30)。

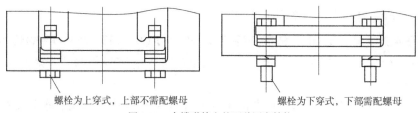

图 3-30 支撑弹簧盒的两种固定结构

（2）拆下螺栓或螺母。

（3）在支撑弹簧盒底面和支架接触面间装入标准平垫圈或整体式垫片（图 3-31），垫圈或垫片总厚度不能超过 10mm，否则应检查支架是否存在弯曲现象。

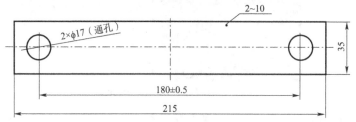

图 3-31 用于调整钩高的整体式垫片

（4）拧紧螺母或螺栓，拧紧力矩为 200N·m。

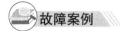

故障案例

【案例 3-1】 HXD$_3$0026 机车车钩不能连挂

2011 年 2 月 17 日，HXD$_3$0026 机车担当临客，乘务员在连挂车辆时发生车钩不能连接故障，更换机车。机车入库检查，发现Ⅱ端车钩钩舌推铁变形，在其头部有明显的磨损痕迹，如图 3-32 所示。

原因分析：钩舌推铁变形导致车钩"三态"作用不良，造成"闭锁"位作用失效。钩舌曾受到过较大的撞击，使钩舌推铁磨损及变形，车钩在锁闭位时，推铁后部台阶面与钩锁铁后部台阶面接触，使得钩锁铁不能自由落下，钩锁铁不能锁住钩舌，即钩舌仍在开锁状态。

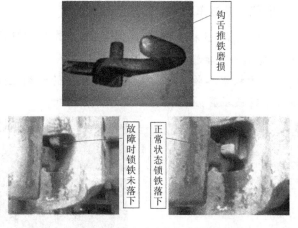

图 3-32 HXD$_3$0026 机车车钩钩舌推铁磨损变形

【案例3-2】 SS$_{9G}$0165机车车钩钩体裂纹

2014年4月3日,SS$_{9G}$0165机车,辅修8次,编号为QS.C.13-2207的车钩钩体头部上端发现40mm长的裂纹,如图3-33所示,打磨处理缺陷未消除,确认裂纹有一定的深度,按段规要求报废,更换钩体。

原因分析:裂损部位在以往探伤中发现不多,在车钩钩体头部上端。车钩及缓冲装置中除钩舌销为锻钢件外,其余为铸钢件,实际运用中受力复杂,易产生裂损,如果在浇铸过程中存在缺陷,将加大车钩产生裂纹的可能性。

图3-33 SS$_{9G}$0165机车车钩钩体裂纹

【案例3-3】 HXD$_{3D}$0105机车Ⅱ端车钩缓冲器失效

2015年8月14日,HXD$_{3D}$0105机车,入库整备作业,发现Ⅱ端车钩缓冲器的前从板端面与车体未接触,存在约60mm间隙,如图3-34所示,用检点锤撬动前从板,从板不能复位。

原因分析:缓冲器内部胶泥存在质量问题,车钩缓冲装置失效导致前从板发生位移。

图3-34 HXD$_{3D}$0105机车Ⅱ端车钩缓冲器失效

【案例3-4】 HXD$_{1D}$0125机车Ⅱ端车钩缓冲器尾部严重受损

2015年10月24日,HXD$_{1D}$0125机车,2C2次修程,在对车钩缓冲器尾部横向限位装置进行技术改造时,发现钩尾框严重磨损,如图3-35所示。

原因分析:HXD$_{1D}$型电力机车车钩缓冲器存在横向限位的结构性缺陷,机车在运用中,引起钩尾框与下方的U形托板碰磨,最终导致钩尾框严重磨损。

图3-35 HXD$_{1D}$0125机车Ⅱ端车钩缓冲器钩尾框严重受损

【案例 3-5】 HXD$_{1D}$0175 机车 I 端车钩缓冲器失效

2017 年 9 月 4 日，HXD$_{1D}$0175 机车入库检查，发现 I 端车钩缓冲器后端面不密贴（存在间隙），如图 3-36 所示。

原因分析：KC15 型弹性胶泥缓冲器阻抗强度不足，最大静态阻抗力 300kN（QKX100 缓冲器为 1200kN），另外，内部弹性胶泥存在密封质量问题，车钩在日常运用中受到交变冲击载荷，胶泥泄漏，引起疲劳损坏。

【案例 3-6】 SS$_9$0164 机车车钩下锁销装配裂纹

2018 年 10 月 2 日，SS$_9$0164 机车入库检查，发现 II 端车钩下锁销装配裂纹，如图 3-37 所示。

原因分析：下锁销钩在浇铸过程中，工艺过程控制不到位，致使钢水中含有夹杂物流入零件颈部，导致该部位基体不密实，机车运用中振动逐步形成裂纹。

【案例 3-7】 HXD$_{2C}$0012 机车车钩分离故障

2020 年 7 月 20 日，HXD$_{2C}$型固定重联机车（0114/0012 号）担当货物列车牵引任务，因第二位 0012 号机车与车辆分离，造成区间运行停车。经检查，发现钩尾框断裂被拉出落地（图 3-38）。

原因分析：钩尾框属于铸造件，材质缺陷引起疲劳裂纹。由于机车在运用过程中，该部位难以检查到位，裂纹不断扩展，最后导致断裂。

图 3-36 HXD$_{1D}$0175 机车 I 端车钩缓冲器失效

图 3-37 SS$_9$0164 机车车钩下锁销装配裂纹

图 3-38 HXD$_{2C}$0012 机车车钩分离故障

任务实施

1. 教师下发学习任务工单（见本教材配套学习任务工单中任务 3.2），明确任务内容，并给出本次任务的实施方法与评价标准。

2. 学生课前研究学习计划、查找相关学习资源，按要求完成预习任务。

3. 教师进行课堂讲解、现场教学或操作演示。

4. 将学生按 5~8 人为限组成若干个学习小组，以小组形式组织讨论、交流。教师全程关注每个小组的学习进程，提出引导性意见，激发学生学习兴趣，提高学生自主学习能力。

5. 完成学习任务后，小组要进行总结汇报演讲，或针对实践技能的掌握进行实作演示，完成模块1学习任务工单,学生进行自我评分及小组评分,给出学习任务中的成绩。

6.教师对学生测试检查或成果展示情况给出评分,并根据学生的自评分、互评分给出综合评分。

想一想

试列表比较 SS_{9G}、HXD_3、HXD_{1D}、FXD_3 四种机型的车钩缓冲装置的部件名称及结构特点。

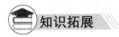

检 修 规 程

机车检修规程是机车检修的"基本法",其制定的主要依据是《机车检修规程管理办法》和机车设计资料,且必须经过严格的特定流程。机车中修及以上检修规程的制定过程分为试验验证、批量试修、常规检修三个阶段。

机车检修技术规程由中国铁路总公司按机型和修程等级分别制定。以 HXD_3 型电力机车为例,主要分为以下几个部分。

1.封面:明确规程发布公司名称、规程名称及版本、出版社名称、出版时间及地点。

2.出版信息与中国铁路总公司文件:明确本规程的出版发行信息,施行日期和前期规程的废止日期信息,规程解释权信息等。

3.目录与正文:明确本规程的具体内容,交流传动电力机车检修技术规程按统一目录、统一格式进行编写,说明检修过程中要求的基本内容,附则包含本规程形成流程并包括参加审定会人员名单。

复习思考题

1. SS_{9G} 电力机车车体中修的技术要求是什么?
2. 试述 HXD_3 型电力机车车体检修的工艺要点。
3. HXD_{1D} 型电力机车车体 C4 修的检查内容有哪些?
4. 简述 HXD_{1D} 型电力机车车钩缓冲装置的组成及安装方法。
5. 车钩的"三态"及作用是什么?连挂与摘钩各须具备什么条件?
6. 电力机车下作用式13号自动车钩由哪几部分组成?
7. 简述机车车钩的有关检修要求。
8. 检修计划是如何制订的?

项目 4　车体实作技能训练

项目描述

通过实践技能操作,引导学生掌握电力机车司机室的整备检查要求及检查方法、车钩的小辅修检查要求及测量方法、电力机车钳工常用工卡量具的使用方法以及假设故障的查找方法。通过现场计分的方式,检测学生对知识的掌握程度。

在完成本项目的 2 个任务后,填写模块 1—项目 4 学习任务工单。

教学目标

☞技能目标

1. 掌握 SS_{9G} 型电力机车司机室的整备检查要求及检查方法。
2. 13 号下作用式车钩的小辅修检查要求及测量方法。
3. 掌握电力机车钳工常用工卡量具的使用方法。
4. 假设故障的查找方法。

☞素质目标

1. 培养敬业爱岗、遵章守纪、乐于奉献的职业道德。
2. 养成精检细修、严守操作规程的工匠精神。

任务 4.1　司机室内检查

任务描述

1. 按本任务"实训操作环节"的要求,对电力机车司机室进行整备检查;
2. 在本任务的检查范围内,实训指导教师设置 8~10 个假设故障,供学生查找。

实训操作环节

1. 作业前的准备工作

(1)劳保用品穿戴齐备:按要求穿好工作服、防滑鞋,戴好安全帽。禁止穿短裤和露出脚趾的鞋。

(2)做好安全防护措施:停放制动装置处于制动位,在车体外侧醒目位置插上禁动红旗,在车轮下方放置止轮器。

(3)工卡量具及耗材:检点锤、抹布。

相关资源见二维码 9。

二维码9
司机室内检查

2. 作业程序（表4-1）

作业程序　　　　　　　　　　　　　　　表4-1

工步名称	作业步骤	作业图示	主要技术要求	安全风险提示
1.司机室侧墙及相关设备检查	司机室左门检查，侧窗玻璃无破损，左侧风扇安装牢固，接线无松脱，电暖气良好，紧急放风阀铅封完好；灭火器、防火报警装置必须作用良好	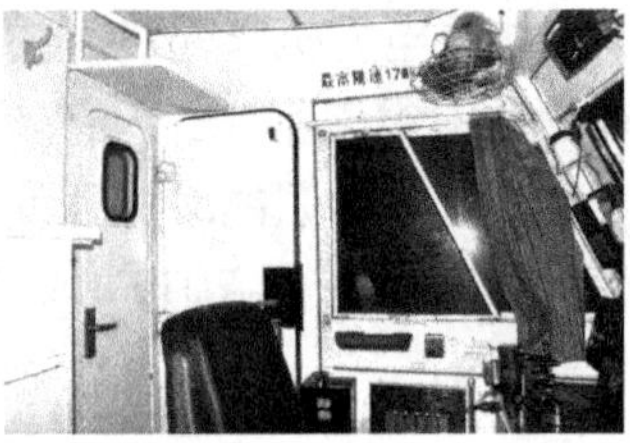		
2.司机台位检查	大、小闸及主、辅司机控制器手柄齐全完好，接线及插头无松脱；管路、塞门无漏风，塞门位置正确，电空阀接线无松脱；司机室灯作用良好；侧窗、前窗玻璃清洁完好，刮雨器作用良好；开关、仪表按钮、鸣笛杆、脚踏、撒砂脚踏作用良好；微机屏、监控屏外观良好		(1)风表校验期限为3个月。(2)仪表校验期限为6个月。(3)视频主机检查：【Ⅰ端V1】、【Ⅰ端V2】、【Ⅱ端V1】、【Ⅱ端V2】四个指示灯至少有Ⅰ端或Ⅱ端的两个指示灯闪烁；【RS485】灯闪烁；操作端在Ⅰ端，向前灯应亮。操作端在Ⅱ端，向后灯应亮	
3.副司机台位检查	视频主机（在Ⅱ室）指示灯显示正常。车内通信电话作用良好。列车管压力表完好无损。110V、220V电源插座无烧损、过热；轴温报警装置主机必须作用良好			
4.司机室顶部检查	空调进、出风口无堵塞，滤网、叶片无脱落；机车防火报警装置主机外观良好，显示正常，分线盒、传感器安装可靠，插头无松脱；取暖器外罩完好，接线无松脱	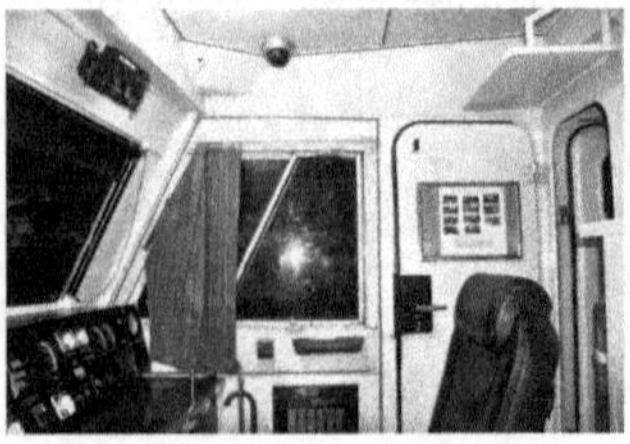		

续上表

工步名称	作业步骤	作业图示	主要技术要求	安全风险提示
5.司机室后墙检查	机车轴温报警装置主机显示正常；端子柜接线良好,无烧损过热	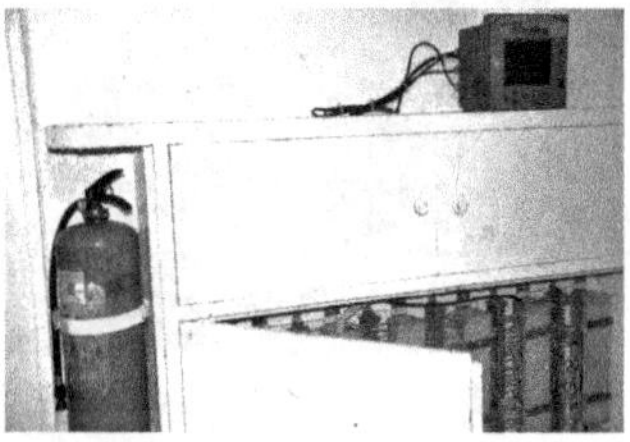	(1)风表校验期限为3个月。 (2)仪表校验期限为6个月。 (3)视频主机检查:【Ⅰ端V1】、【Ⅰ端V2】、【Ⅱ端V1】、【Ⅱ端V2】四个指示灯至少有Ⅰ端或Ⅱ端的两个指示灯闪烁;【RS485】灯闪烁;操作端在Ⅰ端,向前灯应亮。操作端在Ⅱ端,向后灯应亮	

任务4.2　车钩检查与测量

任务描述

1.按本任务"实训操作环节"的要求,对13号下作用式车钩进行分解、检查、测量；

2.按本任务"实训操作环节"的要求,对13号下作用式车钩进行组装、"三态"试验、油润保养。

实训操作环节

1.作业前的准备工作

(1)劳动保护用品穿戴齐备:按要求穿好工作服、防油鞋,戴好安全帽。禁止穿短裤和露出脚趾的鞋。

(2)做好安全防护措施:停放制动装置处于制动位,在车体外侧醒目位置插上禁动红旗,在车轮下方放置止轮器。

(3)工卡量具及耗材:手锤、撬杠、钢丝钳、内卡钳(300mm)、钢板尺(0~300mm)、游标卡尺(0~200mm)、塞尺、车钩高度尺(700~1000mm)、开口销(8mm×75mm)、钢丝绳(12mm)、毛刷、润滑油脂。相关资源见二维码10。

2. 作业程序(表4-2)

作业程序　　　　　　　　　　　　表4-2

工步名称	作业步骤	作业图示	主要技术要求	安全风险提示
1. 车钩分解前检查	(1)检查车钩钩提杆支架安装螺钉无松动,焊坡无开焊,钩提杆无变形。车钩防跳销链良好,钩舌销开口销开度正常,无磨损变形。 (2)检查车钩缓冲器及钩尾销防脱落装置状态良好,均衡梁与吊杆不得有裂纹、弯曲。 (3)检查车钩"三态"作用良好,提钩时自动开放无抗劲,推动钩舌转动灵活,防跳作用良好。 (4)用车钩高度尺测量车钩高度符合工艺要求815～890mm。若高度不符要求,可以在均衡梁处进行加垫进行调整	 		防止机具伤害和人身坠落伤害
2. 车钩分解后检查	对车钩进行分解,拆下车钩圆销开口销,将拆下各零部件擦拭干净,检查各零部件表面及钩体腔内部状态良好			在车钩分解时注意防止钩舌、锁铁等配件意外掉落或脱手,防止物体打击伤害

续上表

工步名称	作业步骤	作业图示	主要技术要求	安全风险提示
3.测量钩舌销直径	(1)用游标卡尺测量钩舌销直径。钩舌销直径≥ϕ38.6mm。 (2)测量位置：钩舌销与上下钩耳销孔接触部位及钩舌销与钩舌上下接触部位各取一个截面。 (3)测量方法：测量时选取各截面相互垂直			
4.测量并计算钩舌销与钩舌销孔的间隙	(1)用游标卡尺测量上下钩舌销孔的内径,测量时选取同一截面相互垂直两点,任一点不得超限,测量结果取各截面平均值的最小值,其值符合要求(42~46mm),禁用限度≥50mm。 (2)用游标卡尺测量钩舌销的直径与钩舌销套孔内径,计算两者之间的差值符合间隙限度要求(≤3mm)			
5.测量钩舌销与上、下钩耳销孔的间隙	(1)用游标卡尺测量钩体上、下钩耳销孔衬套内径短轴方向及长轴方向的尺寸。(机车牵引方向为长轴方向,与长轴方向垂直的方向为短轴方向) (2)用游标卡尺测量钩舌销的直径与上、下钩耳销孔的衬套内径,两者之间的差值间隙符合限度要求(短轴小于4mm,长轴小于6mm)	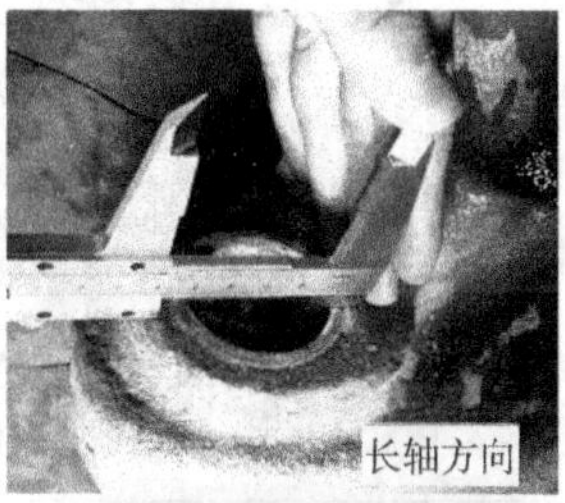 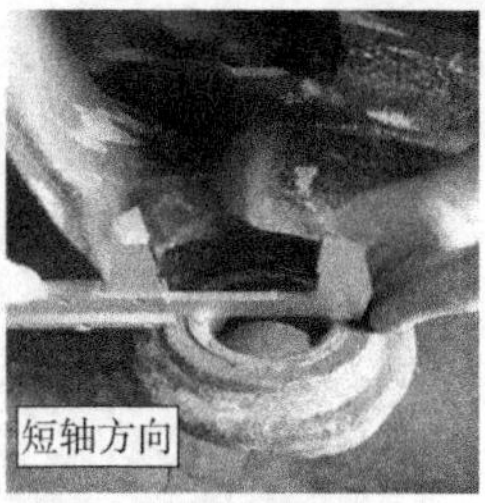		

续上表

工步名称	作业步骤	作业图示	主要技术要求	安全风险提示
6.车钩"三态"检查及开度测量	(1)车钩在锁闭位时上提车钩提杆,钩舌能够自由打开;向内推动钩舌,锁铁能自由落座;钩舌转动过程中,应无机械卡滞现象;提钩时应无抗劲。 (2)车钩在锁闭位时,用内卡钳取得钩舌最前端与钩腕之间的最小距离,用直钢尺测量其值应符合限度要求(112~127mm)。 (3)上提车钩提杆,钩舌打开至最大位置,用内卡钳取得钩舌最前端与钩腕之间的最小距离,用直钢尺测量其值应符合限度要求(220~245mm)	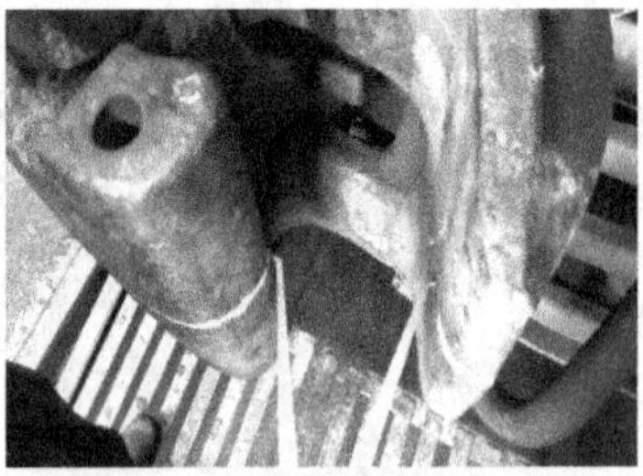 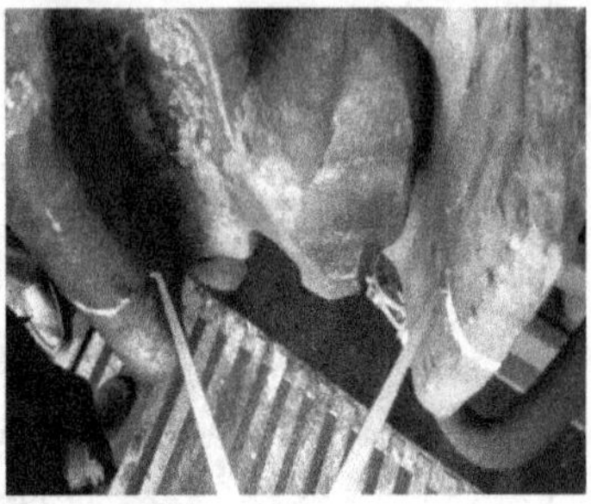		
7.车钩高度测量	用车钩高度尺测量车钩钩舌水平中心线与轨面的高度,测量其值应符合限度要求(815~890mm)		尺平面须与钢轨平面垂直	
8.测量钩舌尾部与锁铁垂直面接触高度	在钩舌与锁铁接触部位涂润滑脂后进行开闭锁试验,用直钢尺测量钩舌尾部与锁铁接触部位的垂直高度,测量其值应符合限度要求(≥40mm)			

模块1　电力机车车体/项目4　车体实作技能训练

续上表

工步名称	作业步骤	作业图示	主要技术要求	安全风险提示
9.测量锁铁向上活动量	在锁闭位置,用撬棍向上撬动锁铁至顶部,用内卡尺或专用塞尺测量钩舌至锁铁之间的最小距离即为钩锁向上的活动量,测量其值应符合限度要求(5~22mm)			
10.车钩防跳性能检查	在锁闭位置,分别摆动车钩至左右极限位置及中间位置,用撬棍向上撬动锁铁,此时防跳性能应良好,即下防跳凸台能够挡住锁铁向上窜动			
11.测量钩舌与锁铁侧面间隙	在车钩锁闭状态下用撬棍将锁铁撬向钩体一侧,用塞尺检查钩舌与钩锁铁侧面的间隙,测量其值应符合限度要求(≤6.5mm)			
12.车钩油润保养	对车钩钩尾销、均衡梁、钩舌尾部、钩舌销及防跳装置等活动部位进行油润保养		车钩中心线不清晰时,要求重新画线	
13.车钩"三态"试验	车钩检修完毕后,再次试验车钩"三态",车钩开锁、全开、锁闭位作用良好,无卡滞			

模块小结

不论从事电力机车驾驶(电力机车司机)、电力机车整备(机车整备工、机车检查保养员),还是电力机车检修(电力机车钳工),都必须熟知车体结构组成与车体设备名称、通风冷却系统和空气管路系统布置、车体检修与车钩检查的技术要求。

通过本模块的学习,学生应掌握车体结构组成和车内设备布置原则;通风冷却系统的布局、通路;空气管路系统的作用与工作原理;车体检修的技术要求和车钩缓冲装置的结构组成、检修工艺;电力机车司机室的整备检查要求及检查方法、13号下作用式车钩的小辅修检查要求及测量方法、电力机车钳工常用工卡量具的使用方法,对车体的结构与组成有一个较为全面的认识,为后续的理论学习和技能训练打下扎实的知识基础。

最后,请完成本教材配套学习任务工单中"模块1 电力机车车体 学习任务小结。"

模块 2　电力机车转向架

转向架又称走行部,是机车高速运行时最关键的部件,它承受车体及设备传来的各向动、静载荷,传递牵引力、制动力,引导机车在轨道上行驶,其结构和性能对运行的安全性、稳定性、舒适性和可靠性产生极其重要的影响。转向架设计本着"先进、成熟、经济、可靠"的精神,采用经实践检验的成熟可靠的先进技术,在保证具有良好的动力学性能的同时,还融入少维护、长检修周期和良好的可接近性等设计理念,并尽量满足标准化、模块化的要求。

项目 5　转向架组成与解体

项目描述

通过转向架实物参观和 3D 动画演示,激发学生对转向架组成和解体检修的兴趣。通过理论知识讲解和实践技能操作,引导学生掌握转向架的结构组成与解体作业流程。通过小组 PPT 汇报和提问环节,检测学生对知识的掌握程度。

教学目标

☞ **知识目标**

1. 掌握转向架的一般结构组成以及各向力的传递路径。
2. 掌握 SS_{9G}、HXD_3、HXD_{1D} 型电力机车、FXD_3 型动力车的转向架结构特点。
3. 了解检修管理、检修生产组织。

☞ **技能目标**

1. 能说出转向架各组成部件的名称和作用。
2. 会按转向架的解体流程进行作业。

☞ **素质目标**

1. 培养敬业爱岗、遵章守纪、乐于奉献的职业道德。
2. 养成精检细修、严守操作规程的工匠精神。

背景知识

一、转向架的作用

现代机车走行部基本上都采用转向架的结构形式,这主要是因为转向架式走行部能适应高速、重载、各种驱动方式和轴列式,并适合各种各样要求的弹性悬挂方式和基础制动方式。转向架的结构和性能对整台机车的运行速度、走行品质、安全性能起着决定性的作用,因此要求转向架有足够的强度,小的轮轨作用力,较好的平稳性、稳定性和曲线通过性能,高的黏着利用率，可靠的牵引制动性能，并尽量满足标准化、简统化的要求。

(1) 承重：承载机车上部的全部重量，包括车体和设施设备，并把重量均匀分配给每个轮对。

(2) 传力：保证必要的轮轨间黏着，以传递牵引力和制动力，使机车运行和停车。

(3) 转向：在钢轨的引导下，保证机车能顺利通过曲线和道岔，实现机车在线路上运行。

(4) 缓冲：缓和线路不平顺对机车的冲击，减少运行中的动作用力及危害，保证机车在牵引力、制动力和各种外力作用下的安全运行。

二、转向架的组成（相关教学资源见二维码11）

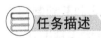
转向架拆分

电力机车转向架一般由构架、轮对驱动装置、两系弹性悬挂装置（Ⅰ系、Ⅱ系）、牵引制动装置（牵引杆装置、基础制动装置）以及其他附属装置等部分组成，其中轮对驱动装置又包括轮对组装、牵引电机及其悬挂装置和驱动单元（齿轮传动装置）等部件。不同型号的电力机车，其转向架的具体结构存在一定的差异。

转向架按轴数可分为二轴转向架和三轴转向架；按传动方式可分为独立（单独、个别）传动和组合（单电机）传动两种，如 SS_{7C}、SS_8、HXD_1、FXD_3 等机型采用二轴转向架，SS_{6B}、SS_{9G}、HXD_3、HXD_{1D} 等机型采用三轴转向架，不过均采用独立传动方式。

三、转向架力的传递

机车运行时，转向架传递机车的垂向力、横向力、纵向力，各方向力的传递路径如下：

1. 垂向力

垂向力包括机车的动、静载荷，以重力为例：

机车上部重量→车体底架→Ⅱ系悬挂装置→构架→Ⅰ系悬挂装置→轴箱（轴箱体、轴箱轴承）→轮对→钢轨。

2. 横向力

横向力包括轮轨侧压力、机车通过曲线时的离心力、外轨超高引起的机车质量的横向分力、机车横向振动引起的动作用力等，以轮轨侧压力为例：

轮轨侧压力→轮对（车轮轮缘、车轴）→轴箱（前后端盖、轴箱轴承、轴箱体）→轴箱拉杆→构架→Ⅱ系悬挂装置→车体底架→机车上部。

3. 纵向力

纵向力包括机车运行时的牵引力、制动力、机车在起动和制动时引起的纵向冲动，以牵引力为例：

轮轨接触点产生牵引力→轮对→轴箱（轴箱轴承、轴箱体）→轴箱拉杆→构架→牵引杆装置→车体底架→缓冲器→车钩。

任务5.1　转向架结构认知

任务描述

通过认知 SS_{9G}、HXD_3、HXD_{1D} 型电力机车和 FXD_3 型动力车的转向架结构组成，熟练掌握电力机车转向架各组成部分的名称与作用,培养团结协作意识,为后续任务的学习打下基础。

知识准备

一、SS_{9G}型电力机车转向架

SS_{9G}型电力机车有两台结构完全相同的转向架,如图5-1所示,其主要结构特点有:采用轮对空心轴六连杆驱动装置,牵引电机架悬在构架上,减小了转向架的簧下质量,降低轮轨冲击及振动,同时改善牵引电机的工作条件。Ⅰ系悬挂采用钢圆弹簧加油压减振器结构,Ⅱ系悬挂采用高圆弹簧支承,配以横向、垂向油压减振器及抗蛇行油压减振器,转向架有较大的静挠度,以满足机车高速运行的要求。基础制动装置采用独立单元式单侧制动,闸瓦间隙可以自动调节,保证机车运行时车轮与闸瓦之间有一定的间隙。停车制动采用弹簧蓄能制动,其结构简单、重量轻、动作准确、安全可靠。牵引方式为双侧平拉杆,以降低转向架牵引点高度,提高机车的黏着利用率。转向架还配有撒砂装置、接地装置、轮缘润滑装置、横向和垂向止挡等附属部件。

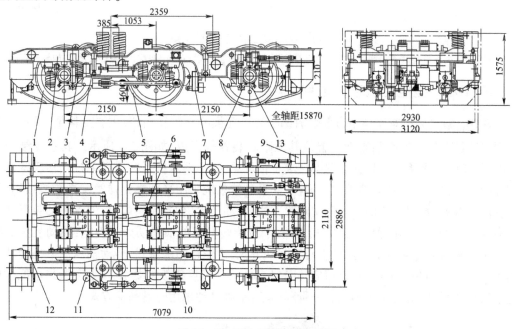

图5-1 SS_{9G}型电力机车转向架总图

1-轮对驱动装置;2-构架;3-Ⅰ系悬挂装置;4-Ⅱ系悬挂装置;5-牵引杆装置;6-电机悬挂装置;7-基础制动装置;8-停车制动装置;9-砂箱组成;10-附属装置;11-轮轨润滑装置;12-空气管路;13-整体起吊连接装置

二、HXD_3型电力机车转向架(相关教学资源见二维码12)

作为重载货运牵引的HXD_3型电力机车,有两台结构完全相同的转向架,如图5-2所示。为使机车获得良好的动力学性能,保证机车运行安全可靠,在满足各项基本性能要求的前提下,转向架结构设计应着重考虑机车黏着重量的利用率。其主要结构特点有:牵引电机采用内顺置布置、低位推挽式单牵引杆结构加上选择合理的悬挂参数,可减小机车

的轴重转移,满足牵引要求。构架强度和刚度高,侧梁与端梁、横梁连接处采用圆弧连接的结构形式,可降低连接处的应力集中。Ⅱ系高圆弹簧组每侧一组,由三个弹簧组成,可减小弹簧的回转位移,降低弹簧的剪切应力。Ⅰ系弹簧采用单圈、小静挠度值,使Ⅰ、Ⅱ系弹簧参数搭配趋于合理。基础制动采用KNORR公司的轮盘制动,使轮对受力形式较踏面制动更加合理。驱动装置采用德国VOITH公司设计的滚动抱轴列式半悬挂结构。抱轴箱体采用高强度、高冲击韧性的球墨铸铁材料,与U形管式抱轴箱相比,装配结构更简单,适用性更强。

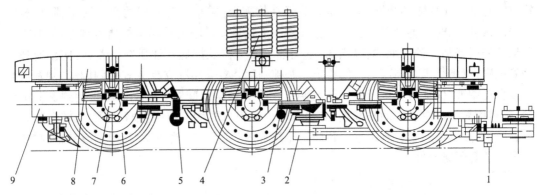

图5-2 HXD$_3$型电力机车转向架总图

1-排石器;2-牵引杆装置;3-基础制动装置;4-Ⅱ系悬挂装置;5-电机悬挂装置;6-轮对;7-Ⅰ系悬挂装置;8-构架;9-砂箱

三、HXD$_{1D}$型电力机车转向架

HXD$_{1D}$型电力机车车体下方安装有两个可以互换的三轴转向架,主要由构架、两系悬挂装置、轮对驱动装置、牵引制动装置及其他附属装置等组成,如图5-3所示。其主要结构特点有:轴箱轴承采用免维护的双列圆柱滚子轴承单元;Ⅰ系悬挂系统采用单拉杆轴箱定位+螺旋弹簧方式,一、三轴安装垂向减振器;Ⅱ系悬挂系统采用高圆螺旋弹簧+橡胶垫结构,辅以各向减振器;牵引电机的布置采用顺置方式,驱动装置(包括牵引电机、齿轮传动装置和悬挂横梁等)的悬挂采用弹性架悬方式,有利于改善转向架的横向动力学性能;驱动装置的结构采用单侧直齿轮+双侧六连杆空心轴驱动方式,齿轮箱为承载式,传动轴承及电机传动端轴承采用齿轮箱润滑油润滑,以适应转向架160km/h速度等级的要求;牵引装置采用低位推挽牵引杆牵引,以提高机车的黏着重量利用率;基础制动采用轮盘制动方式。

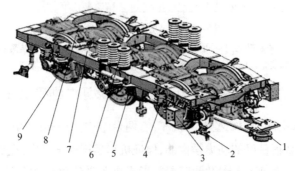

图5-3 HXD$_{1D}$型电力机车转向架总图

1-牵引杆装置;2-排石器;3-砂箱;4-Ⅰ系悬挂装置;5-基础制动装置;6-Ⅱ系悬挂装置;7-构架;8-电机悬挂装置;9-轮对

四、FXD_3型动力车转向架

FXD_3型动力车转向架主要由构架、Ⅰ系悬挂装置、驱动装置、轮对装配、Ⅱ系悬挂装置、基础制动装管、电机悬挂装置、牵引杆装配、轮缘润滑执行装置、配管装配及其他附属装置组成,如图5-4所示。牵引电机的布置采用对置方式。其主要结构特点有:驱动单元(包括牵引电机、齿轮箱总成和六连杆空心轴等)的悬挂采用弹性架悬;驱动系统采用轮对空心轴驱动方式,齿轮箱为承载式铸铝齿轮箱,轴承采用油润滑,以适应200km/h速度等级的牵引要求;轴箱轴承采用免维护的双列圆柱滚子轴承单元(CRU 160×270);Ⅰ系悬挂系统采用单拉杆轴箱定位+螺旋弹簧方式,各轴均安装垂向减振器;Ⅱ系悬挂系统采用高圆螺旋弹簧+橡胶垫结构,辅以各向减振器;牵引装置采用低位推挽牵引杆牵引,以提高动力车的黏着利用率;基础制动采用轮盘制动方式。

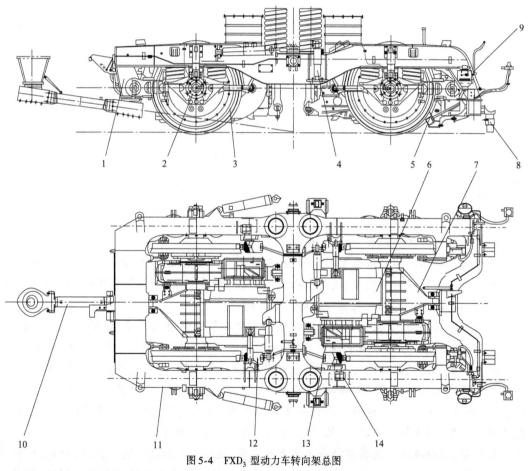

图5-4　FXD_3型动力车转向架总图

1-构架装配;2-Ⅰ系悬挂装置;3-轮对装配;4-Ⅱ系悬挂装置;5-基础制动装置;6-驱动装置;7-电机悬挂装置;8-附件装配;9-轮缘润滑执行装置;10-牵引杆装配;11-配管装配;12-踏面清扫装置;13-进风道装配;14-轴温布线

任务实施

1. 教师下发学习任务工单(见本教材配套学习任务工单中任务5.1),明确任务内容,并给出本次任务的实施方法与评价标准。

2. 学生课前研究学习计划、查找相关学习资源,按要求完成预习任务。

3. 教师进行课堂讲解、现场教学或操作演示。

4. 将学生按 5~8 人为限组成若干个学习小组,以小组形式组织讨论、交流。教师全程关注每个小组的学习进程,提出引导性意见,激发学生学习兴趣,提高学生自主学习能力。

5. 完成学习任务后,小组要进行总结汇报演讲,或针对实践技能的掌握进行实作演示,学生进行自我评分及小组评分,给出学习任务中的成绩。

6. 教师对学生测试检查或成果展示情况给出评分,并根据学生的自评分、互评分给出综合评分。

练一练

如图 5-5 所示,根据转向架传力分析模型,写出三个方向力的传递路径。

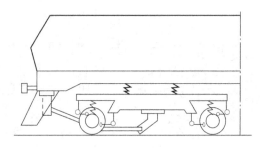

图 5-5 转向架传力分析模型

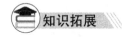

检 修 管 理

段修工作实行统一领导,分级管理的体制。

中国国家铁路集团有限公司:对全路机车检修工作统一规划,综合平衡,督促检查;组织制定和修改机车检修有关规章、规定;审批机车大修和技术改造计划;调查研究、总结、推广先进经验;积极为基层服务,及时帮助解决有关问题。

铁路局集团公司:贯彻执行中国国家铁路集团有限公司有关规章、规定;本着"专业化、集中修"和提高总体经济效益的原则,对全局机车检修工作全面规划,综合平衡,督促检查;完善或改革检修生产的经济运行机制,逐步形成专业分工明确、集中修理的体制;组织制定和修改本局有关机车检修细则和办法、机车中修范围、探伤范围、验收范围、配件互换范围及定量、主要部件检修工艺;编制机车大修及大部件大修计划;审批机车中修计划和段做机车技术改造方案,检查执行情况;总结、推广先进经验;及时处理有关问题。

机务段:贯彻执行中国国家铁路集团有限公司、铁路局集团公司有关规章、规定;编制并执行年度检修工作计划;制定和修改机车及主要部件的技术作业网络图和有关制度,机车小修、辅修范围和工艺;开发或移植机车诊断技术、信息技术,推广技术进步成果,提高机车质量和管理水平;组织工艺教育,坚持按工艺修车;编制本段机车检修计划,全面完成段修任务和相应的财务成本计划,保证提供质量可靠、数量充足的机车。

机务段实行段长领导下的以总工程师(技术副段长)为首的技术负责制。总工程师在业务上主管技术科、职教科、信息统计科、验收室等技术部门,其中验收室除主管机车验收工作外,还兼管轴承检测中心。机务段检修车间负责对机车进行定期检修工作,根据需要建立相应的片(区)和作业班组。中修片一般设置架车解体、清洗、备品维修以及中心备品库,其中备品维修包括屏柜、受电弓、主断、制动、台备、电机、电器、电子、仪表、充电等专业生产班组。

任务 5.2 转向架解体

任务描述

通过认知 SS_{9G}、HXD_3 型电力机车转向架的解体作业工序,熟练掌握电力机车转向架解体的技术要求、工装设备、主要工序,培养团结协作意识,为后续任务的学习打下基础。

知识准备

一、SS_{9G} 型电力机车转向架的解体

1. 工装设备

工装设备包括架车机、天车、专用翻转机具、专用清洗设备、压力机、轨道平车、压缩空气装置、探伤设备、电(气)焊设备、平台、各类专用扳手、套筒扳手、风动扳手、各类吊具、卡具、托架、止轮器、楔铁、专用支座、铜锤、手锤、锉刀、弹簧卡钳、钢丝刷、储油桶、电机托架、游标卡尺、塞尺、内、外卡钳、钢板尺、钢卷尺、轴箱拉杆样板、测温仪、I 系圆簧专用卡子、弯嘴式孔用挡圈钳,常用钳工工具。

架车机是机车维修的专用设备,由 4 台合成一组,如图 5-6 所示,其作用是在机车需要架车修理时架起车体,以便由转向架牵引装置(图 5-7)推出转向架。

图 5-6 架车机

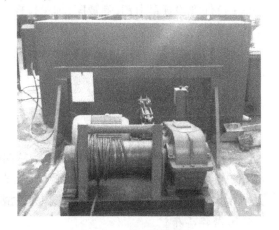

图 5-7 转向架牵引装置

架车机由机架、托架、传动装置、电气设备以及载重螺杆防护罩组成。其操作方法如下:机车进入架车台位后,拆下机车上妨碍架车作业的各连接部件,先将托头分别对正,并伸入机车的 4 个架车点,然后调整各托头高度,使之与各架车点密贴。确认良好后,方可操纵总

控制箱,同时起动4台架车机。起车时,机车两端和左右高度应一致,车体倾斜(左右偏差)不大于50mm。

2. 解体工序

(1)先拆卸构架牵引杆与车体牵引座的连接螺栓,使牵引杆与车体脱开;拆除牵引电机电缆线及帆布罩,接地线,速度传感器电缆,横向、垂向及纵向油压减振器的车体端接头,风油管接头等机械、电气连接点;在Ⅰ系圆弹簧均放置专用卡具。

(2)起架车体后,缓慢引出转向架至指定地点,打好止轮器,放净齿轮箱内的油脂,在电机下方预置电机托架。

(3)取下Ⅱ系弹簧及橡胶垫;分别拆除各油压减振器、砂管支架、砂管、齿轮箱,手动退回制动闸瓦。

(4)在天车配合下拆去电机悬挂座、固定空心轴套与电机间的连接螺栓,用专用吊具将电机吊出,放于指定地点。

(5)松开悬挂臂与空心轴套和构架之间的连接螺栓,吊出悬挂臂。

(6)拆开构架与轮对间的轴箱拉杆、轴箱吊挂、接地线;用专用吊具将构架轻缓吊出至专用支座上,将Ⅰ系圆弹簧成组拆下。

(7)从构架上拆下牵引杆装置、单元制动器、轮缘润滑装置、蓄能制动器。

二、HXD_3型电力机车转向架的解体

1. 主要技术要求

(1)外观检查构架各梁不许有裂纹、开焊、硬伤和局部变形。

(2)构架牵引销座、弹簧座、轴箱拉杆座、油压减振器座、制动器吊座、电机吊座焊缝探伤,不许有裂纹。有裂纹时,允许消除裂纹后焊修。

(3)牵引销1:5圆锥部位及根部过渡圆角处进行除漆探伤,不许有裂纹。

(4)外观检查牵引销、弹簧座、轴箱拉杆座、油压减振器座、制动器吊座、电机吊座安装面不许有变形、破损。

(5)构架上螺纹孔用通止规检查状态良好,螺纹不许有断扣、乱扣、毛刺和碰伤,检查衬套安装状态,符合要求。

(6)制动软管更新。

(7)各螺栓紧固力矩须符合要求。

2. 工装设备

工装设备包括转向架定位举升装置、转向架拆装压力机、悬臂吊、机械手、驱动装置移动小车、构架横向翻转机、构架举升装置、地坑式构架翻转机、构架及附件清洗设备、构架油漆及烘干设备、天车、风动扳手、手锤、撬棍、各型扳手、构架吊具、轴箱支撑座等。

3. 解体工序

(1)将转向架牵引至指定检修场地,对准位置,放好止轮器。

(2)拆卸构架上风管路、传感器、轴报线、轴报接线盒、接地线、撒砂系统中继箱(此步可以放在构架翻转机上进行)。

(3)拆卸转向架附件:扫石器立板、横拉杆防护链、横拉杆及胶皮挡板、砂箱、砂管、砂管

支架、撒砂器、轮缘润滑装置、构架侧挡、牵引电机通风罩。

(4) 拆卸 Ⅰ 系垂向油压减振器、Ⅱ 系横向油压减振器,送入指定检修场地。

(5) 构架与驱动装置的分离。

(6) 用悬臂吊把 Ⅰ 系圆弹簧按顺序吊放至指定的存放筐内,并撤去轴箱支撑座。

(7) 移入移动小车,用悬臂吊将电机吊杆座吊起至一定高度,连接移动小车上的连接杆,将电机与小车连接起来。

(8) 松开悬臂吊,遥控启动小车,把驱动装置送入专用检修线。

(9) 启动构架横向翻转机,翻转构架,拆除制动单元,将构架吊至清洗台位。

任务实施

1. 教师下发学习任务工单(见本教材配套学习任务工单中任务 5.2),明确任务内容,并给出本次任务的实施方法与评价标准。

2. 学生课前研究学习计划、查找相关学习资源,按要求完成预习任务。

3. 教师进行课堂讲解、现场教学或操作演示。

4. 将学生按 5~8 人为限组成若干个学习小组,以小组形式组织讨论、交流。教师全程关注每个小组的学习进程,提出引导性意见,激发学生学习兴趣,提高学生自主学习能力。

5. 完成学习任务后,小组要进行总结汇报演讲,或针对实践技能的掌握进行实作演示,学生进行自我评分及小组评分,给出学习任务中的成绩。

6. 教师对学生测试检查或成果展示情况给出评分,并根据学生的自评分、互评分给出综合评分。

想一想

转向架解体作业需要用到哪些专用工装设备?

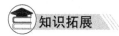

检修生产组织

在机车检修过程中,合理制定检修作业流程、搞好生产调度指挥,认真开展质量检查、现场管理和职业健康安全管理是贯彻落实计划预防修制的重要环节。

检修作业流程是生产作业"人、机、料、法、环、测"六要素中"法"的具体体现,根据检修计划,从扣车到交车全过程要遵照规定的步骤流程,采用准确、合理的检修方法,做到效率高、质量好、成本低、作业安全。机务段按照"四按三化"记名检修中程序化的要求,编制检修作业流程图,包括整车流程图、部件流程图、岗位流程图,明确每个部件的检查顺序、时间节点,实行作业时分控制。

检修工作实行集中管理原则,设置检修生产调度室,建立并认真执行调度工作制度。调度室作为整个检修生产的指挥中心,负责整个检修生产的计划安排,根据生产网络严格执行生产计划,同时协调各班组生产,确保生产任务高效、有序地完成。

良好的机车检修质量是铁路安全运输的前提,日常机车检修质量的检查主要有段修机车质量日常卡控和段验收制度两部分。

检修生产现场管理围绕"人、机、料、法、环、测"六大生产要素，以"安全第一"和"实际、实用、实效"为原则，通过推行安全风险管理和现场可视化管理，实现机务生产组织流程化、现场作业标准化、职场环境可视化、管理手段信息化、持续改进数据化和安全稳定常态化的管理机制。

　　坚持以人为本的原则，监控作业环境和加强劳动保护，提高职业健康水平，实现职工身心健康与运输生产和谐发展。

复习思考题

1. 简述机车转向架的功用。
2. 试述电力机车转向架垂向力、纵向力、横向力的传递顺序。
3. HXD_{1D} 型电力机车转向架有哪些结构特点？
4. 架车机的操作方法是什么？
5. 属于机务段检修管理的职责有哪些？

项目6 构架及附属装置

项目描述

通过构架实物参观和虚拟检修演示,激发学生对构架及附属装置布局的兴趣。通过理论知识讲解和实践技能操作,引导学生掌握构架、附属装置的结构组成与检修要求。通过小组PPT汇报和提问环节,检测学生对知识的掌握程度。

教学目标

知识目标

1. 掌握 SS_{9G}、HXD_3、HXD_{1D} 型电力机车、FXD_3 型动力车的构架结构组成。
2. 掌握 SS_{9G}、HXD_3、HXD_{1D} 型电力机车、FXD_3 型动力车的构架检修要求。
3. 了解工艺过程、检修工艺。

技能目标

1. 能说出构架的作用与部件名称。
2. 会对构架进行整备检查作业。

素质目标

1. 培养敬业爱岗、遵章守纪、乐于奉献的职业道德。
2. 养成精检细修、严守操作规程的工匠精神。

背景知识

构架是转向架的一个受力复杂、联系众多的重要部件,既是承载和传力的基体,也是转向架各零部件的安装基础,用于联系转向架各组成部分和传递各方向的作用力,并用来保持车轴在转向架内的位置。结构设计应着重考虑构架上有关零部件的相对位置以及安装空间,尽量使结构重量和受力分布比较均匀,并在保证强度和刚度的前提下减重。

一、构架分类

为保证构架运用后不发生裂纹或变形,安全可靠,不但要有足够的强度和刚度,还要重量轻便、结构紧凑,同时应有合理的转向架总体布置。在设计上应考虑避开上下盖板横向焊缝重叠并应把焊缝置于低应力区,构架组焊后须进行整体退火和整体加工,以消除焊接内应力和保证构架精度。同时,在运用中要加强日常检查(特别是各焊缝处)。

(1)按设计和制造工艺分,有铸钢构架、焊接构架。其中焊接构架又分为钢板焊接构架、压型钢板焊接构架。

(2)按轴箱定位方式分,有导框式构架、无导框式构架。

(3)按结构形式分,有封闭式构架(有端梁)、开口式构架(无端梁),其中封闭式构架又分为"日"字形构架(两轴)、"目"字形构架(三轴)。

二、构架组成

构架主要由左右侧梁、一根或几根横梁及前后端梁组焊而成,有的转向架构架没有端梁,称为开口式或 H 形构架;有端梁的构架称为封闭式构架。侧梁是构架的主要承载梁,是传递垂向力、纵向力和横向力的主要构件,还用来规定轮对位置。横梁和端梁用来保证构架在水平面内的刚度,保持各轴的平行及承托牵引电机。砂箱一般安装在前后端梁上。

附属装置包括砂箱装配、轮轨润滑装置、整体起吊装置、转向架空气管路系统、走行部安全监测装置、限位装置以及其他装置等。

任务 6.1 构 架 检 修

任务描述

通过认知 SS_{9G}、HXD_3、HXD_{1D} 型电力机车和 FXD_3 型动力车的构架结构组成,熟练掌握电力机车构架各组成部分的名称与作用,培养团结协作意识,为后续任务的学习打下基础。

知识准备

一、SS_{9G} 型电力机车构架

SS_{9G} 型电力机车构架由 2 根侧梁(分左右)、1 根前端梁、1 根后端梁、中间横梁(一)、中间横梁(二)和各种附加支座等组成,如图 6-1 所示。

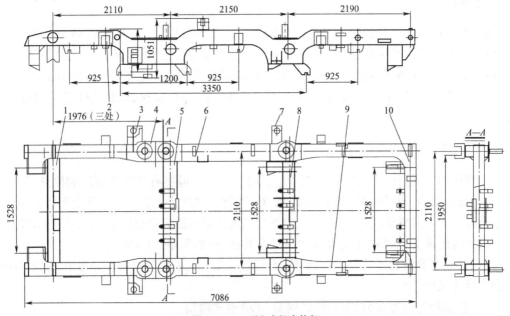

图 6-1 SS_{9G} 型电力机车构架

1-前端梁组装;2-减振器上座(一);3-减振器支座(一);4-侧梁装配(右);5-中间横梁装配(一);6-横向减振器座;7-减振器支座(二);8-中间横梁装配(二);9-侧梁装配(左);10-后端梁组装

侧梁由钢板焊接成双凸肚的箱形结构,其上焊装有牵引座、止挡座、拉杆座、圆弹簧拉杆座以及弹簧座等。2根中间横梁结构基本相同,均采用无缝钢管,其上均焊有电机悬挂支座以及电机悬挂板,中间横梁(二)还焊装有制动器安装板。前端梁采用无缝钢管,其上焊装有电机悬挂支座和制动器安装板。后端梁由钢板焊接成箱形,其上焊装有电机悬挂板和制动器安装板。各梁焊装后,构架成"目"字形结构,其外形尺寸为1051mm×3010mm×7086mm,两侧梁横向中心线间距2110mm,同一轴箱拉杆座与圆弹簧拉杆座八字面中心距925mm,同一侧前后Ⅱ系弹簧座中心距2359mm,构架总重4900kg。

二、HXD_3型电力机车构架

HXD_3型电力机车构架由左右对称布置的两个侧梁、前端梁、后端梁、牵引横梁、横梁和各种附加支座等组成。构架组焊后,成为完全封闭的框架式"目"字形箱形结构,如图6-2所示。为满足重载货运牵引性能的要求,在构架设计时,侧梁、横梁的下盖板采用了30mm厚的钢板,各梁受力部分的内腔均设有10mm厚的筋板。因牵引横梁要承受较大的扭矩,横梁内设有筋板,并用钢管串联,以增加牵引梁的刚度和强度。构架在整体组焊后,采用整体加热方式对整个构架进行回火处理,消除焊接过程中产生的焊接应力。

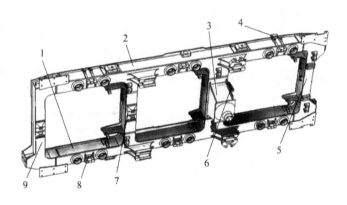

图6-2 HXD_3型电力机车构架

1-左侧梁;2-右侧梁;3-牵引横梁;4-减振器座;5-前端梁;6-电机吊杆座;7-横梁;8-轴箱止挡;9-后端梁

三、HXD_{1D}型电力机车构架

HXD_{1D}型电力机车构架采用三轴转向架构架传统的"目"字形焊接钢结构,由两根侧梁、两根横梁和两根端梁组成,如图6-3所示。各梁均为薄板焊接成的箱形梁,侧梁采用直梁结构,并设置轴箱拉杆座、各油压减振器座和各止挡座等部件,第一横梁为中间横梁,第二横梁为牵引梁。侧梁是由钢板焊接成的鱼腹形的箱形断面结构,其上焊接有轴箱拉杆座,各油压减振器座,制动座,Ⅰ、Ⅱ系弹簧座板和横向止挡、摇头止挡等部件;中间横梁是由钢板焊接成的箱形断面结构,其上焊接有电机悬挂座;牵引梁由钢板焊接成箱形断面的下凹结构,其上焊接有电机悬挂座、牵引座、电机耦合减振器座和制动器吊座等部件;端梁是由钢板焊接成的箱形断面结构,其上焊接有电机吊杆座、电机耦合减振器座和制动器吊座等部件。此外,安装转向架附属装置的支架都布置在构架上。

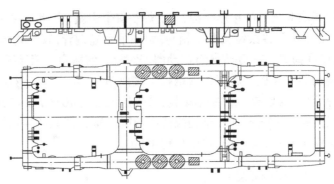

图 6-3 HXD$_{1D}$型电力机车构架

四、FXD$_3$型动力车构架

构架是转向架各部件的安装基础，承受并传递各种载荷，强度设计和刚度设计是构架设计的重点。方案设计着重考虑构架上有关零部件的相对位置及安装空间，尽量使结构重量和受力分布比较均匀。FXD$_3$型动力车构架采用两轴转向架构架传统的"日"字形焊接钢结构，由两根侧梁、一根牵引梁、一根横梁和一根前端梁构成，各梁均为薄板焊接成的箱形梁，结构如图 6-4 所示。侧梁采用鱼腹式结构，并设置轴箱拉杆座、各油压减振器座、弹簧座和各止挡座等部件。构架的焊接执行欧洲标准《铁路应用——轨道车辆和轨道车辆部件焊接》（EN 15085），焊缝远离高应力区，所有焊缝已通过疲劳寿命分析及静强度计算。构架是转向架各部件的安装基础，承受并传递各种载荷，通过有限元计算，构架强度和刚度均满足静强度和疲劳强度要求。

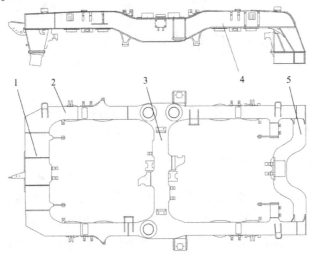

图 6-4 FXD$_3$型动力车构架

1-牵引梁；2-侧架（一）；3-横梁（一）；4-侧架（二）；5-前端梁

五、SS$_{9G}$型电力机车构架中修

1. 技术要求

(1) 构架不许有裂纹、开焊，焊缝开焊允许焊修。裂纹延伸至母材钢板时须进行补强处理。

构架的硬伤及局部变形无法消除者须做出记录,必要时须局部探伤并按图样检查有关尺寸。

(2)砂箱严密,不许有破损,安装座不许有裂损。砂箱盖及卡子齐全,作用良好。砂管畅通,砂管距轨面及踏面距离须符合限度表规定。扫石器安装牢固,胶管或胶板及挡板完好,不许有开焊、裂纹。扫石器距轨面高度须符合限度表规定。

2. 主要限度

SS_{9G}型电力机车构架主要限度见表6-1。

SS_{9G}型电力机车构架主要限度(单位:mm)　　　　表6-1

序号	名称	原形	限度	
			中修	禁用
1	构架上螺纹座下平面与轴箱吊座上平面的垂直间隙	36±1.5	36±10	
2	构架侧梁上平面距轨面高度	1210±10	1210±10	
3	同端左、右侧梁上平面距轨面高度差	≤5	≤5	
4	同侧前、后侧梁上平面距轨面高度差	≤10	≤10	
5	排石器角钢底面距轨面高度	70~80	70~90	
6	排石器胶皮距轨面高度	25±5	20~30	
7	拉杆座靠里内侧面距离	1950±1	1950±2	
8	砂管距轨面高度	40±10	30~50	
9	砂管距踏面距离	20±5	15~30	
10	轮缘润滑装置喷头距轮缘距离	45~50	45~50	
11	轮缘润滑装置喷头距踏面距离	22±2	22±2	

3. 工艺要点

工装设备:专用清洗设备、压力机、探伤设备、气(电)焊设备、平台。

(1)检查各梁有无裂纹、开焊、硬伤等局部变形,对构架侧横梁焊缝,构架各安装座焊缝进行磁粉探伤,确保构架无裂纹和开焊。构架裂纹或焊缝开焊时,允许焊修,焊后须经磁粉探伤合格,不得有超标缺陷。经整修而不影响构架强度时,可维持原状。

(2)检查轴箱拉杆座、油压减振器座、砂箱座、制动器座、牵引电机悬挂支座及悬挂板有无变形。各轴箱拉杆梯形槽,有硬伤时锉修恢复,缺损时焊修并用样块检查。

(3)扫石器安装牢固,胶皮挡板完好,不得有裂纹、开焊。各风、油管路不得有变形、开裂、折损,管卡座不许有开焊,不良时整修或更新。

(4)检查构架关键尺寸不得超出限度的范围,超出时需要修补或校正。

六、HXD_{1D}型电力机车构架检修

1. 定检修程检查要求

(1)C1、C2 修检查要求

目视检查构架母材、焊缝、各安装座可见部分不许有裂损。转向架各部件的紧固螺栓可见部分防缓标志清晰,不许有错位。

(2) C4修检查要求

构架油漆状态良好,不良处补漆。

2.工艺要点

工装设备:架车机、天车、专用翻转机具、专用清洗设备、压力机、轨道平车、探伤设备、气(电)焊设备、平台。

如果构架或构架部件出现机械损坏,如裂纹、变形、断裂及类似现象,除制造厂商外,通常禁止对转向架进行焊修、矫正、切割等修理工作。

对构架侧梁、横梁、端梁焊缝和各安装座进行涂白粉水目测,确保构架和各安装座无变形、裂纹和开焊。焊缝开焊时,允许焊修。构架的硬伤及局部变形无法消除时应做出记录,进行磁粉(或超声波)探伤并按构架尺寸检查图检查各部件尺寸。

(1) 对构架进行表面人工除污,重点为污垢严重处及各拐角处。若空气管路等附件未分解,应堵封所有开放的管接头,送入专用设备内进行清洗剂溶液加温加压喷淋清洗,水温约55℃,煮洗时间一般约为半小时。未煮洗干净处应人工清理,各部件外体表面应达到目视无油垢状态。

(2) 外观检查构架各梁有无裂纹、开焊、硬伤和局部变形。对构架各对接焊缝、各安装座焊缝进行磁粉探伤,对构架其他焊缝涂白粉水目测,确保构架无裂纹和开焊。构架裂纹或焊缝开焊时,允许焊修。构架的硬伤及局部变形无法消除时应做出记录。

(3) 检查轴箱拉杆座、油压减振器座、制动座、制动器吊座、电机悬挂座及吊座有无变形。

(4) 铭牌齐全、完好。

(5) 按构架测量图(机加后)检查各相关尺寸,构架关键尺寸不得超出限度的范围,超出时需要时要修补或校正。

(6) 检查构架油漆有无损坏,重做损坏的油漆。

任务实施

1. 教师下发学习任务工单(见本教材配套学习任务工单中任务6.1),明确任务内容,并给出本次任务的实施方法与评价标准。

2. 学生课前研究学习计划、查找相关学习资源,按要求完成预习任务。

3. 教师进行课堂讲解、现场教学或操作演示。

4. 将学生按5~8人为限组成若干个学习小组,以小组形式组织讨论、交流。教师全程关注每个小组的学习进程,提出引导性意见,激发学生学习兴趣,提高学生自主学习能力。

5. 完成学习任务后,小组要进行总结汇报演讲,或针对实践技能的掌握进行实作演示,学生进行自我评分及小组评分,给出学习任务中的成绩。

6. 教师对学生测试检查或成果展示情况给出评分,并根据学生的自评分、互评分给出综合评分。

想一想

试列表比较 SS_{9G}、HXD_3、HXD_{1D}、FXD_3 四种机型的构架各组成部分的结构特点。

知识拓展

检修工艺过程

修理工作是由一系列作业过程所组成的,按一定顺序完成这些作业过程称为机车检修工艺过程。机车大修要在具备较强实力的机车修理工厂进行,机务段一般能承担中修以下的修程,具备条件的机务段经批准也可进行轻大修。

按维修方法分,机车检修有原件修理、换件修理、拆拼修理和专业化集中修4种。不论采取何种方法,大都遵循图6-5所示的作业过程:机车经验收并进行外部清洗后,解体成部件;部件再解体拆成零件,并清洗。对零件进行检验,区分为可用的、需要进行修理的和报废的三类。可用零件留待组装;需要修理的零件则修复后再组装;不可用零件则以新品替换之。先按有关技术条件进行部件组装,部件组装后进行试验,再将试验合格的部件进行总组装。与此同时,对车体进行修理。机车总组装后,经过试运行并消除试运行过程中发现的问题,即可交车。

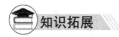

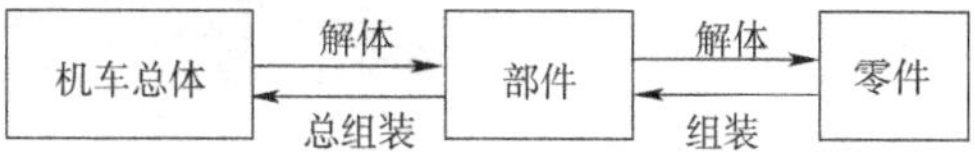

图6-5 机车检修作业过程示意图

原件修理,也称现车修,是对故障或损坏的零部件进行调整、加工或其他处理,使其恢复到所要求的功能后继续使用的修理方法,又可分为原形修和等级修。工艺过程特点:所有部件基本上都是原来本车的,即便更换一些零件也是少量的,大量的零件是由原车零件加以修复再次使用。由于车体及部件本身在修理过程中的修理周期各不一样,因此需要经常相互等待,影响机车总组装,从而延长了机车停修时间。

换件修理,也称配件互换修理法,是用完好的备用零部件、元器件或模块更换故障、损坏或报废的零部件、元器件或模块的修理方法。工艺过程特点:除车体属于原车外,其他所有部件均不一定是本车原有的,而是由备品库提供的备用的周转部件。由于采用了周转部件,消除了因各部件修理周期不平衡而引起的工作间断,因而可以缩短检修停时。

拆拼修理是将暂时无法修复或待报废机车上可以使用或有修复价值的部分或零部件拆下来更换到其他机车上,从而利用故障、损坏或报废机车重新组配成完好机车的修理方法。

专业化集中修是将机车及其主要零部件的修理进行专业化分工,按车型及零部件种类相对集中到技术力量较强的单位进行维修的方法。工艺过程特点:可大大缩短检修停时;便于集中专业人才,提高检修质量,充分利用专业设施,减少重复投资;生产组织较为复杂;需一定数量的备品储备,占用库房和资金。

任务6.2 附属装置认知

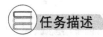

通过认知砂箱装配、轮轨润滑装置、整体起吊装置及其他装置的布局,熟练掌握各附属装置中的部件名称与作用,培养团结协作意识,为后续任务的学习打下基础。

📖 **知识准备**

HXD$_{1D}$型电力机车的附属装置如图6-6所示，为了减少车体内部灰尘的积聚，在靠近车体风道口附近的一、三位轮对上安装了防飞溅保护板装置。

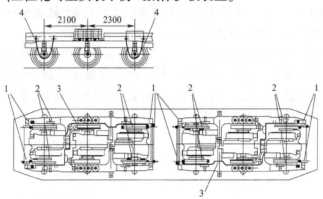

图6-6　HXD$_{1D}$型电力机车的附属装置
1-扫石器；2-保护板；3-转向架空气管路；4-整体起吊装置

一、砂箱装配

砂箱主要用来储存砂子，当机车在运行中因黏着不够发生车轮打滑时，可以通过在轨面上撒砂来提高轮轨之间的黏着系数，防止车轮与钢轨的接触面因滑动而引起轮轨擦伤。扫石器用来排除轨道上的小石头等杂物。

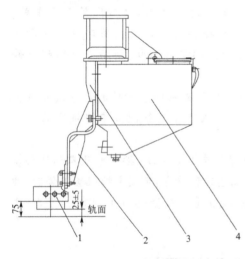

图6-7　SS$_{9G}$型电力机车砂箱
1-扫石器；2-扫石器支架；3-砂箱支架；4-砂箱

1. SS$_{9G}$型电力机车砂箱

SS$_{9G}$型电力机车砂箱主要由砂箱体、砂箱支架、扫石器、扫石器支架等组成，如图6-7所示。砂箱体由厚度3mm的钢板拼装组焊而成，体积为0.1m^3，下部设计为漏斗形，以便撒砂。砂箱体通过螺栓安装在构架一、三、四、六位的砂箱支架上。在构架前、后端梁支架上分左、右安装4个扫石器，在机车行驶过程中将轨面异物清除，为安全运行提供保障。扫石器在垂向可调整，以保证橡胶板距轨面的高度为(25±5)mm、压板距轨面的高度为75mm。在扫石器安装板上同时安装了撒砂钢管，钢管上部通过撒砂橡胶管与砂箱体连接，钢管下端安装端管。撒砂时，砂子从端管喷出，撒在轨面上(轮对运行前方)，实现撒砂功能。

2. HXD$_3$型电力机车砂箱

HXD$_3$型电力机车转向架采用KNORR的全套撒砂系统，主要包括砂箱体、砂箱盖、撒砂器和砂管加热器；砂箱体为全钢板焊接成的方形结构，分前、后、左、右，如图6-8所示。系统全密闭，砂箱盖具有气密性，撒砂器有对箱体内砂子具有烘干功能，砂管加热器可以保证在寒冷风雪天气的撒砂顺畅。砂箱盖是保证砂箱密闭的装置,它可以保持箱体内10kPa的正压。当砂箱盖关闭时,手柄的托架挂住杆,绷紧的片簧将开关盖推到填料颈上。当手柄旋回时,托架的支撑点移动,允许托架从杆上松开。扭簧推动片簧使盖子向上,促使盖子打开并保持打开。当盖子打开,扭簧、片簧以及压缩弹簧无负载。

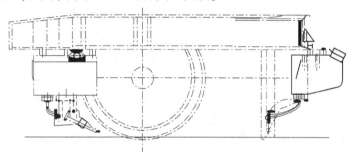

图6-8 HXD_3型电力机车三、四位砂箱安装示意图

3. HXD_{1D}型电力机车砂箱

HXD_{1D}型电力机车对应每台转向架布置4个砂箱,每个砂箱容量≥50L,撒砂量为0.3~0.7L/min。砂箱严密防潮,能防止雨雪侵入,撒砂喷嘴的位置和形状使砂粒能正确撒在车轮踏面与钢轨相交处。机车撒砂系统能与空气制动、防空转滑行等装置配合动作,通过司机室里撒砂脚踏板实施撒砂,且在任何天气条件下使用时均能正确可靠地下砂。撒砂装置采用电加热烘干系统,防止砂箱内的砂子受潮板结。

4. FXD_3型动力车撒砂装置

FXD_3型动力车撒砂装置工作原理如图6-9所示。

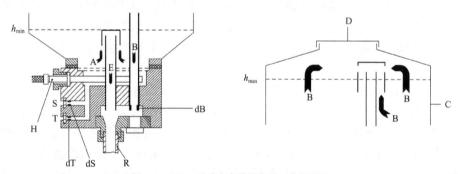

图6-9 FXD_3型动力车撒砂装置工作原理图

A-吹砂气流;B-排砂气流;C-砂箱;D-砂箱盖;E-砂流;H-筒形加热器;dS-阻气门(提供用于撒砂的空气);dT-阻气门(提供用于干燥的空气);h_{max}-最大装砂量;h_{min}-最小装砂量;S-提供用于撒砂的空气端口;T-提供用于干燥的空气端口;R-撒砂出口

1)撒砂

压缩空气由端口(S)进入。阻气门(dS)调节从底部通过烧结板进入砂箱的空气。砂子松散并且流动化会大大提高它们的流动能力和传输。排出的气流流经砂箱中的砂子,使它们松散。排出的气流通过排出室被抽出后通过排出筒和排出阻气门回到机壳。砂子的传输由气流决定,由阻气门(dS)和标准型的排出管的内径控制。

2)加热

压缩空气由端口进入撒砂装置来进行干燥。筒形加热器通电,流经阻气门(dT)的空气被在烧结板中的筒形加热器加热。加热过的排出气流用于使砂箱中的砂子松散和干燥。

3）砂粒质量

砂粒是来自矿坑、河流和湖泊中的天然砂或天然岩石粉碎后的砂，成分中二氧化硅的含量不少于60%，没有金属化合物或具有水硬性的成分。这些类型的岩石硬度至少要达到5Mohs。没有黏土状、土状或烧结剂成分及任何异物，晶形致密，边缘尖锐，无规则。晶体尺寸在0.1mm以下占总质量的0.5%以下；晶体尺寸为0.1~0.63mm占总质量的5%以下；晶体尺寸为0.63~0.8mm占总质量的30%以下；晶体尺寸为0.8~1.6mm占总质量的50%以下；晶体尺寸为1.6~2.0mm占总质量的30%以下；晶体尺寸为2.0mm以上占总质量的5%以下；晶体尺寸为2.5mm以上占总质量的0.1%以下。最大允许的晶体尺寸为4mm。具有分流品质的砂子可能影响传输。如果使用的砂子不符合上述规格，则撒砂装置不能保证正确地运行。

二、轮轨润滑装置

在机车（动力车）运行过程中，车轮轮缘与钢轨之间会产生摩擦，并引起轮缘及钢轨的磨耗，轮轨磨耗问题直接影响到车轮和钢轨的使用寿命、机车（动力车）功率的有效利用以及运行安全。因此，为了减缓轮缘、钢轨磨耗，延长车轮和钢轨的使用寿命，在转向架的构架上安装轮轨润滑装置，它分为轮缘喷油器和轮缘干式润滑器两种形式。

1. 轮缘喷油器

SS_{9G}型电力机车在转向架第一位和第六位轮对附近配置HB-2/3型轮缘喷油器，利用压缩空气带动润滑脂从喷嘴中喷到轮缘上，使轮缘与钢轨之间的摩擦情况得到改善，尤其在机车通过曲线时。它包括微机集中控制系统、喷头和油脂罐、风路系统3部分，其中风路系统由截断阀门、减压阀、无缝钢管、橡胶软管、连接件等组成，其工作原理如图6-10所示。

机车停止或速度小于5km/h时，机车控制电压和工作风压处于正常状态，此时电空阀关闭，装置处于停止润滑状态。当机车运行至设定的喷脂距离时，微机集中控制系统按照设定程序接通相应的电空阀电源。电空阀动作，接通机车风路，推动喷头柱塞运动并将储脂槽里的定量油脂呈雾化状由喷嘴喷射到轮缘根部，并随机车动轮转动将油脂传递到钢轨内侧，从而达到轮轨减磨目的。电空阀得电工作约2秒后，微机集中控制系统关闭电空阀电源，电空阀切断风路，喷头停止喷脂，此时电空阀至喷头之间、电空阀至油脂罐之间管路内的压缩空气经电空阀排气口排出。喷头柱塞在复位弹簧作用下复位。由于油脂罐进气口处安装有单向阀，油脂罐内部始终为正压，可为复位后的喷头柱塞储脂槽补充油脂，并为下一个工作周期做好准备。

FXD_3型动力车在转向架第一位和第四位轮对附近配置华宝HB-FL型轮轨润滑系统，使用JH型石墨油脂，在动力车通过曲线时给车轮进行喷脂，油脂喷射到轮缘根部并随动轮旋转，将油脂传递到钢轨内侧。

华宝HB-FL型轮缘润滑装置由气动控制单元和气动执行机构组成，工作原理如图6-11所示。

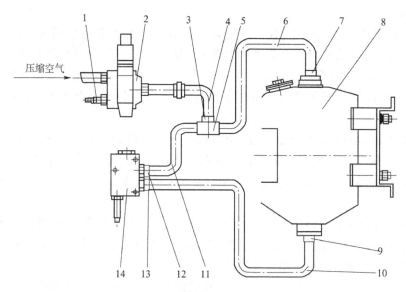

图 6-10 HB-2/3 型轮缘喷油器工作原理示意图

1-消音器;2-电空阀;3-三通进气口接头;4-气路软管;5-三通;6-油脂罐气路软管;7-油脂罐进气口;8-油脂罐;9-油脂罐出脂口接口;10-油脂管路;11-气路软管;12-喷头进气口接口;13-喷头进脂口接口;14-喷头

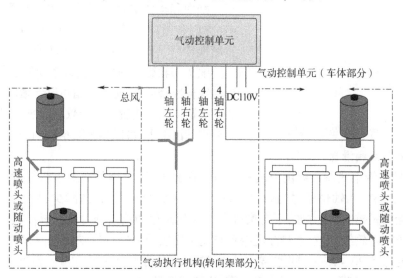

图 6-11 华宝 HB-FL 型轮缘润滑装置工作原理图

气动控制单元采用集成设计,将电控器和气动部件集成一体,只需提供电源风源即可工作。一方面解决了电控器输入接口多,易受干扰问题;另一方面解决了车上装置布局零散、安装维护不便问题。气动控制单元主要由电控器、气动单元及外部箱体组成,将电控部分、气控部分有机合成一个整体。电控器采用内置传感器,能够自动识别工况,根据动力车提供的供电和风源即可输出控制信号,控制电空阀的导通和关断。气动单元由空气过滤减压器和电磁换向阀(电空阀)两种气动控制元件经气动阀板有机连接而成,起到过滤气体、稳定气压、控制气路通断的作用。每个气动控制单元输出4路风,独立控制两个轴位两侧的4个喷头喷脂。当动力车运行时,气动控制单元根据动力车轮缘磨损工况控制喷脂时机。

气动执行机构由常压油脂罐(含气动泵)、高速喷头和油脂胶管组成。常压油脂罐不再需要保持压力,因此油脂罐内取消单向阀和匀脂器的设计。气动泵采用全金属组件,耐磨损、寿命长,适应高温和严寒等恶劣环境。高速喷头在提高喷射速度的同时,减小了射流扩散角,同时能使润滑脂雾化更加充分,增强润滑脂与轮缘表面附着力,减少油脂弹射飞溅。

安装喷头后,应确保在动力车运行的动态条件下,喷头与车轮无碰撞。喷头应安装在动力车磨耗最大的导向轮对附近的转向架侧梁上。喷头安装位置应能保证喷出的雾状油脂覆盖在轮缘与踏面的过渡圆弧上,这样才可以有效地减少轮缘和钢轨间侧面磨耗。

动力车运行中轮对与转向架构架之间既有横向位移又有垂直跳动,所以在安装喷头时必须考虑这两个方向的相对位移量,使喷头与轮缘以及踏面之间留有足够的间隙,以确保喷头各部位与车轮在动态运行中不会发生碰撞。

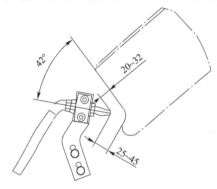

图6-12 喷头喷射位置示意图

在确保车轮垂向振动和横向摆动不会造成喷头与车轮磕碰的前提下,喷头与轮缘根部的间距越小,脂气混合气流的发散和偏移越小,润滑效果越好,对车轮踏面和车体的污染越小。喷头位置应在两维方向(纵向和横向或旋转方向)可调,以保证在镟轮或重新换轮后,可调整喷头至正常位置。

喷头与轮缘的喷射角度调整,必须保证油脂喷射到轮缘根部磨耗区,避免油脂喷射到踏面或轮缘顶部,否则会造成空转或者达不到减磨功效。用户在保证上述要求的前提下,可以参考图6-12进行适当安装。

2. 轮缘干式润滑器

GR-I型轮缘干式润滑器由安装板、导管、弹簧盒、牵引钢丝绳及推料杆等组成,安装在机车第一、二、五、六轴位置,如图6-13所示。该装置简单实用、故障少、易管理、成本低,干式润滑剂无毒阻燃,使用方便,不污染机车。弹簧储存的能量通过推料杆传递给润滑块,沿导管方向压靠在轮缘部位,通过涂覆装置与支架连接处可进行位置调整,调整后使润滑器前端距轮缘处保持20~25mm间隙,导管与车轮踏面夹角符合35°~45°。借助车轮转动时的相对摩擦,使轮缘部附着一层干式润滑膜,达到减磨目的。

三、整体起吊装置

整体起吊装置用来连接车体底架与转向架,便于机车(动力车)的整体起吊,由吊杆(一)、链、销、吊杆销及螺栓、螺母、垫圈等组成,如图6-14所示。销及螺栓、螺母等紧固件只有在没有安装Ⅰ系垂向减振器的情况下才可以安装,安装销及吊杆(一)、螺栓、螺母等紧固件时需先将Ⅰ系垂向减振器拆下来。该装置必须能承受车体与转向架之间及构架与轮对之间产生的提升力。当然,在机车(动力车)投入运行前(不需要再进行整体起吊),必须将整体起吊联结装置拆卸下来另行保存。

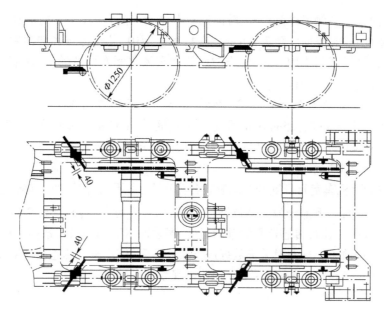

图 6-13 GR-I 型轮缘干式润滑器安装位置

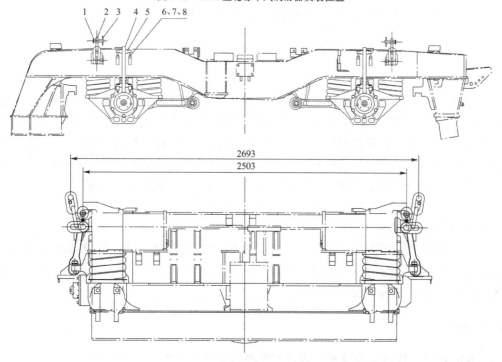

图 6-14 整体起吊装置

1-吊杆销;2-链;3-开口销(10×71);4-吊杆(一);5-销;6-螺栓(M16×90);7-螺母(M16);8-垫圈 16

四、其他装置

1. 限位装置

SS_{9G} 型电力机车转向架与车体有横向限位和垂向限位装置,横向限位装置采用弹性止挡,设置在转向架左右侧梁外侧中部,转向架与车体横向间隙为(30±5)mm(单边);垂向限位装置采用刚性止挡,垂向间隙为40mm。在机车运用中,若车体与转向架发生过度的相对位移,此时限位装置就起作用。另外,当转向架和车体之间发生意外时,保证车体与转向架相互不脱离,起到安全保护作用。

为确保FXD_3型动力车运行安全,在转向架上设有安全止挡。Ⅰ系横向止挡间隙:10mm;Ⅰ系垂向止挡间隙:25mm;Ⅱ系垂向止挡间隙:(30±5)mm;Ⅱ系横向止挡间隙:(30±5)mm;Ⅱ系摇头止挡间隙:144mm,按转向架与车体回转角3.5°考虑。

2. 走行部安全监测装置

HXD_{1D}型电力机车走行部安全监测装置分为车上、车下两部分,车上部分包括监测系统板卡、转速、总线等;车下部分为传感器网络,包括组合传感器、传感器连接线、接线盒、总线及接线盒连接线等。通过传感器采集轴承温度、振动冲击数据、齿轮、踏面振动冲击数据,车轴转速数据,数据前置处理器对采集数据进行预处理后,传输至监测主机对数据进行诊断分析,将诊断结果传送至机车信息网络,并存储过程数据以供地面分析。

3. 转向架空气管路

转向架空气管路通过管夹座、管夹和紧固件安装在构架表面,通过软管连接与车体底架空气管路接通,通过钢管与软管连接为基础制动装置和撒砂系统输送风源。

五、HXD_{1D}型电力机车附属装置定检修程检查

1. C1、C2修检查要求

外观检查轮缘润滑装置不许有变形裂纹,不许有松动缺失部件。检查油脂罐油脂储量,适量补充油脂。撒砂装置功能良好。扫石器安装牢固,挡板完好,扫石器支架不许有变形、裂纹。更新不良的扫石器橡胶板。车轮防护板装置不许有损坏、松动、丢失。空气管路各接头及软管不许有松动、漏泄。转向架上的防护钢丝绳完好,不许有裂损。外观检查,脚踏装置和过分相安装支架安装牢固,不许有变形、裂损。扫石器橡胶板、扫石器安装板下端面距轨面高度、砂管距轨面高度、踏面距离须符合限度要求。

2. C4修检查要求

轮缘润滑装置(油脂式):清洁风、油管路、调压阀、喷头、塞门等。清洁油脂罐内杂质及沉积油垢。控制板、电控阀、电线路检修按相关规定执行。更新拆卸的紧固件,组装时做好防松标记。组装注油后试验作用良好。

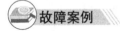
故障案例

【案例6-1】 $HXD_{1D}0003$机车撒砂阀风量调整开关裂损

2014年2月11日,$HXD_{1D}0003$机车,入库整备作业,检查发现左1撒砂装置撒砂阀风量调整开关裂损,如图6-15所示。

原因分析: HXD_{1D}型电力机车撒砂装置撒砂阀结构变化较大,其风量调整杆(调整风量大小开关)与传统SS_8、SS_9型电力机车区别较大,其材质为黄铜,中间有通孔,机械强度较弱,材质较软,检查人员如果用检点锤敲击,容易使风量调整杆发生裂纹。

 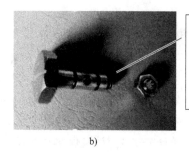

图 6-15　$HXD_{1D}0003$ 机车撒砂阀风量调整开关裂损

【案例 6-2】　$HXD_3 0048$ 机车扫石器支架焊缝开裂

2014 年 8 月 5 日,$HXD_3 0048$ 机车,定检修程,复检时发现左 1 砂管支架横拉杆焊缝开裂,拆检焊修,拆检后又发现支架钢板也有裂纹,最后做整体更换砂管支架处理,如图 6-16 所示。

原因分析:砂管支架钢板太薄,机械强度不够,机车运行中受到Ⅰ系簧下振动后,造成焊缝疲劳裂纹及支架钢板裂纹。

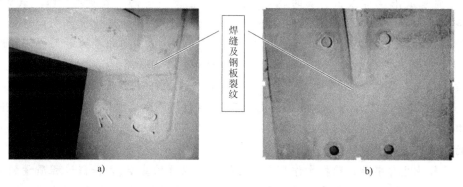

图 6-16　$HXD_3 0048$ 机车扫石器支架焊缝开裂

任务实施

1. 教师下发学习任务工单(见本教材配套学习任务工单中任务 6.2),明确任务内容,并给出本次任务的实施方法与评价标准。

2. 学生课前研究学习计划、查找相关学习资源,按要求完成预习任务。

3. 教师进行课堂讲解、现场教学或操作演示。

4. 将学生按 5~8 人为限组成若干个学习小组,以小组形式组织讨论、交流。教师全程关注每个小组的学习进程,提出引导性意见,激发学生学习兴趣,提高学生自主学习能力。

5. 完成学习任务后,小组要进行总结汇报演讲,或针对实践技能的掌握进行实作演示,学生进行自我评分及小组评分,给出学习任务中的成绩。

6. 教师对学生测试检查或成果展示情况给出评分,并根据学生的自评分、互评分给出综合评分。

想一想

试比较两种轮轨润滑装置的结构特点与工作原理。

知识拓展

检修工艺

检修工艺是根据机车特点、技术要求而制定的,它是保证机车检修质量的重要技术文件。铁路局集团公司组织编制主要机组和部件的检修工艺,并报铁路总公司备案;机务段负责编制直流传动机车的中修、小修及交流传动机车的C1~C4修车上作业项目、小部件检修及其他作业的检修工艺,并报铁路局集团公司备案。

检修工艺的编制应符合检修技术规程和图纸、技术条件及国标、铁标等有关规定;应对质量标准、工艺装备、检测器具、特殊材料、配件清洁度、作业环境、重点作业方法、作业要领等做出明确规定;对关键质量的主要部位应标明质量管理点。

在生产实践中,注意总结推广先进经验,使工艺不断完善和提高。有计划地进行工艺教育和工艺操作考核,铁路局集团公司定期分析与检查机车中修、小修及C1~C4修工艺执行情况,提高工艺兑现率。

检修技术规程作为一种工艺规程,包括技术要求和限度表两大部分,它对机车检修的工艺方法、要求及限度都做出明确的规定,也可作为检修质量的验收标准。限度表中的"原形",系指是指原设计尺寸或数据(若原设计修改时,以修改后的设计值为准),它根据机车的设计性能要求、零部件的材质、加工工艺条件、使用条件、长期积累的运用检修经验及资料,并考虑了间隔多久修理或更换该零件的经济性等综合因素而制定;"修程限度"是指机车处于该修程时有关部分(或配件)超过或不符合此数值的部件必须予以修理或更换;"禁用限度"是指机车检查或修理时达到此数值者不许继续使用,即该零件或配合的使用极限。限度表中的各种限度是指机车在正常工作情况下的损伤限度,不包括事故性损坏等非正常情况下的损伤限度。

检修作业指导书是正确指导作业者进行标准化操作的基准,是保证过程质量的最基础文件,主要包括作业材料、主要技术要求、工装工具、作业步骤、作业图示、安全风险提示和关键质量控制7个组成部分。

复习思考题

1. 构架的一般组件有哪些?构架如何分类?
2. 试述HXD_{1D}型电力机车构架的结构特点。
3. 撒砂是增大轮轨间摩擦,喷油是减弱轮轨间摩擦,在机车运行中各起什么作用?
4. 本车修理法和配件互换修理法各有何优缺点?
5. 检修作业指导书应包括哪些组成部分?

项目7 弹性悬挂装置

项目描述

通过转向架实物参观和虚拟检修演示,激发学生对弹性悬挂装置布局的兴趣。通过理论知识讲解和实践技能操作,引导学生掌握轴箱、Ⅰ系悬挂装置、Ⅱ系悬挂装置的结构组成与检修要求。通过小组PPT汇报和提问环节,检测学生对知识的掌握程度。

教学目标

☞ 知识目标

1. 掌握 SS_{9G}、HXD_3、HXD_{1D} 型电力机车、FXD_3 型动力车的弹性悬挂装置结构组成。
2. 掌握 SS_{9G}、HXD_3、HXD_{1D} 型电力机车、FXD_3 型动力车的弹性悬挂装置检修要求。
3. 了解机车"四按三化"记名检修、解体与清洗、零部件检验。

☞ 技能目标

1. 能说出弹性悬挂装置各组成部件的名称与作用。
2. 会对弹性悬挂装置进行整备检查作业。

☞ 素质目标

1. 培养敬业爱岗、遵章守纪、乐于奉献的职业道德。
2. 养成精检细修、严守操作规程的工匠精神。

背景知识

一、概述

机车动力学性能的好坏与弹性悬挂装置(轴箱、弹簧、减振器)的结构形式、参数选择密切相关。现代电力机车均采用两系悬挂装置(Ⅰ系、Ⅱ系)来减小整车弹簧装置的合成刚度,增大总静挠度,改善垂向、纵向和横向的运行平稳性,减小机车对线路的动作用力。

Ⅰ系悬挂装置主要包括轴箱、Ⅰ系悬挂部件(圆弹簧、垂向油压减振器)等,轴箱采用双侧或单侧轴箱拉杆定位,将机车的簧上部分质量传递给轮对,同时将轮轨间的牵引力、制动力、横向力等传递到构架上;Ⅱ系悬挂装置主要包括Ⅱ系弹簧、Ⅱ系各向减振器、各类限位装置等,将车体以上的重量弹性地、均匀地分配到构架上,并通过它传递各种附加力,保证机车的运行品质和行车安全。

二、轴箱定位

轴箱与转向架构架的连接方式称为轴箱定位(导向),它的结构与性能对机车运行品质有很大影响。对轴箱定位的要求:①在机车运行中,保证轴箱能相对构架做垂向跳动,使弹簧装置充分发挥缓和冲击的作用;②在机车通过曲线时,保证轴箱能相对构架做小量的横动,有利于机车几何曲线通过;③在机车纵向有较大的刚度,保证牵引力和制动力的传递。

常见的定位方式有无导框定位和有导框定位,其中无导框定位又分八字形橡胶堆式(人字形橡胶弹簧)定位和轴箱拉杆定位(阿尔斯通式)。

1. 有导框轴箱定位

在构架侧梁下面设轴箱导框,在轴箱体前后两侧设导槽,轴箱上的导槽与构架上的导框配合滑动,组成导框定位。轴箱在导框内沿导框上下移动,也能在导框与导槽间隙允许的范围内适当摆动,使轮对有一定的横动量。缺点是摩擦面磨耗严重,检修成本大;运用维护保养难度大;横向位移无弹性,动力曲线通过性能不好。

2. 八字形橡胶堆式轴箱定位

在每个轴箱体前、后两侧各装一个金属橡胶夹层弹簧,一端与构架固结,另一端与轴箱体固结。既能支承上部重量,起轴箱弹簧作用,又可弹性地传递纵向力和横向力。优点是重量轻,结构简单,能吸收音频振动,运行中无噪声,不存在磨耗。缺点是性能不够稳定、受温度影响大、制造工艺复杂。

3. 轴箱拉杆定位

在轴箱体的前后两侧,伸出高低不同的两个轴箱耳,各连接一根轴箱拉杆。通过轴箱拉杆将轴箱与转向架侧梁下焊接的轴箱拉杆座连接起来。轴箱拉杆两端处装有橡胶套,销子两端有橡胶垫。

为满足轴箱垂向位移的需要,两根轴箱拉杆设计成高低不同的位置,这种结构称为双扭动式拉杆结构。因为拉杆在纵向上刚度很大,伸缩较小,如果使两根拉杆处于同一高度,轴箱垂向位移势必因拉杆长度不能变化而受到极大的限制;把两根拉杆安排成一高一低,就可以在拉杆长度不变的条件下,允许轴箱上下跳动。轴箱在垂向位移时还伴随一定角度的转动,不过这种转动是完全无碍的。优点是无磨耗件,不需要润滑,减少了保养工作量;有一定的横向刚度,轮对不能自由横动,有利于改善蛇行运动,轮缘磨耗较小;轴箱与构架的弹性连接具有缓和冲击与隔音作用;橡胶件起到了降低动作用力、提高运行平稳性的作用。缺点是由于拉杆的约束,Ⅰ系弹簧悬挂的刚度有所增加。

任务7.1　轴　箱　检　修

任务描述

通过认知 SS_{9G}、HXD_3、HXD_{1D} 型电力机车和 FXD_3 型动力车的轴箱结构组成,熟练掌握电力机车轴箱各组成部分的名称与作用,培养团结协作意识,为后续任务的学习打下基础。

知识准备

轴箱组装是连接构架与轮对的活动关节,它安装在车轴两端轴颈上,用于固定轴距、限制轮对活动范围、将簧上载荷传递给车轴,并将来自轮对的牵引力、制动力、横向力等传递至构架。同时,通过轴承将车轮的滚动转化为车体的平动,并为转向架轴端设备(如接地装置、速度传感器及轴温报警装置等)提供安装接口。

一、SS_{9G}型电力机车轴箱

SS_{9G}型电力机车轴箱采用独立悬挂、双扭线弹性拉杆定位结构,具有提高机车运行稳定性、改善机车曲线通过性能的优点,且在运用、维护和保养方面比较容易。轴箱主要由轴箱体、前后盖、密封环、滚动轴承、接地装置、挡板和轴圈等组成,如图7-1所示。

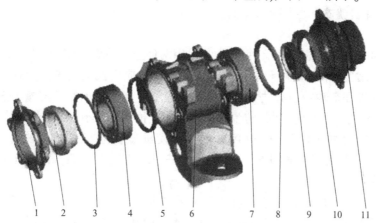

图7-1 SS_{9G}型电力机车轴箱组装示意图

1-内端盖;2-轴圈;3、8-调整垫圈;4、7-圆柱滚子轴承;5-隔环;6-轴箱体;9-挡板;10-挡油环;11-刷架端盖

根据轴端的不同设置,可分普通轴端、带速度传感器轴端以及带接地装置轴端3种结构形式,如图7-2所示,轴端带速度传感器的轴箱组装主要由内外端盖、轴箱体、圆柱滚子轴承、接地装置、挡板和吊座等组成。轴箱密封内侧采用迷宫式密封,外侧采用挡油环式密封,一方面防止润滑脂泄漏;另一方面防止灰尘进入轴箱体内,污染润滑脂,从而保证轴箱轴承的良好润滑和正常运转。

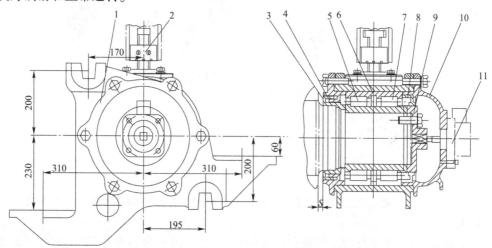

图7-2 SS_{9G}型电力机车轴箱组装(轴端带速度传感器)

1-轴箱体;2-吊座;3-轴圈;4-内端盖;5-轴承;6-隔环;7-轴承;8-挡油环;9-挡板;10-外端盖;11-速度传感器

1. 内、外端盖

内、外端盖均为ZG230—450铸钢件,它通过螺栓与轴箱体紧固在一起,其突缘紧压圆

柱滚子轴承外圈,以防止轴承外圈由于轴承转动而在轴箱内游动和左右移动,另外还起到防尘和保护轴箱内部零件的作用。

2. 轴箱体

轴箱体是关键承载部件,承受复杂的交变载荷,与轴箱拉杆连接。它采用高强度C级铸钢,中间成圆筒形,其内孔与轴承外圈配合。其左上方和右下方有八字形切口,两边伸出弹簧座,Ⅰ系圆弹簧就支承在此弹簧座上。

3. 轴承

轴承采用单列向心滚子轴承,每组轴箱采用两种型号轴承,内侧采用 NJ2232WBY 轴承,外侧采用 NUHJ2232WBY1 轴承。在组装轴箱轴承前,应用汽油或煤油把轴承清洗干净,并同时把轴箱配件和车轴轴颈清洗干净。轴承内应加相当于轴承室总容量 1/3～1/2 的高速铁道 HI 型润滑脂。轴箱组装时,防尘轴圈和轴承内圈均需热套组装,前者的加热温度应在 160℃ 以下,后者的加热温度应在 120℃ 以下。为使机车顺利通过曲线,轴箱组装完后,在轴颈上的轴向窜动量(轴箱的横动量):机车第一、三、四、六位为 2mm,第二、五位为 16mm。

4. 接地装置

为改善机车导电性能和防止轴箱滚动轴承电流腐蚀(电蚀),每一轮对的一个轴箱端部(1、2、3 位右侧和 4、5、6 位左侧)均设置了一套 TJD01 型接地装置,如图 7-3 所示。该装置主要由碳刷、套、绝缘垫、绝缘套、内盖、密封垫、弹簧、外盖等组成,接地铜轴压配在挡板上,装配在车轴端部,在轴的大端面位置,碳刷被弹簧所固定。为防止接地电流流入轴承,在轴箱的装配部位采取了绝缘措施。接地装置额定电流 180A,碳刷磨损限度 12mm,接地的线路:转向架构架→内盖→碳刷→接地铜轴→车轴。

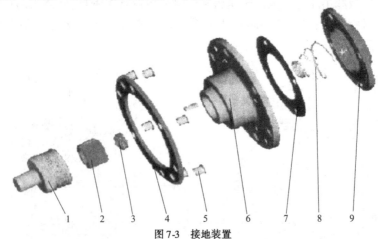

图 7-3 接地装置

1-轴;2-碳刷;3-套;4-绝缘垫;5-绝缘套;6-内盖;7-密封垫;8-弹簧;9-外盖

5. 挡板

挡板有两种:一种是与接地装置相连接的圆孔挡板;另一种是方孔挡板,方孔与速度传感器相配合,形成车轴与传感器的连接装置。

6. 吊座

当车体起吊或转向架整体起吊时,为防止Ⅰ系减振器超出行程而破坏,在轴箱与构架之间设置了吊座,它起到了转向架整体起吊和保护Ⅰ系减振器的作用。

二、HXD$_3$型电力机车轴箱

HXD$_3$型电力机车轴箱采用独立悬挂,单拉杆与构架弹性相连,把机车簧上部分的重量传递给轮对,同时将来自轮对的牵引力、制动力、横向力等传递到构架上,轴箱相对构架的上、下和横向移动,靠弹簧、橡胶元件的弹性变形来获得。轴箱主要由轴箱体、前后端盖、吊钩、轴承单元、压盖、接地装置、速度传感器等组成,如图7-4所示。

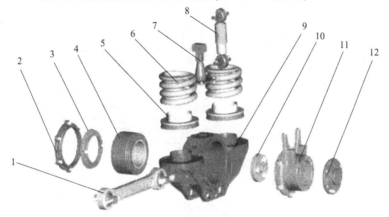

图7-4 HXD$_3$型电力机车轴箱装配结构

1-轴箱拉杆;2-后端盖;3-防尘圈;4-轴承;5-减振垫;6-轴箱弹簧;7-吊钩;8-垂向油压减振器;9-轴箱体;10-压盖;11-端盖;12-接地装置

三、HXD$_{1D}$型电力机车轴箱

HXD$_{1D}$型电力机车轴箱组装整体位于车轴的轴颈部位,轴承与轴颈过盈配合,轴箱体安装在轴承上,如图7-5所示。

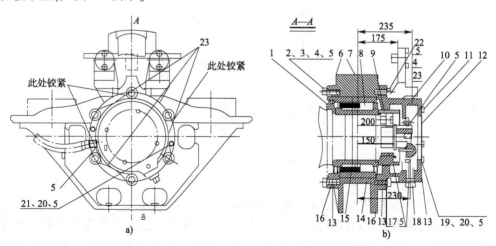

图7-5 HXD$_{1D}$型电力机车一位轮对轴箱组装图

1-轴圈;2-双头螺柱;3-六角螺母(M16);4-锁紧垫圈(VSK16);5、13-乐泰胶;6-内端盖;7-轴箱体;8-圆柱滚子轴承;9-防滑器测速齿轮;10-接地用外端盖;11-O形密封圈2;12-接地用外端盖板;14-润滑脂;15-润滑剂;16-O形密封圈1;17-金属密封叠环;18-端轴接地装置;19-六角螺栓;20-弹簧垫圈8;21-六角螺栓(M8×12);22-六角头部带孔螺栓(M16×45);23-镀锌铁丝

四、FXD_3 型动力车轴箱

FXD_3 型动力车轴箱有两种,其结构基本相同,不同的是:轴箱装配(一)装有接地装置和 I 系垂向减振器,轴箱装配(二)装有防滑行装置和 I 系垂向减振器。轴箱由轴箱体、前后端盖、轴承、压盖及防尘圈等组成,如图 7-6、图 7-7 所示。

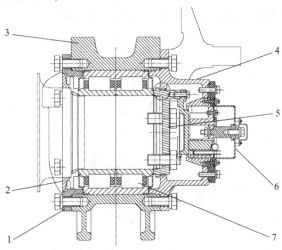

图 7-6 轴箱装配(一)
1-后盖;2-防尘圈;3-轴箱体;4-端盖;5-压盖;6-接地装置;7-轴承

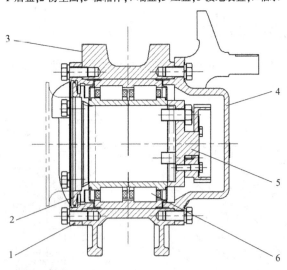

图 7-7 轴箱装配(二)
1-后盖;2-防尘圈;3-轴箱体;4-端盖;5-压盖;6-轴承

轴箱通过圆弹簧和垂向减振器与构架侧梁连接,每根轴通过起吊装置实现轮对与转向架的整体起吊。为防止轴箱轴承电蚀,在每轴的一端都安装轴箱接地装置。轴箱应满足接地装置、速度传感器和轴温监测的安装要求。轴承采用进口的自密封轴承,轴承内径 160mm,外径 270mm。轴承采用 FAG801804.01.ZLL 或 SKF BC2-0098FB,轴承计算寿命满足 300 万 km。

五、SS_{9G}型电力机车轴箱中修要求

1. 轴箱

(1) 轴箱体及内、外盖不许有裂损,轴端压盖良好,油脂状态正常,轴箱盖不许漏油,轴箱吊座不许有裂纹。

(2) 轴承须由有相关资质的检修单位检修,轴承的组装间隙及同一轴箱两轴承组装间隙差须符合限度规定。

(3) 轴箱横动量须符合限度规定。

(4) 接地装置碳刷及接地软线完好;弹簧无失效,安装牢固,碳刷长度、接触面积、接地线截面积缺损均须符合限度规定。

2. 滚动(轴箱)轴承

(1) 轴承内外圈、滚动体、工作表面及套圈的配合面须光洁,不许有裂纹、磨伤、压坑、锈蚀、剥离、疲劳起层、过热变色等缺陷。

(2) 轴承须采用能在轴承表面留下油膜的清洗剂清洗。

(3) 轴承保持架不许有裂纹、飞边、变形;铆钉不许有折断、松动;保持架隔梁厚度须不小于原形厚度的95%。

(4) 轴承拆装时,严禁直接敲击。轴承内圈与轴、外圈与端盖的配合,须符合图样要求或限度表规定。

(5) 轴承加热装配时,加热温度不许超过100℃,但轴承型号带"T"字标记者,允许加热至120℃或按制造厂规定的温度加热。采用电磁感应加热时,剩磁感应强度须不大于3×10^{-4}T。

(6) 轴承须进行动、静态检测(径向间隙及内圈内径、外圈外径检测)。轴承游隙增大值(在自由状态下)不许大于原始游隙上限值的20%或规定限度。运用机车的轴承游隙增大值(在组装状态下)不许大于原始游隙上限值的30%或规定限度。

(7) 轴承润滑须良好,润滑油、脂牌号正确。润滑油位须符合设计要求。润滑脂填充须按轴承制造厂要求补充,填塞时,须先填满滚子组件和油封的空间后,再填充轴承室的储脂空间。

(8) 在规定条件下进行空转试验时,在轴承端盖处温升不许超过40K。

(9) 轴箱轴承的状态须采用振动检测法在机车定置状态下进行诊断,在轮对空转转速为450r/min时,其峭度系数K_v<12.0、振动加速度最大值g_{max}的质量警戒值<4.0。

3. 主要限度

SS_{9G}型电力机车轴箱主要限度主要限度见表7-1。

SS_{9G}型电力机车轴箱主要限度(单位:mm)   表7-1

序号	名称	原形	限度	
			中修	禁用
1	轴承组装径向游隙(在轴上测量)	0.165~0.215	0.165~0.215	
2	同一轴箱两轴承游隙差	≤0.02	≤0.02	

续上表

序号	名称	原形	限度	
			中修	禁用
3	轴箱横动量(两边之和) 中间轴箱(2、5位) 两边轴箱(1、3、4、6位)	15～17 0.7～1.5	15～17 0.7～1.5	
4	同一轴箱拉杆两梯形轴中心距	280	280±2	
5	轴箱拉杆梯形方轴与槽底部间隙	3～8	≥0.5	
6	接地电刷长度(2、5位)	40	≥28	
7	接地电刷长度(1、3、4、6位)	35	≥23	
8	接地电刷接触面积(%)	≥70	≥70	
9	接地线截面缺损(%)	3	≤10	

六、SS_{9G}型电力机车轴箱中修工艺

1. 工装设备

拆装轴承(外圈)压力机、轴承内圈加热器、轴承内圈拔出器、轴承清洗机、轴箱拉杆两心轴中心距测量专用尺、轴承径向间隙测量仪、轴箱拉杆解体组装压力机及专用工具。

2. 轴箱检修

1)解体顺序

先拆外端盖及挡油环→卸下轴端挡板及轴承外挡圈→从轴端拆下轴箱体、取下内端盖→退出轴承(送检测站检测)→解体轴箱拉杆,压出端盖、金属橡胶垫、心轴。

2)检修

用汽油清洗轴端挡板及螺栓挡油环、隔环、接地铜轴等零件,轴箱体内表面上有锈蚀时允许用0号砂布打磨处理。外观检查轴承滚柱及内外滚道,不得有裂损、剥离、麻面、拉伤及过热变色,保持架及固定铆钉不得有折损、脱落、变形、过量磨耗和松动。用轴承径向间隙测量仪测量轴承的自由间隙,应符合0.165～0.215mm,对轴承进行动态检测和寿命跟踪。

检查前、后盖及轴箱体,不得有裂纹及变形,接地铜轴与挡板不许有松动。更换电刷应检查刷握与电刷间隙,不得过松。接地线断股不大于原形的10%。检查轴箱拉杆体,不得有裂损及变形,更新金属橡胶件。用专用尺测量轴箱拉杆两心轴中心距应为278～282mm,并检查两心轴应轴向相互平行,其对地水平扭转角度不得大于15°。

3)组装

(1)选配轴承内套:车轴轴颈直径原形尺寸为$\phi 160^{+0.052}_{+0.027}$mm,车轴轴颈直径尺寸限度为$\phi 158^{+0.052}_{+0.027}$mm,允许分四个等级进行选配;轴承内圈内径原形尺寸为$\phi 160^{\ 0}_{-0.025}$mm,轴承内圈

内径尺寸限度为 $\phi 158_{-0.025}^{0}$ mm,允许分四个等级进行选配;车轴轴颈与轴承内圈为过盈配合,过盈量为 0.04～0.065mm。

(2)选配防尘圈:车轴防尘座直径原形尺寸为 $\phi 200_{+0.077}^{+0.149}$ mm,车轴防尘座直径尺寸限度为 $\phi 198_{+0.077}^{+0.149}$ mm,允许分四个等级进行选配;防尘圈内径原形尺寸为 $\phi 200_{0}^{+0.046}$ mm,防尘圈内径尺寸限度为 $\phi 198_{0}^{+0.046}$ mm,允许分四个等级进行选配;车轴防尘座与防尘圈为过盈配合,过盈量为 0.031～0.149mm。

(3)选配轴承外圈:轴箱体内孔直径原形尺寸为 $\phi 290_{+0.056}^{+0.108}$ mm;轴承外圈外径原形尺寸为 $\phi 290_{-0.035}^{0}$ mm;轴箱体内孔与轴承外圈为间隙配合,间隙配合尺寸为 0.056～0.143mm。

(4)当需要更新轴圈及轴承内圈时,将轴圈及轴承内圈加热至 100～120℃,并迅速取出,套入车轴轴颈的相应部位推紧,以确保密贴(如采用电磁加热器,则必须有退磁功能,亦可采用油浴加热法)。

(5)将轴承外圈、保持架和滚动体套在内圈上,用塞尺测量组装间隙及同一轴箱内外两轴承的组装间隙差。

(6)将轴箱拉杆固定在拉杆凹槽内,并测量心轴与凹槽底间隙,应不小于 2mm。

(7)用螺栓将内端盖与轴箱体连接起来。

(8)将选配好的轴承及隔环装入相应的轴箱体内,并在轴承内加装轮对轴承润滑脂,用量为轴承室总容量的 1/3～1/2(0.9～1.0kg)。

(9)将轴箱后盖孔对准轴端,装上工艺内套,缓慢套入,挤出工艺内套。

(10)用螺栓紧固外挡圈与挡板,装入挡油环,在轴箱体上固定好外端盖。

(11)手动轴箱应转动灵活,不许卡滞,同时测量轴箱横动量(两边之和)。

3. 轴承检测

1)检测设备

检测设备包括机车轴承脱脂清洗机、D901T 轴承外径测量仪、D925T 轴承内径测量仪、X294T 或 X394T 轴承径向游隙测量仪、JL-501 机车轴承诊断台、台式微机、JL-302 数据采集器、JL-201 机车轴承诊断仪、JL-601 顶轮检测系统(含专用诊断软件)。

2)检测步骤

脱脂清洗→用 D901T 轴承外径测量仪测量轴承外径→用 D925T 轴承内径测量仪轴承内径→用 X294T 轴承径向游隙测量仪测量轴承径向游隙→用 JL-501 动态检测仪进行轴承动态检测→使用 JL-601 进行轴承的振动检测。

3)顶轮检测

(1)机车定置于轨道上,用止轮器防止机车移动,非检测转向架处于制动状态。

(2)用角磨机在轴箱下表面承载区域打磨出 20mm×20mm 的光洁小平面,用于安装传感器。

(3)将顶轮小车的油压镐顶在机车两侧被测轮对轴箱下表面,注意对中,将轮对踏面顶离钢轨不少于 10mm,保证轮对转动时轮缘与踏面均不接触钢轨,放好安全卡环。

(4)闸瓦缓解到位且不贴踏面,提手柄,使被测轮对电机转动,确认轮对、电机、齿轮箱等部件无异常,控制被测轮对转速为(450±50)r/min。

(5)安装传感器(吸附牢固不晃动),待轮对转速稳定后,用 JL-601 进行测量(注意检测系统须保证仅一点接地)。

(6)信号采集后应观察是否失真。

(7)简易诊断参数超限,应进行精密诊断;并确认轮对转速,以便计算故障频率。

(8)检测数据超限的轮对轴承应跟踪观察,并在下次扣修时重测,判断故障是否发展。

七、HXD_{1D}型电力机车轴箱安装

1. 安装前检查

1)轴颈检查

在开始安装轴箱之前,用带有调整板的马镫形检查尺或外径千分尺来检查车轴轴颈的轴承座。

2)轴箱检查

检测轴箱体的所有元件是否损伤;检测轴箱体轴承孔,按照对轴颈的要求,从不同的几个平面来测量轴箱体孔的直径。轴箱体及前、后端盖不许有裂损,轴承压盖良好,油脂状态正常,轴箱端盖不许漏油,轴箱内端盖与轴圈不许有偏磨。轴箱轴承须目测检查外观是否有异常,包括异常磨损、油脂泄漏过多等。轴箱接地回流电刷完好,电刷不许有裂损,压力正常,电刷长度须符合限度表规定,电刷接触面积、接地碳块与电刷接触面积不小于70%,接地碳块不许与刷架端盖内孔面相磨,接地线不许有断股。接地线固定螺栓紧固,与端盖绝缘状态须良好。圆锥弹簧不许有裂纹和较大变形,其自由高和组装弹簧压力均须符合限度表规定。

2. 安装工艺

1)工装设备

工装设备包括超声波探伤仪、磁粉探伤器、角磨机、轮辋厚度尺、踏面外形样板、轮径专用量具、轮对内距尺、轮对注油压装设备,轴承单元安装及拆卸专用设备和仪器。

用压力进行安装和拆卸,使用液压器、常规轴承固定器、车轮压装器或者其他合适的液压器将滚子轴承抬高到轴颈上。

2)双头螺柱安装

在安装双头螺柱时,一定注意将正确的一端旋入轴箱体,12个M16的轴箱螺栓都不能沾有润滑剂、油污和灰尘。

3)轴箱体和内端盖安装

在轴箱孔$\phi 280mm$的内层表面涂上防腐剂,在与外端盖的接触面也要涂上防腐剂,防腐剂不能进入螺纹。将轴箱体安装在圆锥滚子轴承单元上。当心连接杆的加工面位置正确(朝向转向架内侧)。确认O形圈和外端盖的安装位置是否正确。内端盖必须安装在轴颈TBU的前部。也可能将内端盖,轴箱体和柱形轴承单元作为组装单元安装在轴颈上。

4)轴承压盖、外端盖和特殊垫圈安装

轴颈的4个M20螺纹和螺钉不能沾有润滑剂、油污和污物。将轴承压盖放在适当位置,使用恰当的紧固扭力(360 ± 10)N·m拧紧4个螺钉。组装特殊垫圈。轴箱体和前盖板之间的O形环必须密封好,应对接地外端盖上的金属密封叠环进行润滑。外端盖紧固力$M_A =$

(70±10)N·m。拧紧端盖螺钉后转动轴箱体,以确认轴承是否被阻滞。轴箱安装在轮对上之后,应确认它能否活动,轮对装上转向架之后,再进行干涉检查。

5)轴承内部间隙检查

轴承安装好之后(轴承压盖已紧固),进行内部轴承间隙的测量。转动轴承的外部环,使用电磁指示表测量内部轴承间隙;用手慢慢从一端到另一端移开外圈,请勿使用蛮力(如金属杆之类的工具)。安装后中间轴的估计间隙为20mm,并应做好记录。

八、HXD_{1D} 型电力机车轴箱定检修程检查

1. C1、C2 修检查要求

机车车载安全防护系统(6A 系统)地面专家诊断分析中,轴承不许有异常。外观检查轴箱接地线状态良好。

2. C3 修检查要求

轴箱轴承动态检测不许有异常。轴箱开盖检查,轴箱接地装置不许有裂损,绝缘件、密封件状态良好;轴承、密封罩状态良好;密封叠环和轴承压盖结合处重新涂抹润滑油脂。

3. C4 修检查要求

目视检查轴箱拉杆橡胶关节及橡胶件,不许有老化和开裂。

故障案例

【案例 7-1】 $SS_9 0012$ 机车轴箱轴承剥离

2009 年 10 月 28 日,$SS_9 0012$ 机车,机统-6 预报踏面 Ⅰ 级报警多次,轴承 Ⅰ 级报警 2 次。经扣车拆解轴箱轴承,拔出滚道发现轴承内圈表面有一块 50mm(长)×20mm(宽)×3mm(深)的剥离,更换轴承处理,如图 7-8 所示。

原因分析:因轴承材质疲劳而引起剥离。

图 7-8 $SS_9 0012$ 机车轴箱轴承剥离

【案例 7-2】 $HXD_{1D} 0003$ 机车 66 位轴箱轴承温升报警

2014 年 2 月 11 日,$HXD_{1D} 0003$ 机车,入库轴报转储分析,发现该车 66 位轴箱轴承温升报警 12 次,最高温度达到 77℃,参考温度 14℃,温升 63℃,对机车走行部车载监测装置地面信息管理系统同轴、同位分析,该位轴承温度有明显爬升趋势。拆解轴箱轴承检查,发现轴承内圈及滚动体已经变色,如图 7-9 所示,证实轴报装置温升报警的准确性,该车新造后走

行公里为127690km。

原因分析：机车转向架轴箱拉杆及橡胶关节的综合横向刚度在设计中存在问题，可能是刚度选择偏大，使得轮对给轴箱轴承横向定位时产生冲击力，轴箱拉杆及橡胶关节不能有效地吸收和释放能量，达不到设计的预想要求。

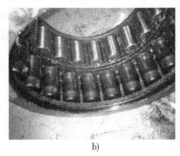

图7-9　$HXD_{1D}0003$机车66位轴箱轴承温升报警

【案例7-3】 $HXD_3 0469$机车51位轴箱轴承电蚀引起剥离

2017年12月24日，$HXD_3 0469$机车，走行部监测装置预报机车51位轴箱轴承预警1次（首次）。至2018年3月14日，轴箱轴承总共预警11次，无一级报警，上车检查第5位驱动装置各部件安装状态正常。图谱分析对比，后期51位存在轴承外环故障冲击信息较明显，轴承外环故障冲击连续性稍强，温度同位比较无偏高。拆下故障轴承后，发现油脂内混有金属发光碎屑，进一步分解保持架及滚柱，发现轴承外环内侧滚道内存在两处等间距的疲劳剥离点，内滚道18个滚柱表面均存在点状剥离，外滚道18个滚柱表面均光滑，无点状剥离，如图7-10所示。

图7-10　$HXD_3 0469$机车51位轴箱轴承电蚀引起剥离

原因分析：非正常的电流沿着电阻小的方向（轴箱体→轴承外圈→滚珠→轴承内圈→车轴），当车上回流电流通过这些零部件时就会产生金属材料的电蚀，电蚀影响了金属材料的机械性能，特别是破坏了轴承外圈内滚道表面的金相组织，经过与滚柱长期滚碾，导致外环内滚道伤痕处引起疲劳剥离，内侧滚柱表面存在点状剥离。

【案例7-4】 $SS_9 0159$机车错装轴箱轴承隔环引发振动报警

2019年1月31日，$SS_9 0159$机车入库整备作业，通过轴报数据分析发现41位轴箱轴承振动报警1次。开盖检查发现左4位轴箱轴承外侧多了一个轴承隔环（图7-11），现场确认为中间轴的轴箱轴承隔环，同时发现左5位轴箱也存在同样问题。

原因分析：左4位轴承隔环应是中间轴的，而左5位轴承隔环应是端轴的。大修厂在组装轴箱轴承时，错将左4位的隔环装到左5轴，错将左5位的隔环装到左4轴。轮对与转向架（构架）之间的横动量就是依靠选配隔环的厚度来调整实现，1、3、4、6位端轴的中间有一个厚隔环，组装后轴承横动量为0.7~1.5mm，2、5位中间轴的3个位置各有1个薄隔环，组装后轴承横动量为15~17mm。如果隔环装错，当机车过弯道时，由于轮对横动量不符合设计要求，将对运行产生不确定的安全隐患。

a)　　　　　　　　　　　b)

图 7-11　$SS_9$0159 机车错装轴箱轴承隔环引发振动报警

任务实施

1. 教师下发学习任务工单(见本教材配套学习任务工单中任务 7.1),明确任务内容,并给出本次任务的实施方法与评价标准。

2. 学生课前研究学习计划、查找相关学习资源,按要求完成预习任务。

3. 教师进行课堂讲解、现场教学或操作演示。

4. 将学生按 5~8 人为限组成若干个学习小组,以小组形式组织讨论、交流。教师全程关注每个小组的学习进程,提出引导性意见,激发学生学习兴趣,提高学生自主学习能力。

5. 完成学习任务后,小组要进行总结汇报演讲,或针对实践技能的掌握进行实作演示,学生进行自我评分及小组评分,给出学习任务中的成绩。

6. 教师对学生测试检查或成果展示情况给出评分,并根据学生的自评分、互评分给出综合评分。

想一想

试列表比较 SS_{9G}、HXD_3、HXD_{1D}、FXD_3 四种机型的轴箱的结构特点。

知识拓展

"四按三化"记名检修

为强化机车检修的过程控制,切实提高机车检修质量,原铁道部制定了《内燃、电力机车检修工作要求及检查办法》,简称"220"文件,其核心内容是"四按三化"、记名检修,该办法经过多次修订完善,已纳入标准化规范管理,并定期组织对规检查。

1. 四按

按范围、按"机统-28"及机车状态、按规定的技术要求、按工艺。

1)按范围

按中修、小修、辅修范围进行机车检修的各项作业,对机车各部分的检查项目要齐全,不漏检漏修。

2)按"机统-28"及机车状态

"机统-28"是铁路总公司统一制定的机车检修登记簿,由机车乘务员、运用车间保养组或整备车间地勤检查组填写。在定检开工前24~72h内送交检修车间。检修时应以此为依据,认真检查,彻底处理不良情况。在检修过程中,还应根据机车状态采取必要的修复或维护措施。①机车在定检间发生过的疑难临修,主要部件的异常情况,不正常擦伤、烧损及损坏;②机车惯性故障和季节性故障;③机车油脂的不正常消耗量。

3) 按规定的技术要求

在检修中,严格遵守《段修技术规程》中的基本技术要求和限度规定。

4) 按工艺

在检修中,严格执行段修各级修程的检修工艺。

2. 三化

程序化、文明化、机械化。

1) 程序化

机车检修工作,根据检修计划从扣车到交车全过程要按照规定的工作程序来进行,采用准确、合理的检修方法,做到效率高、质量好、成本低、作业安全、有条不紊地进行。编制检修作业过程表,反映作业顺序、完成时间、工时消耗等内容。检修过程中采用平行作业和流水作业,使各班组的工序之间紧密协调、密切配合、前后衔接,以减少各道工序之间的等待时间。

2) 文明化

检修工作场所及环境应保持清洁卫生,配件放置整齐。

3) 机械化

机械化修车是改善劳动条件、提高修车效率,保证作业安全和检修质量的有效手段。

3. 记名检修

为落实检修人员的岗位责任制,根据检修生产单,对各班组下达记名检修活票(或工作票)、记名检修记录,坚持谁施修、谁签名负责的原则。它是考评检修人员工作态度、技术水平的重要依据。

在执行"四按三化"记名检修制度的同时,要杜绝违法修、返工修、简化修。

任务7.2　Ⅰ系悬挂部件检修

任务描述

通过认知 SS_{9G}、HXD_3、HXD_{1D} 型电力机车和 FXD_3 型动力车的Ⅰ系悬挂部件结构组成,熟练掌握电力机车弹簧、油压减振器各组成部分的名称与作用,培养团结协作意识,为后续任务的学习打下基础。

知识准备

机车在运行时,由于线路不平顺、钢轨接缝以及轮对踏面磨耗不均匀等诸多因素的影响,轮对均会受到来自线路的冲击,激起机车振动。如果构架与轴箱直接连接,则轮对所受的冲击就会直接通过轴箱传至构架、车体,使构架受力恶化引起裂纹、变形和走行部各种紧固件松动,会降低车体内各种电器设备的工作可靠性。同时,刚性冲击对线路也具有极大的破坏作用。为缓和钢轨对机车的冲击振动、改善簧上零部件的工作条件和乘务人员的舒适度,在转向架内设计了螺旋圆弹簧和垂向油压减振器的Ⅰ系悬挂部件,能提供各向刚度和阻尼,在实现转向架牵引与制动功能的同时,能将构架以上的垂向载荷均匀分配到各个轮对上,使轴重保持均衡,提高机车的安全运行品质。

一、Ⅰ系圆弹簧

Ⅰ系圆弹簧,也称轴箱弹簧,用来缓和来自线路对簧上质量和轴箱轴承的冲击,由弹簧上下压盖、圆弹簧和减振橡胶垫、调整垫片等组成,用来减弱和吸收来自轮对的高频振动,是关系到机车运行品质和安全的重要部件,对机车转向架的各项动力学性能起关键作用。圆弹簧由圆形截面弹簧钢条加热卷绕而成,有圆柱、圆锥等形状。凡是采用多层弹簧的弹簧组,其紧挨的两层簧的螺旋方向必须相反(一个左旋、一个右旋),以免偏歪时互相卡住,同时避免振动中弹簧组的转动。在正常载荷下,不允许发生簧圈互相接触的"压死"现象。优点是结构简单、灵敏性好(对机车低速运行有利)、静挠度较大、制造维修成本低。缺点是衰减振动慢,几乎无吸振能力。因此,在机车上要和减振器配合使用。

Ⅰ系悬挂以上部分的重量通常称为簧上重量,Ⅰ系悬挂以下部分的重量通常称为簧下重量或死重量,它包括轴箱和轮对的重量,对牵引电机轴悬式还包括部分电机重量。因簧下重量对线路产生较大的动作用力,危害很大,必须设法减轻,尤其是速度较高的机车。

为了实现机车的轴重均衡和车钩距轨面的合适高度,在Ⅰ系悬挂部件的弹簧组内均设有调整垫。在转向架的调试过程中,通过增、减调整垫来达到此目的。

二、油压减振器(相关教学资源见二维码13)

二维码13
油压减振器

油压减振器是一个液压系统,在减振器拉伸和压缩时,液压油通过节流阀产生阻尼力,利用液体黏滞阻力负功吸收能量,将机车振动冲击的机械能通过黏滞阻尼形式转变为热量,并散发掉,从而达到衰减振动的目的。

油压减振器实际上是一个充满油液的密封油缸,如图7-12所示,缸内活塞把油缸分成A、B两个油腔。在活塞中部开设节流孔,在油缸底部设有底阀,与位于油缸体外的储油筒C腔相通。将油缸和活塞分别固定在可能有相对位移的两部件之上,当两部件出现相对运动时,活塞与油缸产生相对位移。

当压缩时,因活塞杆占据了一定的容积,B腔容积的增大量小于A腔容积的减小量,所以A腔的油除经节流孔流入B腔外,还有相当于活塞杆体积的一部分油通过底阀被压进储油筒的C腔。当拉伸时,B腔容积的减小量小于A腔容积的增大量,所以除B腔的油经节流孔流入A腔外,还从储油筒的C腔通过底阀向A腔补充一定数量的油。无论活塞下移(压缩行程)还是上移(拉伸行程),油液都要经节流孔和底阀流动,利用油液的黏滞性形成阻尼来有效地吸收冲击振动能量。油液流动的阻力称为减振器的阻尼,凡影响油液流动阻力的因素,都将影响到减振性能。

(1)活塞运动速度:速度越大,阻力越大;速度越小,阻力越小。当振动强时(频率高、振幅大),活塞速度大,阻力也大。反之,振动弱时,阻力也小。

(2)节流孔大小:孔径越大,阻力越小;孔径越小,阻力越大。活塞中部装有芯阀,可通过人为调整节流孔大小来调整减振器的阻尼值。

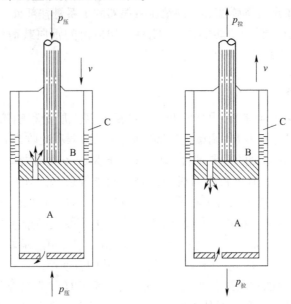

图 7-12 压缩行程与拉伸行程示意图

(3) 油液黏度：黏度越大，阻力越大；黏度越小，阻力越小。选用黏度合适的油液对减振器的性能有重要意义，通常采用混合油(变压器油和透平油各占50%)或仪表油。

减振器阻尼力基于活塞速度，阻尼力的增加是依赖于已设置的各阀所确定的阻力特性。在组装时，每一个减振器必须经过十分细心的调试及测试，只有通过测量才能精确控制减振器产生的阻尼力。在专用测试机上测试期间，减振器中活塞在预设速度下往复运动，产生的各个阻尼力以示功图方式记录。在相同测试行程50mm下的不同速度通过改变测试机转速来获得。

三、SS_{9G}型电力机车 I 系悬挂部件

SS_{9G}型电力机车每台转向架有6组相同的 I 系悬挂部件(2、5位不装油压减振器)，每组 I 系悬挂部件由2个完全相同的圆弹簧(组)、轴箱拉杆、弹簧上压盖、弹簧下压盖、橡胶垫及1个上座、1个垂向油压减振器和1个减振器下座等组成，如图7-13所示。该装置具有结构简单、无磨耗、能克服上下压盖歪斜、调簧容易及易维护保养等优点。其主要技术参数有圆弹簧静挠度44.5mm、橡胶垫静挠度5mm、垂向油压减振器阻尼系数80kN·s/m。

1. I 系圆弹簧

每个轴箱设置了2个相同的圆弹簧，圆弹簧的材料为60Si2CrA，旋向为右旋。圆弹簧的基本参数有：簧条直径 ϕ40mm、平均直径 ϕ190mm、有效圈数3.6圈、总圈数5.1圈、自由高276.5mm、工作高232mm。每个圆弹簧在绕制完成后都对其在工作负荷下的高度进行了测量，在圆弹簧的标牌上有详细记录。I 系悬挂装置组装时应对圆弹簧进行选配，保证同一转向架各个圆弹簧的工作高相差不超过1mm。

2. 轴箱拉杆

轴箱拉杆由连杆体、拉杆组件、端盖、橡胶垫和止块等组成，如图7-14所示，连杆体为C级钢铸钢件，成双筒形，中间连接部分成工字形。拉杆组件由拉杆和橡胶组成，橡胶硫化在

拉杆上，主要提供Ⅰ系弹簧的径向刚度。橡胶垫是带有金属夹层的橡胶硫化件，它被端盖压死在连杆体的侧面，而端盖则用两个半圆止块固定，主要提供Ⅰ系弹簧的横向刚度。组合后的轴箱拉杆形成一个整体弹性体，它承受传递牵引力和制动力及各种负荷，并缓冲各种振动，以改善机车性能。由于轴箱拉杆采用了橡胶件，而橡胶容易老化，因而在运用一段时间后应对其进行外观检查和性能参数抽查。轴箱拉杆主要技术参数（两个轴箱拉杆与轴箱体组装在一起后，在轴箱体上加载或产生横向位移）：纵向刚度33MN/m（35kN 载荷下）、横向向刚度4MN/m（在0~10mm横向位移下）。

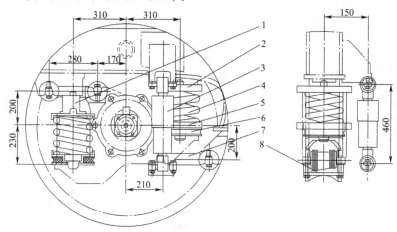

图7-13　SS_{9C}型电力机车Ⅰ系悬挂装置

1-上座;2-弹簧上压盖;3-垂向油压减振器;4-圆弹簧;5-弹簧下压盖;6-橡胶垫;7-轴箱拉杆;8-减振器下座

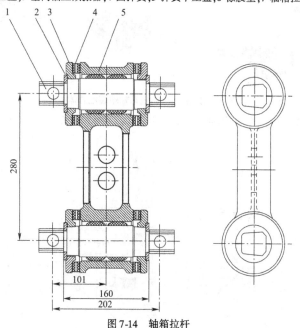

图7-14　轴箱拉杆

1-拉杆组件;2-止块;3-端盖;4-胶垫;5-连杆体

3.垂向油压减振器

因转向架单纯采用独立悬挂方式的螺旋弹簧时，振动太大，会加速机车各零件的磨损和疲劳损坏,所以,弹簧配合减振器一起工作,既能缓和线路不平顺引起的机车冲击、衰减机车的振动,又能达到保持弹簧装置正常工作的目的。SS$_{9G}$型电力机车Ⅰ系悬挂装置的垂向油压减振器选用KONI铁路油压减振器,如图7-15所示,一端固定在构架的减振器座上,另一端固定在减振器下座上,下座通过4个M20螺栓与轴箱体相连。

四、HXD$_3$型电力机车Ⅰ系悬挂部件

HXD$_3$型电力机车转向架总体布置了6组4种基本结构相同的轴箱装配,如图7-16所示,所不同的是:轴箱(一)另外配装有接地装置和垂向油压减振器,轴箱(二)另外配装有接地装置,轴箱(三)另外配装有垂向油压减振器,轴箱(四)另外配装有速度传感器。以轴箱(三)为例,Ⅰ系悬挂部件包括轴箱弹簧、垂向油压减振器、螺栓、螺母、弹垫、销、减振垫、上下调整垫等,如图7-17所示。

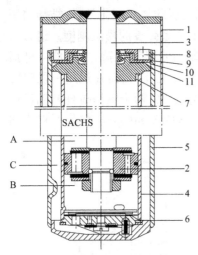

图7-15 垂向油压减振器结构简图
1-防尘罩;2-活塞;3-活塞杆;4-油缸;5-带焊接底的外筒;6-底阀;7-端盖;8-压盖;9-垫片;10-压盖密封件;11-密封件

图7-16 HXD$_3$型电力机车轴箱装配总体布置
1-轴箱装配(一);2-轴箱装配(二);3-轴箱装配(三);4-轴箱装配(四);5-轴箱拉杆

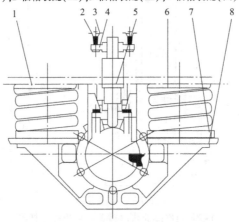

图7-17 HXD$_3$型电力机车Ⅰ系悬挂装置组成(轴箱三)
1-调整垫(上);2-螺母(M16)+弹垫(16);3-销(4×30);4-螺栓(M16×80);5-垂向油压减振器;6-轴箱弹簧;7-减振垫;8-调整垫(下)

五、HXD$_{1D}$型电力机车Ⅰ系悬挂部件

HXD$_{1D}$型电力机车Ⅰ系悬挂部件设置在轴箱与构架之间,如图7-18所示。由Ⅰ系弹簧组(螺旋钢圆弹簧+Ⅰ系橡胶垫+Ⅰ系调整垫)、Ⅰ系垂向油压减振器(中间轴未设)、轴箱拉杆及相应的紧固件等零部件组成,如图7-19所示。Ⅰ系圆弹簧提供垂向、横向刚度,缓和机车的振动和冲击;Ⅰ系垂向减振器吸收振动能量,衰减振动,避免机车共振;轴箱拉杆用来连接轮对与转向架构架,和Ⅰ系弹簧共同实现轴箱定位,提供纵向刚度,传递牵引力和制动力。

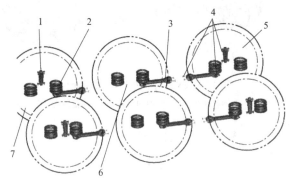

图7-18 HXD$_{1D}$型电力机车Ⅰ系悬挂部件三维布置

1-Ⅰ系垂向减振器;2-Ⅰ系弹簧组;3-轴箱拉杆组;4-螺栓连接;5-第一位轮对;6-中间轮对;7-第三位轮对

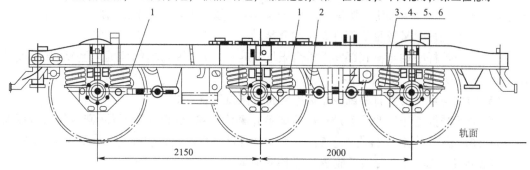

图7-19 HXD$_{1D}$型电力机车Ⅰ系悬挂部件

1-Ⅰ系螺旋圆弹簧;2-轴箱拉杆组装;3-六角螺栓(M24×2×150);4-六角螺母(M24×2);5-弹簧垫圈(24);6-乐泰胶

六、FXD$_3$型动力车Ⅰ系悬挂部件

FXD$_3$型动力车Ⅰ系悬挂部件的布局采用高速动力转向架的独立悬挂结构,由轴箱弹簧+轴箱拉杆+垂向减振器组成,如图7-20所示。轴箱相对构架的上、下运动和横向移动靠轴箱弹簧和橡胶件的弹性变形来获得。轴箱采用单侧轴箱拉杆定位,拉杆两端采用球形橡胶关节。由于橡胶关节径向刚度大,回转刚度小,使轴箱纵向具有较大的定位刚度,并可使轴箱相对构架能自由沉浮及绕本身轴线回转。其特点是:结构简单,且可实现Ⅰ系纵向、横向弹性参数相对独立,并且Ⅰ系纵向刚度大,横向刚度小,有利于提高临界速度,保持驱动系统稳定,提高黏着利用率及改善曲线通过性能。轴箱弹簧采用螺旋钢圆簧,工作高度193mm,弹簧底部增加绝缘垫,厚度为5mm,使构架与轴箱之间具有良好的绝缘性。

图7-20 FXD$_3$型动力车Ⅰ系悬挂布局

1-轴箱装配(一);2-轴箱弹簧;3-Ⅰ系垂向减振器;4-轴箱装配(二);5-拉杆装配

七、SS$_{9G}$型电力机车Ⅰ系悬挂装置中修

1. 技术要求

(1)悬挂装置不许有裂损、机械硬伤或异常变形,各紧固件状态良好。

(2)Ⅰ系弹簧不许有裂损和压死,其自由高、组装压缩高及同一转向架压缩高之差须符合限度表规定。弹簧组装后,弹簧中心垂直偏差不许超过弹簧自由高的3%。

(3)Ⅰ系悬挂弹簧橡胶垫不许老化和开裂。

(4)轴向拉杆心轴与槽底部间隙符合限度规定,拉杆心轴与槽的侧面须密贴,局部间隙用0.05mm塞尺检查,塞入深度不大于10mm。

(5)构架与轴箱的垂直距离及距离差须符合限度表规定。

(6)油压减振器送专业厂家进行性能试验并解体检修,更新橡胶元件、密封件与减振器油,示功图曲线须平滑,不许有畸形突变,各减振器阻尼系数允许误差为-10%~+20%,符合限度表规定,试验合格后须平放24h,不许有渗漏。

2. 主要限度

SS$_{9G}$型电力机车Ⅰ系悬挂装置主要限度见表7-2。

SS$_{9G}$型电力机车Ⅰ系悬挂装置主要限度(单位:mm)   表7-2

序号	名称	原形	限度	
			中修	禁用
1	Ⅰ系圆弹簧自由高	276.5±2	276.5$^{+3}_{-5}$	
2	Ⅰ系圆弹簧工作压缩高($F=45.1$kN)	232±2	232$^{+3}_{-5}$	
3	Ⅰ系圆弹簧垂直度	3	5	
4	同一转向架圆弹簧工作压缩高之差	≤2	≤3	
5	同一机车圆簧工作压缩高之差		≤5	

3. 工艺要点

1）工装设备

工装设备包括平台、Ⅰ系弹簧专用卡具、压力机、弹簧压力测试机。

2）螺旋圆弹簧

(1) 检查要求

将弹簧组解体、清扫、抛丸除锈，外观检查圆簧及上下压盖，各圆弹簧不得有裂纹、折断、倾斜，簧圈不得接触，圆簧有裂损时应更新。

(2) 压缩试验

先对弹簧进行压缩试验，待压缩试验完成后，将弹簧装入电烘箱内进行去应力退火，退火温度为(260 ± 20)℃，保温时间为90min，退火后的弹簧须冷却1h后出炉。压缩试验要求：①对弹簧进行三次全压缩试验，三次全压缩后弹簧无永久变形；②在平台上测量弹簧的自由高度为272.5~279mm；③用弹簧试验机加45.1kN的负荷，测量单个工作高度应为227~234mm[原形尺寸(232 ± 2)mm]，超限报废。

(3) 选配要求

每台机车弹簧工作高度差在10mm以内。选配弹簧时，按同一轴箱弹簧高度差≤1mm，同一转向架弹簧高度差≤2mm，同一机车弹簧高度差≤4mm进行选配，允许加垫调整，每簧加垫块数不多于3块，圆弹簧的垫片应该放在下座内。

3）油压减振器

(1) 解体顺序

解体前先测试、分析示功图→拆外罩→分解密封装置→分解鞴鞲(活塞杆)，依次取出缸端、导向套、阀座、套阀、芯阀弹簧、芯阀、调整垫等→分解缸筒和下阀体，依次取出各附件。

(2) 检查修理

被分解的各减振器部件应成套摆放，原拆原装，不得混置。依次检修上下连接部分及外罩、鞴鞲、进油阀、缸筒、储油缸、缸端密封。

(3) 组装顺序

组装前用汽油清洗内部零件→鞴鞲组装→进油阀体组装→进油阀体与缸筒组装→鞴鞲装入缸筒内→将经滤清的油注入缸筒→依次用专用套筒压入缸端(导向套)，套入油封圈、密封弹簧、托垫、圈、盖→套入鞴鞲杆。

(4) 检查与试验

将组装好的垂向油压减振器下端螺杆旋入试验机下座，保持倾斜状态，将上端推上固定座并紧固。用安装销将横向油压减振器两连接端装于试验机安装座上。调整记录纸、笔，启动开关，试验机运转，自行做好示功图。填写记录图表，计算阻尼系数应为900~1200N·s/cm，超限或示功图不合要求时应返修。试验合格后，平放24h，检查不许有泄漏。

八、HXD_{1D}型电力机车Ⅰ系悬挂装置定检修程检查

1. C1、C2修检查要求

外观检查Ⅰ系弹簧不许有裂损、压死，油压减振器，不许有裂损、漏泄。

2. C4修检查要求

目视检查Ⅰ系悬挂弹簧橡胶垫，不许有老化和开裂。

故障案例

【案例 7-5】 $SS_8 0233$ 机车 I 系油压减振器下座安装螺钉失落

2008 年 10 月 29 日，$SS_8 0233$ 机车，入库检查时发现右二轮 I 系油压减振器底座安装螺钉全部失落，如图 7-21 所示，造成 I 系油压减振器筒体下落，所幸该油压减振器底座装有安全钢丝绳，从而避免了一起走行部零部件脱落的事故。

原因分析：SS_8 机车 I 系油压减振器下座位于轴箱的侧下方，其螺钉的安装位置比较隐蔽，螺钉松动后日常检查不易发现，没有及时紧固，最终造成螺钉全部松脱。

图 7-21 $SS_8 0233$ 机车 I 系油压减振器下座安装螺钉失落

【案例 7-6】 $SS_{9G} 0163$ 机车 I 系垂向减振器橡胶关节心轴裂

2011 年 5 月 18 日，$SS_{9G} 0163$ 机车，入库检查时发现右 4 轮 I 系垂向减振器橡胶关节心轴裂，如图 7-22 所示。

原因分析：从其心轴裂损的断面来看，没有发现老伤及疲劳裂纹源，属于金属瞬间的脆性裂损。考虑心轴的几何设计尺寸存在问题，导致心轴的机械强度不够，在强大的簧下冲击力作用下造成心轴脆性裂损。

【案例 7-7】 $HXD_{1D} 0133$ 机车右 1 位 I 系弹簧断裂

2015 年 5 月 26 日，$HXD_{1D} 0133$ 机车，入库整备作业，检查时发现右 1 位 I 系弹簧断裂，如图 7-23 所示。机车扣回检修车间更换处理。

原因分析：弹簧内部存在制造缺陷。

 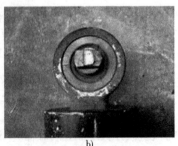 

a)   b)

图 7-22 $SS_{9G} 0163$ 机车 I 系垂向减振器橡胶关节心轴裂   图 7-23 $HXD_{1D} 0133$ 机车右 1 位 I 系弹簧断裂

任务实施

1. 教师下发学习任务工单(见本教材配套学习任务工单中任务7.2),明确任务内容,并给出本次任务的实施方法与评价标准。
2. 学生课前研究学习计划、查找相关学习资源,按要求完成预习任务。
3. 教师进行课堂讲解、现场教学或操作演示。
4. 将学生按5~8人为限组成若干个学习小组,以小组形式组织讨论、交流。教师全程关注每个小组的学习进程,提出引导性意见,激发学生学习兴趣,提高学生自主学习能力。
5. 完成学习任务后,小组要进行总结汇报演讲,或针对实践技能的掌握进行实作演示,学生进行自我评分及小组评分,给出学习任务中的成绩。
6. 教师对学生测试检查或成果展示情况给出评分,并根据学生的自评分、互评分给出综合评分。

想一想

试列表比较 SS_{9G}、HXD_3、HXD_{1D}、FXD_3 四种机型的 Ⅰ 系悬挂部件的结构特点。

知识拓展

解体与清洗

电力机车解体是指将机车上的零部件按一定工艺拆卸的过程,其技术要求不是很高,一般不需要采用较复杂的工艺装备和精密的工具,但中修解体下来的零部件绝大部分还要重新使用。因此,若轻视解体工作,往往会对配件造成不应有的损伤,甚至造成无端浪费,不仅影响机车检修质量,而且会使检修费用增加。

中修解体一般流程:外部清洗→吊顶盖→空压机→通风机→各辅助电机→各电器屏柜→车内其他部件→架车→推出转向架→分解转向架各组成部件→拆卸后,将各零部件分别送往相关备品专修班组进行清扫、清洗、检验、检修、试验。

在解体过程中应注意以下几个方面:

(1)要正确使用适当的拆装工具,避免猛敲狠打,以免零件损伤和变形。

(2)公差配合要求较高的零部件(如轴承、传动机构等),具有严格的相对位置且不可互换,因此,对这种"对号入座"的零部件,在解体前应先核对记号(钢印或标记),记号不清者应重新标上,以免将来组装时发生混淆。

(3)在运用中产生的运动间隙、相互位置的变形(如轴的横动量、齿轮啮合间隙等参数),须在解体前进行测量、记录,为检修工作提供依据。

(4)分解下来的零件不能落地,应放置在专用存放架上或橡胶地板上。

(5)应将分解下来的零件分门别类,按规定放置,便于下一道清洗工序。

(6)分解中应做好必要的防护措施,避免发生火灾等安全事故。

电力机车在运用过程中,零部件容易被油污、油垢、锈蚀等堆积物所污染和覆盖,并使机车的一些缺陷、损伤处于隐蔽状态,可能造成漏检、漏修,也给下一步的检修工作带来困难。因此,在电力机车修理过程中,会根据要求进行Ⅰ系列的清洗工作。按照清洗对象、目的及不同的清洗要求,分为部件分解前的外部清洗、解体后的零件清洗、修理过程中按工艺要求进行的清洗和组装时的清洗4种。

清洗对象可分为油污、积碳、水垢和锈蚀物等,机车上常见的油污主要是各种油脂和尘土掺和物。常用的去除油污方法有碱溶液(氢氧化钠溶液)清洗、有机溶剂(汽油、煤油、酒精、丙酮)清洗、金属清洗剂清洗、压缩空气除尘、简易工具除油等。

任务7.3　Ⅱ系悬挂装置检修

任务描述

通过认知 SS_{9G}、HXD_3、HXD_{1D} 型电力机车和 FXD_3 型动力车的Ⅱ系悬挂装置结构组成,熟练掌握电力机车Ⅱ系弹簧、减振器各组成部分的名称与作用,培养团结协作意识,为后续任务的学习打下基础。

知识准备

为进一步减少来自钢轨的冲击而使机车产生的振动,提高车体内设备工作的可靠性和机车运行的平稳性,在转向架构架与车体之间设置了弹性连接装置,称为Ⅱ系悬挂装置(又称车体支承装置),通过该装置把车体以上的重量弹性地、均匀地分配到构架上,并通过它传递各种附加力。此外,Ⅱ系悬挂装置还包括Ⅱ系垂向止挡和Ⅱ系横向止挡,分别用来限制转向架与车体的垂向运动和横向运动。

Ⅱ系悬挂装置主要由Ⅱ系弹簧(圆弹簧、橡胶弹簧)、各向油压减振器(垂向、横向、纵向)以及橡胶减振垫等部件组成,其中Ⅱ系圆弹簧对机车车体及转向架的各项动力学性能起关键作用,是关系到机车运行品质和安全的重要部件,纵向抗蛇行油压减振器是影响机车横向动力学性能的重要部件,起着抑制机车蛇行运动的作用。当机车通过曲线时,它可在车体与转向架之间产生相对位移,使机车顺利通过曲线;当机车通过曲线后,又可使转向架与车体之间的位置复原,并通过它传递各种附加力。

一、SS_{9G}型电力机车Ⅱ系悬挂装置

SS_{9G}型电力机车Ⅱ系悬挂装置由高圆弹簧、橡胶垫、垂向油压减振器、横向油压减振器和抗蛇行油压减振器等组成,如图7-24所示,主要技术参数有圆弹簧静挠度89mm、橡胶垫静挠度7mm、垂向油压减振器阻尼系数 $120kN \cdot s/m$、横向油压减振器阻尼系数 $90kN \cdot s/m$、抗蛇行油压减振器阻尼系数 $1000kN \cdot s/m$。

1. Ⅱ系圆弹簧及橡胶垫

在构架侧梁上部设置了6个圆弹簧,圆弹簧的材料为50CrVA,旋向为右旋。其基本参数有簧条外径 $\phi 48mm$、平均直径 $\phi 238mm$、有效圈数6.2圈、总圈数7.7圈、自由高489mm、工作高400mm。在每个弹簧的上下两端都设置了橡胶垫,以使弹簧工作时有较小的横向刚度,同时改善圆弹簧的应力状态。橡胶垫由上、下盖板和橡胶硫化成整体。

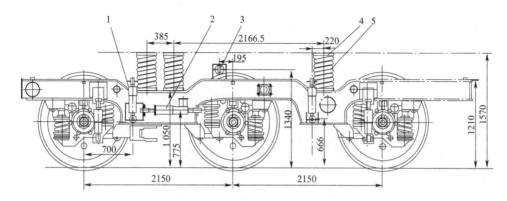

图7-24　SS₉G型电力机车Ⅱ系悬挂装置

1-垂向油压减振器；2-抗蛇行油压减振器；3-横向油压减振器；4-橡胶垫；5-圆弹簧

2. 油压减振器

在转向架与车体之间布置了4个垂向油压减振器、2个横向油压减振器和2个纵向抗蛇行油压减振器，除在储油筒上有一储油包（安装时储油包应向上）外，横向、纵向油压减振器与垂向油压减振器相同。抗蛇行油压减振器主要应用在高速机车上，在机车高速运行时，可遏制转向架的蛇行运动，改善机车动力学性能的作用，提高机车运行的稳定性。

二、HXD₃型电力机车Ⅱ系悬挂装置

HXD₃型电力机车Ⅱ系悬挂装置由高圆弹簧、Ⅱ系垂向油压减振器和横向抗蛇行减振器组成，如图7-25所示，每个转向架上有两组高圆弹簧（每组3个）布置在左右侧架中央部分，Ⅱ系垂向油压减振器基本结构及工作原理与Ⅰ系相同。

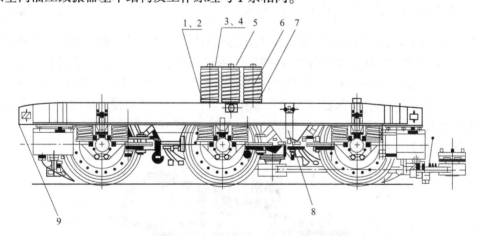

图7-25　HXD₃型电力机车Ⅱ系悬挂装置

1、2-调整弹簧垫片；3、4-调整垫片；5-连接座组成；6-高圆弹簧；7-减振垫；8-垂向油压减振器；9-横向抗蛇行油压减振器

Ⅱ系横向抗蛇行减振器结构如图7-26所示，其组成为：在缸筒内往复运动的活塞、连杆以及与活塞连杆焊接在一起的上部安装、导油管、螺纹连接防尘罩，焊有底盖的外筒，有回油阀的底阀，拉伸和压缩阻尼调整阀、导向管、压盖、油封、储油缸密封、支承垫片以及上、下安装连接。

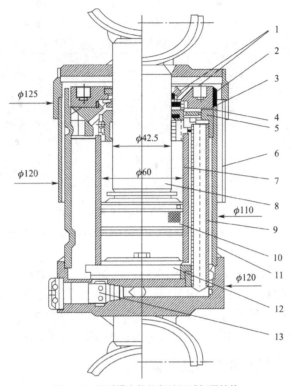

图 7-26 Ⅱ系横向抗蛇行油压减振器结构

1-油封;2-压盖;3-支承垫片;4-储油缸密封;5-导向管;6-防尘罩;7-缸筒;8-连杆;9-导油管;10-活塞;11-外筒;12-底阀;13-阻尼调整阀

三、HXD_{1D}型电力机车Ⅱ系悬挂装置

Ⅱ系悬挂装置设置在转向架与车体之间,由Ⅱ系弹簧组(Ⅱ系弹簧+Ⅱ系橡胶垫+Ⅱ系弹簧调整垫)、Ⅱ系垂向油压减振器、Ⅱ系横向油压减振器、抗蛇行油压减振器、Ⅱ系垂向止挡、Ⅱ系横向止挡以及用来安装油压减振器和止挡的紧固件等零部件组成,如图7-27、图7-28所示。Ⅱ系弹簧布置在构架两侧,Ⅱ系垂向减振器左右对称布置在二、三位轮对之间,Ⅱ系横向油压减振器和抗蛇行油压减振器对称布置在一、二位轮对之间。其中,抗蛇行油压减振器分为左右两种,面对一位轮对,左边为抗蛇行油压减振器(左),右边为抗蛇行油压减振器(右)。

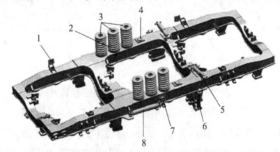

图 7-27 HXD_{1D}型电力机车Ⅱ系悬挂装置三维立体图

1-摇头止挡;2-抗蛇行油压减振器(右);3-Ⅱ系弹簧组;4-Ⅱ系垂向止挡;5-Ⅱ系横向油压减振器;6-Ⅱ系垂向油压减振器;7-Ⅱ系横向止挡;8-抗蛇行油压减振器(左)

模块2　电力机车转向架/项目7　弹性悬挂装置

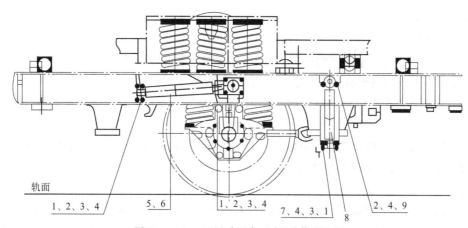

图7-28　HXD$_{1D}$型电力机车Ⅱ系悬挂装置组成

1-六角螺栓(M16×80);2-高压安全垫;3-六角螺母(M16);4-乐泰胶;5-抗蛇行油压减振器(左);6-抗蛇行油压减振器(右);7-六角螺栓(M16×90);8-Ⅱ系垂向油压减振器;9-六角螺母(M16×45)

四、FXD$_3$型动力车Ⅱ系悬挂装置

FXD$_3$型动力车Ⅱ系悬挂装置由Ⅱ系高圆簧、减振垫、Ⅱ系垂向减振器、Ⅱ系横向减振器、抗蛇行减振器、横向止挡、垂向止挡等组成,如图7-29所示。减振垫具有提高水平方向的灵活性、减振及电器绝缘的作用。减振垫由钢板和夹在中间的橡胶元件组成。每转向架通过4个高圆弹簧(左、右各2个)与车体连接,弹簧安置在构架侧梁上。每转向架有2个横向和2个垂向减振器及2个抗蛇行减振器连接车体与转向架。

Ⅱ系高圆弹簧的技术参数:静挠度131.5mm,横向刚度0.126kN/mm,垂向刚度0.391kN/mm。

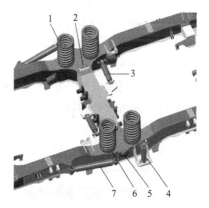

图7-29　FXD$_3$型动力车Ⅱ系悬挂装置

1-Ⅱ系高圆簧;2-垂向止挡;3-Ⅱ系横向减振器;4-Ⅱ系垂向减振器;5-横向止挡;6-减振垫;7-抗蛇行减振器

五、SS$_{9G}$型电力机车Ⅱ系悬挂装置中修

1. 主要限度

SS$_{9G}$型电力机车Ⅱ系悬挂装置主要限度见表7-3。

SS$_{9G}$型电力机车Ⅱ系悬挂装置主要限度(单位:mm)　表7-3

序号	名称	原形	限度 中修	限度 禁用
1	Ⅱ系圆弹簧自由高	489±4	489$^{+7}_{-10}$	
2	Ⅱ系圆弹簧工作压缩高($F=55.53$kN)	400±4	400$^{+7}_{-10}$	
3	Ⅱ系圆弹簧垂直度	6	10	
4	同一转向架圆弹簧工作压缩高之差	≤2	≤3	
5	同一机车圆弹簧工作压缩高之差			≤5

2. 工艺要点

1) 压缩试验

(1) 对弹簧进行三次全压缩试验,三次全压缩后弹簧无永久变形。

(2) 在平台上测量弹簧的自由高度为 479~493mm。

(3) 用弹簧试验机加 55.53kN 的负荷,测量单个工作高度应为 390~404mm[原形尺寸 (400±4)mm],超限报废。

压缩试验完成后将弹簧装入电烘箱内进行去应力退火,退火温度为 (260±20)℃,保温时间为 90min,退火后的弹簧须冷却 1h 后出炉。

2) 选配要求

每台机车弹簧工作高度差在 10mm 以内。按同一转向架弹簧高度差≤2mm,装于同一机车弹簧高度差≤4mm 进行选配,允许加垫调整,每簧加垫块数不多于 3 块,加垫厚度≤8mm。

六、HXD_{1D} 型电力机车 Ⅱ 系悬挂装置调整

1. 螺旋弹簧组调整

在转向架安装之后,须重新调试 Ⅱ 系螺旋弹簧组,Ⅱ 系弹簧工作高为 478.7mm,可使用附带的垫片来调整轴重及车体高度。

2. 垂向止挡调整

(1) 可以通过增减 Ⅱ 系垂向止挡调整垫来调整垂向止挡间隙。

(2) 松开内六角螺钉 M12×35 并增减调整垫调整 Ⅱ 系垂向止挡与车体止挡座之间的间隙,应为 (35±3)mm。

(3) 一旦调整完成,紧固两个内六角螺钉 M12×35,紧固力矩 74N·m。

3. 横向止挡调整

(1) 可以通过增减 Ⅱ 系横向止挡调整垫来调整横向止挡间隙。

(2) 松开六角螺栓 M16×40 并增减调整垫调整横向止挡与车体止挡座的间隙,应为 30~33mm。

(3) 一旦调整完成,紧固两个六角螺栓 M16×40,紧固力矩 197N·m。

4. 摇头止挡调整

(1) 可以通过增减摇头止挡调整垫来调整摇头止挡间隙。

(2) 松开紧固摇头止挡的六角螺栓 M16×40 并增减调整垫调整摇头止挡与构架摇头止挡座的间隙。靠车头端的摇头止挡间隙为 (98.5±5)mm,两侧间隙之和为 (197±5)mm;靠车体中部的摇头止挡间隙为 (113±5)mm,两侧间隙之和为 (226±5)mm。调整垫应顺放,以保证其不下落。

(3) 一旦调整完成,紧固四个六角螺栓 M16×40,紧固力矩 197N·m。

七、HXD_{1D} 型电力机车 Ⅱ 系悬挂装置定检修程检查

1. C1、C2 修检查要求

外观检查 Ⅱ 系弹簧不许有裂损、压死,油压减振器不许有裂损、漏泄。

2. C4修检查要求

目视检查Ⅱ系悬挂弹簧橡胶垫及Ⅱ系止挡橡胶件,不许有老化和开裂。

故障案例

【案例7-8】 HXD$_3$0009机车横向油压减振器安装螺栓紧固螺母松脱

2012年10月3日,HXD$_3$0009机车入库整备作业,检查发现后转向架横向油压减振器(靠近第六位轮对)安装螺栓紧固螺母松脱,从而避免了一起因走行部零部件脱落而引发的行车事故,如图7-30所示。

原因分析:横向油压减振器是连接转向架和车体的一个部件,它同时承受来自转向架和车体之间的拉伸力,起到缓和两者之间相对运动的作用。机车经长期运行后,横向油压减振器安装螺栓受转向架和车体之间周期性拉伸力的影响,导致固定螺栓和紧固螺母间产生微位移,再加之日常机车检查、保养不到位,久而久之,便造成横向油压减振器安装螺栓紧固螺母在运行途中松脱。

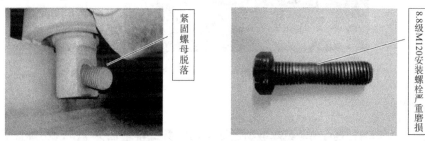

图7-30　HXD$_3$0009机车横向油压减振器安装螺栓紧固螺母松脱

【案例7-9】 SS$_8$0233机车右2位Ⅱ系垂向油压减振器漏油

2018年3月2日,SS$_8$0233机车入库整备作业,检查发现右2位Ⅱ系垂向油压减振器漏油。

原因分析及判断标准:减振器内部骨架油封上方锁紧螺母松动,要求修程及出入库控制减振器质量,发现明显漏油及时更换处理,判断标准如图7-31所示。

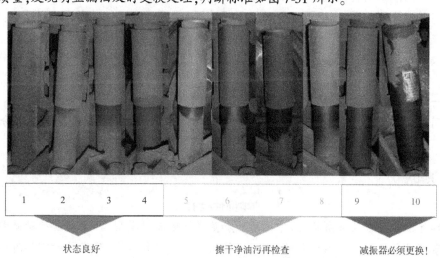

图7-31　SS$_8$0233机车右2位Ⅱ系垂向油压减振器漏油

【案例 7-10】 $HXD_{1D}0545$ 机车左后抗蛇行减振器橡胶关节裂纹

2018 年 9 月 15 日，$HXD_{1D}0545$ 机车左后抗蛇行油压减振器（编号：J3H60-48-01-000865）橡胶关节不良（图 7-32）。

原因分析：油压减振器两端采用橡胶关节结构，橡胶材料特性决定其使用一段时间后会发生自然氧化、老化、龟裂、硬化等现象，加之该减振器在机车上的受力较大，当速度为 0.02m/s 时，阻尼力达到 18kN。在长期运用中，橡胶关节老化甚至开裂。

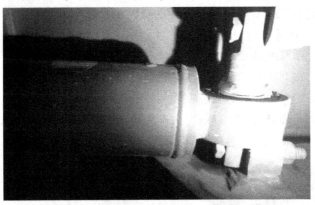

图 7-32　$HXD_{1D}0545$ 机车左后抗蛇行减振器橡胶关节裂纹

任务实施

1. 教师下发学习任务工单（见本教材配套学习任务工单中任务 7.3），明确任务内容，并给出本次任务的实施方法与评价标准。

2. 学生课前研究学习计划、查找相关学习资源，按要求完成预习任务。

3. 教师进行课堂讲解、现场教学或操作演示。

4. 将学生按 5~8 人为限组成若干个学习小组，以小组形式组织讨论、交流。教师全程关注每个小组的学习进程，提出引导性意见，激发学生学习兴趣，提高学生自主学习能力。

5. 完成学习任务后，小组要进行总结汇报演讲，或针对实践技能的掌握进行实作演示，完成模块 2 学习任务工单，学生进行自我评分及小组评分，给出学习任务中的成绩。

6. 教师对学生测试检查或成果展示情况给出评分，并根据学生的自评分、互评分给出综合评分。

想一想

试列表比较 SS_{9G}、HXD_3、HXD_{1D}、FXD_3 四种机型的 Ⅱ 系悬挂装置各组成部分的结构特点。

知识拓展

零部件检验

零部件检验可分为分解检验、中间检验和落成检验三种类型，其中分解检验是指机车被分解成零部件并经过清洗后进行的检验，目的在于根据检验结果，确定被检零部件的分类和修理工作量；中间检验是指零部件在修理过程中进行的检验，目的在于检查经过修理后的零部件是否符合技术要求,避免组装后返工修理;落成检验是指在部件组装和机车总组装后进行的全面检验。

1. 无损检测技术

隐蔽缺陷无损检测是指在不破坏零件或材料的情况下,对其内部缺陷或表面质量直接进行检测,并且效率较高。目前,国际公认的常规无损检测方法有超声波探伤(UT)、射线探伤(RT)、磁粉探伤(MT)、渗透探伤(PT)、涡流探伤(ET)五种。其中,前两种适用于内部缺陷的检测,后三种适用于表面质量的检测。无损检测方法应根据零件材质与结构特性来选择。

1)超声波探伤

超声波探伤的理论基础是声波的传播特性、衰减特性和在界面上的反射及折射规律。利用超声波(20000Hz 以上)通过不同介质的界面(如缺陷或零件底面)产生折射和反射现象,这些现象带有传播路径上的所有信息,通过接收反射回波或穿透波,便可发现工件中的缺陷。有脉冲回波反射法和脉冲穿透法两种,前者由脉冲振荡器发出电压,加在探头上(用压电陶瓷或石英晶片制成的探测元件),探头发出超声波脉冲通过声耦合介质(如机油或水等)进入材料并在其中传播,如遇缺陷,部分反射能量沿原途径返回探头,探头又将其转变为电脉冲,经仪器放大而显示在示波管的荧光屏上。根据缺陷反射波在荧光屏上的位置和幅度(与参考试件中人工缺陷的反射波幅度做比较),即可测定缺陷的位置和大致尺寸。后者用另一探头在工件的另一侧接收信号。超声探伤的灵敏度高、效率高,对人体无害,不足之处是显示缺陷不直观,对缺陷判断不精确。

2)射线探伤

射线探伤的理论基础是射线在工件中的穿透性、衰减性和感光材料的光化学作用或光电作用。探伤用射线在工件中穿过时,强度会逐渐减弱,穿过距离越远,衰减越大。如果在射线穿过的路程上存在缺陷,如气孔、夹杂、裂纹等,相当于在该方向上传播距离减小,相应的强度衰减也小,穿过工件后,射线强度会发生与缺陷有关的强弱变化,用胶片接收这些射线,由于光化学作用,胶片会产生与射线强度有关的明暗差别,从而显示缺陷的存在。

应用最广泛的是射线照相法,用 X 射线或 γ 射线穿透零件,以胶片作为记录信息的器材,适用于绝大多数材质和产品形式,如焊件、铸件、复合材料等。优点是定性定量准确,检测结果直接记录,并可长期保存;不足之处是成本高、时间长,且射线对人体有害。

3)磁粉探伤

磁粉探伤的理论基础是磁力对铁磁性材料的作用。通过对零件施加磁场,使其整体或局部磁化,在零件表面和近表面的缺陷处将有磁力线逸出而形成漏磁场,有磁极存在就能吸附施加在表面上的磁粉,形成聚集磁痕,从而显示出缺陷的存在。主要用来探测磁性材料表面或近表面的缺陷,多用于检测焊缝、铸件或锻件等。

4)渗透探伤

渗透探伤的理论基础是毛细现象。将渗透液喷洒或涂敷在材料表面上,利用液体的毛细作用,渗透液会渗透到表面开口的缺陷中。去除表面残留的渗透液,待干燥后施加显像剂,渗透到缺陷中的渗透液会被吸附出来,聚集在缺陷开口处,通过观察,便可检出缺陷的存在。如果渗透液中带有颜料,如红色,也称为着色渗透探伤,缺陷迹痕显示为红色。可广泛应用于检测大部分非吸收性材料的表面开口缺陷,如钢铁、有色金属、陶瓷及塑料等,对于形状复杂的缺陷也可一次性全面检测,无须额外设备,便于现场使用。不足之处是检测程序烦琐、速度慢,试剂成本较高,灵敏度低于磁粉检测,对于埋藏缺陷或闭合性表面缺陷无法测出。

5）涡流探伤

涡流检测的理论基础是电磁感应。当载有高频电流的检测线圈靠近导电工件时,由于电磁感应,在工件中会感生出涡流,同时,该涡流会向空间辐射反作用电磁场。当工件表面存在缺陷或导电性能变化时,涡流的大小、分布、相位及流动形式等会受到影响,涡流产生的反作用磁场也相应发生变化,进而使检测线圈的阻抗发生变化;通过测定检测线圈阻抗的变化就可检出工件的缺陷及导电性能的差别,可用于导电材料表面或焊缝与堆焊层表面或近表面缺陷的检验。

2. 故障诊断技术

故障诊断技术是一种基于传感器了解和掌握机车运行过程的状态,确定其整机或零部件正常或异常,早期发现故障及其原因,并能预报故障发展趋势的技术,通常包含检测技术、信号处理技术、识别技术和预测技术。机车检修中常用的故障诊断技术有传感器应用、振动诊断技术以及图像识别和诊断技术。目前,机务段一般都建立了机车检测中心,主要进行受电弓及车顶状态、车内电气线路、牵引电机、走行部、轴承、轴温、油水化验等方面的检测。

不同的磨损状态产生不同特征的磨损微粒,并伴有浓度上的变化。光、铁谱作为一种以磨损微粒分析为基础来检测机械摩擦副磨损状态的技术,无须拆卸机械零部件就可提前预警运动部件的磨损状态,进行分析判断和故障预报。这项技术是将摩擦副发生正常磨损或异常磨损所产生的磨粒大小、数量作为信息源,合理应用检测方法,以确认相关部位的磨损程度及零部件的剩余寿命。

复习思考题

1. 轴箱的作用是什么？什么是轴箱定位？对轴箱定位的要求有哪些？
2. 试述 HXD_{1D} 型电力机车轴箱的主要结构组成。
3. 引起机车轴箱发热的原因主要有哪些？
4. 试述轴箱轴承检测的设备与方法。
5. 试述油压减振器的构造及原理。
6. 简述 SS_{9G} 型电力机车Ⅰ系悬挂部件的组成。
7. 电力机车称重调簧的目的是什么？为什么要使轮轴重分配均匀？
8. 比较 SS_{9G}、HXD_3、HXD_{1D} 型电力机车Ⅱ系悬挂装置的异同。
9. HXD_{1D} 型电力机车Ⅱ系悬挂装置调整分哪些方面？
10. 说明"四按三化"记名修的具体含义。
11. 电力机车配件拆卸工作的一般原则和注意事项是什么？
12. 隐蔽缺陷无损检测方法有哪些？检测原理各是什么？

项目 8　轮对驱动装置

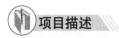

通过转向架实物参观和虚拟检修演示,激发学生对电力机车轮对驱动装置布局的兴趣。通过理论知识讲解和实践技能操作,引导学生掌握轮对、电机悬挂装置、驱动单元的结构组成与检修要求。通过小组 PPT 汇报和提问环节,检测学生对知识的掌握程度。

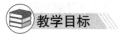

知识目标

1. 掌握 SS_{9G}、HXD_3、HXD_{1D} 型电力机车、FXD_3 型动力车的轮对驱动装置结构组成。
2. 掌握 SS_{9G}、HXD_3、HXD_{1D} 型电力机车、FXD_3 型动力车的轮对驱动装置检修要求。
3. 了解零部件修复方法、故障率曲线、检修技术指标。

技能目标

1. 能说出轮对驱动装置各组成部分的名称与作用。
2. 会对轮对驱动装置进行整备检查作业。

素质目标

1. 培养敬业爱岗、遵章守纪、乐于奉献的职业道德。
2. 养成精检细修、严守操作规程的工匠精神。

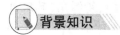

一、概述

轮对驱动装置主要由轮对、电机悬挂装置、驱动单元等部分组成。

轮对是转向架最重要的关键部件,它直接关系到行车安全,一般由车轮、车轴和传动大齿轮(从动齿轮)组成。机车的全部垂直静载荷均通过它传递给钢轨;牵引电机所产生的转矩也是通过它作用于钢轨产生牵引力;在机车运行时,还要承受来自钢轨接头、道岔、曲线通过以及线路不平顺时的动作用力;另外,轮对在组装过程中会产生很大的组装应力。因此,轮对的受力既复杂又很严重,对轮对的维护保养应给予高度重视。

牵引电机在机车上的安装称为电机悬挂,驱动单元是实现从牵引电机到轮轴功率、转矩传递的装置。电机悬挂方式与驱动单元有着密不可分的关系,不同的悬挂方式,驱动单元结构也不尽相同,而齿轮传动几乎是现代电力机车驱动单元采用的唯一形式。

二、车轮结构

机车车轮按结构组成可分为带箍车轮(非整体轮)和整体车轮两种结构形式。

(1)带箍车轮由轮心与轮箍组成,轮心是车轮的主体,外周装设轮箍,中心安设车轴。轮心上和车轴压装的部分称为轮毂;和轮箍套装的部分称为轮辋;轮毂与轮辋之间的部分称为轮辐。轮心用优质钢铸成整体后,经退火和正火等热处理方法消除内应力。轮心按轮辐形式的不同,可分为辐板式轮心、辐条式轮心、箱式辐板轮心;按是否压装传动大齿轮,可分为长毂轮心、短毂轮心。轮箍外形是一个带凸缘的圆环,是车轮直接在钢轨上滚动运行的部分。

(2)整体车轮是将轮心和轮箍制成一个整体。随着机车速度的不断提高,为克服带箍车轮在运用中的缺陷,电力机车现已广泛采用碾钢整体车轮,其原因为:①机车运行速度大幅度提高后,车轮高速转动时的离心力对轮箍所产生的应力往往有可能破坏轮箍的结合强度;②随着塑料闸瓦的使用推广,闸瓦传热散热不良将引起制动时轮箍温升过高,发生轮箍迟缓;③对某些采用空心轴传动的牵引电机全悬挂机车,轮心辐板要开设穿入连杆轴销或空心轴拐臂的孔,辐板强度被削弱,难以保证轮箍与轮心的配合强度。

三、车轮外形

车轮外形分为轮缘和踏面两部分,其中车轮与钢轨内侧面接触的凸缘部分,称为轮缘;与钢轨顶部接触的外表面,即车轮在钢轨上滚动的部分,称为踏面。无论是整体车轮,还是带箍车轮,其外形尺寸必须按有关标准加工,加工后用标准样板进行检查。为保证轮对在钢轨上平稳运行,顺利通过曲线,降低轮缘及踏面磨耗,延长旋轮里程,应使轮缘和踏面保持合理的几何形状。

1. 标准锥形踏面

标准锥形踏面是指按《机车车辆车轮轮缘踏面外形》(TB/T 449—2016)规定的尺寸加工后,轮缘厚度(从距轮缘顶部 18 处测量)33mm;轮缘高度 28mm;轮箍宽度 140mm;车轮名义直径(距轮缘内侧面 73mm 处的圆周)1250mm(新轮)、1200mm(半磨耗);轮缘角(轮缘外侧面与水平面的角度)65°;踏面有 1:20 和 1:10 两段斜面;轮缘内侧有 $R16$ 的倒角,以便引导车轮顺利通过护轮轨,如图 8-1 所示。

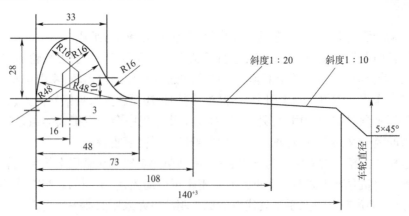

图 8-1 标准锥形踏面

车轮踏面制成 1:20 和 1:10 斜度而成圆锥形的原因:

(1)机车在曲线上运行时,外轮沿外轨走行的距离大于内轮沿内轨走行的距离。由于内外轮固装在同一根轴上,如果两轮踏面皆为圆柱形,势必引起内轮向后或外轮向前滑行。

(2)如果踏面具有锥度,则曲线通过时,轮对因离心力的作用往往贴靠外轨,外轮与外轨接触面的直径必然大于内轮与内轨接触面的直径,就减少乃至避免了车轮的纵向滑行。

(3)机车在直线上运行时,踏面锥度有使轮对自动滑向轨道中心的倾向,形成轮对的蛇行运动,防止轮缘单靠、偏磨,有利于整个踏面磨耗均匀。但随着机车运行速度的提高,踏面锥度会引起蛇行运动加剧,影响机车的横向稳定性及运行品质,因此,踏面斜度不宜过大。

(4)踏面锥度使之与轨面接触面减少,降低了摩擦阻力。

(5)斜度 1:20 的踏面经常与钢轨顶面接触,磨耗较快,易使踏面形成凹陷。当机车进入道岔或小曲线半径弯道时,轮对可能产生剧烈跳动,甚至脱轨。为确保行车安全,在 1:20 斜度的外侧制作一段 1:10 斜度的斜面,使踏面磨耗到一定程度时安全通过道岔。

2. 低斜度锥形踏面

高速列车多采用 1:40 低斜度的锥形踏面,有助于提高转向架的蛇行临界速度,以改善机车高速运行时的稳定性。但应注意,踏面磨耗后,斜率显著增大,需及时旋轮,尽量保持踏面原有外形。

3. JM 磨耗型踏面

一般情况下,锥形踏面与钢轨在狭小的接触面上产生较大的局部磨耗,使踏面呈现凹形。但踏面达到某种凹形程度后,外形便相对稳定,磨耗变慢。如果事先将踏面外形设计成凹形,则轮轨接触一开始就比较稳定,磨耗较慢。这就是近年来世界各国广泛采用的磨耗型踏面,如图 8-2 所示。

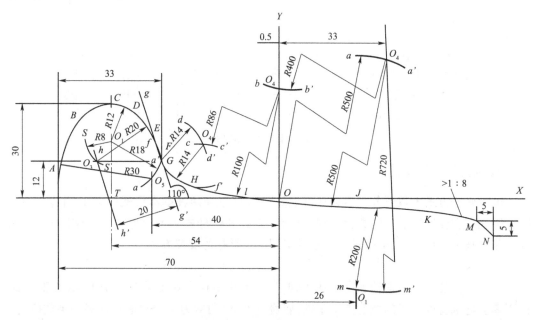

图 8-2 JM 磨耗型踏面

在直线上踏面与圆弧形轨头接触部分不是锥面而是圆弧形的凹面,轨头表面圆弧半径通常为 $R300$,踏面圆弧半径宜为 $R500$ 左右,这两个圆弧半径相差不宜过大,否则踏面的等效斜率过大。在锥形踏面的轮缘根部与踏面连接处有一段小圆弧 $R14 \sim R16$,磨耗型踏面在此小圆弧与踏面连接处加了一段 $R100$ 左右的过渡圆弧,该段过渡圆弧避免了踏面和轮缘与钢轨的两点接触。

优点：①延长了镟轮里程，减少了镟轮时的车削量；②在同样的轴重下，接触面积增大，接触应力较小，在同样的接触应力下，容许更大的轴重；③减少了曲线上的轮缘磨耗（轮轨间一点接触）；④减少了踏面磨耗（踏面与轨头接触面积较大、磨耗带较宽）。

缺点：等效斜率较大，对机车蛇行稳定性不利。为此，对于速度较高的机车，必须采取相应的措施来保证机车具有足够的运行稳定性。

四、车轴

车轴用车轴钢锻制而成，大致分为轴颈、轮座、抱轴颈和中央部（轴身），车轮及从动齿轮安装在车轴相应的轮座上，其材料必须符合《机车车轴技术条件》（TB/T 1027—91）的规定。

由于车轴所受的主要应力都是交变的，所以多数车轴的折损是由于疲劳裂纹引起的。机车在运行中，车轴受到较大的交变载荷、牵引力、侧压力以及各种复杂的动载荷等，所以除保证有足够的强度外，还应尽可能地减少车轴各载面上的应力集中。为此在设计时，相邻部位两轴颈之比 D/d 不大于 1.12，任意两个相邻轴肩处，均采用圆弧过渡，其半径选择尽可能大些。为了提高车轴的抗疲劳强度，在轴颈和大圆角处均采用滚压加工，如图 8-3 所示。

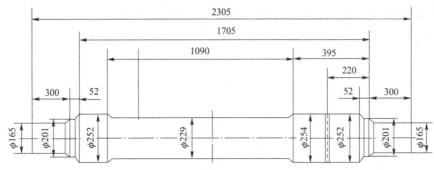

图 8-3　机车车轴结构图

五、电机悬挂方式

电机悬挂方式大致可分为半悬挂（轴悬式）和全悬挂两种基本形式。其中，半悬挂又有刚性轴悬式和弹性轴悬式两类，全悬挂又有架悬式和体悬式两类。为减小动作用力对电机及线路的破坏作用，牵引电机悬挂一般都采用弹性悬挂的安装方法。

1. 轴悬式

牵引电机的一端用抱轴承支承在车轴，另一端用吊杆方式支承在构架上，故称轴悬式。由于牵引电机将近一半的载荷支于车轴，属簧下重量（通常为 4~5t/轴），而另一半载荷支于构架，属簧上重量，又称半悬挂。轴悬式有刚性轴悬式和弹性轴悬式两种形式。

牵引电机的一端（又名抱轴端）经抱轴瓦（滑动轴承）或抱轴箱（滚动轴承）刚性地支承在车轴的抱轴颈上，另一端（又名悬挂端）弹性地悬挂在转向架构架的横梁上，称为刚性轴悬式，如图 8-4 所示。

牵引电机的抱轴端经抱轴承支承在车轴外面套装的空心轴上，从动大齿轮固装在空心轴的端部，空心轴的两端再通过弹性元件支承在轮心上，悬挂端弹性地悬挂在转向架构架的横梁上。牵引电机力矩通过从动大齿轮、空心轴、弹性元件传至轮对,装在轮心上的弹性元件既要支承重量(牵引电机约一半的重量+空心轴重量+从动大齿轮重量),又要传递牵引力矩。尽管牵引电机约一半的重量还是支承在轮对上,但中间经过了弹性元件过渡,故称为弹性轴悬式,如图8-5所示。

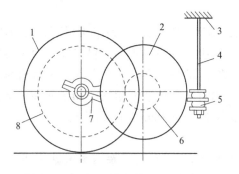 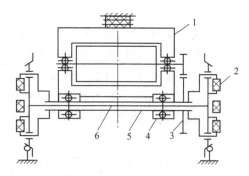

图8-4 刚性轴悬式示意图

1-车轮;2-牵引电机;3-构架;4-吊杆;5-悬挂端;6-小齿轮;7-抱轴端;8-大齿轮

图8-5 弹性轴悬式结构示意图

1-牵引电机;2-弹性元件;3-大齿轮;4-抱轴承;5-空心轴;6-车轴

法国68000系列电传动内燃机车的牵引电机采用弹性轴悬式结构,如图8-6所示。大齿轮刚性固结于空心轴上,并通过驱动盘来带动固定于轮心上的装有橡胶元件的盒来驱动轮对。这种结构可使橡胶元件得到良好的通风,避免橡胶因过热而过早老化。在我国机车上还未采用过弹性轴悬式的悬挂结构。

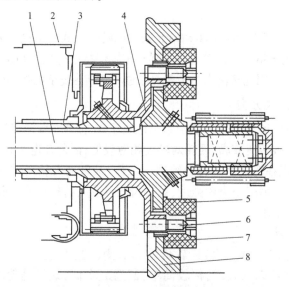

图8-6 弹性轴悬式结构组成

1-车轴;2-牵引电机;3-空心轴;4-驱动轴;5-固定于车轮上的盒;6-驱动销;7-橡胶垫;8-动轮

轴悬式的优点是结构简单、工作可靠、制造成本低、维修方便,为各国电力机车所广泛采用。缺点是簧下重量大,轮轨动载荷大;因来自线路的冲击,电机的垂向加速度大,造成零部件和绝缘过早损坏,电机故障率较高,在机车速度增高时越发明显。轴悬式只能适用在最大运行速度不超过120km/h的中、低速机车上。

2. 架悬式

对于速度较高的客运机车,为使高速运行时轮轨垂向作用力不致过大,以免引起轨道的损坏,必须设法减轻簧下重量(通常为 2～3t/轴),而减轻簧下重量最有效的措施是把牵引电机固装在构架上,其重量全部支承在Ⅰ系弹簧之上,故称架悬式,属于全悬挂的一种形式。

架悬式的优点是牵引电机、大齿轮、齿轮箱全部是簧上重量,因而簧下重量可大大减小,有利于机车的高速运行;因线路不平顺和各种冲击所引起的轮对垂向和横向作用力不会直接传到牵引电机和齿轮,电机工作条件大为改善,故障率减小,工作寿命延长。并且机车速度越高,其优点越明显。缺点是牵引电机输出端至轮对之间传递力矩的驱动单元装置结构复杂、制造成本高。架悬式可适用在最大运行速度为 140～200km/h 的机车上。

3. 体悬式

对于最大运行速度超过 200～250km/h 的高速机车,为减轻转向架构架重量,以提高转向架的蛇行稳定性,进一步改善动力学性能,把牵引电机的全部或大部固装在车体底架上,使其成为Ⅱ系弹簧以上的重量,这种全悬挂方式称为体悬式,属于全悬挂的另一种形式。

体悬式的优点是簧下重量小,转向架重量及转动惯量大为减小,因而转向架蛇行稳定性好,机车蛇行临界速度高,同时对减轻轮轨的垂向及横向动载荷也有所帮助,适用于高速机车。缺点是牵引电机输出端至轮对之间传递力矩的驱动装置比架悬式的结构更复杂、制造成本更高。

六、驱动单元

齿轮传动几乎是现代电力机车驱动单元采用的唯一形式。不论架悬式或体悬式,在机车运行过程中,牵引电机电枢轴不像轴悬式那样与车轴保持平行且中心距不变,它相对于车轴总要发生各个方向的位移,因此其输出力矩需要通过一套结构复杂的弹性驱动装置传到车轴。

(一) 齿轮传动方式分类

安装在车轴上的从动大齿轮与位于牵引电机上的主动小齿轮齿数之比,称为牵引齿轮传动比。由于牵引电机转速较高,而轮对转速相对较低,因此在电力机车上都是减速齿轮传动,既可保持牵引电机在高效率的转速范围内工作,又可加大轮对的转矩,使机车在相同速度下充分发挥牵引力。因受小齿轮强度、最小齿数以及大齿轮尺寸(机车车辆限界)的限制,牵引齿轮传动比一般小于 5。

1. 单侧与双侧传动

根据齿轮数量,分为单侧(边)齿轮传动和双侧(边)齿轮传动。单侧齿轮传动:优点是牵引电机轴向尺寸可以加大,结构较简单,制造成本低;缺点是轮对受到偏于一侧的驱动力,左右车轮的受力不同。双侧齿轮传动:优点是轮对同时受到相同的驱动力,左右车轮受力均衡,有利于提高运行品质;缺点是牵引电机轴向尺寸受到限制,结构较复杂,制造成本高。

2. 直齿与斜齿传动

根据齿轮种类,分为斜齿圆柱齿轮传动和直齿圆柱齿轮传动。单侧齿轮传动一般用直齿(不用斜齿);双侧齿轮传动一般用斜齿(不用直齿),并且同轴齿轮的旋向相反。这是因为直齿轮在啮合传动时,其啮合力作用于齿轮的切向;斜齿轮在啮合传动时,其啮合力沿着轮齿的法向(垂直于齿斜方向),不仅有切向分力,而且有较大的轴向分力。

3. 弹性与刚性传动

根据大齿轮轮心结构,分为弹性齿轮传动和刚性齿轮传动。大齿轮分为齿圈和齿轮心两部分,两者若用弹簧或橡胶弹性地组装在一起,则为弹性齿轮;大齿轮轮心若制成刚性结构,则为刚性齿轮。至于小齿轮,一般都是刚性的。弹性齿轮传动:优点是改善了沿齿宽方向的应力分布,缓和来自钢轨的冲击,啮合力的传递比较柔和,改善了牵引电机的工作条件;缺点是增加了齿轮结构的复杂性,制造成本高。刚性齿轮传动:优点是结构简单,制造维修成本低;缺点是啮合条件差,齿轮磨损大,传动冲击大,对牵引电机不利。

(二)弹性驱动装置类型

牵引电机悬挂采用架悬式时,由于电机固装在转向架构架上,从动大齿轮固装在车轴上,而构架与轮对的振动规律又不一致,因此,齿轮啮合的可靠性问题就成了该种悬挂方式的技术难题,采用弹性驱动装置是解决此难题的有效方法。

按弹性联轴器的位置布置,弹性驱动装置的结构类型有以下3种。

(1)轮对空心轴一级弹性驱动装置

弹性联轴器连接空心轴和车轮,空心轴套在车轴外面,大齿轮固装在空心轴的端部,大齿轮的扭矩由空心轴的两端经弹性联轴器传至左右车轮,如图8-7所示。

(2)轮对空心轴两级弹性驱动装置

弹性联轴器Ⅰ连接大齿轮和空心传动轴的一端,弹性联轴器Ⅱ连接空心传动轴的另一端和主动车轮。大齿轮的扭矩由弹性联轴器Ⅰ驱动空心传动轴,空心传动轴的另一端经弹性联轴器Ⅱ把扭矩传给主动车轮,再通过车轴传至从动车轮,如图8-8所示。

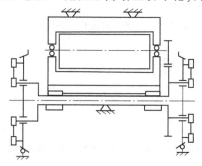

图8-7 轮对空心轴一级弹性驱动装置示意图

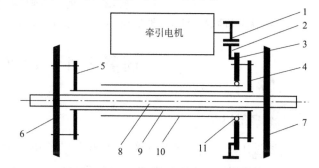

图8-8 轮对空心轴两级弹性驱动装置示意图
1-牵引电机小齿轮;2-从动大齿轮齿圈;3-从动大齿轮齿心;4-弹性联轴器Ⅰ;5-弹性联轴器Ⅱ;6-主动车轮;7-从动车轮;8-车轴;9-空心传动轴;10-固定空心轴套;11-传动轴承

(3)电机空心轴驱动装置

弹性联轴器连接扭轴端部和小齿轮,扭轴伸进电机的空心电枢轴内,扭轴另一端通过齿形联轴器与空心电枢轴相连,图8-9所示为电机空心轴全悬挂传动原理,牵引电机的扭矩经空心电枢轴、齿形联结器、扭轴、弹性联轴器、小齿轮、大齿轮传至轮对。图8-10所示为电机空心轴驱动装置在SS_5型电力机车上的应用实例。

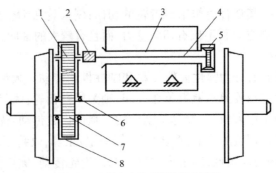

图 8-9 电机空心轴全悬挂传动原理

1-小齿轮；2-弹性联轴器；3-空心电枢轴；4-扭轴；5-齿形联结器；6-滚动轴承；7-大齿轮；8-齿轮箱

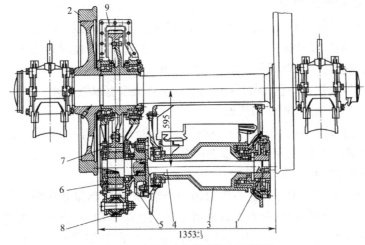

图 8-10 电机空心轴驱动装置应用实例

1-齿形联结器；2-轮对；3-电机空心轴；4-传动轴；5-弹性联轴器；6-小齿轮；7-大齿轮；8-齿轮箱吊杆；9-齿轮箱

任务 8.1　轮对检修

任务描述

通过认知 SS_{9G}、HXD_3、HXD_{1D} 型电力机车和 FXD_3 型动力车的轮对结构组成，熟练掌握电力机车车轮、车轴各组成部分的名称与作用，培养团结协作意识，为后续任务的学习打下基础。

知识准备

一、SS_{9G} 型电力机车轮对

SS_{9G} 型电力机车轮对由主动车轮、车轴、从动车轮组成，如图 8-11 所示。主、从动车轮采用整体辗钢车轮加工而成，车轴用 35CrMoA 高强度合金钢锻制而成，粗加工后进行调质热处理，以提高车轴的机械性能。车轴主要分轴颈、轮座和轴身 3 部分，轴肩圆弧过渡部分和轮座处的表面进行滚压强化处理。

1. 主、从动车轮

车轮粗加工完后需进行超声波探伤检查，确定无不良内部缺陷后再进行精加工和表面磁粉探伤，并做静平衡试验。车轮的机械性能见表8-1。

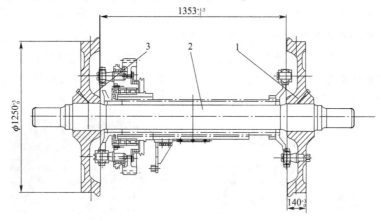

图8-11 SS$_{9G}$型电力机车轮对

1-主动车轮；2-车轴；3-从动车轮

车轮的机械性能 表8-1

抗拉强度 (MPa)	延伸率 (%)	断面收缩率 (%)	轮辋硬度(HB)				辐板冲击值(kJ)	
			踏面下 30mm处	轮辋 硬度差	轮辋 表面硬度	轮缘中部 硬度	20℃	-60℃
900～1050	≥13	≥14	269～320	≤20	≥269	≤321	≥20	≥8

为便于压装和退轮，在车轮轮座(轮毂)部位设有注油孔和注油槽。压装或退轮时用高压油泵向注油孔内注入高压油，不但可降低压入或退出车轮的吨位，更重要的是可避免配合表面被拉伤。车轮踏面形状采用JM3型磨耗型踏面，以减少机车运行时的车轮踏面磨损。

2. 车轮与车轴组装

车轮与车轴组装时采用注油压装，压装过程中允许注油压力在98～147MPa规定的范围内波动，对应的压力曲线也允许同步波动，但压入力最大不允许超过未注油时的压入力，压装终止时的压入力须在196kN以下。未注油时合格的压力曲线为压入力逐渐上升，过油槽时允许压入力下降。当轮对压装后若不是因注油油压超过规定范围而导致退轮，则注油退轮后，轮或轴经过处理后允许原轮与原轴重新组装。轮对压装后不限停留时间，允许自由调整轮对内侧距离。压装过程中允许压力机中途停顿。轮对压装后应检验压装压力曲线、注油油压和轮对电阻，不符合相关技术条件者不许装车。

车轮与车轴组装允许热装，但车轮的加热温度和热装过盈量必须控制在要求的范围之内，温度不得超过250℃。热装前车轮和车轴装配表面必须清洁，在热套15h后应逐个进行车轮反压检验，反压检验压力应逐渐平稳增加，反压力的最小值应达到标准值的最小值，不允许车轮在车轴上发生任何移动。

轮对组装完后应在车轮注油孔上装上螺栓，保护孔道。轮对组装完后应检查同一轮对两滚动圆直径之差不大于 0.5mm，同一转向架轮对彼此直径之差不大于 1mm，加工后轮辋宽度不小于 140mm。轮对电阻检验不应超过 0.01Ω。

二、HXD₃ 电力型机车轮对

HXD₃ 型电力机车轮对由车轮装配、车轴、驱动装置组成，如图 8-12 所示，采用注油压装方式将车轮组装到车轴的轮座上，车轮拆卸时仍通过轮毂上的高压油孔注油退下。从动齿轮直接套在车轴上，滚动抱轴箱在车轮压装前装配到车轴上，并调整好轴承游隙。车轮装配包括整体车轮和摩擦制动盘组装，如图 8-13 所示，整体车轮采用进口整体辗钢轮，车轮踏面为标准规定的 JM3 磨耗型踏面，制动盘采用进口 KNORR 公司制动盘。

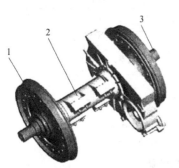 

图 8-12　HXD₃ 型电力机车轮对　　　　图 8-13　HXD₃ 型电力机车车轮装配
1-车轮装配；2-驱动装置；3-车轴

三、HXD₁D 型电力机车轮对

HXD₁D 型电力机车每个转向架安装 3 个轮对，作用为将静态力和动态力在车体与轨道之间进行传递，特别是驱动单元的牵引力以及制动装置的制动力，还将所有回流电流从车体传递到钢轨，如图 8-14 所示。HXD₁D 型电力机车转向架的一、三位轮对装配包括两个车轮、一根车轴、一个接地功能单元、两个Ⅰ系悬挂功能部件、一个速度传感器，二位轮对装配包括两个车轮、一根车轴、一个接地功能单元、一个速度传感器。

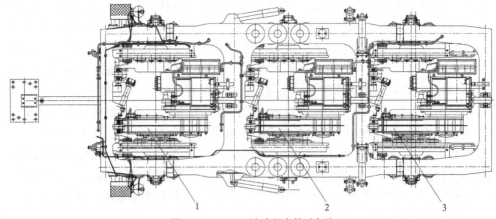

图 8-14　HXD₁D 型电力机车轮对布置
1-轮对 1；2-轮对 2；3-轮对 3

图 8-15 所示为 HXD_{1D} 型电力机车轮对示意图,车轮与车轴组装前,车轮、车轴应检查合格并符合有关技术要求,组装时可采用注油压装,保证轮轴间的过盈量为 0.270~0.327mm,轮对压装须符合《机车轮对组装技术条件》(TB/T 1463—2015)的要求,压装完后须进行反压试验的抽检,反压力须符合《机车轮对组装技术条件》(TB/T 1463—2015)的规定。轮轴组装也可以采用热套装,轮轴过盈量为 0.25~0.30mm,车轮加热温度不超过 250℃。在轮对组装 15h 后进行反压试验:反压力为 1368kN,持续时间应大于或等于 30s。另外,车轮装配包括整体车轮和摩擦制动盘组装,整体车轮采用进口整体辗钢轮,车轮踏面为 JM3 磨耗型踏面,制动盘采用进口 KNORR 公司制动盘。

图 8-15 HXD_{1D} 型电力机车轮对示意图
1-车轮;2-车轴

四、FXD_3 型动力车轮对

轮对主要由车轴、车轮、制动盘等组成(图 8-16),其中件 1 车轮(一)与空心轴传动装置连接。车轮为整体辗钢车轮,材料采用符合《交流传动机车车轮暂行技术条件》(TJ/J W038—2014)的 ER9 合金钢,踏面为 JM3 踏面(图 8-17),减少轮缘磨耗,提高车轮的使用寿命,车轮与车轴过盈配合,配合过盈量为 0.225~0.295mm。车轮残余静不平衡值应不大于 50g·m。制动盘采用铸钢盘。车轴材料采用符合欧洲标准《轮对和转向架——车轴性能》(EN 13261)的 EA4T 级别。

在运用中,检查轮对状态,踏面无剥离,轮缘无裂纹。

图 8-16 FXD_3 型动力车轮对示意图
1-车轮(一);2-车轴;3-KNORR 制动盘;4-车轮(二)

检查车轮踏面磨耗状态,轮缘垂直磨耗高度不超过 18mm,轮缘厚度在距踏面滚动圆向上 10mm 处测量不小于 23mm。踏面擦伤深度不大于 0.7mm;踏面磨耗深度不大于 7mm。当磨耗达到限度时,车轮踏面应重新镟轮。

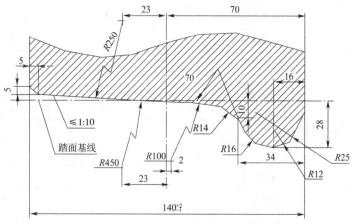

图 8-17 JM3 磨耗型踏面

五、SS_{9G}型电力机车轮对中修要求

1. 车轴及整体车轮中修技术要求

（1）车轴轴身、轴颈及轮座处不许有裂纹，磁探、超探须符合要求。

（2）轮辋不许有裂纹。侧面的圆周向裂纹可用半圆铲铲除，内外侧铲沟深度不许超限。轮缘部位不许有铲沟。同一断面的铲沟不许超过两处。

（3）轮辋宽度、轮辋厚度、轮缘厚度符合限度规定，踏面的磨耗深度、擦伤、缺陷及轮缘的垂直磨耗均不许超限。踏面旋削后，用样板检查，踏面偏差、轮缘高度、轮缘厚度须符合限度表规定。滚动圆直径及直径差须符合限度要求。

（4）车轴禁止焊修。

（5）轮对内侧距须符合限度要求。

2. 热装轮箍技术要求

（1）轮箍内径配合面不许有裂纹。

（2）轮辋外径配合面的圆度不大于0.25mm，圆柱度不大于0.1mm。

（3）轮箍紧余量按轮辋外径计算，每1000mm的轮辋直径的紧余量为1.2~1.5mm。

（4）轮箍加垫的厚度不许超过1.5mm，垫板不多于一层，总数不多于4块，相邻两块间的距离不大于10mm。轮箍厚度小于45mm时不许加垫。

（5）轮箍内侧面与轴端面距离差及轮箍内侧距离须符合限度表规定。

3. 主要限度

SS_{9G}型电力机车轮对主要限度见表8-2。

SS_{9G}型电力机车轮对主要限度（单位：mm）　　　　表8-2

序号	名称		原形	限度	
				中修	禁用
1	车轴轴颈直径		$\phi 160^{+0.052}_{+0.027}$	$\geqslant \phi 158.27$	
2	车轴端面磨耗量		0	$\leqslant 1$	
3	滚动圆直径（轮径）		$\phi 1250$	$\geqslant \phi 1190$	$\leqslant \phi 1150$
4	轮辋宽度		140^{+3}_{0}	$\geqslant 136$	
5	轮对内侧距离		$1353^{+1.5}_{-1}$	$1353^{+1.5}_{-1}$	
6	同轴轮对内侧距离差		$\leqslant 1$	$\leqslant 1$	
7	滚动圆直径差	同一轴	$\leqslant 0.5$	$\leqslant 1$	$\geqslant 2$
		同一转向架	$\leqslant 1$	$\leqslant 2$	$\geqslant 3$
		同一机车	$\leqslant 1$	2	$\geqslant 4$
8	轮缘厚度		34	$\geqslant 33.5$	$\leqslant 24$
9	轮缘高度		28^{0}_{-1}	$\geqslant 27$	
10	踏面偏差		$\leqslant 0.5$	$\leqslant 0.5$	

续上表

序 号	名 称	原 形	限 度	
			中修	禁用
11	踏面	擦伤深度		≥0.7
		磨耗深度		≥7
		缺陷(空眼、剥离等)		≥深1×长40

六、SS_{9G}型电力机车轮对中修工艺

1. 工装设备

工装设备有不落轮对车床、车轮车床、超声波探伤仪、电磁探伤器、角磨机、检查器(图8-18、图8-19)、轮径专用量具、内侧距尺(图8-20、图8-21)、锥度量规。

图8-18 检查器(一)

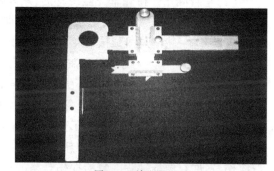

图8-19 检查器(二)

图8-20 内侧距尺(一)

图8-21 内侧距尺(二)

2. 工艺要点

1) 车轮检修

(1) 目视检查轮心与车轴的配合状态,不许有位移和松动现象。按探伤范围对车轮各部进行超探和磁探,不得有超标缺陷。

(2) 在车轮车床上镟修车轮。吊装时,不得碰伤轴端面及轴中心孔。镟修时,允许在轮辋的内侧面上有两处总长度不超过400mm,每处长度不超过200mm,深度不超过1mm的黑皮。在轮缘的外侧面上由轮缘顶部量起,在10~18mm范围内,允许留有深度不超过2mm,宽度不超过5mm的黑皮。镟完后,应使用踏面外形样板、轮径专用量具对车轮进行检查,其踏面偏差、轮缘高度、轮缘厚度、轮径符合限度规定,且两轮轮径差不得超限;用轮箍内侧距

尺测量轮辋内侧距离,须符合限度。

2) 车轴检修

(1) 先外观检查车轴轴端中心孔、螺纹孔,轴端面不得有明显的擦伤及碰伤,螺纹孔螺纹应良好,中心孔不良及端面拉伤影响探伤的可在镗床上锪修,锪修后表面粗糙度 R_a 应不高于 $3.2\mu m$,最大锪修量每端不得大于 1mm,端面锪修后需重新打原轴号钢印。

(2) 检查轴颈状态及尺寸,轴颈不得拉伤、碰伤或裂纹,否则更换新品。用电磁探伤仪器对车轴可见部分进行探伤,并予以记录,有横向裂纹者更新。用超声波探伤仪对车轴进行探伤,并予以记录,有裂纹者更新。

3) 更换轮箍

(1) 退箍。将必须更换轮箍的轮对吊放到轮箍加热器上,加热至退出轮箍,加热温度不得超过 330℃。

(2) 检查测量。待轮辋完全冷却后,用外径千分尺测量轮辋,其外径、锥度及圆度须符合限度要求,并不准有"倒锥",记录测量数据,同时测量两轮辋之间的距离及轮辋宽度。上述尺寸需经复核,轮箍过盈量按 1.4~1.8mm 计算。

(3) 轮箍加工及探伤检查。在立式车床上锪削毛坯箍的内侧面,并加工内径尺寸及轮箍挡不小于 10mm;圆度与锥度不大于 0.25mm,锪削卡环槽(深 10 + 0.2、宽 10.4 + 0.1)。用电磁探伤检查轮箍内径面及内外侧面。内径面不得有裂纹、黑皮和夹渣。内外侧面不得有横向裂纹,圆周向裂纹,对外侧面不大于 7mm、内侧面不大于 3mm 的裂纹,允许用角磨机打磨消除。同一侧面上的铲沟不许超过两处,且轮缘部不得有铲沟。然后用超探仪对轮箍进行探伤,不许有超标缺陷。复检探伤合格的轮箍各部加工尺寸及过盈量,做好记录。

(4) 套箍。经检查确认相配轮辋轮箍尺寸无误后,将合格轮箍吊入轮箍加热器中进行均匀加热(不均匀性不大于 15℃),且温度不得超过 330℃。加热至 250~300℃时,停止加热。用天车吊起加热的轮箍放在废旧轮箍上,清扫被装用的轮箍及相配的轮辋镶入面,然后吊装入轮心。装好的轮箍应自然冷却,不许进行强迫冷却。装箍时环境温度不得低于 5℃。轮箍冷却后,用检点锤检查紧固状态。同时检查轮箍挡间隙,不得大于 0.5mm 的贯通间隙。装好卡环,卡环与轮辋侧面允许有不大于 0.5mm 的间隙,合口间隙不大于 10mm,电焊焊接,轮箍上严禁点焊。

(5) 锪箍。将套装好的轮箍按车轮锪修工艺锪修外形尺寸,使各部符合限度要求。

(6) 打标记。轮对检修好后,由专职人员对其检查合格。对轴颈、抱轴颈、轴身等部位进行防锈保护,按要求进行油漆并刷防缓标记:轮心内外侧面涂红漆、轮箍外侧面涂白漆、轮辋与轮箍之间过渡连接部分沿圆周等分涂三道 25(宽)mm × 40(长)mm 的黄色防缓标记(注:标记必须连贯)。

七、HXD_{1D} 型电力机车轮对定检修程检查

1. C1、C2 修检查要求

外观检查、轮对无异常。车轮轮辋进行超声波探伤检查,不许有超标缺陷。测量轮对踏面磨耗、轮缘厚度须符合技术要求。车轮踏面应符合下列要求:车轮踏面擦伤深度不超过 0.7mm;车轮踏面上的缺陷或剥离长度不超过 40mm,深度不超过 1mm;车轮踏面磨耗深度不

超过7mm;轮缘的垂直磨耗高度不超过18mm。

2. C4修检查要求

轮对尺寸超限、探伤缺陷超标及其他需要轮对解体检修时,按相关技术要求执行。轮对内侧距需符合限度要求。C1~C4修时对轮辋进行超声波探伤检查。

3. 限度要求

HXD_{1D}型电力机车轮对主要限度见表8-3。

HXD_{1D}型电力机车轮对主要限度(单位:mm)　　　　表8-3

序号	名称		原形	限度	
				C4修	禁用
1	滚动圆直径		φ1250		φ1150
2	轮缘高度		28_{-1}^{0}		<27
3	轮缘厚度		34		<23
4	轮辋宽度		140±1		
5	轮径差	同一轴	≤0.5	≤1*	>2
		同一转向架	≤1	≤4*	>10
		同一机车	≤2	≤8*	>20
6	轮对内侧距		$1353_{-1}^{+0.5}$	1353±3	<1350 或 >1356

注:表中数字带"*"者,指参考值,可不作检验依据。

八、轮对常见故障分析及处理

1. 车轮

1)轮缘

(1)故障形式:偏磨、厚度到限。

(2)产生原因:列车提速、弯道多、曲线半径小、新钢轨、转向架结构性缺陷。

(3)处理方法:①机车加装轮缘润滑装置(轮缘喷油器、干式润滑条);②小辅修时,加强检查测量。发现尺寸不符合要求的,使用不落轮车床镟修轮缘(也称"光刀")或落修更换轮对。

2)踏面

(1)故障形式:剥离、擦伤、内部缺陷、非正常磨耗导致轮箍厚度到限(图8-22)。

a) 剥离　　　　　b) 擦伤　　　　　c) 内部缺陷

图8-22 车轮踏面常见的故障形式

(2)产生原因:列车紧急制动、停车制动装置未缓解、闸瓦材质、间隙过小、司机操作不当。

(3)处理方法:①机车加装轮缘润滑装置(轮喷、干式润滑条);②小辅修时,加强检查测量。在踏面到限之前,使用不落轮车床镟修踏面(也称"光刀")。镟削前,先测量各轮对轮缘和踏面磨耗情况,选择磨耗最大的轮对首先镟削,以其镟削后尺寸作为其他轮对镟削的依据。轮箍外形镟削后,其外形用样板检查其偏差;③踏面磨耗到限,随时落修更换轮箍;④机车中修时,轮箍厚度不足65mm,更换新箍。

3)轮箍

(1)故障形式:弛缓(抱松)、崩裂(崩箍)。

(2)产生原因:①组装时过盈量选配不当(过盈量太小,组装配合压力不足,造成轮箍弛缓甚至脱落;过盈量太大,组装配合压力过大,造成轮箍崩裂);②轮箍长时间过热;③司机操纵不当。

(3)处理方法:①检修时加强轮箍探伤(超声波探伤+表面磁粉探伤);②换箍时,正确选配过盈量,一般为配合直径的1‰~1.5‰(1.4~1.8mm);③机车出库前检查轮箍防缓标记,并注意松开手闸。运用机车,由于轮箍较薄或因机车乘务员操纵不当,可能发生轮箍弛缓现象。如果第一次弛缓,弛缓长度不超过200mm,且轮箍挡边无毛刺时,允许重新标记弛缓线继续使用;④运行中注意小闸位置,并减少紧急制动使用频率。

4)轮心

(1)故障形式:裂损、轮辋外翻边、轮辋裂纹等(图8-23)。

(2)产生原因:铸造缺陷。

a)轮辋外翻边　　　　b)轮辋裂纹

图8-23　轮心常见的故障形式

(3)处理方法:①检修时加强轮心探伤(超声波探伤+表面磁粉探伤);②铁路总公司(原铁道部)专门出台政策,加强对轮对的寿命管理。按照《机车铸钢轮心技术条件》(TB/B 1400—2005)的"轮心设计寿命为20年"的规定,对于使用年限达20年的铸钢轮心轮对备品,禁止装车使用,轮心必须进厂大修更换。铸钢轮心不允许用铸、焊、喷涂、电沉积与化学沉积等工艺修整,达到极限予以报废。

2. 车轴

(1)故障形式:疲劳裂纹和折断(切轴)。

(2)故障部位:轴颈与抱轴颈的圆根部、轮座内侧。

(3)产生原因:设计、加工、材质、运用。车轴承受的载荷相当复杂,所受的主要应力也都是交变的。因此,车轴的工作条件十分恶劣,疲劳裂纹和折断是车轴各种破坏中后果最严重的破坏,而轴颈与抱轴颈的圆根部以及轮座内侧是断裂的多发区域。

(4)处理方法:①制造时,锻造钢坯时效处理后再进行机加工、提高加工后的表面粗糙度,对表面进行滚压强化,提高抗疲劳能力;②中修时加强轮心探伤,小辅修时进行顶轮检测;③运用中加强对轴温的监控测量。

故障案例

【案例 8-1】 $HXD_3 0477$ 机车轮对踏面擦伤

2010 年 2 月 23 日,$HXD_3 0477$ 机车入库检查发现第 1、6 位踏面严重擦伤,如图 8-24 所示。

原因分析:该型机车的第 1、6 位电机轮对控制系统在设计上存在缺陷,另外,第 1、6 位轮对是机车牵引的导向轮,在机车起动时因轴重转移,相对于第 2、3、4、5 位轮对更易发生空转,所以更容易造成踏面擦伤。

图 8-24 $HXD_3 0477$ 机车轮对踏面擦伤

【案例 8-2】 $HXD_3 0473$ 机车第 1、6 位轮对踏面擦伤

2014 年 3 月 19 日,$HXD_3 0473$ 机车,在整备作业时发现第 1、6 位轮对踏面擦伤到限,如图 8-25 所示,立即扣车回本部做不落轮镟修处理。

原因分析:机车在库内拉车或无火回送作业时,由于在弹停装置上闸状态下拉车造成的轮对踏面擦伤。

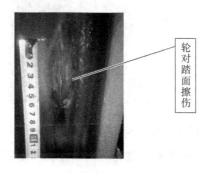

图 8-25 $HXD_3 0473$ 机车轮对踏面擦伤

【案例 8-3】 $HXD_3 0473$ 机车左 5 轮缘偏磨近限

2014 年 6 月 8 日,$HXD_3 0473$ 机车入库整备作业,检查发现左 5 位轮缘厚度最小达到 23.5mm,右 5 位轮缘厚度 31mm,左右轮缘偏磨严重,如图 8-26 所示。

原因分析:造成轮缘偏磨的主要原因是轮对相对于构架、构架相对于车体的横向定位存在结构性缺陷(存在横向阻力不均问题),轮对在运行中正常的左右自由横动后,不能灵活恢复到轨道中心,从而使轮对始终向一侧横向偏移,使该侧轮缘紧密贴靠钢轨内侧,导致轮缘偏磨现象越来越严重。这是一种结构性缺陷,严重危及机车走行部的行车安全。

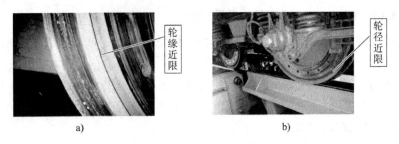

图 8-26 HXD₃0473 机车左 5 轮缘偏磨近限

【案例 8-4】 **HXD₃C0275 机车第 6 位轮对踏面擦伤**

2015 年 3 月 17 日,HXD₃C0275 机车入库整备作业,轴报装置分析 61 位踏面Ⅰ级报警 13 次,Ⅱ级报警 1 次,66 位踏面Ⅰ级报警 31 次,Ⅱ级报警 2 次,检查发现第 6 位轮对踏面擦伤,如图 8-27 所示,做不落轮镟修处理。

原因分析:弹停装置在上闸状态下拉车作业造成轮对踏面擦伤。

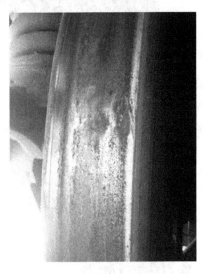

图 8-27 HXD₃C0275 机车第 6 位轮对踏面擦伤

【案例 8-5】 **HXD₁D0108 机车第 4 位轮对踏面存在内部缺陷**

2015 年 5 月 24 日,HXD₁D0108 机车入库整备作业,检查发现第 4 位轮对踏面存在异常。轮对经镟削后发现踏面存在剥离并伴随条状裂纹,如图 8-28 所示,超声波探伤检查发现最深缺陷埋藏深度 10.7mm,缺陷面积为 25mm×6mm,同时踏面一周还伴随断续开口小剥离、掉块,确定该轮存在内部缺陷及表面剥离现象,对第 4 位轮对进行落轮更换处理。

原因分析:从西班牙进口的整体碾钢车轮在制造过程中存在材质疏松、夹层等内部缺陷。

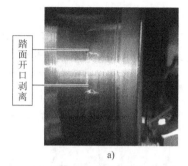 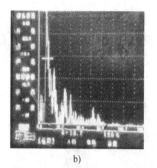

图 8-28　$HXD_{1D}0108$ 机车第 4 位轮对踏面存在内部缺陷

【案例 8-6】　$HXD_3 0468$ 机车右 5 轮轮辋裂损

2015 年 3 月 4 日,$HXD_3 0468$ 机车,Y16 次修程(注:机车新造后在机务段进行第 16 次月修,一次月修一般在 3 万 km 左右),修程前分析轴报数据,发现 51 位踏面预警 2 次,修程中动车探伤,发现第 5 位轮对(齿侧)存在缺陷波,距踏面深度为 19.2mm,进一步对轮辋内外侧面进行着色探伤,发现轮辋外侧延伸至轮辐的过渡圆弧处存在一条长度约 260mm 的裂纹,如图 8-29 所示,并贯穿至轮辋内侧面,目检该区域的踏面表面无明显缺陷。

原因分析:整体轮踏面内部存在材质缺陷。

 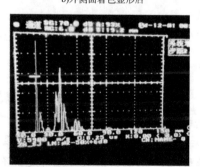

图 8-29　$HXD_3 0468$ 机车右 5 轮轮辋裂损

【案例 8-7】　$HXD_{1D}0109$ 机车第 2 位轮对踏面缺陷

2015 年 12 月 24 日,$HXD_{1D}0109$ 机车入库整备作业,检查发现左 2 轮(齿侧)踏面有一处孔状缺陷,如图 8-30 所示,轴报分析 21 位踏面预警 2 次(一个往返交路),由于该位轮对已做两次镟修,轮径为 φ1230mm,进行落轮更换处理。

原因分析:整体轮轮饼在制造过程中存在氧化物夹杂,伴随着机车长期运用,簧下轮对与钢轨交变载荷的冲击振动,踏面所受接触应力较大,使得踏面夹杂物应力加剧,引起疲劳裂纹。

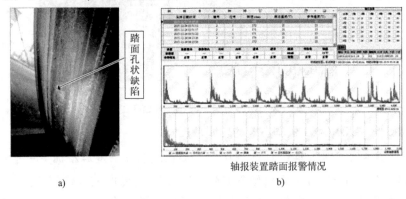

a) 踏面孔状缺陷

b) 轴报装置踏面报警情况

图 8-30 $HXD_{1D}0109$ 机车第 2 位轮对踏面缺陷

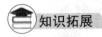任务实施

1. 教师下发学习任务工单(见本教材配套学习任务工单中任务 8.1),明确任务内容,并给出本次任务的实施方法与评价标准。

2. 学生课前研究学习计划、查找相关学习资源,按要求完成预习任务。

3. 教师进行课堂讲解、现场教学或操作演示。

4. 将学生按 5~8 人为限组成若干个学习小组,以小组形式组织讨论、交流。教师全程关注每个小组的学习进程,提出引导性意见,激发学生学习兴趣,提高学生自主学习能力。

5. 完成学习任务后,小组要进行总结汇报演讲,或针对实践技能的掌握进行实作演示,学生进行自我评分及小组评分,给出学习任务中的成绩。

6. 教师对学生测试检查或成果展示情况给出评分,并根据学生的自评分、互评分给出综合评分。

想一想

试列表比较 SS_{9G}、HXD_3、HXD_{1D}、FXD_3 四种机型的轮对各组成部分的结构特点。

知识拓展

零部件修复方法

机车零部件的修复须具备 3 个前提条件:一是可以修的零部件,二是修复费用低于造价,三是修复后的技术状态能满足使用要求。两种修理思路:一种是将磨损的零件完全恢复到原来的尺寸和几何形状;另一种是在不影响机构正常工作的前提下,改变零件原尺寸,恢复其原有的配合性能。常用的修理方法:机械加工法、焊修法、黏结法、压力加工法、金属表面处理法等。

1. 机械加工法

机械加工法不仅作为一个单独的修理方法,而且可应用到其他修复方法的工艺过程中。在零件制造过程中所采用的车、钻、刨、铣、磨、镗、铰、抛光等各种机械加工形式在零件修理过程中都能用到。

机械加工修复又可分为等级修理法、附加零件法和零件转向或翻转法等。其中,等级修理法又称修理尺寸法,就是根据一对组合零件的配合间隙、磨损情况和加工条件,有计划地选择并确定其修理时的分级尺寸。对结构复杂、价值较高和尺寸较大的零件,应尽量保留,作为加工零件,而与其配合的另一个零件则按相应尺寸重新配制。每个零件有多少个修理尺寸,是根据它的强度、刚度以及工作性能和磨损情况来确定的。同时,为了使修复的零件还能互换以及制造备品零件的需要,也要规定统一的等级修理尺寸。附加零件法是将磨损零件的工作表面加工到可安装附加零件的尺寸,然后装上附加零件,再加工到所需尺寸。零件的转向和翻转法是指在零件结构允许的情况下,将零件损伤部分旋转一个角度或者翻转180°,使未受磨损或未损伤部分来代替已磨损或已损伤部分而又不影响其使用的方法。这种方法只能恢复零件的工作能力,不能修复其工作表面。

2. 焊修法

焊接技术用于电力机车修理工作时称为焊修。在电力机车修理中,焊修主要用于各种折断件的连接、焊补零件的裂纹和裂口、磨损零件工作表面的堆焊、原焊接焊缝的开焊等。常用的焊接法有钎焊法和熔焊法两种。

钎焊法是指采用比母材熔点低的金属做钎料,利用液态钎料润湿母材,填充接头间隙并与母体相互扩散,实现焊接。特点是钎焊后的抗拉强度较低;钎焊时基体金属受热不大,基体金属的化学成分、结构和机械性能基本不变;焊缝光洁,生产率高,成本低廉。钎焊只能应用于结合强度要求较低的零件,如机车上的散热器、各种电气设备等。钎焊法又分软钎焊(熔点低于325℃的焊料)和硬钎焊(熔点高于500℃的焊料),目前使用最为广泛的软钎焊是锡焊,广泛应用于机车电子元件连线、印刷电路板等的焊接,使用的加热工具主要是电烙铁,最常用的焊料是焊锡丝。硬钎焊主要有铜焊和银焊,应用于主变压器和牵引电机绕组烧断时的焊接修复。

熔焊法是指将金属零件局部加热至熔点后,利用分子内聚力使两个金属零件连接为一个整体。这种方法比钎焊复杂得多,主要用于钢材之间的连接,钢的可焊性比铸铁和其他有色金属好。堵塞零件裂纹和裂口,焊接各种折断件,堆焊磨损件的工作表面,连接各种不同零件等。钢质零件焊接可用气焊或电焊,一般采用电弧焊。铸铁零件焊修分热焊和冷焊,主要采用冷焊,用专用的有色金属焊条。在焊修前,清洗焊接表面,焊缝处开坡口,裂纹端钻孔,预热零件,用直流焊机。有色金属主要有铝质和铜质零件的焊修,选用气焊或氩弧焊。

3. 黏结法

利用黏结剂(黏合剂)将金属或非金属材料牢固地黏结在一起或填补裂缝,以达到密封、堵漏、修复零件的目的。优点:能使黏合件之间具有较高的连接强度与平整度,没有应力集中的现象;用来填补裂纹时,有耐水、耐油和较高的密封性,并有耐疲劳、绝缘及抗酸碱腐蚀等性能。工艺方法简单,成本比较低廉,在机车修理中仍被广泛应用。缺点:耐老化性能差,有机黏结剂一般不能耐高温(最高使用温度一般不能超过300℃)。

(1)黏合剂分类:按化学成分分为有机型、无机型;按化学性质分为热固型、热塑型、合成橡胶、混合型等。

(2)常用黏合剂:环氧树脂、甲醇、有机玻璃、快干胶、导电胶、点焊胶等。

(3)黏结工艺:表面处理、配胶与调制、涂胶与晾置、固化。

4. 压力加工法

压力加工法是指在外界压力作用下,使金属发生不可逆的塑性变形,以达到零件所需要的尺寸和形状的加工方法。压力加工修复与零件制造中的锻压、冲挤等压力加工法有许多共同之处,但也有其本身的特点。

电力机车上许多零部件在工作中受外力的作用会发生弯曲、扭曲变形损伤,只要结构允许,均可采用压力加工修复校正。校正方法有外力校正、火焰校正和表面冷作校正等。

(1)外力校正:分冷态和热态校正两种。采用冷态外力校正法的缺点是校正结果不稳定,校正后的零件中产生了工作应力和剩余应力。当零件需要校正的变形较大时,应采用热态校正,一般是在不能使用冷态校正的情况下才使用热态校正。

(2)火焰校正:火焰校正使用氧—乙炔火焰热点校正零件弯曲变形。其校正效果较好,尤其适用于一些尺寸较大、形状较复杂的零件。火焰校正的零件变形较稳定,对零件的疲劳强度的影响也小。

火焰校正的关键:加热点温度上升速度要快,火焰的热量要大,加热点面积要小。若加热时间过长,整个零件断面温度都提高了,校正作用就会削弱。

(3)表面冷作校正:若零件的弯曲度不大,可对其凹面实施均匀敲击,弯曲度即可消失。

5. 金属表面处理法

为了恢复零件因表面损伤(磨损、蚀损等)而失去的原型尺寸、表面技术要求等而采取的各种修理工艺统称为金属表面处理法。常用的方法有电镀、刷镀、堆焊、热喷涂、气相沉积技术、冷黏涂敷工艺、激光淬火等新工艺。

(1)电镀法:用电解的办法将某种金属以分子的形式逐渐沉积到待修零件的表面上,从而达到修复零件的目的。

(2)金属刷镀:在机车修理中,刷镀广泛应用在修复机械零件的磨损表面,恢复零件尺寸和几何形状;填补零件表面的划伤、凹坑、斑蚀和孔洞;制备或修复零件表面的防护层。

刷镀工艺具有以下特点:设备简单,操作简便,作业不受空间限制;工件受热少,温升不超过70℃,不会发生金相组织变化;镀层结合强度高,各种材料均可刷镀;可精确控制镀层厚度,多数情况下刷镀前后均不必机械加工;耗能低,环境污染小。

(3)金属喷涂法:金属喷涂法是用压缩空气将熔化了的金属吹为细小的金属微粒(直径为0.01~0.15mm),并以极高的速度(140~300m/s)喷涂在经过专门处理的待修零件表面。喷涂时,金属微粒呈雾状,自喷口以极高的速度冲击。

值得说明的是,修复一个零件可能有若干种方法,究竟哪一种方法效果好而且最经济,需要认真地选择。选择的原则是要使所选用的修理方法在技术上可行,在质量上可靠,在经济上合算。

任务8.2 电机悬挂装置检修

通过认知SS_{9G}、HXD_3、HXD_{1D}型电力机车和FXD_3型动力车的电机悬挂装置结构组成,

熟练掌握电力机车电机悬挂装置各组成部分的名称与作用,培养团结协作意识,为后续任务的学习打下基础。

知识准备

一、SS_{9G} 型电力机车电机悬挂装置

SS_{9G} 型电力机车电机悬挂采用轮对空心轴弹性架悬方式,即牵引电机的前端通过悬挂臂(固定在固定空心轴套上)支承在构架前端梁或中间横梁上,后部通过2个悬挂支座(固定在电机上)固定在构架中间横梁或后端梁上的八字槽内,如图8-31所示。该装置主要由心轴Ⅰ、悬挂臂、悬挂支座、心轴Ⅱ、托板等零部件组成,心轴Ⅰ由心轴、球铰组成,它压装在悬挂臂端头的孔内,一端靠弹簧挡圈使其固定在悬挂臂上。心轴Ⅱ与心轴Ⅰ基本相同,但心轴Ⅰ的两端为方轴,而心轴Ⅱ的两端为八字形梯形轴。悬挂臂与悬挂座均为铸钢件。悬挂臂另一端有6个 $\phi 32mm$ 的螺栓孔,用于悬挂臂与固定空心轴的连接。悬挂臂前端用托板托住心轴Ⅰ与构架前端梁或者中间横梁上的电机支座相连。电机后端用8根M24螺栓固定2个悬挂座,悬挂座的另一端靠组装在它上面的心轴Ⅱ与构架横梁或者后端梁相连。

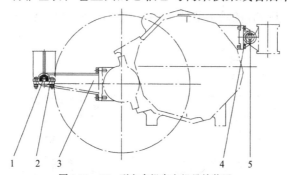

图8-31 SS_{9G} 型电力机车电机悬挂装置
1-心轴Ⅰ;2-托板;3-悬挂臂;4-悬挂支座;5-心轴Ⅱ

弹性架悬能使驱动系统横向惯量及摇头惯量的大部分与转向架构架解耦,从而降低了簧下质量的横向惯量和摇头惯量。电机悬挂装置除承受电机全部载荷外,还要承受大小齿轮、固定空心轴、齿轮箱、传动轴承的重量,与大齿轮相连的六连杆、传动盘、空心轴的一半重量,使之成为簧上重量,大大降低簧下重量,以降低机车运行时的轮轨动作用力,有利于改善转向架的横向动力学性能。

除 SS_{9G} 外,SS_{7E}、SS_8 型电力机车、FXD_3 型动力车电机悬挂均采用此种结构,电机悬挂装置的调整是通过调节在心轴Ⅰ与构架前端梁或者中间横梁上的电机悬挂座的方形槽内的调整垫的方式来实现的。用增减调整垫的数量、规格(当然应尽可能使调整垫的数量为最小)来保证活动的空心轴与车轴之间的间隙均匀,空心轴与车轴之间的同轴度应控制在5mm以内。

二、HXD_3 型电力机车电机悬挂装置

HXD_3 型电力机车电机悬挂采用滚动抱轴列式半悬挂,由牵引电机、电机吊杆和联结螺栓等组成,如图8-32所示,即牵引电机一端通过抱轴箱刚性地支承在车轴上,另一端通过电

机吊杆弹性地悬挂在构架的横梁和后端梁上,该吊杆一方面能承受电机静载荷(约为电机重量的一半),另一方面能承受电机工作时产生的反力,同时在电机工作过程中可随电机做纵向或横向自由摆动,另外,通过弹性环节(橡胶关节)可衰减电机传给构架的振动。

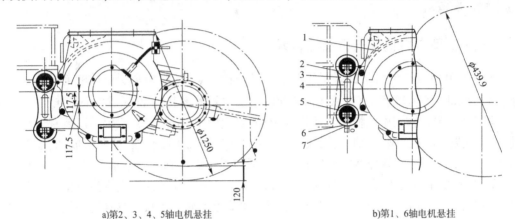

a)第2、3、4、5轴电机悬挂   b)第1、6轴电机悬挂

图 8-32 HXD_3 型电力机车牵引电机悬挂装置

1-牵引电机;2-螺栓套管;3-螺栓(M30×130);4-吊杆装配;5-螺栓(M30×160);6-垫圈;7-螺母(M30)

电机吊杆是两端都带有橡胶关节的 42CrMo 锻钢零件,如图 8-33 所示。

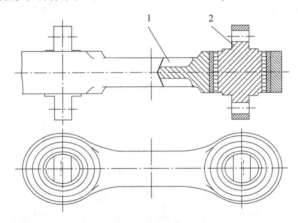

图 8-33   吊杆装配

1-吊杆体;2-橡胶关节

注意:在机车检修时,应当注意电机吊杆螺栓的紧固力矩,一定要按规定的力矩紧固。运用中也要经常检查该螺栓是否有松缓的现象。

抱轴箱组装为一独立的部件,牵引电机机座通过 8 个(M36×120)螺栓与其相连。它主要由抱轴箱体、前挡环、前油封、轴承座、调整垫、圆锥滚子轴承、后挡环、后油封等零部件组成,其中圆锥滚子轴承有 2 套,其外径为 360mm,内径一套为 240mm,另一套为 241mm,外圈宽度为 57mm,内圈宽度为 76mm。因为圆锥滚子轴承具有良好的定位性能,从而能较好地保证从动齿轮的组装精度,使机车牵引齿轮传动更加平稳可靠,同时也大大提高了从动齿轮的使用寿命。

抱轴箱组装时,圆锥滚子轴承内圈、前挡环、后挡环都须热套于车轴上规定的位置,其加热温度不得大于 150℃。M12×85 的内六角螺栓在组装前应先在其 $\phi 4$ 孔内装上尼龙条,以防止在机车运用过程中螺钉出现松动现象。组装时应在圆锥滚子轴承室内填充铁道Ⅲ号锂基脂,填充量为圆锥滚子轴承室内总容量的 1/3~1/2。组装后,通过调整调整垫来保证抱轴箱体的横动量。

三、HXD_{1D} 型电力机车电机悬挂装置

HXD_{1D} 型电力机车在转向架上布置有 3 套完全相同的电机悬挂装置,承担悬挂电机、保证电机与构架的相对运动、防止电机意外掉落的作用,主要由电机摆杆组装、电机悬挂座组装以及耦合油压减振器组成,如图 8-34 所示。电机悬挂安装采用弹性架悬方式,即牵引电机一侧设置电机悬挂臂,通过橡胶关节悬挂于构架端(横)梁;另一侧通过悬挂梁和齿轮箱体上分别安装的带有橡胶关节的两根长吊杆悬挂于构架端(横)梁。由于长吊杆的存在,整个驱动单元相对于构架可以实现横向运动,为衰减驱动单元相对于构架的横向振动,在悬挂梁和构架间设置耦合减振器。弹性架悬能使驱动系统横向惯量及摇头惯量的大部分与转向架构架解耦,从而降低了簧间质量的横向惯量和摇头惯量,有利于改善转向架的横向动力学性能。具体实现方式:电机座与电机悬挂座通过 140 止口配合,4 个 M30×80 紧固,电机悬挂横梁及齿轮箱的悬挂臂与电机摆杆通过 4 个 M24×2×140 紧固,电机悬挂横梁的减振器座与耦合减振器通过两个 M12×60 的六角螺栓相连,共同实现驱动单元的弹性架悬。

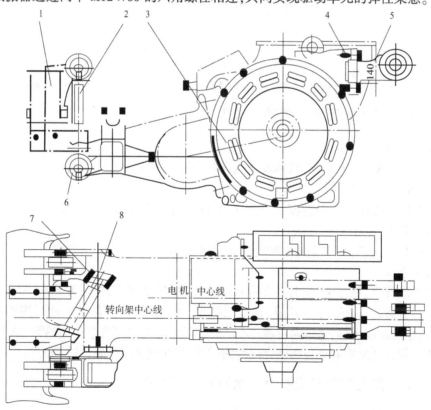

图 8-34 HXD_{1D} 型电力机车电机悬挂装置

1-构架横梁;2-电机摆杆;3-驱动单元;4-六角螺栓(M30×80);5-电机悬挂臂;6-六角带孔螺栓(M24×2×140);7-六角螺栓(M12×60);8-耦合减振器

四、FXD$_3$型动力车电机悬挂装置

FXD$_3$型动力车的电机悬挂采用弹性架悬方式,一端通过电机支承座(一)上的橡胶关节安装到构架上,另一端通过电机支承座(二)和齿轮箱体上的吊杆装配安装到构架上。电机支承座(一)和齿轮箱之间通过支架和调整螺套连接。同时,电机悬挂装置设有安全托,避免因橡胶关节上的螺栓脱落而导致整套驱动掉落到轨道上。

电机悬挂装置由电机支承座(一)、电机支承座(二)、橡胶关节、吊杆装配、电机减振器、支架、安全托等组成,结构如图8-35所示。

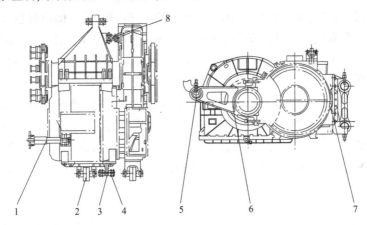

图8-35 FXD$_3$型动力车电机悬挂装置

1-电机减振器;2-吊杆装配;3-安全托;4-电机限位止挡;5-橡胶关节;6-电机支承座(一);7-电机支承座(二);8-支架

五、SS$_{9G}$型电力机车电机悬挂装置中修

1. 技术要求

(1)悬挂装置不许有裂损、机械硬伤或异常变形,各紧固件状态良好。
(2)电机悬挂关节轴承状态良好。
(3)牵引电机悬挂臂、悬挂座状态良好,不许有裂纹,各紧固件状态良好。

2. 工装设备

工装设备包括平台、弯嘴式孔用挡圈钳、探伤设备。

3. 工艺要点

先卸下悬挂臂、悬挂座,取出关节轴承。检查关节轴承状态良好,无异常磨耗,否则应更新。探伤检查悬挂臂、悬挂座、托板、轴心无裂纹,否则应更新。按解体的反序组装悬挂装置,关节轴承加足润滑油;组装时可通过在心轴Ⅰ与构架上的电机悬挂座的方形槽内用增减垫的方式来保证活动空心轴与车轴之间的间隙均匀,保证安装良好。

六、HXD$_{1D}$型电力机车电机悬挂装置检查与检修

1. 定检修程检查

机车处于C1、C4修时,外观检查电机摆杆、电机悬挂座不许有变形及裂纹,悬挂座橡胶关节不许有老化和开裂。

2. 检修

1）拆卸

（1）将转向架放置在地沟上，使得在转向架下可以接近电机悬挂装置。

（2）确保进行维修工作过程中转向架不会移动。

（3）关闭所有电源，并保证不会重新充电，等 1min 的电容放电时间。

（4）在电机下方预置电机托架。

（5）用 M12 扳手将耦合油压减振器连接螺母松开，取出耦合油压减振器。

（6）在天车或其他吊具配合下，用 M24 增力扳手将电机悬挂座螺栓、电机摆杆连接螺母松开，取出电机摆杆组装。

（7）在天车或其他吊具配合下，用 M30 增力扳手将电机悬挂座与电机的连接螺栓以及防脱落板的安装螺栓松开，取出电机悬挂座组装和防脱落板。

（8）取出电机悬挂座组装的孔用弹性挡圈，将电机摆杆组装、电机悬挂座组装分别放在压力机上，用压套将电机摆杆橡胶关节和电机悬挂座橡胶关节缓慢压出。

（9）用 M12 扳手把端部驱动止挡座（左）、端部驱动止挡座（右）、横梁驱动止挡座（右）及横梁驱动止挡座（左）；用 M10 扳手把牵引梁驱动止挡座（左）、牵引梁驱动止挡座（右）卸下。

（10）用 M10 扳手把驱动横向止挡从各个止挡座上卸下。

2）组装

（1）将更新的电机摆杆橡胶关节和电机悬挂座橡胶关节分别压入电机摆杆和电机悬挂座内。压入前在各橡胶关节表面以及电机摆杆安装孔、电机悬挂座孔内表面涂植物油。电机悬挂座组装在橡胶关节压到位后装入孔用弹性挡圈。

（2）将轮对电机从落轮坑上升，在六角螺栓螺纹连接部位涂乐泰 243。将电机悬挂座组装及防脱落板用弹簧垫圈 30 和六角螺栓 M30×80 安装到电机上，并用 M30 增力扳手紧固，紧固力矩为 1400N·m。

（3）将轮对电机从落轮坑下降，在六角螺栓螺纹连接部位涂乐泰 243。用六角螺栓 M24×70、弹簧垫圈 24 将电机悬挂座组装与构架连接并用 M24 增力扳手紧固，紧固力矩为 680N·m。

（4）用六角头螺杆带孔螺栓 M24×2×140、六角螺母 M24×2、开口销 5×40 和弹簧垫圈 24 把电机摆杆组装两端分别安装到构架和电机悬挂横梁上，紧固力矩为 680N·m。

（5）先用 M10 扳手把驱动横向止挡安装到各止挡座上；再用 M12 扳手把端部驱动止挡座（左）、端部驱动止挡座（右）、横梁驱动止挡座（右）、横梁驱动止挡座（左）以及用 M10 扳手把牵引梁驱动止挡座（左）、牵引梁驱动止挡座（右）安装到构架上。M10 螺栓拧紧力矩为 47N·m，M12 螺栓拧紧力矩为 81N·m。

（6）用六角螺栓、六角螺母、弹簧垫圈把耦合油压减振器两端分别安装到构架和电机悬挂横梁上，安装时请注意减振器的安装位置，紧固力矩为 81N·m。

（7）在六角螺栓螺纹连接部位涂乐泰 243，将防脱落盖板用弹簧垫圈 16 和六角螺栓 M16×60 安装到构架上，并用 M16 扳手紧固，紧固力矩为 197N·m。

（8）在所有悬挂螺栓及螺母上用黄色或红色记号笔打防松标记。

（9）测量驱动横向止挡和构架上安装的止挡座之间的尺寸，如不满足图纸设计要求，则须通过增减调整垫加以调整。驱动横向止挡的间隙为 9~11mm。

故障案例

【案例 8-8】 $SS_{7E}0023$ 机车电机前吊安装螺钉裂损

2012 年 4 月 10 日,$SS_{7E}0023$ 机车担当牵引任务后入整备场,专业检车人员在检查车体底部时发现机车第二牵引电机前悬挂臂与转向架横梁间有细小的间隙,进一步检查发现安装螺钉断裂一根,如图 8-36 所示。

原因分析: SS_{7E} 机车电机前吊装置存在结构性设计缺陷,加上机车日常运行中,电机前吊臂及安装螺钉受 I 系簧下重量的振动冲击,造成安装螺钉裂损。

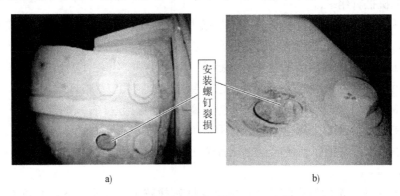

图 8-36　$SS_{7E}0023$ 机车电机前吊安装螺钉裂损

【案例 8-9】 $HXD_{1D}0549$ 机车第 2 位牵引电机前悬挂横梁裂纹

2017 年 10 月 24 日,$HXD_{1D}0549$ 机车入库检查时,发现第 2 位电机前悬挂横梁靠近非齿轮箱侧面安装螺栓的上方有长度约 100mm 的裂纹,如图 8-37 所示。

原因分析: 电机前悬挂横梁作为铸铁结构件,设计强度足够,可能在组装过程中存在操作不熟练、工艺执行不到位的问题,造成吊装过程中悬挂横梁异常受力裂损。

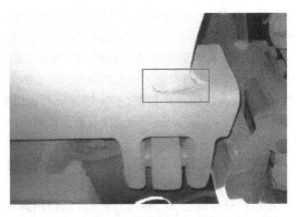

图 8-37　$HXD_{1D}0549$ 机车第 2 位牵引电机前悬挂横梁裂纹

任务实施

1.教师下发学习任务工单(见本教材配套学习任务工单中任务 8.2),明确任务内容,并给出本次任务的实施方法与评价标准。

2. 学生课前研究学习计划、查找相关学习资源,按要求完成预习任务。

3. 教师进行课堂讲解、现场教学或操作演示。

4. 将学生按 5~8 人为限组成若干个学习小组,以小组形式组织讨论、交流。教师全程关注每个小组的学习进程,提出引导性意见,激发学生学习兴趣,提高学生自主学习能力。

5. 完成学习任务后,小组要进行总结汇报演讲,或针对实践技能的掌握进行实作演示,学生进行自我评分及小组评分,给出学习任务中的成绩。

6. 教师对学生测试检查或成果展示情况给出评分,并根据学生的自评分、互评分给出综合评分。

想一想

试列表比较 SS_{9G}、HXD_3、HXD_{1D}、FXD_3 四种机型的电机悬挂装置各组成部分的结构特点。

知识拓展

机车故障率曲线

故障是指整台机车及其零部件的某项或多项技术经济指标偏离了它的正常状态或规定的指标范围,在规定的使用条件下,不能完成其规定功能的事件,如动力性恶化、经济性变坏、可靠性下降、机械部分产生冲击振动或异音等。故障率是指整台机车及其零部件在某段时间内的故障数与该段时间内总工作时间之比,即单位时间内发生故障的百分数。

故障率曲线也称"浴盆曲线",是指故障率随时间的变化规律,可划分为早期故障期、偶然故障期和耗损故障期 3 个阶段,如图 8-38 所示。

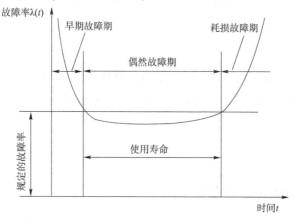

图 8-38 机车故障率曲线

1. 早期故障期

早期故障期出现在产品开始工作的较早时间,特点是故障率较高,且故障率随时间增加而迅速下降。故障原因往往是设计、制造缺陷或修理工艺不严、质量不佳引起的。如使用材料不合格、装配不当、质量检验不认真等。对新出厂或大修过的产品,可以在出厂前或投入使用初期的较短时间内进行磨合或调试,以便减少或排除这类故障,使产品进入偶然故障期。

2. 偶然故障期

这是产品最良好的工作阶段,也称有效寿命期或使用寿命期,特点是故障率低而稳定,近似为常数。这一阶段的故障是随机性的,突发故障是由偶然因素,如材料缺陷、操作错误、环境因素等引起的。偶然故障不能通过延长磨合期来消除,也不能由定期更换部件来预防。一般来说,再好的维修工作也不能消除偶然故障,但人们希望在有效寿命期内故障率尽可能低,并且持续时间尽可能长。因此,提高机车运用与管理水平,适时维修,可减少故障率,延长有效寿命期。

3. 耗损故障期

这是产品使用后期,特点是故障率随时间的增加而明显增加,这是由于产品长期使用后出现磨损、腐蚀、疲劳、老化所造成的。防止耗损故障的唯一办法就是在产品进入耗损期前后及时进行维修,这样可以把上升的故障率降下来。如果产品故障太多,修理费用太高,不经济,则只好报废。可见,准确掌握产品何时进入耗损故障期,对维修工作具有重要意义。

以上 3 个故障期是就一般情况而言的,并不是所有产品都有 3 个故障阶段,有的产品只有其中一个或两个故障期,甚至某些质量低劣件在早期故障期后就进入了耗损故障期。

寿命周期是指机车从研制、生产、销售、使用、维修直至报废为止的整个时期。使用寿命是指机车或零部件从投入运用开始,中间经过若干次修理,直至完全丧失工作能力而必须报废为止的全部使用时间,即"浴盆曲线"中的偶然故障期。使用期限是指机车或零部件从开始使用到必须对它进行修理时为止的全部使用时间,它取决于零件或配合的极限损伤情况。

任务 8.3　驱动单元检修

任务描述

通过认知 SS_{9G}、HXD_3、HXD_{1D} 型电力机车和 FXD_3 型动力车的驱动单元结构组成,熟练掌握电力机车驱动单元各组成部分的名称与作用,培养团结协作意识,为后续任务的学习打下基础。

知识准备

一、SS_{9G} 型电力机车驱动单元

SS_{9G} 型电力机车驱动单元采用轮对空心轴两级弹性驱动装置来连接牵引电机与轮对,要求既具有较大的径向刚度,以传递牵引电机的扭矩给轮对,避免机车运行时轮对驱动系统产生黏滑振动;又有较小的垂向、横向刚度以及较大的位移补偿能力,用于适应机车的垂向、横向振动位移。该装置由主从动齿轮、驱动轴承、固定空心轴套、齿轮箱以及双侧六连杆万向节传动系统等部件组成,如图 8-39 所示。

1. 主、从动齿轮

主动齿轮采用 20CrMnMoA 低碳合金钢,加工后进行齿顶修缘及齿向修形,以抵消齿轮

的加工、安装误差及变形,以改善齿轮的承载能力和降低传动噪声的目的,延长齿轮的使用寿命。主动齿轮与电机轴采用过盈配合,装配时,通过加热主动齿轮160~190℃后热套在电机轴上,在电机轴上的轴向进入量为1.6~2.2mm。

图8-39　SS_{9C}型电力机车轮对空心轴两级弹性驱动装置

从动齿轮由齿圈、齿轮心、6个传力销等组成,齿圈与齿轮心通过螺栓连接,齿圈采用15CrNi6低碳合金钢,加工后进行齿顶修缘处理。从动齿轮通过传动轴承安装在固定空心轴套上。

主、从动齿轮主要技术参数见表8-4。

主、从动齿轮主要技术参数　　　表8-4

序　号	名　称	数　据	
		主动齿轮	从动齿轮
1	齿数 z	31	77
2	模数 m_n	12	12
3	中心距 a/mm	$650^{+0.2}_{0}$	$650^{+0.2}_{0}$
4	变位系数 X	0.10215	0.066
5	刀具压力角 α	22.5°	22.5°
6	精度等级(GB 10095)	$6\binom{-0.288}{-0.450}$	$6\binom{-0.216}{-0.366}$

2. 驱动轴承

驱动轴承采用3E2002876QT、3E2092876QT两种轴承配对使用,装配前应选配两轴承的径向游隙,两轴承内圈安装在固定空心轴套上(间隙配合),中间用隔环分开。两轴承外圈安装在从动齿轮内孔里,采用过盈配合,其过盈量要求进行选配。轴承滚子及保持架上应涂上润滑脂,室内应加相当于轴承室总容量1/3~1/2的高速铁道Ⅲ型润滑脂。轴承两侧还装有密封环,防止齿轮油及灰尘等进入轴承室。

3. 固定空心轴套

固定空心轴套是关键承载部件,承受复杂的交变载荷。其一端通过螺栓紧固在电机上,另一端安装传动轴承,在电机端还要安装电机悬挂臂及齿轮箱座。空心轴套材质采用高强度ZG25Mn铸钢。

4. 齿轮箱

为使主、从动齿轮有良好的润滑条件并防止异物进入,在主、从动齿轮外面套装齿轮箱,内加 18 号双曲线齿轮润滑油,在冬季或北方寒冷地区采用 SHC220 美孚齿轮油。齿轮箱由上(下)箱体、加(放)油堵、呼吸器等组成,如图 8-40 所示,通过螺栓固定在电机及固定空心轴套上。上、下箱体由压型钢板焊接成形,箱体上焊有各种安装座,焊完后进行整体退火,消除焊接内应力。上、下箱体通过螺栓连接后进行整体加工,保证齿轮箱整体的尺寸精度。在齿轮箱上部装有呼吸器,以防齿轮箱内油压过高造成齿轮箱密封处漏油。在齿轮箱下部装有放油堵及加油堵,以便放掉废的齿轮油及给齿轮箱加油,在加油堵上装有油标尺以检查齿轮箱油位。

5. 双侧六连杆万向节传动系统

SS_{9G} 型电力机车双侧六连杆万向节传动系统由空心传动轴、传力盘、传力销、连杆、橡胶关节(弹性元件)等部件组成,如图 8-41 所示。

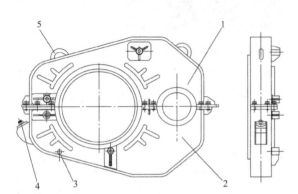
图 8-40 SS_{9G} 型电力机车齿轮箱结构
1-上箱体;2-下箱体;3-放油堵;4-加油堵;5-呼吸器

图 8-41 SS_{9G} 型电力机车双侧六连杆万向节传动系统
1-空心传动轴;2-传力盘;3-连杆;4-橡胶关节(弹性元件);5-传力销;6-主动车轮

驱动单元实现运动和力的过程如下:牵引电机→主动齿轮→从动齿轮齿圈→从动齿轮齿心→传力销、六连杆、橡胶关节、传动盘→空心轴→传动盘、橡胶关节、六连杆、传力销→主动车轮→车轴→从动车轮→机车的牵引和制动。

二、HXD_3 型电力机车驱动单元

HXD_3 型电力机车驱动单元采用单侧刚性直齿传动结构,将牵引电机的转矩通过大小齿轮啮合传递给轮对,产生牵引力或制动力(电气制动工况),主要包括滚动抱轴箱装配、齿轮箱、主从动齿轮等部分。滚动抱轴箱装配由两组圆锥滚子轴承、迷宫盖、滚动抱轴箱体等组成,如图 8-42 所示,滚动抱轴箱体由于受力复杂,受振动冲击载荷较大,所以必须保证它具有足够的强度、刚度和抗冲击韧性,并具有合理的结构形式,避免应力集中和裂纹的产生。

从动大齿轮由齿圈和齿轮心组成,齿圈材质为 15CrNi6,齿轮心材质为非整体结构为 ZG230—450,齿圈与齿轮心通过热配合组装在一起;整体结构为 C 级铸钢件、齿圈与齿轮心用 8 个 M24 螺栓和 8 个 M25×70 锥销连接,装配时螺栓应紧固到位,锥销配合良好,无松动现象,止动片扣紧到位。齿轮心设有油孔和油槽,可进行注油压装。

齿轮箱分为上箱体、下箱体和小齿轮拆卸压盖,均为球墨铸铁整体铸造加工而成,如

图 8-43 所示。为了保证机车安全运用和快速救援,齿轮箱设有小齿轮拆卸装置。当电机发生故障机车无法正常运行时,可以通过小齿轮拆卸压盖用手动油压泵把小齿轮拆卸下来,从而保证机车可以正常运行回机务段。箱体均为低碳钢板焊接结构,为使齿轮副工作时箱体内压力和大气压力相平衡,在上箱盖板上焊装手把形状的气管 2 个,同时该件还可用于吊装齿轮箱体。在下箱底部安装螺堵和验油阀,验油阀上部设置可以开启的密封性好的阀盖,阀盖打开可观察油位和加注润滑油,旋开螺堵可放油。为防止箱体漏油,上箱侧板周边焊装内外挡板,上下箱组装前在内外挡板中间加密封胶(乐泰 587)和整体加工 $\phi 310mm$、$\phi 443mm$ 和 $\phi 404mm$ 孔。领圈孔 $\phi 310mm$ 与电机外壳组装时用橡胶圈进行密封,$\phi 404mm$ 与大齿轮轮毂组装时用 $10mm \times 6mm$ 细毛毡进行密封,以防止齿轮箱内油脂外流和外界污物进入。上下箱组装用 4 根 $M20 \times 75$ 和 2 根 $M16 \times 190$ 螺栓相连接,整个箱体通过 6 根螺栓固定在电机端部外壳上。

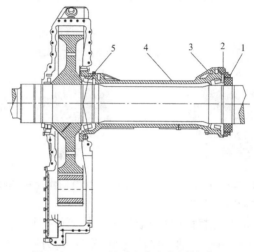

图 8-42 HXD$_3$ 型电力机车滚动抱轴箱装配

1-迷宫环;2-迷宫盖;3-圆锥滚子轴承;4-抱轴箱体;5-圆锥滚子轴承

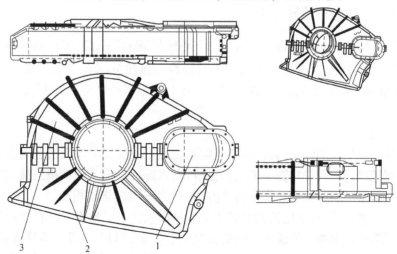

图 8-43 HXD$_3$ 型电力机车齿轮箱装配

1-小齿轮拆卸压盖;2-下箱体;3-上箱体

三、HXD_{1D}型电力机车驱动单元

HXD_{1D}型电力机车转向架上安装3个完全相同且可互换的驱动单元,每个驱动单元包括牵引电机(包括主动齿轮、电机悬挂横梁)和齿轮空心轴装置,如图8-44所示。其中,齿轮空心轴装置又包括从动齿轮装配、齿轮箱、内空心轴、空心轴套、传动轴承、内外端盖压盖、传动盘、端齿传动盘等零部件,如图8-45所示,齿轮采用直齿轮,模数$m=9$,传动比为103/22;承载式齿轮箱为铸铝结构,承担轴承载荷及驱动装置的结构载荷,齿轮箱箱体上设置有轴承润滑集油槽和回油孔;传动轴承(NU1880、NJ1880+HJ1880)为双列圆柱滚子轴承,对称分布,轴承载荷通过轴承座作用在齿轮箱上,齿轮转动带来的润滑油通过齿轮箱内集油槽流入轴承内部,给予轴承充分润滑,以适应转向架高速要求;内空心轴为锥形套结构,靠齿轮箱端焊有三爪传动盘,另一端采用端齿连接的三爪传动盘,以利于拆装。

图8-44 HXD_{1D}型电力机车驱动单元
1-轮对组装;2-牵引电机;3-齿轮空心轴装置

图8-45 HXD_{1D}型电力机车齿轮空心轴装置(不带齿轮箱)

驱动单元实现运动和力的过程:牵引电机→主动齿轮→从动齿轮→齿轮毂→端齿传动盘→连杆、橡胶关节、传力销→空心轴→连杆、橡胶关节、传力销→主动车轮→车轴→从动车轮→机车的牵引和制动。

四、FXD_3型动力车驱动单元

FXD_3型动力车驱动单元由牵引电机、空心轴装配、连杆盘、齿轮箱装配等组成,如图8-46～图8-48所示。电机产生的驱动力经牵引齿轮的啮合后以扭矩的方式经从动齿轮输出端输出,并先后经过齿侧连杆盘、空心轴装配、非齿侧连杆盘,最终传递到轮对。

1. 结构组成

电机与齿轮箱组成刚性结构:齿轮箱与电机之间是通过定子外壳法兰与齿轮箱骨架之间的螺栓进行连接的。空心轴的一端通过连杆盘、六连杆机构及传动销连接在齿轮箱的输出轴上,另一端通过连杆盘、六连杆机构及传动销与所驱动的车轮相连。

电机仅有一个轴承,位于电机的非输出端。输出端的电机轴由安装在齿轮箱内的小齿轮轴上的膜式联轴器支撑。该膜式联轴器由两个主要部分组成:一部分连接在电机轴上(电机与齿轮箱之间的联轴法兰),另一部分安装在小齿轮轴上(膜片)。这两部分在电机组装到齿轮箱的过程中用螺栓相连接。

图 8-46 FXD₃ 型动力车驱动装置三维图

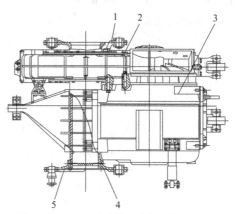

图 8-47 FXD₃ 型动力车驱动装置结构组成图
1-齿侧连杆盘；2-齿轮箱装配；3-牵引电机；4-空心轴装配；5-非齿侧连杆盘

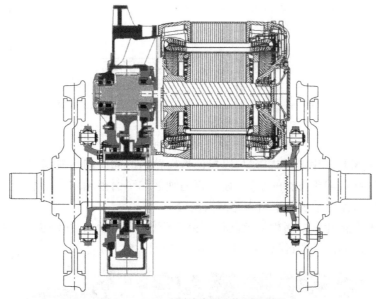

图 8-48 FXD₃ 型动力车驱动装置剖面图

膜式联轴器的角度灵活性可以补偿由于"重量与牵引力"以及"不可避免的驱动装置加工与组装精度误差"所导致的小齿轮轴与电机轴的弯曲而形成的角度偏差。该联轴器在径向及扭转方向上都是牢固的。

电机输出的扭矩通过膜式联轴器、小齿轮、大齿轮、齿心、连杆盘、空心轴，最后通过传动销传递到主动车轮，使动力车向前或向后运行。当动力车低速运行，进行空气制动时，车轮上的黏着制动力以与上述相反的顺序反作用于电机上，使动力车减速。

连杆盘和传动销之间、连杆盘与大齿轮之间都有橡胶关节，提供三向刚度，以适应动力车蛇行运动及过曲线时出现的构架和轮对之间的横向与纵向位移及相应的角位移。

2. 技术参数

传动比 3.96，齿数 99/25，模数 9.0964，螺旋角 6°，压力角 22.5°，中心距 572.35mm，齿

轮油型号 Castrol Optigear RMO,齿轮箱效率 $\eta \geqslant 98\%$。

3. 齿轮箱装配

(1)驱动齿轮箱设有油量观察装置(图8-49),观察装置上有明确的最低油位和最高油位标志线,观察窗能够防止石击和保持清洁。

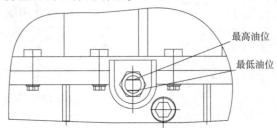

图8-49 油量观察装置

(2)齿轮箱设有加油口、排油口(图8-50),在落车状态下,借助排油孔能将箱体的润滑油全部排放尽。

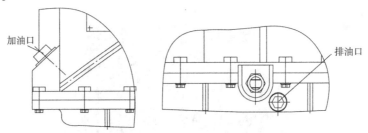

图8-50 加油口、排油口位置

(3)齿轮箱密封采用迷宫式密封,以保证齿轮箱内的润滑油不泄漏,外界的污染物和水不进入齿轮箱内(仅限于飞溅的水)。齿轮箱内轴承和牵引齿轮均采用油润滑,在规定的环境和使用条件下,保证轴承和牵引齿轮润滑充分。

(4)齿轮箱装配组成。齿轮箱装配包括齿轮箱体、主动齿轮、从动齿轮、主齿侧轴承、从齿侧轴承、从齿侧迷宫式密封圈、薄板联轴器等,如图8-51所示。

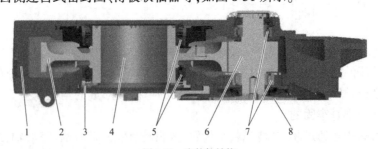

图8-51 齿轮箱结构

1-齿轮箱体;2-从动齿轮;3-齿心;4-从齿侧迷宫式密封圈;5-从齿侧轴承;6-主动齿轮;7-主齿侧轴承;8-薄板联轴器

①主动齿轮侧。主动齿轮侧由带有端齿的薄板联轴器、带有端齿的主动齿轮、圆柱滚子轴承、四点球轴承、压盖等组成。薄板联轴器端齿侧和主动齿轮连接,另一侧与牵引电机转子连接传递电机输出的扭矩。主动齿轮两侧的圆柱滚子轴承承载齿轮的径向载荷,四点球轴承承载主动齿轮的轴向力。

②从动齿轮侧。

从动齿轮侧由从动齿轮、齿心、圆柱滚子轴承、密封圈等组成。圆柱滚子轴承 NU1880 承载从动齿轮受到的径向力,圆柱滚子轴承 NUP1880 承载径向力的同时承载从动齿轮受到的轴向力。

4. 空心轴传动装置

空心轴传动装置主要由空心轴装配、连杆盘、连杆、传动销等部件组成,如图 8-52 所示。驱动单元的大部分重量通过转向架的I系弹簧施加到轨道上,而非直接施加到轮对上,因此,空心轴传动装置承担了轮对和驱动装置之间的所有运动,确保了动力车在轨道上尽可能地平稳运行。

图 8-52 空心轴传动装置
1-传动销(一);2-连杆(一);3-非齿侧连杆盘;4-空心轴装配;5-连杆(二);6-传动销(二);7-齿侧连杆盘

对于存储一段时间后的驱动装置,如再投入运营,需先向齿轮箱装配的两个通气器孔中分别加入 50mL 润滑油,后在齿轮箱注油孔加入 9L 型号为 Castrol Optigear RMO 的润滑油。

五、SS_{9G} 型电力机车驱动单元中修

1. 牵引齿轮中修技术要求

(1)齿轮不许有裂纹,齿形偏差及公法线长度须符合限度规定。
(2)齿边角折损及齿面剥离、点蚀包罗面积不超过限度时,允许打磨后使用。
(3)从动齿轮不许有松缓,齿圈不许有松动,齿轮禁止焊修。
(4)主动齿轮(小齿轮)不许有松缓,主动齿轮锥孔面拉伤面积不许超限。
(5)主、从动齿轮安装后,其轴向啮合偏差须符合限度表规定。

2. 轮对空心轴传动装置中修技术要求

(1)传力销和锁紧螺栓不许松动,止动垫片须在正常位。
(2)紧固空心轴套的螺栓不许有裂纹和螺纹损坏。
(3)空心轴套、连杆、空心轴、传动盘不许有裂纹。
(4)橡胶元件不许老化、裂纹和剥离。
(5)传动盘与空心轴拆装时应做好标记,原配原装,方位与原装配一致。

3. 齿轮箱中修技术要求

(1)箱体不许有裂纹、变形,箱体变形允许调修。
(2)齿轮箱呼吸孔、回油孔、给油孔畅通,更新润滑油。
(3)领圈不许有裂纹、变形及缺损,上、下箱合口配合面良好。
(4)齿轮箱组装后与密封环间隙应保持均匀。
(5)螺栓紧固件、防缓件完好齐全。
(6)齿轮箱不许漏油。

4. 轮对电机组装后技术要求

轮对与牵引电机组装后须进行磨合试验,正、反方向各运行 30min,转动须平稳,不许有

异音,齿轮箱合口和密封处不许漏油,(电机、轴箱)轴承温升不大于40K。

5. 主要限度

SS$_{9G}$型电力机车驱动单元主要限度见表8-5。

SS$_{9G}$型电力机车驱动单元主要限度(单位:mm)　　　表8-5

序号	名　称		原　形	限度	
				中修	禁用
1	单侧齿面	点蚀包罗面积(%)		≤15	≥25
		点蚀深度		≤0.3	≥0.5
		剥离(处)		≤1	≥3
		剥离面积(mm²)		≤6	≥60
		齿面剥离深度		≤0.3	≥1
2	齿轮崩角(处)				≤2
3	齿顶角折损长度			≤10	≥15
4	主动齿轮锥孔拉伤面积(%)				≥8
5	小齿轮与轴的配合接触面(%)		≥80	≥80	
6	小齿轮装入量		1.6~2.2	1.6~2.2	
7	齿形偏差		≤0.1	≤0.2	≥0.3
8	主、从动齿轮轴向啮合偏差				≤4
9	主动齿轮公法线长度(4齿)		$165.06_{-0.40}^{-0.28}$	≥164.4	≤163
10	从动齿轮公法线长度(10齿)		$349.852_{-0.35}^{-0.24}$	≥348.5	≤347
11	齿轮箱组装后与密封环间隙		0.5~1.0	0.5~1.0	

6. 工艺要点

(1)齿轮箱:拧开下箱底部放油堵,放完废油后拧紧。拆除上下箱连接螺栓;用天车吊住上箱后,拆除上箱与牵引电机连接螺栓,并用顶丝分离上下箱体,吊去上箱;拆除下箱与牵引电机的连接螺栓,然后用专用钢丝绳吊住下箱两端,拧出螺栓,将下箱吊放于地沟并吊出。齿轮箱清洗干净后,检查箱体焊缝是否有裂纹,如有则对焊缝处焊修;若因整修箱体变形而影响大小领圈者,箱体报废;箱体鼓包者,用平垫和手锤修复平整。上、下箱合口距离应调整一致,用150mm钢板尺和塞尺检查下箱口位置直线度(平度)不大于1mm,用游标卡尺检查大、小领圈直径圆柱度不大于1mm。将上下箱合在一起并用全部合口螺栓紧固,紧固后不整劲。外观检查上下箱合口面应紧贴,板面及领圈侧面应平齐。中修时齿轮箱所有密封件全部更新。

将经检查后的齿轮箱拆开,上、下箱均垂直放置,备用。将密封胶均匀饱满地涂入合口部位。检查大小齿轮状态,检查与齿轮箱领圈配合处胶条的位置及状态是否良好,确认齿轮箱箱号正确,密封胶固化程度合适,领口填充饱满,箱内干净,不许有异物。将下箱吊入组装好的牵引电机,确认位置正确后,带上此处的螺栓(此时不必紧固),吊入上箱并于下箱合口对正,注意密封条不得移动或脱落,紧固合口螺栓后。紧固上下箱与电机的全部连接螺栓。在组装齿轮箱时,应注意密封环与大齿轮轮心之间的密封间隙,当调整到设计值0.5~1mm时,用加垫的方法消除齿轮箱与电机齿轮箱座之间的间隙,然后才能用螺栓把齿轮箱固定在电机上,严禁在齿轮箱与电机支座之间有间隙的情况下强行装配。给每个齿轮箱注齿轮油

6.5kg,并确认油位应在最低油位与最高油位之间。

动车试运中,齿轮箱内部不许有异音、过热现象。试运后检查箱体不许有鼓包、开裂,不良时应检查处理。目视检查齿轮箱是否漏油。

(2)大齿轮:外观检查大齿轮齿圈与齿轮心结合状态,确保连接螺栓紧固,防缓垫作用良好。大齿轮轴承在使用过程中应对其补脂(高速铁道Ⅲ型脂),直至从密封处溢出新脂为止。检查齿轮齿面剥离,齿边角折损,点蚀包罗面积,深度等齿面状态,超限者更新。用电磁探伤仪器探伤检查齿部,必要时齿轮心也要探伤检查,并予以记录,有裂纹的齿轮应更新。用齿厚塞尺及齿形样板测量检查齿厚和齿形偏差,超限者更新。

六、HXD_{1D}型电力机车驱动单元检查与组装

1. 定检修程检查

1)C1、C2修检查要求

空心轴六连杆机构不许有变形、开裂。外观检查电机悬挂横梁不许有变形、开裂。外观检查齿轮箱不许有裂纹、漏油;齿轮箱油位显示正常,润滑油不许有浑浊;油标标志清晰,观察玻璃不许有裂损。机车车载安全防护系统(6A系统)地面专家诊断分析中,温升、振动不许有异常。按照维保手册要求补充或更新齿轮箱润滑油,更新齿轮箱油时,应清洗磁性螺堵。

2)C4修检查要求

目视检查六连杆橡胶关节及橡胶件、驱动单元止挡橡胶件,不许有老化和开裂。

2. 组装工艺要点

1)工装设备

工装设置包括超声波探伤仪、磁粉探伤器、角磨机、轮辋厚度尺、踏面外形样板、轮径专用量具、轮对内距尺、轮对注油压装设备,轴承单元安装及拆卸专用设备和仪器。

2)组装前准备

组装时,应先对从动齿轮毂、空心轴、传动盘、端齿传动盘、连杆、连接销等进行磁粉探伤,不允许存在裂纹和其他缺陷。探伤后退磁,其剩磁不得大于7×10^{-4}T。同时,空心轴、传动盘等表面严禁划伤和磕碰,吊装时须用专用吊具,不允许钢丝绳与空心轴等表面直接接触。

3)齿轮空心轴装置组装

用于齿轮空心轴装置组装的各主要零部件如从动齿轮装配、空心轴、齿轮箱、传动轴承、轴承座、定位块、挡油环、内外端盖、压盖、油封、传动盘、端齿传动盘等必须符合有关图样、技术文件的规定,经检验合格、清理干净后才能进行组装。

4)从动齿轮装配

齿圈均匀加热至90℃。齿圈与从动齿轮毂的配合采用$\phi660mmH6/g6$。在紧固螺栓及螺纹孔的螺纹上涂上乐泰活化剂(乐泰802),并在空气中干燥一段时间;然后涂上乐泰黏合剂(乐泰243)。螺栓安装时应对角安装,分步逐级进行拧紧,紧固力矩为900N·m,整圈螺栓应在15min内拧紧。

5)驱动轴承组装

驱动轴承应满足订货技术规范的要求,并有产品供货商的合格证才能进行组装。轴承内径应与从动齿轮毂$\phi400mm$处选配,保证过盈量为0.132~0.181mm,同齿轮箱内的两套

轴承应配对使用,其径向游隙之差不大于0.04mm。驱动轴承采用热涨法装配,应将轴承内圈悬挂在油池中或放在离油池底部一定高度的金属网架上,逐渐加热,最高温度不得超过120℃。轴承外圈装配时允许加热轴承座,轴承座的加热温度不得超过150℃。在轴承的安装过程中,当不能避免敲击时,应使用橡胶棒通过均匀敲击其侧面使其正确进入所需的位置,如用金属棒必须用青铜棒;无论在任何情况下均不允许敲击保持架。轴承安装时,其内、外圈应与相应的轴肩、止口密贴,允许有局部小于等于0.05mm,总长小于1/6圆周的间隙存在。密封结构中的定位块、挡油环、电机侧轴承内圈压盖、电机侧轴承外端盖、车轮侧轴承外圈压盖、车轮侧内圈密封环及电机侧、车轮侧轴承座与轴承组装时应保证各端面之间密贴。所有连接螺栓、螺钉及螺纹孔均用丙酮清洗后,涂乐泰螺纹锁固剂(乐泰243)。组装时,应先在齿轮空心轴装置中的迷宫密封装置内注入适量的润滑脂,以加强密封性能。

6)齿轮箱组装

齿轮箱体内外应清洁,不应有铸造砂粒等杂物存在,箱体内部的输油槽孔等应仔细清理干净以保持通畅。齿轮箱组装前,轴承、上下箱体、各轴承座、压盖等其他密封或定位件均须用煤油清洗干净,特别是其回油油道。齿轮箱组装后,用0.05mm塞尺在上下箱结合面处检查,塞入部分不得超过结合面宽度的1/3,任何结合面不得漏油。再用塞尺检查轴承内外压盖之间的间隙,位置不得少于三处(圆周上均布),检查间隙最少不小于0.6mm。(假定轴承径向游隙为0.4mm)。下列部位在组装时,应在接合面涂上乐泰平面密封胶(乐泰587),涂胶应均匀、适量:上下箱体的接合面;齿轮箱与电机端部 $\phi429$ 圆周接合面及与电机端面的贴合面;各轴承座与齿轮箱体的圆周接合面及端面的贴合面;各轴承外圈压盖(外端盖)与轴承座的圆周接合面;各轴承内圈压盖(内圈密封环)与从动此轮毂的圆周接合面。

7)橡胶关节

橡胶关节的物理机械性能应符合产品技术要求,须逐个逐组做负荷压力试验并有工作负荷标志。橡胶关节上与传动销配合的倒角部位,应打磨圆滑,以改善传动时的受力状态和传动效率。橡胶关节压装后,要注意翻边,不准有轴窜现象。

8)双侧六连杆传动系统组装

空心轴与传动盘组装后应做动平衡实验,不平衡量不超过设计图纸上的限度。在组装空心轴与车轮空心轴时应注意其与车轴的同心度。齿轮空心轴装置与轮对的连接应符合要求。

9)主动齿轮装配

检查主动齿轮与电机轴的锥面配合良好。主动齿轮锥孔与电枢轴的配合处,在热套前须检查锥面接触状态,接触面积不小于85%。检查电枢轴上注油孔是否有异物,用压缩空气进行清洁。用浸有酒精的白布将主动齿轮和电枢轴的配合面及定位面擦洗干净。采用热涨法组装,主动齿轮可在油池中加热(不得接触油池底部)或电磁感应加热,加热温度160~180℃。主动齿轮与电枢轴的配合采用 $\phi128_{-0.105}^{-0.105}/h6$,轴向紧入量为 $3.5_{0}^{+0.3}$ mm。

10)驱动单元安装

齿轮空心轴装置安装时,齿轮箱上下合箱面先不涂密封胶,轴承座与齿轮箱的连接螺栓及齿轮箱上下箱体的连接螺栓不涂乐泰紧固胶,螺栓稍许拧紧,保证在规定拧紧力矩的30%左右。轮对压装后,应在空心轴与车轴之间垫上防空心轴碰伤车轴的专用垫(如软橡胶等），然后通过专用吊具将轮对空心轴吊至安装台位上，固定、调平，使轮对空心轴各部件位置正确。将电机安放在组装台合适的位置，分离齿轮箱上箱，按要求组装齿轮箱上箱体与电机。箱体与电机的连接螺栓稍微预紧即可，暂时不涂螺纹锁固胶。调整安放电机台位位置，使电机与轮对空心轴处于合适的位置。将电机悬挂横梁安放在组装台合适的位置，调整其位置，使轮对空心轴、电机及电机悬挂横梁相对位置正确。组装时可通过拧松电机与上箱体的连接螺栓，使电机悬挂横梁既能与电机配合，又能使电机悬挂横梁与齿轮箱下箱体配合。各部件组装到位后，逐一拆下轴承安装座、齿轮箱上下箱体、齿轮箱与电机的连接螺栓，涂螺纹锁固胶，按要求预紧所有螺栓。驱动单元组装时，主动齿轮装配、齿轮空心轴装置、电机悬挂横梁的结合面应清除干净，连接时保证紧密贴合，连接螺栓按规定预紧力拧紧后，用 0.05mm 的塞尺进行检查，塞入深度不大于 15mm。组装后不允许有卡滞和扭曲变形等不正常现象。

安装作业环境应宽敞、干净、无污染物，尽可能在一个单独车间的专用安装台位上进行。该台位应具备使电机和电机悬挂横梁绕车轴中心的转动及向轮对空心轴装置的三向移动功能（进退、左右、升降），以便于驱动单元各安装部件间位置的调整。

故障案例

【案例 8-10】　HXD$_3$0090 机车牵引电机小齿轮裂损

2011 年 12 月 6 日，HXD$_3$0090 机车在运行途中有异音，回段进行动车检查，发现第 3 位电机位置处有异音传出。拆卸第 3 位齿轮箱侧盖，发现第 3 位小齿轮已严重裂损，如图 8-53 所示，电机锥轴也已严重磨损。

原因分析：小齿轮压入量过大造成小齿轮崩裂。

a)　　　　　　　　　　　　　　　b)

图 8-53　HXD$_3$0090 机车牵引电机小齿轮裂损

【案例 8-11】　HXD$_3$0187 机车齿轮箱上方安装螺栓松脱

2012 年 6 月 21 日，HXD$_3$0187 机车担当旅客列车牵引任务回段，检修车间专业化地检人员按照入库机车检查范围，检查发现该车第二位齿轮箱上方安装螺栓松脱，如图 8-54 所示。

原因分析：和谐型机车齿轮箱属于轮对驱动装置的一个部件，机车经长期运行后，齿轮箱上部安装螺栓受轮轨的冲击振动，加之日常受机车安装位置的影响不易检查发现，造成安装螺栓及锁紧螺母松动。

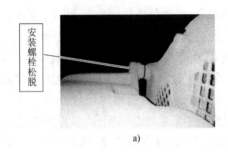 

图 8-54 HXD$_3$0187 机车齿轮箱上方安装螺栓松脱

【案例 8-12】 SS$_9$0002 机车轮对齿圈安装螺钉裂损

2013 年 3 月 18 日，SS$_9$0002 机车 1 次小修，早复检前轴报分析第 53 位齿轮一级报警 1 次，预警 9 次，要求打开齿轮箱做扩大检查，检查发现连接齿心与齿圈的安装螺钉裂损 2 条，如图 8-55 所示，安排落轮更换处理。

原因分析：由于安装螺钉存在缺陷，机车在长期运用中，安装螺钉受剪切力影响出现疲劳性缺陷开口，产生应力集中，最终在强大的轮对横向拉伸力的作用下，发生瞬间的脆性断裂。

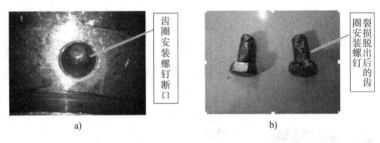

图 8-55 SS$_9$0002 机车轮对齿圈安装螺钉裂损

【案例 8-13】 SS$_{9G}$0122 机车大齿轮齿心安装螺钉松动

2014 年 10 月 9 日，SS$_{9G}$0122 机车入库，轴报转储分析 13 位齿轮 I 级报警 2 次，预警 9 次。拆检第 1 位齿轮箱，发现该位轮对齿心安装螺钉松动 2 条，落轮更换轮对及电机小齿轮，如图 8-56 所示。

图 8-56 SS$_{9G}$0122 机车大齿轮齿心安装螺钉松动

原因分析：①由于齿心安装螺钉工作环境比较恶劣，日常不易检查，在机车长期运行中，受到 I 系弹簧下强大的冲击振动，同时受到主、从动齿轮的交变载荷冲击振动，连接螺钉丝扣及齿心丝扣产生疲劳磨损,产生微动间隙,使得齿心安装螺钉发生松动。②机车在大中修组装轮对、电机时,由于空心轴套与电机接触面杂物未清理干净或存在凸台,造成轮对车轴与电机轴不平行,使得大、小齿轮啮合不良,机车在运行中产生异常振动,引起齿心安装螺钉发生松动。

【案例 8-14】 **$SS_8 0004$ 机车第 4 位轮对从动齿轮圆锥销裂损**

2015 年 6 月 16 日,$SS_8 0004$ 机车中修修程,解体发现第 4 位轮对圆锥销裂损一条,如图 8-57 所示,决定更换轮对处理。

原因分析:SS_8 型电力机车轮对齿心圆锥销存在结构性设计缺陷。

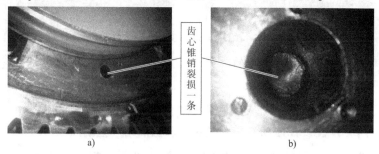

图 8-57　$SS_8 0004$ 机车第 4 位轮对从动齿轮圆锥销裂损

【案例 8-15】 **$HXD_{3C} 0275$ 机车第 1 位牵引电机轴温报警**

2015 年 8 月 4 日,$HXD_{3C} 0275$ 机车入库整备作业,司机下班预报 1~2 位报警,轴报数据转储分析发现,本次交路发生 1~2 位轴温报警 162 次,最高温度 112℃;1~2 位齿轮预警 11 次;Ⅰ级报警 7 次;轴承Ⅰ级报警 1 次。6A 地面数据库与专家系统中数据无法显示,经对轴报数据深入分析,判断电机轴承存在故障,如图 8-58 所示,对第 1 位故障驱动单元进行更换处理。

原因分析:SKF 电机轴承存在质量问题。

图 8-58　$HXD_{3C} 0275$ 机车第 1 位牵引电机轴温报警

【案例8-16】 $SS_9 0163$ 机车第3位齿心安装螺钉松动

2015年6月16日，$SS_9 0163$ 机车F6次修程，轴报分析该车一个往返交路33位齿轮预警5次，决定在修程中打开齿轮箱做扩大检查，发现第3位齿心安装螺钉松动2条，其中有一条螺钉可以用手直接拿出来，如图8-59所示。

原因分析：SS_9 型电力机车轮对齿心安装螺钉存在结构性设计缺陷。

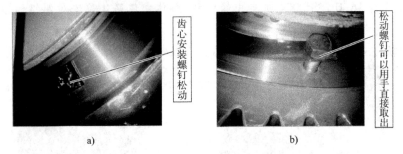

图8-59　$SS_9 0163$ 机车第3位齿心安装螺钉松动

【案例8-17】 $HXD_{3D} 0181$ 机车第6位齿轮箱放油堵严重漏油

2018年1月23日，$HXD_{3D} 0181$ 机车入库检查，发现第6位齿轮箱放油堵严重漏油，如图8-60所示。进一步检查齿轮箱油位，发现油位已经明显下降，经拆检放油堵发现箱体丝扣已经损坏，更换齿轮箱下箱体处理。

原因分析①经常化验油样，需频繁拆装放油堵，容易损坏丝扣造成漏油；②齿轮箱的结构强度设计不太合理，如采用钢丝螺套会延长箱体的使用寿命。

【案例8-18】 $SS_9 0160$ 机车轴报装置63位齿轮振动报警

2019年3月8日，$SS_9 0160$ 机车入库整备，轴报数据分析63位齿轮振动报警1次，预警8次。经拆检齿轮箱，检查齿心安装螺栓、圆锥销状态良好，齿轮油润状态良好，大小齿轮啮合面有偏磨现象，更换齿轮箱油，电机前吊拆装加垫调整，做质量跟踪观察，如图8-61所示。

原因分析①齿轮啮合不良，可通过调整牵引电机的悬挂点位置来减缓这种不良状态；②大、小齿轮的组装配对问题会导致齿轮的振动报警。

图8-60　$HXD_{3D} 0181$ 机车第6位齿轮箱放油堵严重漏油

图8-61　$SS_9 0160$ 机车轴报装置63位齿轮振动报警

【案例 8-19】 FXD$_1$0022 动力车第 3 位齿轮箱底部漏油

2019 年 4 月 24 日,FXD$_1$0022 机车入库整备,检查发现第 3 位齿轮箱底部漏油,如图 8-62 所示。

原因分析:FXD$_1$ 型动力车齿轮箱为铸铝结构,因铸件砂眼缺陷造成齿轮箱渗油。

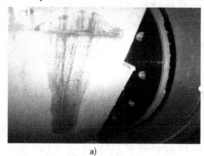
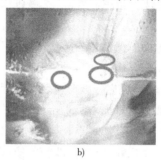

a)　　　　　　　　　　b)

图 8-62　FXD$_1$0022 动力车第 3 位齿轮箱底部漏油

任务实施

1. 教师下发学习任务工单(见本教材配套学习任务工单中任务 8.3),明确任务内容,并给出本次任务的实施方法与评价标准。

2. 学生课前研究学习计划、查找相关学习资源,按要求完成预习任务。

3. 教师进行课堂讲解、现场教学或操作演示。

4. 将学生按 5~8 人为限组成若干个学习小组,以小组形式组织讨论、交流。教师全程关注每个小组的学习进程,提出引导性意见,激发学生学习兴趣,提高学生自主学习能力。

5. 完成学习任务后,小组要进行总结汇报演讲,或针对实践技能的掌握进行实作演示,学生进行自我评分及小组评分,给出学习任务中的成绩。

6. 教师对学生测试检查或成果展示情况给出评分,并根据学生的自评分、互评分给出综合评分。

想一想

试列表比较 SS_{9G}、HXD_3、HXD_{1D}、FXD_3 四种机型的驱动单元各组成部分的结构特点。

知识拓展

检修技术指标

机车按归属权限划分为配属机车和非配属机车。其中,配属机车是指根据原铁道部配属命令,拨交铁路局(包括自购)及机务段保管、使用,涂有局、段标志,并在资产台账内登记的机车;非配属机车是指原配属关系不变,根据原铁道部命令,由他局、段派至本局、段入助及临时加入支配(含长交路轮乘)的机车。机车按指挥使用权限划分为支配机车和非支配机车。其中,支配机车又可分为运用机车与非运用机车,非运用机车包括检修机车、备用机车及其他。

检修机车(包括等待修理和修理中的机车)可进一步划分为定检机车、临修机车及其他检修机车,其中,定检机车指按机车检修规程规定的检修周期在承修单位修理、无动力待修和无动力回送的机车,以及属于承修单位责任而发生返工修理的机车;临修机车指两次定检间进行临时修理的机车,即机车因部件故障,不能按规定的时间完成整备作业,属于非正常故障修理;其他检修机车指中修机车涂漆、大中修机车回本段整修、进行加装改造项目、加入长期备用的机车。

机车检修技术指标能及时、正确地反映机车在检修中的数量、检修质量以及检修计划的执行情况,为编制检修计划、考核检修部门工作、分析检修工作中存在的问题、提出改进方案以及实施修制改革提供可靠的技术经济依据。

1. 检修机车台数

(1)检修机车现有台数是指机车技术状态不良或修程到期、在修理厂或机务段正在修理以及等待修理的全部机车。表示方法如下。

某一时点的检修机车台数:按各修程分别统计,说明现有机车检修工作量及性质。

检修机车台日数:所有在修和待修机车的停留时间总数除以24,说明在一天内平均有多少台机车处于修理状态。

(2)检修机车修竣台数是指检修部门施修完毕,经验收部门检验合格并办理交接手续的机车台数。它反映了检修部门实际完成的检修工作量,是编制机车检修计划、安排机车检修及检查机车检修计划执行情况的重要依据。

2. 机车检修率

机车检修率,也叫不良率,指在一定时期内,全路、一个铁路局或机务段平均每天的检修机车台数占支配机车台数的百分比。它反映的是全部支配机车中检修机车的比重。因此,它是以相对数字反映机车质量状态的技术指标。

$$机车检修率 = \frac{检修机车台日}{支配机车台日} \times 100\%$$

(1)检修率越高,表明不良机车台数越多,可供运用的良好机车就越少。因此,加强检修、保养,延长机车大修、段修走行公里,提高机车运用质量,就可降低机车检修率。

(2)按修程的不同,分别计算各修程的检修率:

$$大修率 = \frac{大修机车台日}{支配机车台日} \times 100\%$$

$$段修率 = \frac{检修机车台日}{支配机车台日} \times 100\%$$

$$总检修率 = 大修率 + 段修率$$

(3)临修率:直接反映机车技术状态和日常维护、保养质量,是表明机车可靠性的技术指标。可以通过加强各修程的质量管理,努力提高机车小辅修质量和机车日常维护保养等有效措施来降低机车临修率。临修率不包含在段修率之中,但应控制使其不超过段修率的1/3。

$$临修率 = \frac{临修机车台日}{支配机车台日} \times 100\%$$

3. 定检公里(或时间)

定检公里(或时间),指在一定时期内,全路、铁路局、机务段的机车在两次定检间所走行的公里数(或时间)。其中,客、货运机车以走行公里为单位,调机、补机、小运转及其他工作机车以日为单位。它是考核检修质量与保养质量的一种主要指标。延长定检公里(或时间),就可以节约机车修理费用,降低运输成本。同时,可使机车腾出更多的时间从事运输生产活动。为此,必须力争定检公里(或时间)的延长。

$$平均定检公里(或时间) = \frac{某种修程中每台修竣机车走行公里(或时间)的总和}{该种修程的机车修竣台数}$$

4. 修车时间(检修停时)

修车时间(检修停时),指机车处于某种修程中所占用的全部时间,是按不同修程分别统计的。每台检修机车的修车时间大致可分为待修时间和修理时间以及待送、回送时间(送往工厂或外段的机车)。它是考核检修部门修车效率的重要指标。在保证修车质量的前提下,修车时间越短,表明检修工作的进度越快,在一定时期内所能完成的修竣台数就越多。因此,加强检修工作管理,提高检修人员的技术业务水平,采用现代化的检测修理设备,实行配件互换修制以及推行专业化、集中修等措施,对缩短修理时间、提高修车质量具有重要作用。而缩短修理时间是缩短修车时间的主要环节。此外,应加强段内外和工厂内外各单位的协作与配合,为缩短待修、待送、回送时间创造有利条件。

$$平均修车时间 = \frac{各该修程的总修车时间}{各该修程的修竣台数}$$

复习思考题

1. 试述轮对的组成及功用。
2. 机车动轮踏面为什么要制成两段斜面?
3. 机车的蛇行运动是怎样形成的?有何利弊?
4. 试述机车轮箍弛缓的原因及检查判断方法。
5. 高速电力机车倾向于取消轮箍采用整体辗钢车轮,为什么?
6. 牵引电机的悬挂方式如何分类?各自适应的速度范围是什么?
7. HXD_3 型电力机车的牵引电机采用何种悬挂方式?有何优点?
8. HXD_{1D} 型电力机车的牵引电机采用何种悬挂方式?有何优点?
9. 在电力机车齿轮传动中,为什么单边齿轮传动采用直齿轮、双边齿轮传动采用斜齿轮?
10. 架悬式牵引电机是如何解决齿轮啮合的可靠性问题的?
11. 电力机车轮对空心轴牵引电机产生的转矩是如何从小齿轮传递到轮对的?
12. 简述 SS_{9G} 型电力机车双侧六连杆万向节传动系统的组成及功用。
13. 机车零部件修理方法的选择原则是什么?
14. 什么是机车故障率?机车故障率曲线分为哪几个阶段?
15. 机车检修率、定检公里和修车时间的具体含义是什么?控制这些指标有何重要意义?

项目9　牵引制动装置

项目描述

通过电力机车实物参观和 3D 动画演示,激发学生对电力机车牵引制动装置布局的兴趣。通过理论知识讲解和实践技能操作,引导学生掌握牵引杆装置和基础制动装置的结构组成及检修要求。通过小组 PPT 汇报和提问环节,检测学生对知识的掌握程度。

教学目标

☞ 知识目标

1. 掌握 SS_{9G}、HXD_3、HXD_{1D} 型电力机车和 FXD_3 型动力车的牵引制动装置结构组成。
2. 掌握 SS_{9G}、HXD_3、HXD_{1D} 型电力机车和 FXD_3 型动力车的牵引制动装置检修要求。
3. 了解机车检修数据管理与检修安全技术。

☞ 技能目标

1. 能说出牵引制动装置各组成部分的名称与作用。
2. 会对牵引杆装置和基础制动装置进行整备检查作业。

☞ 素质目标

1. 培养敬业爱岗、遵章守纪、乐于奉献的职业道德。
2. 养成精检细修、严守操作规程的工匠精神。

背景知识

牵引制动装置包括牵引杆装置和基础制动装置,其中,牵引杆装置属于车体和转向架无心盘连接中最常见的一种形式,既起连接作用,又传递牵引力和制动力,机车在通过曲线时,牵引杆装置能适应车体和转向架之间的横移和转动,同时承受车体和转向架之间的纵向冲击。为保证机车运行和停车安全,电力机车在构架上还设置了基础制动装置(含停放制动装置),常见的有踏面闸瓦制动和轮盘闸片制动两种形式。

一、车体与转向架连接类型

车体与转向架的连接主要分有心盘连接和无心盘连接两大类。

1. 有心盘连接

心盘设置于转向架的转动中心,既是传递重力和水平力的装置,又是转向架绕车体回转时的转轴。为了承担机车部分垂直重量,防止车体侧倾,除心盘外,在转向架两侧还安设有旁承,组成心盘与旁承共同承载的支承装置,如图 9-1a)所示。把心盘简化为中心销,作为转向架相对车体的回转中心,同时传递水平载荷,而全部垂直载荷由旁承来承担,就组成了中心销与旁承的支承装置,如图 9-1b)所示。不论是刚性旁承还是弹性旁承,都必须能适应转向架相对车体的偏转。旁承在构架上的位置,取决于重量分配的需要,一般要求左右对称,前后则不一定对称。当车体发生侧倾时,一侧旁承增载,另一侧旁承减载,这样,旁承和悬挂弹簧会发生反力矩,促使车体恢复正常状态。此类连接装置只允许转向架相对车体绕定点回转,不允许转向架相对车体横向位移,所以机车运行时的横向刚度大。

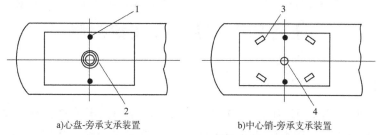

a) 心盘-旁承支承装置　　b) 中心销-旁承支承装置

图 9-1　有心盘(或中心销)的连接装置示意图
1-旁承;2-心盘;3-旁承;4-中心销

2. 无心盘连接

不设心盘,也无中心销,转向架无明确的回转中心,只能绕一个假想的回转中心(在一定范围内变动,而不是一个确定的点)回转,还可以相对车体进行适当的横移。牵引杆装置是无心盘连接中最常见的一种形式,除此之外,还有摆式连接装置。

1) 牵引杆装置

位于构架牵引座和车体牵引座之间的牵引杆装置作为转向架和车体之间的连接机构,其主要作用是传递牵引力或制动力。机车(动力车)运行时要求其不应该存在相对运动的约束,且能适应动力车车体与转向架之间的各种相对运动,其中包括转向架相对于车体的横动、在水平面内的回转,转向架相对车体的浮沉振动、点头振动及侧滚振动等。在机车(动力车)通过曲线或上下振动时,牵引杆装置能适应车体和转向架之间的横移和转动,同时承受车体和转向架之间的纵向冲击。为了充分发挥机车(动力车)的黏着重量利用率,一般要求将牵引点的高度尽量降低,与Ⅰ、Ⅱ系悬挂系统相配合,使牵引时的轴重转移最小。

SS 系列电力机车的牵引杆装置有中央布置和两侧布置两种方式,而 HXD 系列电力机车、FXD 型动力车的牵引杆装置均采用中央布置方式。

2) 摆式连接装置

转向架通过两个中央支承和旁承(均为弹性结构)来承受车体传来的重力,中央支承在机车纵向的刚度很大(不能产生倾斜),能可靠地传递牵引力和制动力,在横向的刚度则很小,可以发生较大的倾斜。这样,转向架相对车体既能回转一定角度,也能做适当的横向位移。为保持中央支承的横向稳定,在其中部左右侧安装了复原装置。

二、基础制动装置

为保证机车减速运行和停车安全,在转向架上设置了基础制动装置,包括单元制动器和停放制动装置。HXD_3、HXD_{1D} 型电力机车采用轮盘式单元制动器,而 SS 系列电力机车采用踏面式单元制动器。其中,踏面式单元制动器通过在制动器箱体内安装制动杠杆和闸瓦间隙自动调整机构,在箱体外安装制动缸、闸瓦及闸瓦托,整体组装好后可作为一个独立部件直接用螺栓连接到构架的制动器安装座上,这种单元制动方式具有结构紧凑、制动效率高、制动性能可靠等优点。

当机车停在较大坡道或较长时间停留在轨道上时,由停放制动装置自发施加制动,以防止机车发生溜逸,引起事故。SS 系列电力机车的停放制动装置有手动制动和蓄能制动两种形式,而 HXD 系列电力机车的停放制动装置均采用蓄能制动形式。

任务 9.1　牵引杆装置检修

任务描述

通过认知 SS_{9G}、HXD_3、HXD_{1D} 型电力机车和 FXD_3 型动力车的牵引杆装置结构组成,熟练掌握电力机车牵引杆装置各组成部分的名称与作用,培养团结协作意识,为后续任务的学习打下基础。

知识准备

一、常见牵引杆装置结构形式

1. 中央斜单杆推挽式牵引杆

牵引杆一端通过牵引座与车体底架牵引梁相连,另一端通过销与三角撑杆相连,三角撑杆通过销与三角架相连,三角架通过销与构架牵引梁相连,如图 9-2 所示。SS_{4G} 型电力机车采用中央斜单杆推挽式牵引杆结构,机车牵引点距轨面高度为 12mm(高度较低),减小了转向架的轴重转移,提高了机车的黏着牵引力,旁承采用橡胶堆。

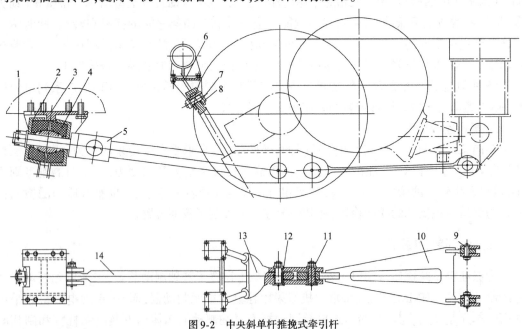

图 9-2　中央斜单杆推挽式牵引杆

1-六角开槽螺母;2-压盖;3-牵引座;4-牵引橡胶垫;5-牵引叉头;6-三角撑杆座;7、12-关节轴承;8、9、11-销;10-三角架;13-三角撑杆;14-牵引杆

1) 部件组成

中央斜单杆推挽式牵引杆装置由车体牵引座、牵引橡胶垫、压盖、牵引叉头、牵引杆、三

角撑杆、三角架等部件组成。①车体牵引座:由底板、立板和球形体焊接而成后,用 8 个 M36 螺栓安装在车体牵引梁下方;②牵引橡胶垫:用来缓和在牵引和制动过程中力的冲击,保证各部件之间的良好作用;③压盖:一个呈碗形的容器,底部开有孔,以便牵引叉头穿过;④牵引叉头:连接牵引杆和牵引座的重要部件,受力大,45 号锻钢件进行调质处理并探伤;⑤牵引杆:传递牵引力和制动力的关键部件,由牵引杆体和端头焊接而成,并要求用不低于母材性能的焊条焊接,焊后焊缝进行电磁探伤,不允许存在任何裂纹等缺陷,并进行去应力退火;⑥三角撑杆:铸锻焊接件,受力状态相当复杂,为保证其内在质量,在其加工处内部用超声波探伤;⑦三角架:分别与构架牵引梁和三角撑杆相连,组成一个稳定的三角形结构,传递机车的牵引力和制动力。

2)力的传递

牵引(制动)力:构架牵引梁→三角架、三角撑杆(座)→牵引杆→牵引叉头→压盖、牵引橡胶垫→车体牵引座→车体。

2. 中间推挽式牵引杆

牵引杆Ⅰ一端通过牵引座与车体底架牵引梁相连,另一端在牵引杆托板处通过销轴与牵引杆Ⅱ一端相连,牵引杆Ⅱ的另一端通过销轴与构架牵引梁相连,如图9-3所示。SS₈型电力机车采用中间推挽式牵引杆结构,机车牵引点距轨面高度为220mm,旁承采用圆弹簧。

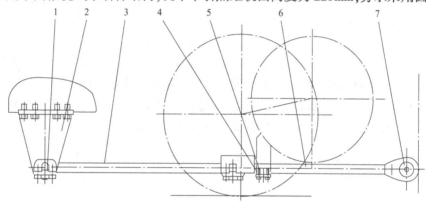

图 9-3 中间推挽式牵引杆
1-托板;2-牵引座;3-牵引杆(Ⅰ);4-牵引杆托板;5-磨耗板;6-牵引杆(Ⅱ);7-关节轴承

1)部件组成

中间推挽式牵引杆装置由车体牵引座、牵引杆Ⅰ、牵引杆Ⅱ、托板、连接板、磨耗板、关节球轴承等部件组成。①车体牵引座:ZG230-450 铸钢件,上方为长方形法兰,法兰上钻有 8 个 φ38mm 的通孔,用 8 个 M36 高强度螺栓固装在车体牵引梁下方,下方设有 1:10 的梯形槽,与牵引杆Ⅰ相连。②牵引杆Ⅰ:由关节轴、挡圈和牵引杆体组成。关节轴分为三瓣的外套、心轴,用橡胶硫将它们化成一个整体。牵引杆体由一根无缝钢管和两个端头组焊而成,经磁探不允许有裂纹等任何缺陷存在,并进行 600~650℃ 的退火处理,以消除焊缝区内的焊接应力。关节轴压装到牵引杆Ⅰ两端头内后,其两端靠挡圈固定在牵引杆Ⅰ上,使牵引杆Ⅰ形成万向联轴器结构;③牵引杆Ⅱ:45 号整体锻造件,一端装有关节球轴承,通过销轴与构架牵引座相连,另一端加工成爪形,设有 1:10 梯形槽,与牵引杆销轴相连。靠近爪形结构处用托板和连接板与牵引电机下支座相连,该支座只起支点作用,不承受牵引力和制动力。

2) 力的传递

牵引(制动)力:构架牵引座→销轴→关节轴承→牵引杆Ⅱ→销轴→关节轴承→牵引杆Ⅰ→关节轴承→销轴→车体牵引座→车体。

3. 双侧平行牵引杆

牵引杆一端通过牵引杆销与车体底架牵引座连接,另一端通过关节球轴承与拐臂连接,拐臂可绕拐臂销(固装在构架牵引座上)自由转动,以适应车体与转向架之间的偏摆和回转,连接杆通过连接杆销将左右两个拐臂连接起来,保证两侧牵引杆同步运动、传力保持均匀,如图9-4所示。直线运行时,牵引力由构架、拐臂、牵引杆传给车体;曲线运行时,拐臂销随转向架移向曲线内侧,拐臂和牵引杆同步转动,但不影响牵引力的传递。SS_{6B}、SS_{7E}和SS_{9G}型电力机车均采用双侧平行牵引杆装置。

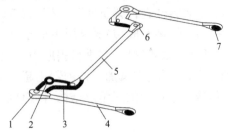

图9-4 双侧平行牵引杆
1-牵引杆销(Ⅰ);2-拐臂销;3-拐臂组装;4-牵引杆组装;5-连接杆组装;6-连接杆销;7-牵引杆销(Ⅱ)

4. Z字形低位斜拉杆

Z字形低位斜拉杆装置由拐臂座、拐臂、横向拉杆、水平牵引杆、斜牵引杆、牵引座和隔振橡胶等部件组成,如图9-5所示,水平牵引杆穿过导框,并在其内横向、纵向移动。斜牵引杆通过两个隔振橡胶弹性元件固定在车体的牵引座上。拐臂座固定在构架横梁下方,并通过拐臂将水平牵引杆和横向拉杆连成一体,以平衡横向力。图示为第一转向架牵引杆装置布置,而第三转向架牵引杆装置的布置与第一转向架相反,其距轨面的尺寸相同。括号内的尺寸为中间转向架牵引杆装置尺寸。SS_{7C}、SS_{7D}型电力机车的牵引杆装置为Z字形低位斜拉杆,由于牵引点高度较低,轴重转移量小,黏着重量利用率高。

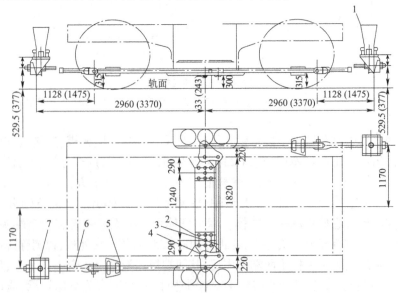

图9-5 Z字形低位斜拉杆
1-隔振橡胶;2-拐臂座;3-横向拉杆;4-三角连杆;5-水平牵引杆;6-斜牵引杆;7-牵引座

二、SS_{9G}型电力机车牵引杆装置

1. 部件组成

SS_{9G}型电力机车牵引杆装置采用以连接杆中截面为对称平面的双侧平行牵引杆结构形式,主要由牵引杆组装、连接杆组装、拐臂组装、牵引杆销(Ⅰ)、牵引杆销(Ⅱ)、连接杆销、拐臂销、衬套和关节轴承等零部件组成,如图9-6所示。各连接销套、关节轴承处用油脂润滑,以减少连接销套、关节轴承的磨损。该结构简单灵活,重量轻,销套磨耗少,拆卸方便。牵引点距轨面高度为460mm。

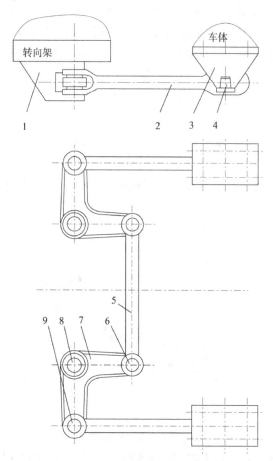

图9-6 SS_{9G}型电力机车双侧牵引杆结构

1-构架牵引座;2-牵引杆组装;3-车体牵引座;4-牵引杆销(Ⅱ);5-连接杆;6-连接杆销;7-拐臂组装;8-拐臂销;9-牵引杆销(Ⅰ)

1) 牵引杆组装

牵引杆组装由牵引杆、关节轴承、挡圈组成,一端通过牵引杆销(Ⅰ)、关节轴承与拐臂组装连接,另一端通过牵引杆销(Ⅱ)、关节轴承与焊接在车体侧面的牵引座连接,通过关节轴承适应车体与转向架之间的沉浮和偏摆,传递转向架与车体之间的牵引力和制动力。

2) 连接杆组装

连接杆组装由连接杆、衬套组成,转向架两边的拐臂组装通过连接杆用连接杆销连接起

来,以保证两侧牵引杆同步运动,特别是在机车通过曲线时,对车体产生一个阻力矩,提高机车的曲线通过能力。

3) 拐臂组装

拐臂组装由铸造的拐臂、关节轴承、挡圈、衬套组成,通过拐臂销安装在转向架构架的牵引座上,可以绕拐臂销自由转动,以适应车体与转向架之间的回转等。

2. 力的传递

牵引(制动)力:构架牵引座→拐臂销→拐臂组装→牵引杆销Ⅰ→牵引杆组装→牵引杆销Ⅱ→车体牵引座→车体。

在转向架侧梁外侧设有一个弹性横向止挡,它一方面限制车体相对于转向架的横向位移;另一方面,当转向架相对于车体有横向位移时,保证转向架的回转中心在一定范围内变动。牵引杆装置和横向止挡相结合的结构,可以起到传递纵向力、横向力和转向的作用。

三、HXD_3型电力机车牵引杆装置

HXD_3型电力机车牵引杆装置采用中央推挽式平拉杆结构形式,主要由牵引销装配、橡胶关节、安全索座、牵引杆体等部件组成,外形如图9-7所示,结构如图9-8所示。牵引杆是传递机车牵引力或制动力的关键部件,必须保证具有足够的强度和刚度。橡胶关节在传递机车牵引力或制动力的同时,保证机车车体与转向架之间的各种相对运动不受约束,并缓和传力过程中的振动冲击,保证各部件之间的良好作用。

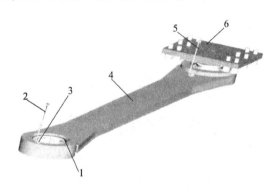

图9-7 HXD_3型电力机车中央推挽式平拉杆外形

1-橡胶关节;2、5-钢丝绳;3-安全索座;4-牵引杆体;6-牵引销装配

四、HXD_{1D}型电力机车牵引杆装置

HXD_{1D}型电力机车牵引杆装置采用推挽式低位单拉杆,安装在构架牵引横梁与车体之间,主要由车体牵引座、构架牵引座、牵引杆身及端头、牵引外筒、牵引橡胶筒、牵引内筒、下盖板(一)、下盖板(二)等部件组成,如图9-9所示。牵引杆由牵引外筒、牵引杆身及端头装配而成,其中牵引杆身和端头为焊接在一起的部件。牵引杆两端通过牵引橡胶筒和牵引内筒与牵引座相连,带有厚橡胶层的牵引橡胶筒满足车体和转向架之间的相对运动,可有效传递牵引力和制动力,并起到吸振降噪的作用。

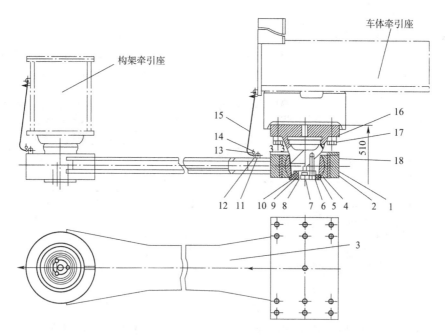

图 9-8　HXD₃ 型电力机车中央推挽式平拉杆结构

1-关节装配；2-牵引销装配；3-牵引杆体；4-托板；5-O 形圈（一）；6-螺钉（M24×130）；7-螺堵（一）；8-橡胶垫（一）；9-螺堵（二）；10-橡胶垫（二）；11-安全索座；12-销轴（B12×45）；13-销（2×16）；14-绳夹；15-钢丝绳；16-螺栓套管；17-螺栓；18-O 形圈

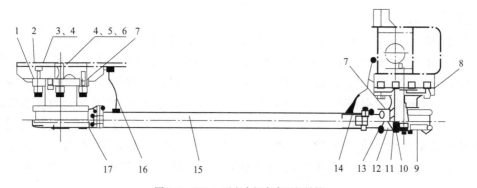

图 9-9　HXD₁D 型电力机车牵引杆结构

1-车体牵引座；2-弹性套；3-六角螺栓（M36×180）；4-乐泰胶（243）；5-六角螺栓（M36×60）；6-平垫圈（36）；7-锂基润滑脂（ZL—3）；8-塑料塞；9-下盖板（二）；10-下盖板（一）；11-构架牵引座；12-牵引内筒；13-牵引橡胶筒；14-安全钢丝绳（二）；15-牵引杆身及端头；16-安全钢丝绳（一）；17-牵引外筒

五、FXD₃ 型动力车牵引杆装置

FXD₃ 型动力车牵引杆装置采用低位倾斜单牵引杆，布置在动力车内侧，与转向架相连，侧牵引梁布置在转向架后端，以减少轴重转移（新轮起动状态下的计算黏着利用率为 94.17%），如图 9-10 所示。牵引杆通过螺栓分别与两端的牵引座筒相连，便于拆卸。牵引座筒通过一个弹性圈套在牵引销上，牵引杆与牵引座筒的配合面在安装时涂抹少量装配膏。

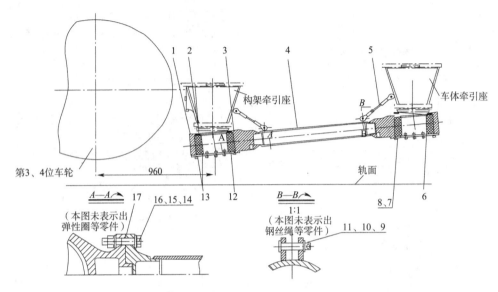

图 9-10 FXD₃ 型动车车牵引杆装置

1-牵引座筒;2-弹性圈;3-压盖;4-牵引杆;5-钢丝绳装配;6-压盖(一);7-螺栓(M12×35);8-防松垫圈 12;9-平垫圈 12;10-半光圆销(12×48×343);11-销(4×30);12-密封胶 LONGTERM 2PLUS;13-润滑剂 GLEITMETALL 70-85;14-螺栓(M24×110);15-平垫圈(24);16-防松螺母(M24);17-装配膏

六、SS$_{9G}$型电力机车牵引杆装置中修

1. 技术要求

(1) 构架上的牵引座不许有裂纹、开焊、变形,局部缺损时允许整修。

(2) 牵引杆、牵引杆销、拐臂销、连接杆销不许有裂纹;连接杆、拐臂不许有裂损、变形;关节轴承、隔套、压盖、防尘圈、挡板、托板须完好,不许有破损;所有螺栓及防缓件须完好。各销与套之间的间隙、牵引杆销Ⅱ与车体牵引座八字槽底面之间的间隙须符合限度表要求;侧面之间须密贴,局部间隙用 0.05mm 的塞尺检查,插入深度不许超过 10mm。组装后,各销套之间、销与关节轴承之间、关节轴承与牵引杆和拐臂之间、牵引杆和连接杆叉头与拐臂之间、构架上的牵引座与拐臂之间等的摩擦面须油脂润滑良好,各关节部位须转动灵活,不许有卡滞。

2. 主要限度

SS$_{9G}$型电力机车牵引杆装置中修主要限度见表 9-1。

SS$_{9G}$型电力机车牵引杆装置中修主要限度(单位:mm) 表 9-1

序 号	名 称	原 形	限 度	
			中修	禁用
1	连接杆销	$\phi 70_{-0.174}^{-0.1}$	≥$\phi 69$	
2	连接杆组装衬套	$\phi 70_{+0.15}^{+0.20}$	≤$\phi 70.5$	
3	拐臂销	$\phi 75_{-0.174}^{-0.1}$	≥$\phi 74$	

续上表

序　号	名　称	原　形	限　度	
			中修	禁用
4	拐臂组装衬套	$\phi75^{+0.30}_{+0.25}$	≤ϕ75.5	
5	连接杆销与套的间隙	0.25～0.374	0.25～1.5	≥1.5
6	拐臂销与套的间隙	0.35～0.474	0.35～1.5	≥1.5
7	牵引杆销Ⅱ与车体牵引座槽的底部间隙	3～8	3～8	≥0.5

3. 工艺要点

1）解体顺序

拆开牵引杆组装与牵引座及拐臂的连接→退出牵引杆→拆除连接杆与拐臂的连接→退出连接杆→拆除拐臂组装→用天车吊往工作场地。

2）检查修理

外观检查、探伤检查连接杆、牵引杆、拐臂（除漆探伤）、各销；拐臂局部缺损时允许开坡口焊修；各销磨耗量不大于0.5mm，与衬套间隙不大于1.0mm，超过时应更新；各螺栓、止动垫片不许有变形破损；各球关节、各类套、压盖、托板、挡板应完好无破损。

3）组装

按解体的反序进行组装，并注意：各圆销装配时，应在圆销上、衬套内、各关节轴承及叉头、端头摩擦面处涂润滑脂；固定圆柱销应紧配合，不得松动；组装后各关节部分应转动灵活，不得有卡滞现象。

七、HXD_{1D}型电力机车牵引杆装置检查与拆装

1. 定检修程检查

（1）C1、C2修检查要求。外观检查牵引杆装置不许有松动、脱落、缺失部件，牵引杆、车体牵引座各主要焊缝不许有裂纹。

（2）C4修检查要求。解体牵引杆装置，牵引座与法兰组件的连接焊缝进行磁粉探伤，不许有裂纹。牵引杆杆体与端头连接焊缝进行探伤检查，不许有裂纹；牵引内、外筒进行探伤检查，不许有裂纹。牵引橡胶筒不许老化开裂。更新拆卸的紧固件和垫圈。牵引杆及防脱落装置状态良好。

2. 拆卸工艺要点

（1）将机车放置在地沟上，使得在转向架下可以接近牵引杆装置。

（2）确保进行维修工作过程中机车不会移动，关闭所有电源，并保证不会重新充电，等1min的电容放电时间。

（3）将牵引杆拆卸小车放入地沟，并将其抬升到合适高度，使其承受牵引装置的部分重量。

（4）拆除开口销5×50和销轴，然后取下安全钢丝绳（一）和安全钢丝绳（二）。

（5）拆除开口销5×50，再拆除六角螺母M27×2，并取出六角头螺杆带孔螺栓M27×

2×90和弹簧垫圈27,拆下牵引杆组装。

(6)降下牵引杆拆卸小车,并将小车推出机车底部,用天车将牵引杆组装吊至检修台上。

(7)将牵引装置拆卸小车固定好车体牵引座,松开六角螺栓M36×180和六角螺栓M36×60,并取出六角螺栓M36×180、弹性套、六角螺栓M36×60和平垫圈36,利用工艺螺栓将车体牵引座顶出,并将车体牵引座吊运至检修台上。

(8)为拆除构架牵引座,将牵引装置拆卸小车固定好构架牵引座,先拆除开口销6.3×63,再拆除六角螺母M36,并取出六角头螺杆带孔螺栓M36×115和弹簧垫圈36,拆卸塑料塞C32.6,利用工艺螺栓拆下构架牵引座,并将构架牵引座吊运至检修台上。

(9)松开六角螺栓M20×1.5×60,并取出六角螺栓M20×1.5×60和弹簧垫圈20,利用工艺螺栓拆下盖板(一);松开六角螺栓M16×1.5×40,并取出六角螺栓M16×1.5×40和弹簧垫圈16,利用工艺螺栓拆下盖板(二)。

(10)可靠连接油压装置,缓慢将牵引外筒、牵引橡胶筒和牵引内筒分别从车体牵引座、构架牵引座上压出。用压力机压出牵引外筒上的牵引橡胶筒,取出牵引内筒。

3. 组装工艺要点

1)牵引橡胶筒的压装

(1)保证牵引外筒、牵引内筒和牵引橡胶筒的装配面清洁,通过压力机将牵引橡胶筒内侧装配面压入牵引内筒外侧装配面,再通过压力机将牵引橡胶筒外侧装配面压入牵引外筒内孔中,装上下盖板(二),用六角螺栓M16×1.5×40和弹簧垫圈16紧固,紧固力矩为170~180N·m。

(2)确保构架牵引座和牵引内筒配合锥面润滑良好,装配面上涂上锂基润滑脂ZL-3,六角螺栓M20×1.5×60涂上乐泰胶。将压装好的牵引橡胶筒和构架牵引座装配,使牵引内筒锥形面与构架牵引座锥形面接触良好。装上下盖板(一),用六角螺栓M20×1.5×60和弹簧垫圈20紧固,紧固力矩为350~380N·m。

(3)确保车体牵引座和牵引内筒配合锥面润滑良好,装配面上涂上锂基润滑脂ZL-3,六角螺栓M20×1.5×60涂上乐泰胶。将压装好的牵引橡胶筒和车体牵引座装配,使牵引内筒锥形面与车体牵引座锥形面接触良好。装上下盖板(一),用六角螺栓M20×1.5×60和弹簧垫圈20紧固,紧固力矩为350~380N·m。

2)构架牵引座的安装

保证构架牵引座和构架的装配面清洁,装配面上涂上锂基润滑脂ZL-3,对六角头螺杆带孔螺栓M36×115涂上乐泰胶。用千斤顶将构架牵引座压入构架装配面,并用M36增力扳手将用六角头螺杆带孔螺栓M36×115、六角螺母M36和弹簧垫圈36紧固,紧固力矩为2210~2280N·m。同时装好塑料塞C32.6,最后装好开口销6.3×63。

3)车体牵引座的安装

在车体的牵引座装配面上涂上锂基润滑脂ZL-3,六角螺栓M36×180和六角螺栓M36×60涂上乐泰胶。用千斤顶将车体牵引座压入车体装配面,并用M36增力扳手将用六角螺栓M36×180和弹性套紧固,紧固力矩为2350~2390N·m,装好六角螺栓M36×60和平垫圈36。

4) 牵引杆的安装

(1) 保证牵引外筒和牵引杆组装的装配面清洁,在六角头螺杆带孔螺栓 M27×2×90 上涂上乐泰胶,并用六角头螺杆带孔螺栓 M27×2×90、六角螺母 M27×2 和弹簧垫圈紧固,紧固力矩为 910~980N·m。最后装好开口销 5×50。

(2) 装好安全钢丝绳、销轴和开口销。

故障案例

【案例 9-1】 $SS_{7D}0009$ 机车左一牵引杆安装螺母外移

2011 年 11 月 10 日,$SS_{7D}0009$ 机车入库整备作业,检查发现左一牵引杆安装螺母松动,如图 9-11 所示,经技术人员确认,牵引杆后部安装螺母(M78)松出 8~10mm,防松螺钉已失效。

原因分析:由于防松螺钉未落槽,没有起到防松作用,机车在运行过程中受纵向牵引力及轮轨冲击振动后,牵引杆安装螺母发生松缓并外移。从设计结构分析,SS_{7D} 机车这种牵引杆安装螺母的防松措施存在结构性缺陷,对防松螺钉落槽落位的要求比较高,但是在安装过程中防松螺钉的落槽落位较难判断,一旦作业者粗心大意或责任心不强,极易发生防松螺钉安装不到位的情况,引起安装螺母松动、移位、脱落。

图 9-11 $SS_{7D}0009$ 机车左一牵引杆安装螺母外移

任务实施

1. 教师下发学习任务工单(见本教材配套学习任务工单中任务 9.1),明确任务内容,并给出本次任务的实施方法与评价标准。

2. 学生课前研究学习计划、查找相关学习资源,按要求完成预习任务。

3. 教师进行课堂讲解、现场教学或操作演示。

4. 将学生按 5~8 人为限组成若干个学习小组,以小组形式组织讨论、交流。教师全程关注每个小组的学习进程,提出引导性意见,激发学生学习兴趣,提高学生自主学习能力。

5. 完成学习任务后,小组要进行总结汇报演讲,或针对实践技能的掌握进行实作演示,学生进行自我评分及小组评分,给出学习任务中的成绩。

6. 教师对学生测试检查或成果展示情况给出评分,并根据学生的自评分、互评分给出综合评分。

想一想

试列表比较 SS_{9G}、HXD_3、HXD_{1D}、FXD_3 四种机型的牵引杆装置各组成部分的结构特点。

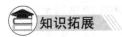知识拓展

检修数据管理

机车检修记录是指机车新造或到达规定的检修周期或走行公里后,按相应修程的工艺范围及要求,对机车或配件进行检修或试验时所填写的相关记录。

1. 检修管理资料

根据《机车检修工作要求及检查办法》(运机检修函〔2013〕220号)的规定,检修管理资料必须具备的项目详见表9-2。

检修管理资料项目列表 表9-2

序号	名称	主要内容	保存期限	备注
1	机车配属台账	机车型号、配属日期、配属电报号及原配属段、改配日期、电报号及单位、报废日期及原因、命令号等	永久	
2	机车运用、检修指标台账	各项有关指标的计划和实绩(按月、季、年填写)	永久	
3	机车中修台账	机车型号、所属段、中次、转入日期及时分、修竣日期及时分、检修时间、超时原因、"三一"情况、"一保"情况、修车公里、中修工作评定等级等	五年	中修段建立
4	机车小辅修台账	机车型号、修次、转入日期及时分、修竣日期及时分、检修时间、超时原因、"三一"情况、小辅修工作评定等级、小辅修公里等	三年	
5	机车走行公里登记簿	段别、机车型号、新造日期、转配日期(或到段日期)、小辅修日期、修次、实际周期;中修日期、修次、实际周期;大修日期、修次、实际周期;当月走行公里、中修后走行公里、大修后走行公里、新造出厂后累计走行公里或运用期限等	永久	
6	机车技术改造登记簿	技术改造项目、改造依据、机车型号及完成日期等	永久	
7	机车设备故障登记簿	顺号、发生日期、机车型号、上次修程、上次修程后走行公里或运用期限、故障概况、发生原因、分析日期、防止措施、责任部门、责任者等	永久	
8	机车临修登记簿	顺号、发生日期、机车型号、上次修程、上次修程后走行公里或运用期限、故障概况、发生原因、分析日期、防止措施、责任者等	三年	
9	机车碎修统计簿	月份、机车型别、机车部件别、碎修件数、合计件数等	三年	

续上表

序号	名称	主要内容	保存期限	备注
10	机车大修质量状态登记簿	机车型号、大修保证期内的主要质量问题等	五年	
11	机车主要部件破损登记簿	日期、机车型号、在运用及各种修程中发生或发现的主要部件破损情况等(综合登记或按专业登记)	永久	
12	机车中修工作记录簿	日期、中修解体情况、中修工作评定情况、机车保养工作情况等	二年	中修段建立
13	机车小辅修工作记录簿	日期、小辅修汇报情况、小辅修工作评定情况、机车保养工作情况等	二年	
14	机车履历簿	按现有规定切实填写	永久	
15	工、卡、量具及仪表台账	顺号、名称、类型、编号、制造厂、制造厂编号、领用日期、保管单位、变动情况等	永久	
16	计量器具履历卡	名称、类型、编号、制造厂、制造厂编号、测量范围、刻度值、精度制等、检定周期、保管单位、使用者;检定日期、检定修理主要内容、鉴定单位、检定结论、检定员等	永久	
17	检修工艺装备履历表	名称、编号、制造单位、用途、检修周期、保管单位、检修日期、检修主要内容、检修者等	永久	
18	机车互换配件台账	各种互换配件名称、数量及变动情况等	永久	

2.检修数据分析

1)机车临修登记票数据分析

机车临修登记票,也称"机统-6",是记录机车临时修理情况,考核机车质量及检修工作成绩的原始单据,是机车运用过程中故障提报、抢修和处理后验收作业的重要凭证,是对机车运用中反映的质量信息进行数理统计、分析的基础。通过对"机统-6"的数据分析,能及时发现和处置质量隐患,并对惯性质量问题及时采取针对性控制措施。

2)机车定期检修报活登记簿数据分析

机车定期检修报活登记簿,也称"机统-28",记录定检机车请求检修的项目情况,必须按规定的格式和机车部件分类顺序填写,复检或检修中发现超范围的其他活件按机车部件分类登记。通过对"机统-28"的数据分析,对提报或发现的其他活件及时进行整修,对超范围修情况做好分析,结合每年检修工艺范围的修改,纳入机车小修、辅修检修范围,确保适用有效。

3)交流传动机车微机数据分析

交流传动机车通过微机控制实现网络化、模块化,控制系统具有控制、诊断、监测、传输、显示和存储功能。采用特定的分析软件,对系统内存储的故障记录进行下载。通过科学的统计分析,判断机车是否存在故障,帮助检修或运用人员及时进行处置。

4）车载安全防护系统数据分析

车载安全防护系统,也称"6A"系统,是针对机车运行过程中危及安全的重要事项、重点部件和部位,在前期已有的各分散机车安全设备的基础上,完善功能、综合集成,形成完整的系统性、平台化的安全防护装置,用于提高机车防范安全事故的能力。通过对"6A"系统的数据分析,可以实时监控机车质量信息及乘务员按标作业情况,并为判断机车故障及分析运行信息等提供数据支持。

5）走行部车载监测装置数据分析

走行部车载监测装置是安装在机车上、用于早期预警和实时报警走行部故障、保障行车安全的重要设备。通过对该装置的数据分析,可以发现轴箱轴承、牵引电机轴承及传动齿轮等方面的报警信息并及时进行处理,确保走行部的绝对安全。

3. 机车(电子)履历

机车履历簿是记载机车历史和现实状态的技术档案,是做好机车运用、检修和技术管理工作的重要依据,是厂、段之间有关机车质量信息传递的重要渠道。根据各型机车主要部件配置情况,内燃机车履历簿包括柴油机、增压器、牵引发电机、牵引电机、轮对、转向架等主要部件分册;电力机车履历簿包括主变压器、牵引电机、真空断路器、受电弓、牵引风机、主变流柜、列车供电柜、轮对、转向架等主要部件分册。

交流传动机车软件电子履历包括机车控制系统软件、功能模块软件、CMD系统(中国机车远程监测与诊断系统)及软件、制动机系统及软件、蓄电池监控单元、列车供电控制系统、微机屏等机车主要部件的履历,并能通过软件升级不断优化机车控制性能,满足不同的牵引需求。

除此之外,还有交流传动机车"6A"系统电子履历、CMD系统技术履历。

任务9.2　基础制动装置检修

任务描述

通过认知 SS_{9C}、HXD_3、HXD_{1D} 型电力机车和 FXD_3 型动力车的基础制动装置结构组成,熟练掌握电力机车单元制动器和停放制动装置各组成部分的名称与作用,培养团结协作意识,为后续任务的学习打下基础。

知识准备

一、SS_{9C} 型电力机车单元制动器

如图9-12所示,SS_{9C}型电力机车基础制动装置为每台转向架装有6套具有自动调整闸瓦间隙功能的踏面单元制动器,单元制动器有 JDYZ—4A(图9-13)和 JDYZ—4B 两种结构形式,其区别在于后者能与停车制动装置相连,在每套单元制动器上均配置2块粉末冶金合成闸瓦。

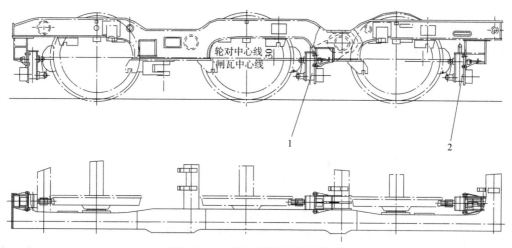

图 9-12 SS₉G型电力机车基础制动装置
1-JDYZ—4A型单元制动器；2-JDYZ—4B型单元制动器

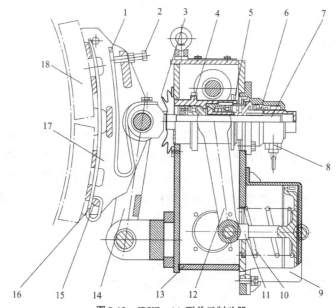

图 9-13 JDYZ—4A型单元制动器
1-闸瓦定位弹簧；2-调整螺钉；3-防尘罩；4-调整机构；5-引导机构；6-挡套螺母；7-传动螺杆；8-锁紧机构；9-制动缸；10-复原弹簧；11-鞲鞴；12-杠杆；13-箱体；14-闸瓦托杆；15-销；16-闸瓦钎；17-闸瓦托；18-闸瓦

1. 主要技术参数

制动缸直径 ϕ190mm、制动倍率 4、紧急制动时制动缸压力 450kPa、每个闸瓦托上的闸瓦压力 43kN、制动效率 85%、闸瓦间隙 5~8mm、一次最大闸瓦磨耗补偿量 7mm、单个重量 80kg。

(1) 动器型号：制动缸直径×制动倍率。
(2) 制动倍率 = 闸瓦压力/制动原力（图 9-14）。
(3) 机车制动率 = 机车闸瓦总压力/(机车重量×9.81)。
(4) 动效率 = 实际闸瓦压力/理论计算压力。

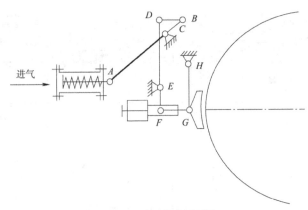

图 9-14 制动倍率原理图

AB-斜杆；BD-叉杆；DF-竖杆；FG-闸瓦间隙调节器；HG-吊杆

当机车施行制动时，压缩空气由总风缸经减压阀进入制动缸推动活塞，压缩缓解弹簧，使斜杆 AB 以 C 为支点反时针转动，通过叉杆 BD 将作用力传至竖杆 DF，使 DF 以 E 为支点反时针转动。最后通过闸瓦间隙调整器 FG，将 F 点的作用力经闸瓦压到车轮踏面上，从而产生制动作用。所以活塞的推力经斜杆和竖杆放大了 $\left(\dfrac{AC}{CB}\times\dfrac{DE}{EF}\right)$ 倍，此倍数称为制动倍率。

2. 制动与缓解工作原理

当司机实施制动时，制动缸内充入压力空气，鞲鞴推动杠杆，杠杆推动间隙调整机构，间隙调整机构带动传动螺杆及闸瓦托一起向车轮踏面方向移动，从而实现机车制动。当司机实施缓解时，制动缸内压力空气排出，鞲鞴在复原弹簧的推动下，分别带动杠杆、间隙调整机构、传动螺杆、闸瓦托一起向相反方向运动，闸瓦离开车轮踏面，从而执行机车缓解。

为了使闸瓦上下端与车轮踏面间隙均匀，可用设在闸瓦托上的调整螺栓调整闸瓦托的位置，以实现调整闸瓦间隙均匀的目的。用调整螺栓调整好闸瓦间隙后，一定要把设在调整螺栓上的锁紧螺母锁紧，以防机车运行后调整螺栓松动，导致闸瓦间隙不均或闸瓦贴靠车轮踏面。

3. 闸瓦间隙自动调整原理

机车在运用过程中，由于闸瓦和轮箍踏面的磨耗，闸瓦间隙会越来越大。为了消除增大的间隙，该制动器具有自动补偿闸瓦磨耗间隙的功能，如图 9-15 所示。

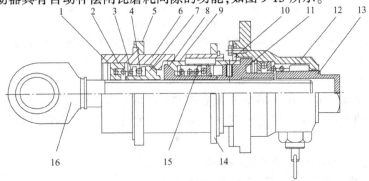

图 9-15 单元制动器间隙调整机构

1-卡环；2-导向套；3-调整弹簧；4-轴承；5-力推挡圈；6-调整螺母套；7-调整螺母；8-导向螺母；9-导向螺母套；10-压圈；11-调隙挡；12-端盖；13-挡套螺母；14-复位挡圈；15-弹簧；16-传动螺杆

当单元制动器执行制动时,传动螺杆的左移带动导向螺母、导向螺母套、调隙挡左移。如果制动前闸瓦与踏面间隙小于调隙挡与压圈之间的间隙 X,则在制动全过程中,导向螺母、导向螺母套、调隙挡与传动螺杆左移量相等。如果制动前和制动中闸瓦间隙大于 X,设为 $X+a$,则当传动螺杆带动导向螺母、导向螺母套、调隙挡左移 X 后,由于调隙挡被压圈挡住,不能继续左移,导向螺母套也不能继续左移,这时传动螺杆和导向螺母的左移压缩调整弹簧3,导向螺母与导向螺母套间的锥形齿啮合脱开。由于导向螺母与传动螺杆之间是通过不自锁螺纹连接的,故此时导向螺母在调整弹簧的弹力作用下,绕传动螺杆旋转后退,而不再随之左移。在制动过程中,传动螺杆左移了 $X+a$,而导向螺母、导向螺母套和调隙挡只左移了 X。

当单元制动器执行缓解时,杠杆推动复位挡圈带动调整螺母套、导向套、调整弹簧、调整螺母、传动螺杆、导向螺母、导向螺母套、调隙挡右移,当右移行程达到 X 后,调隙挡被端盖挡住,传动螺杆、导向螺母、导向螺母套也不能继续右移。由于此时传动螺杆不能右移,调整螺母也不能右移。而调整螺母套的继续右移便与调整螺母的锥形齿啮合脱开。由于调整螺母与传动螺杆之间也是通过不自锁螺纹连接的,所以调整螺母在调整弹簧的弹力作用下绕螺杆旋转后退,直到调整螺母套被导向螺母挡住,调整螺母套与调整螺母的锥齿重新啮合,此时缓解到位。在这一过程中,间隙 a 被消除,闸瓦与踏面间的间隙仍保持 X,即闸瓦间隙得到了自动调整。

二、HXD_3 型电力机车单元制动器

HXD_3 型电力机车采用轮盘式单元制动器,每个车轮安装一套独立的单元制动器,每个转向架还装有两套带有弹簧停车储能制动的单元制动器,安装在第一、六轴车轮上,如图9-16所示。当机车制动时制动单元得到压缩空气,通过制动缸鞲鞴推动卡钳和闸片,压力作用到安装在车轮辐板上的摩擦盘上,使闸片与摩擦盘产生摩擦,消耗功率,将动能转变为热能散发掉,从而使机车达到减速或停车的目的。

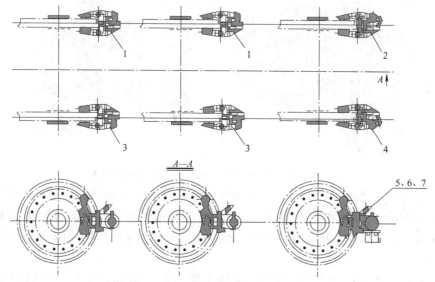

图9-16 HXD_3 型电力机车基础制动装置布置图

1-制动单元(右);2-制动单元(弹簧停车右);3-制动单元(左);4-制动单元(弹簧停车左);5-螺栓(M16×70);6-螺母(M16);7-弹簧垫圈(16)

轮盘制动和踏面制动同属于摩擦制动方式，但轮盘制动相对于踏面制动有如下优点：

（1）传统的踏面（闸瓦）制动方式大部分热能由车轮和闸瓦来承担。随着机车速度的提高和载重的增大，车轮的制动热负荷也相应增加。轮盘制动代替了闸瓦对车轮踏面的摩擦，增大了摩擦接触面积，改善了热负荷传递条件，也减少了车轮的磨耗，延长了车轮的使用寿命，改善了运行品质，保证了行车安全。

（2）在轮盘制动装置中，作为摩擦副的制动盘和闸片的材质及结构，可根据制动的要求进行多种方案的选择，可以获得较高的摩擦系数，并且比较稳定，受速度的影响小。因此可以减小制动压力，制动缸及杠杆的尺寸都可以缩小，减轻了制动装置的重量。

（3）轮盘制动装置的散热性能比较好，摩擦系数稳定，能得到较恒定的制动力。它的热容量允许它采用较高的制动率，可以在更高的速度下制动，获得较高的减速度，也就缩短了制动距离。

（4）轮盘制动装置结构紧凑，制动效率高，便于装拆和维护。

轮盘制动装置包括单元制动缸（常用单元制动缸和带停放单元制动缸）、制动盘、闸片及夹钳，如图9-17所示。常用制动单元是由制动缸作用部与闸片间隙调整器组成的一个独立的制动单元结构。闸片间隙调整器可以使闸片和制动盘磨耗过大后使盘片间隙得到自动调整，使间隙始终保持在正常的数值范围内。带停放单元的制动单元是由常用单元制动作用部与弹簧停放作用部组成的一个独立制动单元。当用于正常的制动时，弹簧停放缸得到压缩空气，弹簧停放缸缓解。然后缸内一直保持420～450kPa的压力空气。其常用制动缸作用与不带停放单元制动缸相同。

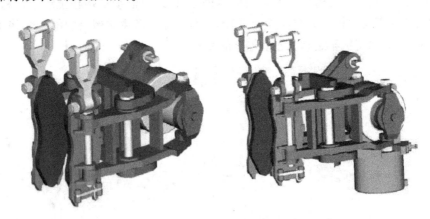

图9-17　盘式制动单元外形（右图为带停放的制动单元）

当用于停车制动时，弹簧停放制动缸排气，弹簧停放缸实施制动。通过停放弹簧的弹力带动楔块拉杆机构，带动常用制动缸的活塞部分，推动夹钳，使闸片抱紧制动盘，实现停车制动或坡道停车制动。停车制动或坡道停车制动后，拉动手动缓解拉柄，可对弹簧停放缸进行手动缓解。

制动盘材料采用高强度合金铸铁，结构为带散热筋的环状结构。通过均布的6个ϕ25圆键和18个M12的10.9级高强度螺栓、全金属锁紧螺母安装在机车车轮辐板上，如图9-18所示。制动盘抗热温度不小于400℃；闸片为合成材料，它采用标准的燕尾插装式安装在闸片托上。制动盘与闸片的平均摩擦系数为 0.35。

三、HXD_{1D}型电力机车轮盘式制动装置

为适应客运机车的高速要求,HXD_{1D}型电力机车的基础制动装置采用轮盘式制动装置(图9-19),包括轮装式制动盘和制动钳单元,其优点是制动功率大、制动性能可靠、使用维护性好、产品互换性好、性能先进、对踏面无损伤。随着世界铁路的不断发展,追求高速和重载化的发展方向,轮盘制动装置也得到了日益广泛的运用。

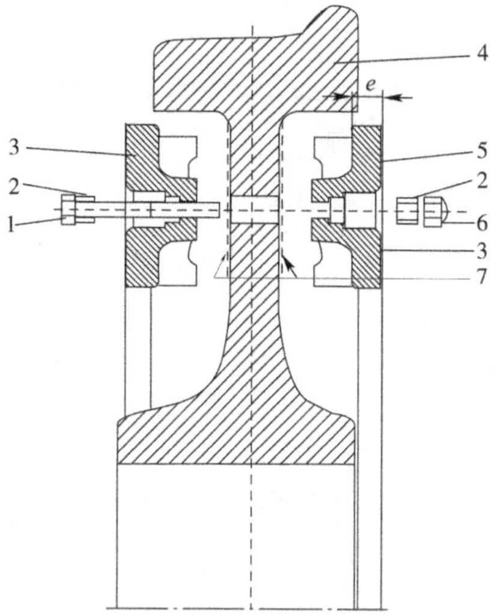

1. 轮装式制动盘

HXD_{1D}型电力机车轮装式制动盘由内、外两个摩擦片组成,摩擦带厚度以及散热片的数量和设计形式应使摩擦片的温度保持在允许范围内,并将热负荷和机械负荷降至最小。散热片除散热功能外,还用于将摩擦片支离开车轮。为了对车轮上的制动盘进行固定、对中以及传递制动扭矩,制动盘通常有6个滑块和12个螺纹连接件。滑块为圆柱形构件,带有O形环,用于安装时将滑块保持在正确位置。滑块削平的两端卡入摩擦片背面的定心槽中。滑块不仅用于使摩擦片在车轮上对中以及摩擦片彼此对中,还可避免摩擦片单个转动,使螺纹连接件不必承受弯曲应力。螺纹连接件由特殊结构(一直到螺栓头都有螺纹)的螺栓、伸缩套管、套管螺母组成,根据不同的制动盘设计形式,也可以使用膨胀螺栓。螺纹连接件的主要特点是将摩擦片固定在车轮上,还必须能抵抗进行制动操作时产生的极大的机械负荷,由于所定义的螺栓预应力,还必须允许一定的受热膨胀。车轮制动盘在尺寸方面通常设计为摩擦面与轮辋的外表面齐平,制动盘在制动时由于与制动闸片摩擦而发热,通过车轮转动时通风作用所引起的气流可以使其冷却,空气从制动盘与车轮隔片之间流过,通过径向排布的散热片将热量排走,如图9-20所示。

图9-18 HXD_3型电力机车制动盘安装
1-六角螺栓;2-膨胀管套;3-摩擦盘(外侧,内侧);4-轮缘;5-摩擦表面;6-螺母;7-接触表面(涂有Molykote D321 R);e-摩擦带厚度

2. 制动钳单元

克诺尔公司的制动钳单元在盘式制动装置中作为常用制动器(RZ43UP10XS14)或常用及停放制动器(RZ43UF10KWS14)使用,两种型号又根据制动缸的型号和安装位置的不同分为左置式和右置式。制动钳单元是制动钳和制动缸的组合,其中包含的制动闸片和制动盘磨损后可以自行调整,这样使得正常运行所必需的制动闸片和制动盘之间的间隙几乎保持恒定。常用及停放制动器的制动钳单元有一个带弹簧储能器的制动缸,一旦无压缩空气,利用后者即可对泊好的机车进行制动,以防止溜车。

1)结构组成

RZ43UP10XS14常用制动器主要由制动缸、制动钳、闸片托、闸片及各杆销组成,如图9-21所示。

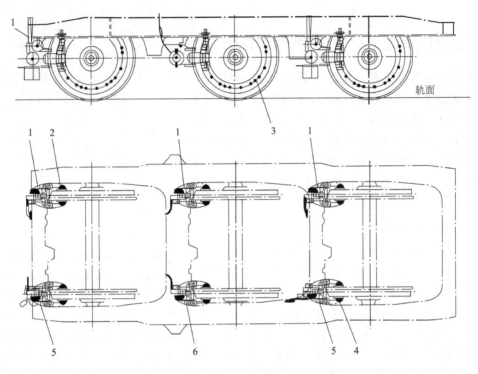

图 9-19　HXD$_{1D}$ 型电力机车制动器配置图

1-盘式制动装置(右);2-闸片(右);3-轮装式制动盘;4-闸片(左);5-盘式制动装置(带弹停装置);6-盘式制动装置(左)

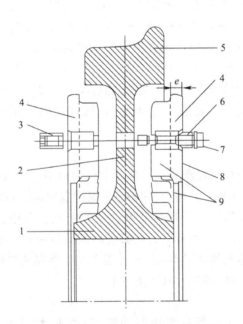

图 9-20　HXD$_{1D}$ 型电力机车轮装式制动盘

1-轮毂;2-车轮隔片;3-螺母;4-摩擦片(外侧、内侧);5-轮缘;6-套筒;7-螺栓;8-摩擦表面;9-散热片;e-摩擦带厚度

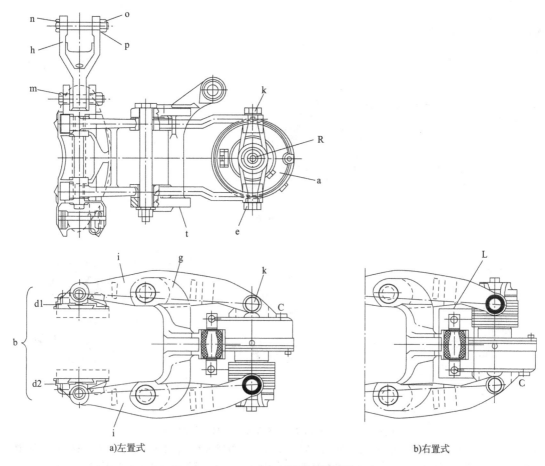

图 9-21 RZ43UP10XS14 常用制动器结构组成

a-制动缸；b-制动钳；d1、d2-制动闸片托架；e-排气螺栓；g-拉杆；h-吊耳；i-制动杠杆；k-轴位螺栓；m、n-螺纹销；o-垫片；p-防松螺母；t-铭牌；L-支点支座；R-制动缸上的复位螺母；C-常用制动缸的压缩空气接口

RZ43UF10KWS14 常用及停放制动器主要由制动缸、制动钳、停放缸、闸片托、闸片及各杆销组成，如图 9-22 所示。

制动钳单元借助三点支承固定在转向架上，三点支承包括支点支座和两个吊耳，后者通过螺纹销与制动闸片托架铰接连接。支点支座 L 是一个用螺纹安装在转向架上的弹性元件，吊耳用螺纹销固定在转向架上。制动钳为预装好的组件，它由两根通过拉杆铰接起来的扭转刚性的制动杠杆组成，制动杠杆的一端分别固定支承在制动闸片托架上，另一端有螺纹孔，用于安装制动缸轴承的轴位螺栓。弹性元件和螺栓铰接使得制动钳单元能够与轮轴的轴向运动相适应。

2) 工作原理

在实施常用制动时，制动缸充风，制动闸片托架连同制动闸片压在制动盘上即形成制动力；为使常用制动器缓解，制动缸放气，制动缸中的复位弹簧驱使制动杠杆进入缓解位置。停放制动器制动时，弹簧储能器排气，闸瓦借储能弹簧的力靠在制动盘上。为使停放制动器缓解，弹簧储能器充风(缓解压力)，储能弹簧张紧时，制动杠杆被推入缓解位置。如果没有缓解压力，则可以手动借助机械紧急缓解装置，将抱闸的停放制动器松开(如需进行调车时)。

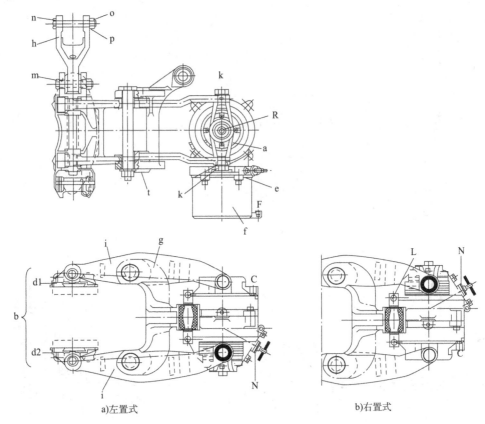

图 9-22　RZ43UF10KWS14 常用及停放制动器结构组成

a-制动缸；b-制动钳；d1、d2-制动闸片托架；e-排气孔；f-弹簧储能器；g-拉杆；h-吊耳；i-制动杠杆；k-轴位螺栓；m、n-螺纹销；o-垫片；p-防松螺母；t-铭牌；L-支点支座；N-紧急缓解装置；R-制动缸上的复位螺母；C-常用制动缸的压缩空气接口；F-弹簧储能缸的压缩空气接口

3）安装调节

（1）所有销栓和轴套都要涂上润滑材料。

（2）用合适的起重装置将制动钳单元提到转向架中，将支点支座用 2 枚螺栓固定。

（3）将吊耳连同螺纹销、垫片和防松螺母装入转向架中，防松螺母的拧紧力矩为 $(70+30)\text{N·m}$。

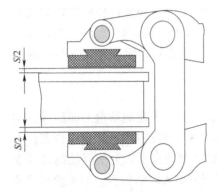

图 9-23　制动钳单元的闸瓦间隙示意图

（4）去除起重装置。

（5）将制动闸片推入闸片托架并锁紧。

（6）将压缩空气管道连接在接口 C 和 F 处。

4）间隙检查

在制动盘上进行间隙检查之前，要在驾驶台上采取保护措施，以确保处于缓解状态的制动器不会制动。使制动钳单元的一个闸瓦压紧制动盘，测量另一个闸瓦到制动盘的间距，此距离必须为所要求的闸瓦间隙 S。对于自由悬挂的制动钳单元，每个闸瓦处必须有 $S/2$ 的间隙，如图 9-23 所示。当闸瓦间隙太小时，参阅表 9-3。

5) 故障查找（表9-3）

故障查找　　　　　　　　　　　　　　　表9-3

故障现象	原因分析	排除方法
操作常用制动器时，在接口C处不断有空气泄漏	管路螺纹连接不密封	拧紧管接口或更换密封件，并检查气密性
操作停放制动器时，在接口F处不断有气漏出		
在不带弹簧储能器的制动钳单元上的排气螺栓处持续有压缩空气逸出	制动钳单元损坏	拆卸制动钳单元送修
带弹簧储能器的制动钳单元的排气孔处持续有压缩空气逸出		
制动力太小或太大	制动缸压力太小/太大	检查制动系统
	制动钳单元损坏	拆卸制动钳单元送修
制动闸片单侧磨损	转向架中闸瓦位置或制动钳的位置与制动盘不平行	检查制动钳吊架，排除造成位置倾斜的原因
		如果不能解决，拆卸制动钳单元送修
装入新的制动闸片后闸瓦间隙S太小或无间隙	制动缸(a)的调整转轴没有完全复位	用复位螺母R将调整转轴拧回到止挡位

四、FXD_3型动力车轮盘式制动装置

FXD_3型动力车基础制动采用轮盘制动方式，每个车轮安装一套独立的单元制动器，每个车轴装有一套单元制动器带弹簧停车储能制动，如图9-24所示。

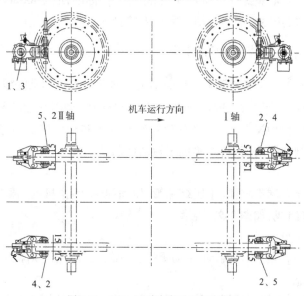

图9-24　FXD_3型动力车基础制动装置

1-螺栓(M16×70)；2-制动闸片；3-防松螺母(M16)；4-制动单元(带弹停)；5-制动单元

1. 结构组成

当动力车制动时,制动单元得到压缩空气,通过制动缸鞲鞴推动卡钳,通过闸片将压力作用到安装在车轮辐板的摩擦盘上,使闸片与摩擦盘间产生摩擦,消耗功率,将动能转变为热能散发掉,从而使动力车达到减速或停车的目的。每个车轮配有一个踏面清扫单元,配合制动单元的动作,清扫车轮圆周表面的杂物及油污,增加动力车和钢轨的摩擦系数。盘式制动单元外形如图 9-25 所示。

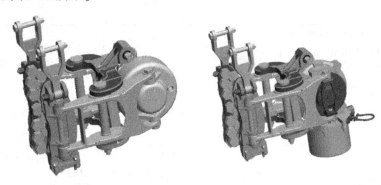

图 9-25　盘式制动单元外形(右图为带停放的制动单元)

2. 基本技术参数

运营速度:160km/h;车轴数:4;轴重 Q:19.5t;车轮直径(全新):1250mm;车轮宽度:140mm;紧急制动制动缸压力(Pz):(450±10)kPa;每轴制动缸个数:2;常用单元制动缸个数:8;停放单元制动缸个数:4;制动盘摩擦半径:460mm;每轴制动盘个数:4;制动盘内/外直径:ϕ1060mm/ϕ790mm;制动盘安装厚度:52mm;闸片厚度:34mm;制动距离(160km/h)≤1400m;轮盘温度限值≤400℃;制动盘材质:铸钢;传动效率(紧急制动时)>0.95(扣除缓解弹簧力)、>0.85(含缓解弹簧力);制动闸片满足 UIC 标准面积 400cm^2;闸片材料:粉末冶金;闸片平均摩擦系数:0.30~0.35;闸片磨耗限值:14mm。

五、SS$_{9G}$型电力机车停放制动装置

SS$_{9G}$型电力机车在每台转向架第三位轮对处设置 2 套停放制动装置,每套装置由蓄能制动器、调整螺母、拉杆、水平杠杆、连杆、竖杠杆等部件组成,如图 9-26 所示,蓄能制动器通过螺栓直接安装在转向架构架上,机车停车后其所产生的制动力依次通过拉杆、水平杠杆、竖杠杆和连杆传递到制动器闸瓦上,以实现车轮踏面制动。

1. 结构组成

蓄能制动器主要由制动缸体、主压缩弹簧、压缩弹簧、锁紧机构、棘轮机构、导向机构、丝杆、调整螺母等部件组成,如图 9-27 所示。

2. 功能与作用原理

蓄能制动器有运行缓解、停车制动、手动缓解三种状态,分别用来对机车进行制动与缓解。

1) 运行缓解状态

机车正常运行时,蓄能制动器应处在缓解位。当总风缸的压缩空气(600kPa)向蓄能制动器的制动缸内充气时,空气推动鞲鞴,压缩制动弹簧,与此同时螺母在丝杆上旋转,并带动

棘轮套同时旋转,而丝杆没有伸长或缩短,保持原有状态。因此蓄能制动器仍保持缓解位,不起制动作用。

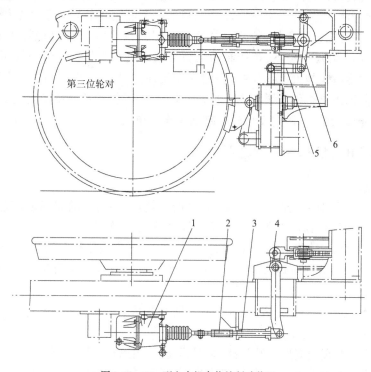

图 9-26　SS$_{9G}$型电力机车停放制动装置

1-蓄能制动器;2-调整螺母;3-拉杆;4-水平杠杆;5-连杆;6-竖杠杆

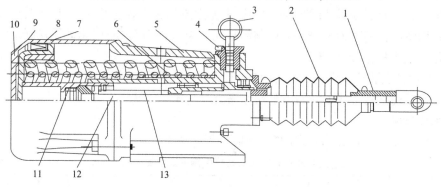

图 9-27　蓄能制动器

1-调整杆;2-护尘罩;3-锁紧机构;4-棘爪;5-主压缩弹簧;6-压缩弹簧;7-导向环;8-皮碗;9-鞲鞴;10-缸体;11-弹簧;12-丝杆;13-调整螺母

2)停车制动状态

当制动缸排气到压缩空气低于300kPa时,压缩弹簧开始推动鞲鞴向后移动,此时棘轮机构有反锁作用,锁住棘轮套和螺母不能在丝杆上转动,在鞲鞴往后移动时,丝杆只能一起往后移动,使之处于制动位。

3)手动缓解状态

机车在停车时要移动而又无司机操纵时,只需拉动蓄能制动器上的手动拉环就可进行缓解。蓄能制动器在制动时主压缩弹簧没有全部伸长,拉动拉环后棘爪提起,棘轮和螺母可在丝杆上自由旋转,由于主压缩弹簧的伸张,推动鞲鞴向后移动,直至尽头。另外,在复原弹簧的作用下,丝杆伸长,达到了缓解制动器的目的。蓄能制动装置处于完全缓解状态,要实行制动时,必须先对制动缸充气,使之恢复运行缓解状态,然后放气就能转入制动状态。一旦充气压力下降到300kPa以下,蓄能制动器就会自动进行工作。随着充气压力的减小,加在闸瓦上的压力会越来越大,所以在运行时一定要注意风压。在无气的情况下移动机车一定要检查蓄能制动器是否处于缓解位。若处于制动位,可拉动蓄能制动器上的拉环,使机车处于缓解位方能移动机车,以防发生轮缘踏面擦伤等事故。

六、SS_{9G}型电力机车单元制动器中修

1. 技术要求

(1)制动器各零部件须齐全完好,各销、套的磨耗量、销与套的间隙须符合限度表规定。弹簧不许有锈蚀、断裂,其自由高、工作高度须符合限度表规定。

(2)间隙调整机构的传动螺杆、调整螺母、螺母套、导向套不许有锈蚀,调整螺母、导向螺母与传动螺杆配合后的轴向间隙须符合限度表规定;伞齿面无断齿及裂纹,齿高磨耗量须不大于1/3的齿高。

(3)杠杆及连杆不许裂损、弯曲。制动缸、活塞及活塞杆在行程内不许有拉伤,皮碗不许有裂损、变形,密封作用良好。

(4)箱体不许有裂损变形,护罩及防尘罩须完好。检查盖及紧固件齐全。

(5)制动器各部油润须良好,锁紧机构作用灵活可靠,并进行以下试验。

①气密性试验:用450kPa风压进行气密性试验,保压3mm后其压力下降不大于10kPa。

②最小风压及制动缓解试验:向制动缸内充入50kPa压缩空气,观察制动器须有出闸动作。手动调整闸瓦间隙为5~8mm,向制动缸充入450kPa压缩空气,制动器在制动缓解过程中须动作快速平稳,不得卡滞。

(6)制动器安装须牢固,上下闸瓦与车轮踏面间隙须均匀,闸瓦间隙、闸瓦厚度符合限度表规定。制动时闸瓦边缘不许超出车轮外侧面。

2. 主要限度

SS_{9G}型电力机车单元制动器中修主要限度见表9-4。

SS_{9G}型电力机车单元制动器中修主要限度(单位:mm)　　　　表9-4

序号	名称	原形	限度	
			中修	禁用
1	各销套间隙		≤0.75	
2	闸瓦间隙	5~8	4~8	
3	闸瓦厚度	40	40	≤15
4	闸瓦与闸瓦托间隙	≤1	≤1	
5	力推挡圈厚度	10±0.2	≥9.35	
6	杠杆凸轮面直径	$\phi 69.7\pm 0.2$	$\leq \phi 68.5$	
7	制动缸内径	$\phi 190^{+0.25}_{0}$	$\leq \phi 190.5$	

续上表

序号	名称		原形	限度	
				中修	禁用
8	调整螺母、导向螺母与传动螺杆配合后的轴向间隙		0.2	≤0.6	
9	制动缸弹簧	自由高	153±6	≥146	
		工作高度(106mm)载荷(N)	677±70	≥510	
10	调整弹簧	自由高	34±1.5	≥31	
		工作高度(24mm)载荷(N)	323±38	≥275	

3. 工艺要点

1) 拆卸顺序

从构架上卸下制动器→取下闸瓦托及闸瓦托杆→取下压环及防尘罩→取下盖板、密封垫，并退出杠杆上部销轴→从箱体顶部抽出杠杆→取出端盖及间隙调整机构→从端盖上取下锁紧机构→分离调整螺母套与导向螺母套→分别从端盖、导向螺母套、调整螺母套内取出轴承、弹簧→拆除制动缸、弹簧及勾贝。

2) 部件组装

(1) 锁紧机构组装：将拉簧放入螺帽内，穿上销轴，装拉环，将垫圈套在螺帽上。

(2) 端盖组装：将轴承、挡套螺母外圈及端面、O形圈、锁紧机构销轴涂适量89D润滑脂。将O形圈装入端盖凹槽内，挡套螺母六方朝里装入后盖，放入锁紧弹簧。

(3) 间隙调整器组装：将导向螺母放在导向螺母套内，齿部相啮合，放入挡圈、弹簧和轴承，注意轴承小圈在外，在手动压力机上用专用套筒压住轴承，缓缓压入，然后装上卡环。将调隙挡旋入导向螺母套，旋到位为止，然后装沉头螺钉，螺钉头部不应高于进给螺母外圆面，否则适当锉修。将调整螺母放入调节螺母套内，齿部相啮合，装上轴承(小圈朝里)、弹簧和导向套。在手动压力机上用专用套筒压住导向套，缓缓压入，然后装上卡环。在调隙挡外圆及端盖孔周边涂适量89D润滑脂。将调隙挡装在后盖孔内，装上压圈，并检查调隙挡能否左右灵活转动。在调整螺母套与导向螺母套的配合面上、键两侧涂上润滑脂，将键放在导向螺母套的键槽内，推入调整螺母套，推动应灵活无卡滞。

(4) 勾贝组装：在皮碗处均匀涂一层乐泰587密封胶。在油压机上使用工装将皮碗缓缓压入勾贝，压到位为止。用手稍微掰开导向环，唇边较浅的一边朝向皮碗一侧，卡入勾贝。

3) 总体组装

(1) 在箱体螺销安装孔、调整螺母套与杠杆的两个接触面上涂适量89D润滑脂。

(2) 在端盖安装面上涂一层乐泰587密封胶，然后将其(已安装了间隙调整器)装在箱体上，注意锁紧机构应朝下，装上弹垫和内六角螺钉。

(3) 各种销轴的外圆面，与之相配合的孔内分别涂上润滑脂。

(4) 在杠杆销孔周边、凸轮面上(φ69.7mm圆弧面)涂上适量89D润滑脂，从箱体顶部插入杠杆(注意不要装反)，杠杆应卡在调整机构槽内，然后装上杠杆销，杠杆销两侧装上密封垫和盖板。

(5) 在箱体顶部装上盖板和密封垫。

(6)将防尘罩卡在传动螺杆槽内,在螺杆丝扣部位涂上适量89D润滑脂,旋入间隙调整器内,装上防尘罩、卡环和卡箍。

(7)装闸瓦托杆,穿螺销,装上防松螺母;装闸瓦托和闸瓦,穿螺销,防松螺母稍微带紧。

(8)将制动缸弹簧放在箱体止口上,穿上勾贝,在勾贝销孔两侧各放上一个隔套,然后穿上螺销,加垫圈和开口销。

(9)在皮碗外侧、勾贝外圆、制动缸内壁涂上适量89D润滑脂。在制动缸安装面上涂乐泰587密封胶,根据铭牌标记分左右安装制动缸(注意进气口的方向),制动缸螺栓的紧固力矩为70N·m,装好后在螺栓尾部配合面上用油漆画线,做防松标记。

4)试验

(1)试验前准备:在试验台上安装好制动器,保证闸瓦托前方85~100mm的地方有"车轮"。接好风管,保证风路畅通。

(2)间隙调整试验:调整制动器传动螺杆(端盖上的M42六角螺栓),收回闸瓦托,然后用450kPa风压连续多次制动缓解,测量闸瓦托向前的补偿量不小于5mm,并要求各零部件的移动和传动必须平稳,不得卡滞,间隙调整机构的作用正常无异音。

(3)保压试验:用600kPa风压充入制动缸,切断风路,观察制动缸里风压下降值,要求3min内不大于10kPa。

(4)制动缓解试验:用450kPa风压连续多次制动缓解,制动后,闸瓦与"车轮踏面"之间的压力值不小于43kN。并要求各零部件的移动和传动必须平稳,不得卡滞,间隙调整机构的作用正常无异音。

5)调整

(1)缓解制动器,确保制动缸无风压。

(2)用手拉出锁紧机构的销轴并转动90°。用扳手转动挡套螺母,使闸瓦与车轮踏面相贴合;再反向转动挡套约120°,使闸瓦间隙在6~8mm范围内。再将拉环转动90°,使销轴退回。

(3)调整闸瓦托上的六角螺栓,使闸瓦圆弧与车轮踏面上下间隙均匀。然后拧紧锁紧螺母(要求锁紧螺母与闸瓦托螺栓孔端面贴合后再旋紧1/3圈),以防止松动。

6)更换闸瓦

(1)缓解制动器,确保制动缸无风压。

(2)用手拉出锁紧机构的销轴并转动90°。用扳手转动挡套螺母,使闸瓦退到最大间隙位置,然后将闸瓦签圆销撤出,抽出闸瓦签,即可卸下旧闸瓦,装上新闸瓦。最后插入闸瓦签,装上闸瓦签圆销。

(3)按5)的方法调整闸瓦间隙。

七、HXD_{1D}型电力机车轮盘制动装置检查与拆装

1.定检修程检查

(1)C1、C2修检查要求。制动单元制动夹钳单元各部件不许有裂纹、变形、腐蚀及严重的污垢,制动闸片的最小厚度不小于16mm。制动盘摩擦面不许有从内径贯穿到外径以及贯穿到散热筋片的穿透裂纹。整块摩擦片的任意位置允许出现散射状细微龟裂。制动盘摩擦面凹陷磨损不大于1mm,划痕深度不大于1mm,裂纹不允许超过相关规定。制动闸片更换

时,同一制动夹钳单元闸片厚度差不大于 3mm。制动缓解时,制动单元闸片与制动盘间隙两侧之和不大于 4mm。

(2)C4 修检查要求。制动盘最大磨损量不大于 5mm,同一车轮两侧制动盘磨耗差值不大于 2mm。

2. 拆卸工艺要点

(1)将小车置于制动器下面,支撑制动器,拆卸六角螺栓 M16×65、六角锁紧螺母 M16、高压安全垫。

(2)拆卸制动器吊杆螺栓螺母。

(3)检查衬套是否损坏,若损坏则更换新的衬套。

3. 安装工艺要点

(1)将闸片装入制动器闸瓦托内,具体安装维护方式见制动器维护说明。

(2)将衬套安装于构架制动器吊座孔内。

(3)在每一个衬套内孔涂覆 0.01kg 润滑脂(润滑脂型号:NBU30PTM)。

(4)使用小车将待安装的制动器放置于安装位置,将制动器吊杆螺栓穿过衬套,并用垫圈、螺母紧固,拧紧力矩为 70N·m。

(5)用六角螺栓 M16×65、六角锁紧螺母 M16、高压安全垫固定制动器,拧紧力矩为 250N·m。

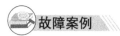

故障案例

【案例 9-2】 $HXD_3 0061$ 机车制动盘螺钉裂损松脱

2010 年 10 月 30 日,在机车走行部普查过程中,发现 $HXD_3 0061$ 机车右 3 轮制动盘安装螺钉裂损松脱各 1 个,如图 9-28 所示。

原因分析: 该螺钉均为克诺尔公司制造的产品,螺钉标记 CLEFF,螺钉规格 M12,机械强度 10.9 级,紧固力矩 60N·m,采用半螺纹设计结构。该螺钉存在散热性差的结构性缺陷,在制动盘上受复杂的交变载荷后易发生松脱,甚至断裂。

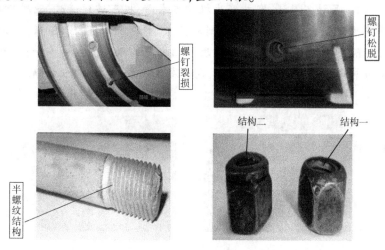

图 9-28 $HXD_3 0061$ 机车制动盘螺栓裂损松脱

【案例 9-3】 $SS_9 0001$ 机车单元制动器全部闸瓦发热磨耗

2010 年 11 月 29 日,$SS_9 0001$ 机车入库整备作业,检查发现所有 24 块闸瓦全部发红,且大部分已经磨耗到限,如图 9-29 所示。外观检查轮对有发热后变色现象,轮对踏面没有发现明显的擦伤痕迹。

原因分析:机车在运行途中长时间抱闸运行,造成闸瓦发热,导致闸瓦磨耗体非正常磨损。

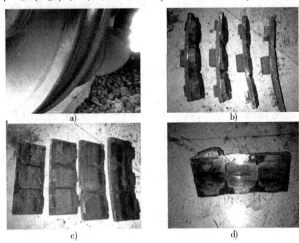

图 9-29 $SS_9 0001$ 机车单元制动器全部闸瓦发热磨耗

【案例 9-4】 $HXD_{1D} 0481$ 机车右 6 闸片与制动盘镶嵌

2016 年 5 月 28 日,$HXD_{1D} 0481$ 机车担当 Z296 次客运任务,车站通知司机机车轮对冒出火花,要求立即停车。司机下车检查机车右 6 轮制动盘抱闸,短时间无法处理,请求救援,如图 9-30 所示。

原因分析:①摩擦副存在设计缺陷,HXD_{1D} 型电力机车采用铸钢制动盘、粉末冶金闸片,而 HXD_3 型电力机车采用球墨铸铁制动盘、合成闸片。从拆下的闸片来看几乎没有磨损,而制动盘已经严重磨损,说明闸片硬度偏高;②HXD_{1D} 型电力机车基础制动装置存在结构缺陷,即闸片上方销轴吊挂不灵活,容易产生机械性卡滞,机车过弯道时,轮对横向移动,闸片与制动盘容易产生金属磨损,轻微时划伤制动盘,严重时闸片与金属镶嵌,由于闸片与制动盘之间的设计间隙较小(2~4mm),金属接磨冒出火花甚至发生机械卡滞;③克诺尔单元制动器闸缸内部可能存在瞬间机械卡滞现象,也会发生闸片与金属镶嵌故障。

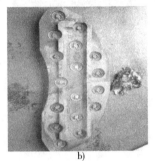

图 9-30

c)　　　　　　　　　　　d)

图 9-30　HXD_{1D}0481 机车右 6 闸片与制动盘镶嵌

【案例 9-5】　HXD_{1D}0125 机车右 2 轮制动盘与闸片接磨

2017 年 10 月 1 日，HXD_{1D}0125 机车担当 Z197 次作业。司机接班后，检查机车发现第 2 轴右侧闸片贴轮不缓解。

原因分析：由于制动盘与闸片间隙过小，内外侧制动盘与闸片间隙之和只有 4mm 左右，机车运行中，闸片与制动盘易碰磨，产生金属磨损，轻微时产生制动盘划伤，严重时产生闸片金属镶嵌，如图 9-31 所示。当内侧有镶嵌物时，外侧制动盘与闸片间隙将会进一步缩小，甚至没有间隙存在，造成机械性卡滞。解决措施：将闸片间隙扩大至 5～6mm。

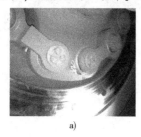
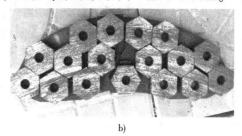

a)　　　　　　　　　　　b)

图 9-31　HXD_{1D}0125 机车右 2 轮制动盘与闸片接磨

【案例 9-6】　HXD_{3D}0416 机车右 1 轮闸片摩擦体脱落

2016 年 4 月 7 日，HXD_{3D}0416 机车入库整备作业，检查发现右 1 轮闸片摩擦体脱落，如图 9-32 所示。

原因分析：HXD_{1D}、HXD_{3D} 型电力机车使用的闸片均为粉末冶金闸片，每侧闸片分上、下两块组成，上闸片有 9 个摩擦体，下闸片有 8 个摩擦体，每个摩擦体都通过瓦背卡簧独立安装在瓦背钢板孔内。一是由于卡簧材质缺陷，运用中发生疲劳裂纹断裂，使得摩擦体脱落；二是由于每块摩擦体都有一定的活动量，机车在运用中，活动的摩擦体可能会发生瞬间机械卡滞现象，摩擦体凸起后若不能复位，摩擦体撞击制动盘产生振动，引起卡簧脆性裂损。

图 9-32　HXD_{3D}0416 机车右 1 轮闸片摩擦体脱落

【案例 9-7】　HXD_{1B}0589 机车右 4 制动夹钳内侧杠杆螺栓断裂

2017 年 12 月 1 日，HXD_{1B}0589 机车入库整备作业时，检

查发现第4位右侧制动夹钳内侧杠杆螺栓上部翘起,下部已经断裂失落,如图9-33所示。

原因分析:杠杆螺栓存在设计缺陷,采用缩颈设计,在缩颈处容易产生疲劳缺陷。解决措施:对杠杆螺栓先用超声波探伤普查,发现疑似裂纹的杠杆螺栓,下车用磁粉探伤验证确认。

图9-33 $HXD_{1B}0589$ 机车右4制动夹钳内侧杠杆螺栓断裂

任务实施

1. 教师下发学习任务工单(见本教材配套学习任务工单中任务9.2),明确任务内容,并给出本次任务的实施方法与评价标准。

2. 学生课前研究学习计划、查找相关学习资源,按要求完成预习任务。

3. 教师进行课堂讲解、现场教学或操作演示。

4. 将学生按5~8人为限组成若干个学习小组,以小组形式组织讨论、交流。教师全程关注每个小组的学习进程,提出引导性意见,激发学生学习兴趣,提高学生自主学习能力。

5. 完成学习任务后,小组要进行总结汇报演讲,或针对实践技能的掌握进行实作演示,完成学习任务工单模块2—项目9,学生进行自我评分及小组评分,给出学习任务中的成绩。

6. 教师对学生测试检查或成果展示情况给出评分,并根据学生的自评分、互评分给出综合评分。

练一练

试列表比较 SS_{9G}、HXD_3、HXD_{1D}、FXD_3 四种机型的车体各组成部分的结构特点。

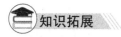

检修安全技术

安全第一、预防为主是我国铁路运输企业的安全生产工作方针。铁路运输企业安全生产的基本原则:①管生产必须管安全;②行车安全与劳动安全并重;③"三同时""五同时"原则;④"三不放过"原则(原因、教训、措施);⑤逐年改善劳动条件。铁路安全生产制度包括:①安全生产责任制;②安全教育检查制度;③安全技术操作规程;④安全监察制度;⑤事故处理报告制度;⑥从事有害作业工人、女工保护制度。

安全生产直接关系到每个职工的切身利益,同时对生产质量也有着至关重要的影响。电力机车检修工作与机械、电气设备密切接触,在各种修程的工艺过程中,操作手段复杂,运用的工具、设备种类繁多。电力机务段应从检修工作的特点出发,根据生产各个环节的需要,制定检修安全技术规范及安全技术组织管理制度。尤其对新入路的员工(包括合同工、学徒工、实习人员)必须进行三级安全教育,使其熟悉一般的安全常识、劳动纪律和所要参加该项工作的安全技术知识,经考试合格后,方准进入操作岗位。对特殊工种(如从事锅炉、压力容器、起重机械、电气设备、焊接等操作的人员),除应具备安全技术知识外,还必须经过专门的安全技术训练,经理论、实作考试合格并持有操作证,方准操作。职工的安全技术学习和考试成绩,应进行详细登记并存入人事档案,作为升级条件之一,安全考试不合格者不得升级。

在机车检修生产实际中,要增强作业人员的劳动安全意识,强化现场安全控制,严格遵从以下安全作业规范,确保不发生任何人身伤害事故。

(1)车间管理人员必须深入现场,加强现场作业安全控制,落实各劳动安全关键点卡控措施,杜绝职工违章作业。

(2)工班长以上管理人员在布置、安排生产时,必须首先强调人身安全及工作中的安全注意事项,强化职工的劳动安全意识,预防事故苗头的发生。

(3)电气化车库外,禁止工作人员上顶作业,如工作需要必须上车顶作业时,作业人员必须严格执行办理隔离作业的有关程序、规定。

(4)职工作业时,防护用品须按规定穿戴整齐。女职工上班严禁穿高跟鞋,披头散发。

(5)职工在进行起重作业时,做到不违章使用吊具,钢丝绳、吊索、吊环、吊钩必须定期检查、探伤。吊大型配件必须使用专用吊具,起吊大型工件(如构架、轮对)时,检修调度及工长必须现场指挥,工件下禁止站人,天车司机要严格遵守"十不吊"制度。

(6)电瓶车严禁无证驾驶和违规超载,使用时车况必须良好,严禁人货混装。

(7)禁止职工上班饮酒及酒后上班。

(8)机车扣修、顶轮、落轮,必须做好安全防护,设置禁动牌,做好防溜措施。

(9)机车在库内对好台位扣修,前后地沟应设置渡板,在任何情况下,禁止跨越地沟。

(10)库内动车前,应按有关规定和工作程序做好六面检查。

复习思考题

1.电力机车牵引杆装置有哪些常见的结构形式?

2. 简述 SS_{9G} 型电力机车牵引杆装置的结构、组成。
3. 简述 HXD_3 型电力机车牵引杆装置的结构、组成。
4. 简述 HXD_{1D} 型电力机车牵引杆装置的结构、组成。
5. 简述电力机车基础制动装置的作用及特点。
6. 简述电力机车闸瓦间隙自动调整的原理。
7. 简述机车蓄能制动器的作用原理。
8. 什么是等级修理法？
9. 铁路运输企业安全生产有哪些基本原则和制度？

项目 10　转向架实作技能训练

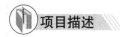
项目描述

通过实践技能操作，引导学生掌握电力机车走行部周边检查的整备检查要求及检查方法、单元制动器闸瓦更换的操作方法、电力机车钳工常用工卡量具的使用方法以及假设故障的查找方法。通过现场计分的方式，检测学生对知识的掌握程度。

在完成本项目的 2 个任务后，填写模块 2—项目 10 学习任务工单。

教学目标

☞ **技能目标**

1. 掌握 SS_{9G} 型电力机车走行部周边的整备检查要求及检查方法。
2. 掌握 SS8 型电力机车单元制动器闸瓦更换的操作方法。
3. 掌握电力机车钳工常用工卡量具的使用方法。
4. 假设故障的查找方法。

☞ **素质目标**

1. 培养敬业爱岗、遵章守纪、乐于奉献的职业道德。
2. 养成精检细修、严守操作规程的工匠精神。

任务 10.1　走行部周边检查

任务描述

1. 按本任务"实训操作环节"的要求，对电力机车走行部周边进行整备检查；
2. 在本任务的检查范围内，实训指导教师设置 8~10 个假设故障，供学生查找。

实训操作环节

1. 作业前的准备工作

（1）劳保用品穿戴齐备：按要求穿好工作服、防滑鞋，戴好安全帽。禁止穿短裤和露出脚趾的鞋。

（2）做好安全防护措施：停放制动装置处于制动位，在车体外侧醒目位置插上禁动红旗，在车轮下方放置止轮器。

（3）工卡量具及耗材：检点锤、抹布。相关资源见二维码 14。

2. 作业程序（表 10-1）

二维码14
走行部周边检查

作 业 程 序　　　　　　　　　表10-1

工步名称	作业步骤	作业图示	主要技术要求	安全风险提示
1.左侧面检查	砂箱内无异物,砂量充足、砂质良好;砂箱盖锁闭良好	 		
	登车梯安装牢固,无变形,防滑处理良好			
2.撒砂器、砂管支架检查	撒砂器安装牢固,来风管及砂管接头无松动,风量调节螺栓无松脱;撒砂软管无龟裂、弯折;砂堵紧固。列供插座线良好,卡码紧固	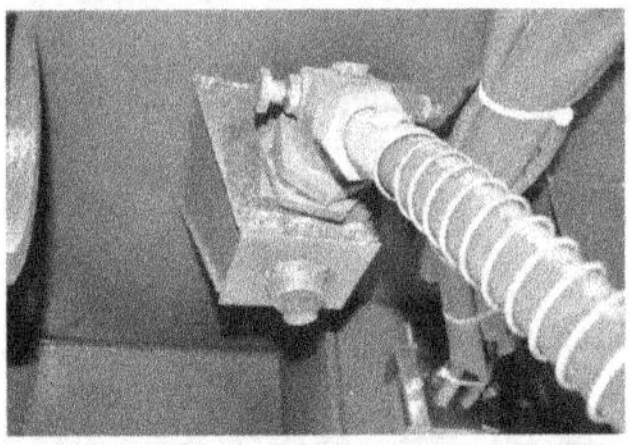		
3.动轮检查	踏面剥离、缺陷、擦伤不超限;轮缘、踏面磨耗不超限。轮缘出现刀锋、踏面出现卷边等异常或对轮缘、踏面磨耗程度不能判断时,使用轮缘厚度或踏面磨耗简易尺测量确认。轮辋、轮辐无裂纹	 	(1)轮缘厚度不小于24.5mm;踏面磨耗深度不超过6.5mm。 (2)踏面上的缺陷或剥离长度不超过40mm,深度不超过1mm;擦伤深度不超过0.7mm	轮辋、轮辐不得有裂纹

续上表

工步名称	作业步骤	作业图示	主要技术要求	安全风险提示
4.轴箱检查	轴箱拉杆无裂纹,螺栓无松断,橡胶垫无老化、裂纹,梯形槽间隙符合要求		轴箱拉杆梯形槽间隙3~8mm	
	轴箱弹簧无变形、裂纹、倾斜、离座,簧距正常;橡胶垫无老化、龟裂、外挤			轴箱弹簧必须无断裂
	轴箱限位销及销套良好,销套及止钉无松动脱落,限位销压盖螺钉无松动			
	轴温检测传感器无松脱,轴箱温度正常	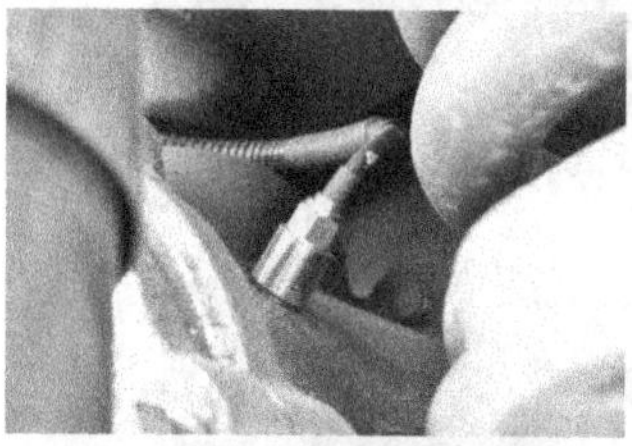		
	轴箱盖无漏油,安装螺钉无松动;光电速度传感器(左1、3右2、4轴头)安装螺钉无松动,连线无破损、碰磨,插头无松脱、进水。接地软辫线(左2、4右1、3轴头)断股未超限,螺钉齐全紧固	 		

续上表

工步名称	作业步骤	作业图示	主要技术要求	安全风险提示
4.轴箱检查	垂向减振器防脱钢丝绳及卡码齐全完好。减振器无漏油,橡胶弹性元件无老化、外挤;穿销无断裂,安装螺栓无松动,安装座无裂纹	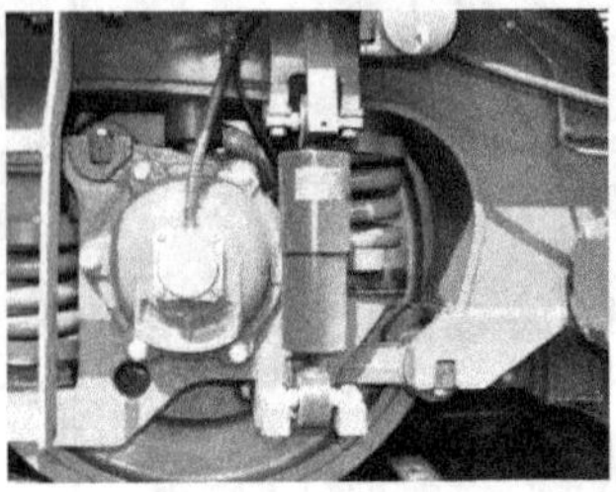	油压减振器无严重漏油现象	
	减振器托板螺栓齐全紧固,托板无裂纹			
5.入库插座检查	主回路入库插座安装牢固,接线无松脱,复原弹簧无折断、丢失,外盖密封良好	 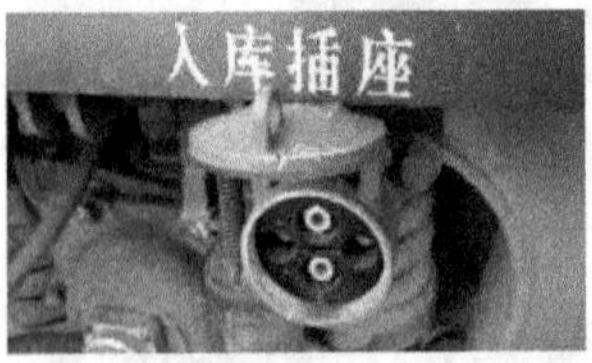		
6.过分相感应器检查	过分相感应器吊座无裂纹,螺钉紧固;地感器支架安装牢固无破损,接线良好;各螺栓开口销齐全完好;防护胶皮无破损			

续上表

工步名称	作业步骤	作业图示	主要技术要求	安全风险提示
7.车体支撑装置检查	横向减振器无漏油,橡胶弹性元件无老化、外挤;穿销无断裂,安装螺栓无松动,安装座无裂纹			
	牵引电机上挂销、座外观良好,压盖螺钉无松断、丢失;转向架中心销及座外观良好			
	Ⅱ系圆弹簧无变形、裂纹;无倾斜、离座,橡胶座无老化、龟裂、外挤			
	垂向减振器无漏油,橡胶弹性元件无老化、外挤;穿销无断裂,安装螺栓无松动,上、下安装座无裂纹			
	抗蛇行油压减振器无漏油,橡胶弹性元件无老化、外挤;穿销无断裂,安装螺栓无松动,安装座无裂纹			
	轴温报警装置传感器分线盒安装紧固无松动,各插头无松脱,连线无破损。(Ⅰ、Ⅱ架左、右边梁各装1个)			

续上表

工步名称	作业步骤	作业图示	主要技术要求	安全风险提示
8.蓄电池箱(右侧)检查	砂箱吊座焊波无裂纹,砂箱安装螺钉紧固;存砂量充足,砂质良好,砂箱盖锁闭正常,卡子完好;砂箱体各部无裂纹,砂堵紧固。第一总风缸连接风管接头无漏风			
	脱轨器箱各部螺钉紧固			
	电池外接连线连接可靠,无松动、过热			
	箱体、箱盖安装螺钉齐全紧固;螺钉紧固,防脱装置作用良好,防脱销及开口销齐全完好,合页、穿销及开口销完好			
	第二总风缸风管接头无松漏,联络塞门112在开放状态		联络塞门112必须开放	

续上表

工步名称	作业步骤	作业图示	主要技术要求	安全风险提示
9.蓄电池箱(左侧)检查	第二总风缸风管接头无松漏,总风塞门113接头无松漏			
	蓄电池外接连线连接可靠,无松动、过热。箱体、箱盖安装螺钉齐全紧固;螺钉紧固,防脱装置作用良好,防脱销及开口销齐全完好,合页、穿销及开口销完好			
	干燥器箱外观良好,箱体各安装螺钉及外盖螺钉紧固;箱门锁闭可靠,防脱穿销(开口销)完好			(1)干燥器箱外接连线插头锁闭到位。 (2)干燥器箱门防脱作用良好
	总风缸塞门111开放位,风管接头无漏风			

续上表

工步名称	作业步骤	作业图示	主要技术要求	安全风险提示
10. 蓄能制动器检查	蓄能制动器来风管接头紧固无漏风,软管无裂漏;蓄能制动器安装牢固,缸体螺钉无松动,防缓铁丝、缓解拉环、作用杆防尘罩及调整装置完好,防缓螺母紧固;作用杆与传动杆连接销、开口销完好;蓄能制动器"制动""缓解"标志正确	 		
	蓄能制动器缓解弹簧无断裂、丢失,弹簧挂座无裂断;传动杆与制动杆连接销及开口销完好;制动杆摩擦面给油润滑			

任务10.2　单元制动器闸瓦更换

任务描述

1. 按本任务"实训操作环节"的要求,对单元制动器闸瓦进行更换。
2. 按本任务"实训操作环节"的要求,对单元制动器进行油润保养。

实训操作环节

1. 作业前的准备

(1) 劳动保护用品穿戴齐备:按要求穿好工作服、防油鞋,戴好安全帽。禁止穿短裤和露出脚趾的鞋。禁止穿短裤和露出脚趾的鞋。

(2) 做好安全防护措施:停放制动装置处于制动位,在车体外侧醒目位置插上禁动红旗,在车轮下方放置止轮器。

(3) 工卡量具及耗材:剪丝钳、闸瓦调整器手轮专用工具、油壶、闸瓦、开口销、润滑油脂。

相关资源见二维码15。

二维码15
单元制动器
闸瓦更换

2. 作业程序（表10-2）

作业程序　　　　　　　　　　　　　　　　　表10-2

工步名称	作业步骤	作业图示	主要技术要求	安全风险提示
1. 小闸及蓄能制动器缓解	将DK-1制动机的空气制动阀（小闸）置缓解位，并缓解蓄能制动器			在小闸手柄处挂上禁动红牌
2. 闸瓦钎拆出	取下闸瓦钎穿销上的开口销，抽出穿销，拆出闸瓦钎			
3. 将闸瓦调节至最大间隙	将闸瓦调整器定位销拉出并旋转90°，用专用工具插入闸瓦调整器调节手轮孔内，顺时针旋转，将闸瓦间隙调节至最大值	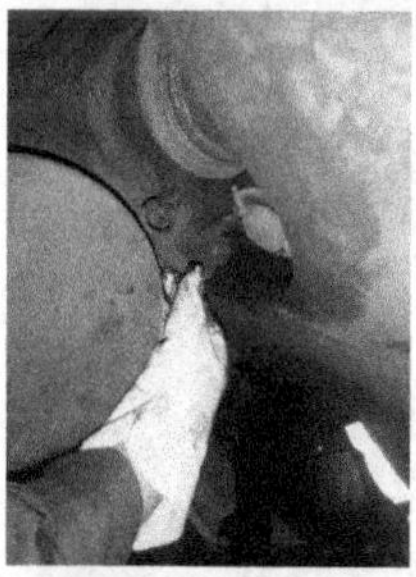 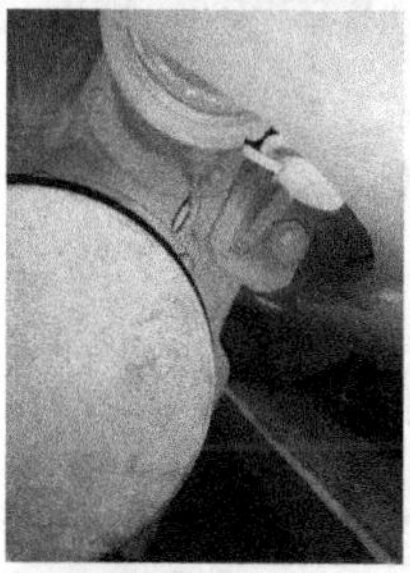 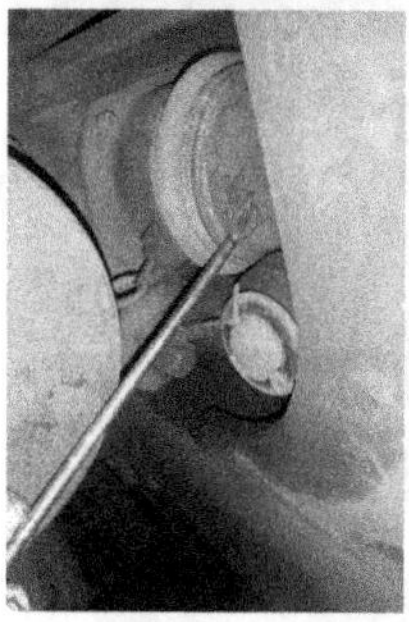		

续上表

工步名称	作业步骤	作业图示	主要技术要求	安全风险提示
4. 新闸瓦安装	取下旧闸瓦,将新闸瓦安装在闸瓦托上(确保闸瓦瓦背与闸瓦托密贴)	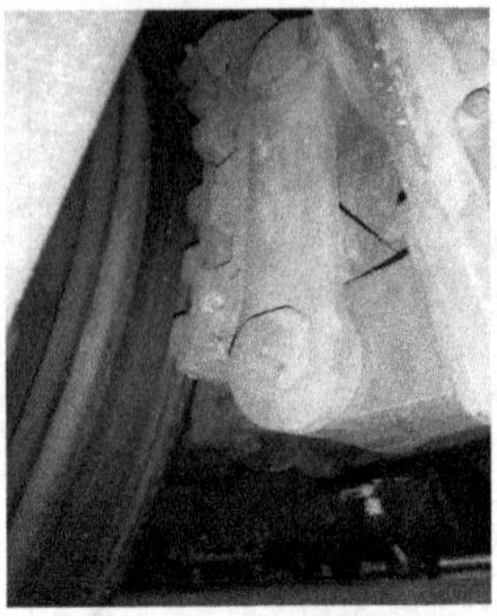	闸瓦不分上下,内、外侧按白线标记安装,不得装反	
5. 闸瓦钎穿销及开口销安装	插入闸瓦钎,安装闸瓦钎穿销及开口销	  	(1)闸瓦钎穿过两块闸瓦的瓦背孔。 (2)闸瓦钎穿销须由内侧向外侧穿出	

续上表

工步名称	作业步骤	作业图示	主要技术要求	安全风险提示
6.闸瓦调整部安装	将闸瓦调整器定位销旋转90°,用专用工具插入调整器手轮孔内,顺时针轻轻转动,听到轻微响声后停止转动,此时定位销落入定位孔内(需目测检查)	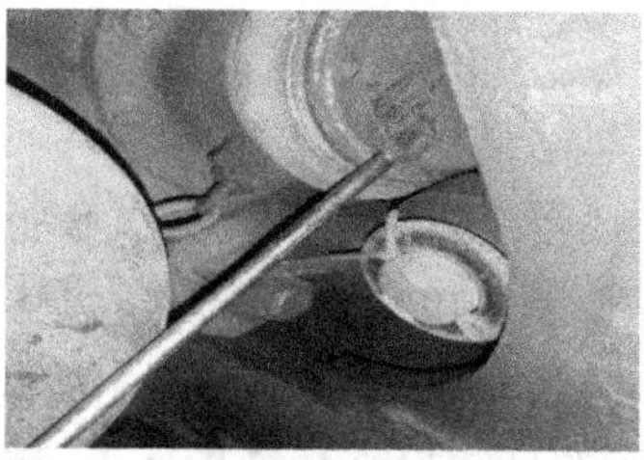	移动小闸,反复缓解/制动机车2~3次,闸瓦间隙将自动调节	作业完毕,撤除小闸手柄处的禁动红牌
7.油润保养	在各杆、销的活动部位添加润滑油脂			

📖 模块小结

不论从事电力机车驾驶(电力机车司机)、电力机车整备(机车整备工、机车检查保养员),还是电力机车检修(电力机车钳工),都必须熟知转向架作用组成、构架及附属装置、弹性悬挂装置、轮对驱动装置、牵引制动装置的结构组成与布置情况、走行部检查技术要求。

通过本模块的学习,学生应掌握的内容主要包括:转向架作用、分类、力的传递;构架及附属装置、弹性悬挂装置、轮对驱动装置、牵引制动装置的结构组成与布局情况;SS_{9G}型电力机车司机室的整备检查要求及检查方法、13号下作用式车钩的小辅修检查要求及测量方法、电力机车钳工常用工卡量具的使用方法,对转向架的结构与组成有一个较为全面地认识,为后续的理论知识学习和技能训练打下扎实的基础。

最后,请完成本教材配套学习任务工单中"模块2 电力机车转向架 学习任务小结(1)(2)"。

模块 3　组装调试与运用维保

技术参数直接反映不同型号机车的结构特征与性能特征。电力机车车体和转向架在经过解体、检查以及零部件修理之后,还需经过总组装与调试来验证整车及各部件的性能是否达到质量技术要求或符合相关技术规范。电力机车调试应严格按程序进行,以确保其整体性能的充分发挥。车内设备及转向架各组成部分是影响电力机车安全运行的重要部件,因此,在运用过程中必须加强电力机车的日常检查和维护保养,减少机破、临修对行车的干扰,从而为铁路运输提供优质的牵引动力。

项目 11　机车组装调试

📘 项目描述

通过现场参观电力机车组装调试过程和课堂观看虚拟检修演示,以激发学生对电力机车车体与转向架的组装调试的兴趣;通过理论知识讲解和实践技能操作,引导学生掌握电力机车车体和转向架的技术参数与组装调试方法;通过小组 PPT 汇报和提问环节,检测学生对知识的掌握程度。

📚 教学目标

☞ **知识目标**
1. 掌握 SS_{9G}、HXD_3、HXD_{1D} 型电力机车、FXD_3 型动力车的主要技术参数。
2. 掌握 SS_{9G}、HXD_3、HXD_{1D} 型电力机车、FXD_3 型动力车的组装调试方法。
3. 了解零部件磨损损伤和腐蚀损伤。

☞ **技能目标**
1. 能说出电力机车整机及转向架的主要技术参数。
2. 会对车体和转向架进行组装与调试。

☞ **素质目标**
1. 培养敬业爱岗、遵章守纪、乐于奉献的职业道德。
2. 养成精检细修、严守操作规程的工匠精神。

📝 背景知识

一、轴列式

轴列式是表示机车走行部结构特点的一种方式,分为数字表示法和字母表示法。使用数字表示法时,数字表示每台转向架的动轴数,注脚"0"表示每一动轴为单独驱动,无注脚表示每台转向架的动轴为成组驱动,数字之间的"—"表示转向架之间无直接的机械连接。如:2—2、3—3、2(2—2)、2—2—2等。使用字母表示法时,用英文字母表示每台转向架的动轴数,A、B、C、…分别对应1、2、3、…,其他与数字表示法相同。如:Bo—Bo、Co—Co、2(Bo—Bo)、Bo—Bo—Bo等。

二、轴重转移

在设计机车时,要根据机车的总体布置进行重量分配计算,以便最终获得各轴的轴重相等。实际上,当机车产生牵引力时,各轴轴重会发生变化,有的增载、有的减载,即称为牵引力作用下的轴重转移。当然,机车总的黏着重量是不变。轴重转移又称轴重再分配,在某些情况下可以达到轴重的20%或更高,它将严重影响机车黏着重量的利用,限制机车牵引力的发挥。牵引力作用下引起的轴重转移,随着牵引力的增大而增大。当机车起动及爬坡时,发挥的牵引力最大,此时轴重转移也最大。随着机车功率的不断增大,机车重量与功率的比值愈来愈小,黏着重量的利用问题就显得比较突出。

总的来说,影响机车轴重转移的结构参数有:Ⅰ系及Ⅱ系的悬挂方式、牵引点高度、转向架中心距、最大牵引力、车钩高度、轴数等,其中有些是总体设计所要求的,几乎没有选择余地,可以合理选取的主要有牵引点高度、电动机布置方式、车体支承方式等。

提高黏着重量利用率的主要措施:

(1)在机车构造方面,顺置牵引电机、采用低位牵引装置、安装防空转的电气装置等。

(2)在制造和维修方面,注意保持动轮等的直径、各牵引电动机的特性一致,以便使各轮对发出相同的牵引力。

(3)在电力机车上,可采用前、后转向架电机分别供电,使轴重减载的前转向架电动机减小电流,而增载的后转向架电动机增大电流。这有可能获得较大的黏着重量利用率。

(4)对于低位牵引,应该根据不同结构区别对待,以求得牵引点高度的最佳值。理论研究表明,有些机车的结构需要牵引点高度为零,轴重转移才最小,通常采用斜牵引拉杆来达到此目的。

任务11.1 技术参数认知

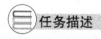

通过认知SS_{9G}、HXD_3、HXD_{1D}型电力机车和FXD_3型动力车的主要技术参数,熟练掌握电力机车整机和转向架关键技术参数之间的内在关联,进一步理解各型电力机车的基本性能要求,培养团结协作意识,为后续学习打下基础。

一、主要结构参数

结构参数主要包括车体长度、车体宽度、机车落弓高度、车钩型号及型式、车钩中心距、车钩中心线距轨面高度、空压机能力、总风缸容量、砂箱容量、轴列式、转向架固定轴距、两转向架中心距、机车全轴距、牵引点距轨面高度、动轮直径、齿轮传动方式、齿轮传动比、牵引力传递方式、牵引电机悬挂方式、轮轨润滑方式、Ⅰ系悬挂静扰度、Ⅱ系悬挂静扰度、基础制动方式、制动倍率等。

二、主要性能参数

性能参数主要包括机车总(整备)重量、轴重、机车功率(持续制)、机车速度(持续/最高)、机车牵引力(持续/起动)、特性控制方式、电制动方式、通过最小曲线半径等。其中,轴重、单轴功率和结构速度三项指标是反映机车走行部技术水平的重要参数,它们之间相互联系、相互制约。

1. 轴重

机车轴重是指机车在静止状态下,每位轮对加于钢轨的重量。轴重越大,机车的黏着牵引力也越大,但轴重越大,机车运行中对线路和机车本身的冲击破坏作用也越大,运行速度必然要受到限制。

2. 单轴功率

机车每根轮轴所能发挥的功率,称为单轴功率。单轴功率应根据运行速度和牵引力的设计要求而定,它反映了机车牵引电机和转向架的制造水平。轴重相同,单轴功率越大,机车所能达到的运行速度就越高,但单轴功率过大,机车速度不高时,常会出现功率有余而牵引力不足的现象,主要是牵引力受黏着限制的缘故。

3. 结构速度

转向架在结构上所允许的机车最大运行速度,称为机车的结构速度。它反映了机车和转向架的设计制造水平,高速机车必须保证运行平稳性和零部件使用寿命,因此,对转向架的结构、工艺等方面提出了更高要求。

三、技术参数比较

1. 整车结构参数(表 11-1)

整车结构参数　　　　　表 11-1

技术参数	型号			
	SS_{9G}	HXD_3	HXD_{1D}	FXD_3
轴列式	Co—Co	Co—Co	Co—Co	Bo—Bo
齿轮传动方式	单边直齿	单边直齿	单边直齿	单边斜齿
牵引齿轮传动比	77/31	101/21	103/22	99/25
空气制动机型式	DK-1	CCBⅡ	CCBⅡ/DK-2	CAB/ZJZ
主风缸容量(L)	1224	400×4	500×2+200×2	500×2
空压机能力 $m^3(min×2)$	≥2.4	≥2.4	≥2.4	≥1.6
车钩型号及型式	13号下作用式	E级钢下作用式	15X下作用式	105A(前)/25T(后)

续上表

技术参数	型号			
	SS$_{9G}$	HXD$_3$	HXD$_{1D}$	FXD$_3$
车钩中心线距轨面高度(mm)	880±10	880±10	880±10	880±10
前后车钩中心距(mm)	22216	20846	22754	19979
车体底架长度(mm)	21000	19630	21858	18081
车体宽度(mm)	3105	3100	3098	3105
车体受电弓座平面距轨面高度(mm)	4133	4100	4068	4030
机车(动力车)全轴距(mm)	15870	14700	16060	12855
转向架中心距(mm)	11570	10520	11760	10055
转向架固定轴距(mm)	2150+2150	2250+2000	2150+2000	2800
排障器距轨面高度(mm)	110±10	110±10	110±10	110+10

2. 整车性能参数及特性曲线

整车性能参数见表11-2。

整车性能参数   表11-2

技术参数	型号			
	SS$_{9G}$	HXD$_3$	HXD$_{1D}$	FXD$_3$
电流制(kV/Hz)	AC 25/50	AC 25/50	AC 25/50	AC 25/50
工作电压(kV)	19~29	17.2~31.3	17.5~31	17.5~31
机车整备重量(t)	126	138+12	126	79.2
轴重(t)	21	23+2	21	19.8
电传动方式	交—直	交—直—交	交—直—交	交—直—交
持续功率(kW)	4800	7200	7200	5600/6400(0.5h)
持续牵引力(kN)	169	370+30	324	212
起动牵引力(kN)	286	520+50	420	240
持续额度速度(km/h)	99	70(-5)	80	95
最高运行速度(km/h)	170	120	160	200
牵引特性恒功率速度范围(km/h)	99~160	70(-5)~120	80~160	95~200
功率因素(额定工况)	≥0.81	≥0.98	≥0.98	≥0.985
总效率(额定工况)	≥0.82	≥0.85	≥0.85	≥0.85
电制动方式	加馈电阻制动	再生制动	再生制动	再生制动

续上表

技术参数	型 号			
	SS$_{9G}$	HXD$_3$	HXD$_{1D}$	FXD$_3$
轮周电/再生制动功率(kW)	≥4000	≥7200	≥7200	5600
最大电/再生制动力(kN)	180	370+30	210	153
安全通过的最小半径(m)(V≤5km/h)	$R=125$	$R=125$	$R=125$	$R=125$
特性曲线 牵引特性	a)	b)	c)	d)
特性曲线 制动特性	a)	b)	c)	d)

3. 转向架技术参数(表11-3)

转向架技术参数　　　　　　　　　　　表11-3

技术参数	型 号			
	SS$_{9G}$	HXD$_3$	HXD$_{1D}$	FXD$_3$
总长(mm)	7090	6738	6350	5496
总宽(mm)	3030	2710	2720	2896
构架上平面轨距面高度(mm)	1210	1290	—	—
高圆弹簧组上平面距轨面的自由高(mm)	1570	1846	—	—
高圆弹簧组横向中心距(mm)	2100	2050	—	—
动轮直径(mm)	1250(新轮) 1200(半磨耗) 1150(全磨耗)	1250(新轮) 1200(半磨耗) 1150(全磨耗)	1250(新轮) 1200(半磨耗) 1150(全磨耗)	1250(新轮) 1200(半磨耗) 1150(全磨耗)
轮对内侧距(mm)	1353	1353	1353	1353
牵引力传递方式	双侧低位平拉杆	低位单牵引杆	低位单牵引杆	低位单牵引杆
传动齿轮中心距(mm)	650	565	567	—
构造速度(km/h)	170	120	160	200
转向架总重(t)	31.5	29.8	27.9	17.9
轴箱定位方式	拉杆式	拉杆式	拉杆式	拉杆式

续上表

技术参数		型号			
		SS$_{9G}$	HXD$_3$	HXD$_{1D}$	FXD$_3$
牵引点距轨面高度(mm)		460	205	210	334.5×2
牵引电机悬挂方式		架悬式全悬挂	抱轴列式半悬挂	架悬式全悬挂	架悬式全悬挂
悬挂装置静挠度(mm)	Ⅰ系	54	49.1	39.4	39.5
	Ⅱ系	100	93.2	135	131.5
油压减振器阻尼系数(kN·s/m)	Ⅰ系垂向	80	51	60	60
	Ⅱ系垂向	120	120	100	75
	Ⅱ系横向	90	96	60	50
	Ⅱ系抗蛇行	1000	—	800	800
相对车体横动量	自由横动量	—	±20	30	
	弹性横动量	1	±5	40	
构架相对轴箱横动量		—	±10±10±10	—	—
轮对相对轴箱横动量		1-8-1	0±15±0	(0.1~0.7) -10± 1-(0.1~0.7)	0.3~0.7
基础制动方式		踏面制动	轮盘制动	轮盘制动	轮盘制动
制动倍率		3.5	2	2.41	2
停放制动方式		蓄能制动	弹簧蓄能	弹簧蓄能	弹簧蓄能

任务实施

1. 教师下发学习任务工单(见本教材配套学习任务工单中任务11.1),明确任务内容,并给出本次任务的实施方法与评价标准。

2. 学生课前研究学习计划、查找相关学习资源,按要求完成预习任务。

3. 教师进行课堂讲解、现场教学或操作演示。

4. 将学生按 5~8 人为限组成若干个学习小组,以小组形式组织讨论、交流。教师全程关注每个小组的学习进程,提出引导性意见,激发学生学习兴趣,提高学生自主学习能力。

5. 完成学习任务后,小组要进行总结汇报演讲,或针对实践技能的掌握进行实作演示,学生进行自我评分及小组评分,给出学习任务中的成绩。

6. 教师对学生测试检查或成果展示情况给出评分,并根据学生的自评分、互评分给出综合评分。

想一想

试列表比较 SS$_{9G}$、HXD$_3$、HXD$_{1D}$、FXD$_3$ 四种机型的整机技术参数。

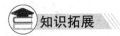 知识拓展

零部件磨损损伤

机车在运用过程中,随着走行公里的增加,其技术状态会逐渐变坏,达不到预定的工作性能,即指机车发生了损伤。机车发生损伤后,将会导致:①动力性恶化,如柴油机、牵引电机功率、机车牵引力下降等;②经济性变坏,如燃料与润滑油(机油)的消耗量增加等;③可靠性下降,电气系统绝缘老化、动作失灵;④机械部分因配合间隙增大、连接松动而产生冲击振动,严重时可能会引起零部件断裂甚至危及行车安全。零部件及配合发生损伤的主要表现:①零件本身出现缺陷,如尺寸、形状、位置、精度发生了变化,表面质量和机械物理性能变坏;②零件与零件之间的关系不对,如配合关系、相对位置和协调关系遭到破坏。

损伤原因按性质可分为自然损伤和责任损伤两大类。其中,自然损伤是指一台技术状态良好的机车,经过长期正确的运用,机车零部件仍然会由于正常磨损、腐蚀、疲劳和变形等不可避免的原因而逐渐损伤。责任损伤是指由于设计、工艺、运用等方面的责任原因所造成的损伤,这种损伤则完全可以避免。因此,机车修理的中心任务是消除各零部件及配合在运用中的损伤,恢复其工作性能,使其保持良好的技术状态。

对于相互摩擦的零件,在载荷和相对位移的作用下,摩擦表面产生了尺寸、形状和表面质量的变化,这种变化称为磨损。经验表明,机车修理的主要对象是磨损的零件,大量零件都是由于磨损到限而报废的。磨损不仅与机车走行公里有关,还与机车的工艺质量、运用状态等一系列因素有关。对于机车零件来说,通常以单位走行公里的尺寸减小量来表示磨损速度。

关于磨损机理,一般认为主要是由于表层金属的直接接触而产生的机械作用和分子作用,以及温度、介质和油膜的吸附共同作用的结果。实际上,磨损是一个相当复杂的过程,上述各种作用可能同时产生,但在一定条件下,磨损过程通常只有一两种因素起主导作用,从而形成相应的磨损形式。磨损通常可细分为磨粒磨损、黏附磨损、热磨损、氧化磨损、疲劳磨损五种磨损形式。其中,氧化磨损的磨损速度最小,摩擦系数也不高,基本上能保证表面光洁,因此氧化磨损为容许的摩擦形式,而其他磨损形式均为非正常磨损,应设法避免。

机车在运用过程中,零件的正常磨损是不可避免的,但可以采取措施降低磨损的强度:①首先应避免金属表层的直接接触;②设法排除因机件工作而不可避免产生的磨粒,以及防止磨粒的侵入;③改变表层金属材料的性质;④改变零件表层的应力状态;⑤确保金属加工和磨合质量。

任务 11.2　总组装与调试

任务描述

通过认知 SS_{9G}、HXD_3、HXD_{1D} 型电力机车和 FXD_3 型动力车的总组装与调试,熟练掌握电力机车总组装与调试的技术要求、工装设备、主要工序,培养团结协作意识,为后续学习打下基础。

📖 **知识准备**

一、SS_{9G} 型电力机车转向架中修组装

1. 工装设备

工装设备包括专用翻转机具、天车、压力机、轨道平车、压缩空气装置、探伤设备、电(气)焊设备。平台、各类专用扳手、套筒扳手、风动扳手、各类吊具、卡具、托架、止轮器、楔铁、专用支座、铜锤、手锤、锉刀、弹簧卡钳、钢丝刷、储油桶、电机托架、游标卡尺、塞尺、内、外卡钳、钢板尺、钢卷尺、轴箱拉杆样板、测温仪、工系圆簧专用卡子、弯嘴式孔用挡圈钳、常用钳工工具、转向架整体磨合试验台以及转向架风动试验装置。

2. 主要工序

(1)组装前确认构架、牵引装置、基础制动器、各类减振器、轮缘润滑装置、轮对总成等专修部件均应已修竣验交，并检查组装专用设备、吊具的状态应处于良好。

(2)转向架各种连接螺栓的规格及拧紧力矩按《SS_9型电力机车走行部连接螺栓指标》要求执行。当检查发现转向架上所有紧固、防缓件、螺栓、螺母的螺纹缺损，六方圆钝，螺杆变形、裂纹、弯曲时，应更新；当检查发现弹簧垫圈及片状防缓垫不良时应更新；当检查发现各销轴上油杯状态不良者应更新，或者清理销、轴上注油油道，使其畅通。

(3)将牵引杆装置按相关工艺组装于构架上，吊装基础制动器，连接风管路，组装蓄能制动器；检查制动器，闸瓦方向应正确，制动器安装座面与座应密贴；检查蓄能制动器应处于缓解状态。

(4)接通压缩空气，检查转向架上基础制动器及风管路状态，观察各制动器应制动及缓解灵活，不许有卡滞；用肥皂水检查各处风管接头，对泄漏部位进行处理；检查闸瓦钎及穿销应齐全，防缓件完好；手动完全退回闸瓦。

(5)检查组装完毕的轮对轴箱组装的摆位，其轴距应为2150mm，且车轴线垂直于钢轨，止轮器安放可靠，将圆簧吊装于轴箱圆簧下座上，用专用吊具将构架吊至对应的轴位上方，使圆簧上盖定位销与上座销孔对正后，轻缓落下构架，下落过程中注意及时调整部件，防止部件与构架相碰撞，整个吊装过程应注意呼唤应答配合，做好设备及人身安全防护。

(6)构架放置于Ⅰ系圆弹簧之上后，将轴箱拉杆组装好。将电机吊入适当位置，电机下落过程要轻缓，并使电机上的螺纹孔与空心轴套的光孔对齐，用螺栓将电机与空心轴套以及电机悬挂座连接紧固；将电机悬挂臂吊装于固定空心轴上；将电机悬挂臂上的连接杆(一)与构架横梁和前端梁上的电机吊座相连，可在连接杆(一)与电机吊座的方形槽内用增减调整垫的方式来保证空心轴套与空心轴的间隙均匀，其不同心度要求在5mm以内。

(7)组装齿轮箱：先在上下箱合口处均匀涂密封胶；在轴套连接处固定齿轮箱安装座；将齿轮箱体扣于电机轮对大小齿轮上，均匀紧固上下箱合口连接螺栓；通过在齿轮箱与电机间、齿轮箱与齿轮箱安装座之间螺栓连接处通过加减垫片来调整齿轮箱油封间隙应为0.5~1.0mm，并保证上下箱平面一致。

(8)组装Ⅰ系垂向油压减振器、抗蛇形油压减振器、横向油压减振器、Ⅱ系垂向减振器构架端；组装接地线，组装轮轨润滑装置、扫石器、砂管等并进行初调，检查轴箱拉杆心轴与座

槽的底部间隙不小于2mm,承力面应密贴。

(9)对转向架进行整体检查,各部件应到位,不许有偏斜、卡碰,螺栓、螺母、防缓件应齐全,接通压缩空气检查轮轨润滑装置,撒砂器工作性能,处理不良部件。

(10)轮对、电机、驱动装置组装后在专用试验台上进行空转试验,正反转各30min后,检查各轴箱、电机、空心轴轴承温升≤40K,检查齿轮箱无漏油现象。

二、SS_{9G}型电力机车中修总组装与调试

1. 落车调整要求

(1)构架侧梁上平面至轨面高度为1210±10mm,同一侧前后的差值不大10mm,同一端左右的差值不大于5mm。

(2)构架上平面达到要求后,调节闸瓦调整螺栓,使闸瓦与车轮踏面间隙均匀,并调整闸瓦与车轮踏面间隙为6~8mm。

(3)轴箱顶部距构架侧梁底面距离为44±10mm。

(4)齿轮箱距轨面最低位置不小于110mm。

(5)撒砂管端面与车轮踏面距离为15~30mm。

(6)扫石器钢结构底边距轨面高度为70~90mm。

(7)机车按照出厂试验规则的规定,要求基础制动动作良好,蓄能制动装置动作可靠,各部件连接牢固,动作状态正常,无不正常振动发出的异音,撞击脱落,齿轮箱无漏油现象,并按照规定的速度和里程运行后,轴箱体上方中部电机端盖轴承和固定空心轴套轴承温升应小于40K。

(8)排障器、扫石器、撒砂管距轨面高度分别为75~120mm、20~30mm、35~60mm。

2. 工装设备

工装设备包括架车机、专用翻转机具、轨道平车、压缩空气装置、牵车机、托架、止轮器、专用支座、弹簧卡具、轴箱拉杆样板、测温仪、转向架整体磨合试验台。

3. 总组装过程

(1)将组装好的转向架用天车吊往落车台位前的钢轨上,并准备好牵车机。

(2)缓慢牵进转向架至机车下方,然后由专人指挥缓慢落下车体,在下落过程中应注意随时调整台车位置,以便车体与台车的组装。

(3)落车后在5t油压镐的配合下组装牵引杆方销,使构架牵引杆与车体牵引座连接;连接牵引电机电缆线、接地线、速度及防空转传感器电缆、横向减振器及摩擦减振器车体端接头、风油管接头等机械电气连接点;拆除Ⅰ系圆弹簧专用卡子。

(4)弹簧调整是指在落车状态通过加调整垫片来改变弹簧高度,使机车获得合理的轴重分配。弹簧调整的好坏不仅影响构架受力状态,而且直接影响机车的轴重分配,从而影响牵引力的发挥。所以调整轴重是考核机车的一个重要指标,必须达到《电力机车通用技术条件》(GB/T 3317—2006)中规定的轴重和轮重及转向架有关的技术要求。Ⅰ系圆弹簧调整的好坏直接影响机车的牵引性能,机车牵引力直接与轴重相关。通过调整弹簧的受力情况,使转向架保持水平状态,各轴轴重符合规定要求,以保证机车安全运行并发挥最大牵引力。弹簧调整后应达到以下要求:①同一机车每个动轴的实际轴重与该机车实际平均轴重之差,

不超过该机车实际平均轴重的±2%;②每个车轮轮重与该轴两轮平均轮重之差,不超过该轴两轮平均轮重的±4%;③构架上平面至轨面距离1210±10mm,同一侧侧梁前后相差不大于10mm,同一端左右侧梁相差不大于5mm;④经过工作压力测试过的弹簧组应在标准范围内(262±2mm),然后用加垫片的方法调整弹簧高度,使整台机车在工作负荷下弹簧高差不大于2mm。由于构架受力,中间轮对处下挠2~3mm,所以中间轮对弹簧可比两端轮对弹簧低2~3mm。也就是说,高弹簧可组装在转向架两端轮对,低弹簧可组装在中间轮对。

4. 落成试验

机车中修总体落成调整后,要在库内380V电源、库外25kV高压电网下进行试验检验,并且须在正线进行往返不少于90km试运转,以观察各部件在运用中的工作状态。

落成试验顺序:机车落成后在无电状态下整备检查→高、低压试验前的准备与检查→低压试验→高压试验→轮缘喷脂器机能试验→轴承温度检测装置机能试验→机车试运转及试运后的工作。

机车试运转及试运后的有关要求:

(1)进行电阻制动负载试验。

(2)各牵引电动机电流分配不均匀度(在不考虑轴重补偿的情况下)不超过15%,偏差 = $[(I_{max} - I_{min})/I_{max}] \times 100\%$。

(3)试运中须经常观察各部件工作状态,不允许有漏油、漏风、过热及不正常的气味或噪声。

(4)机车试运停站时,检查各轴承上部中间位置的温升和齿轮传动轴承密封环上部的温升均不允许超过55K。

(5)试运后测量各回路绝缘电阻值:

①网侧电路用2500V兆欧表对地绝缘电阻值不低于100MΩ;

②牵引绕组整流电路用1000V兆欧表对地绝缘电阻值不低于20MΩ;

③牵引电路用1000V兆欧表对地绝缘电阻值不低于5MΩ;

④辅助电路用500V兆欧表对地绝缘电阻值不低于2MΩ。

三、HXD_3型电力机车转向架组装

(1)将构架正向吊放至组装翻转机上,并固定翻转构架180°。在构架上组装制动单元,带弹停装置的制动单元安装在1、6位轮对两侧,制动缸风管接头靠内侧。

(2)启动翻转机,翻转构架180°,安装轮缘润滑装置的喷头支架、喷头、油脂罐。将轴箱吊钩安装至构架安装孔内,并旋转90°,以防脱落。

(3)将组装好的驱动装置通过输送小车送至构架与驱动装置组装台位,按顺序摆放,调整好轴距,打好止轮器。其中,1、2位轴距为2250mm,2、3位轴距为2000mm。

(4)调整轴箱体在水平位置,在轴箱体下面用支撑座撑住,防止轴箱体翻转。将轴箱弹簧用悬臂吊按记号分吊至对应轴箱弹簧座上,左右两组弹簧的自由偏移方向应相对180°安装。同一轮对的轴箱弹簧工作高度差不大于2mm,同一转向架不大于4mm,允许通过在轴箱体弹簧座上加垫调整。

(5)升起电机支撑杆,抬高电机后部至适当位置。用构架专用吊具,在构架翻转台位上

起吊构架至构架与驱动装置组装工位上方,缓缓下降构架,一边下降,一边对应相应位置,随时调整,直至与轴箱弹簧、轴箱定位座密贴。

(6)启动转向架举升装置,将转向架举升至适当高度。转向架举升时必须同步提升牵引电机支撑杆,防止脱节造成电机翻落;使用悬臂吊把电机吊杆吊放至安装座上,调整位置,紧固螺栓;使用悬臂吊把轴箱拉杆吊放至安装位置,紧固螺栓。

(7)降下转向架,紧固轴箱吊钩安装螺栓。

(8)组装转向架附件:

①安装构架侧挡、垂向止挡。

②扫石器立板。

③横拉杆及防护链。

④扫石器胶皮及挡板。

⑤撒砂器、砂箱、砂管支架、砂管,并初调砂管角度。

⑥构架上风管路、传感器线、轴报线接线盒及轴报线、轴箱接地线等。

⑦连接轮缘润滑器风管、油管,调整喷头角度。

⑧检查风、油管路无接磨。

⑨各风管路组装后进行充风密封性试验,不得有泄漏。

⑩牵引电机通风罩,并紧固与电机的连接螺栓。

(9)安装Ⅰ系垂向油压减振器,紧固螺栓。

四、HXD_3型电力机车总组装与调试

1. 主要技术要求

(1)同一转向架高圆弹簧的高度差不大于4mm,允许在弹簧座上加垫片调整。

(2)两组高圆弹簧应按照弹簧标示的横向自由偏移方向相对180°安装。

(3)弹簧连接座板下的调整垫片在轴重25t时安装,轴重23t时不安装。

(4)牵引装置上的橡胶O形圈更新。

(5)各螺栓紧固力矩须符合要求。

2. 工装设备

其工装设备包括地坑式电动架车机、转向架移动装置、牵引杆拆装装置、机械手、天车、19mm内六角扳手、塞尺、风动扳手、手锤、撬棍、钢丝钳、开口扳手、螺栓防松剂、无毛毛巾、牵引杆装配膏等。

3. 主要工序

(1)用工艺转向架将车体运送至组装台位。操作地坑式电动架车机,车体支撑杆升起顶住车体起架座,将车体架高至一定高度,撤出工艺转向架;将前后转向架移入车体下方,对准安装位置,打好止轮器。

(2)按选配要求依次把弹簧调整垫片及减振垫放置于弹簧座上,再依次将Ⅱ系高圆弹簧、减振垫、调整垫及连接座板装到转向架的相应位置上。两组高圆弹簧应按照弹簧标示的横向自由偏移方向相对180°安装。

(3)缓缓落下车体,当车体落至与Ⅱ系圆弹簧相接触时,停止落车,检查Ⅱ系圆弹簧与簧

座是否对位;确认各部良好后,启动架车机,将车体缓慢落在转向架上。

(4)操作地坑式架车机,将机车整体架高至一定高度。安装电机通风罩、电机大线、传感器线、线夹、接地线,安装转向架与车体连接的风管接头。

(5)安装Ⅱ系横向、垂向油压减振器,并紧固螺栓。

(6)安装车体与转向架的接地线、轴箱接地线、轴报连接线。

(7)安装车钩尾框组件、托板、车钩、下锁销及提杆。

(8)安装牵引销、牵引杆。

(9)将自动过分相感应器安装在移频感应器支架上,在机车整备状态下测量过分相感应器下平面与轨面垂直高度110～120mm。启动地坑式架车机,机车整体下降至钢轨平面。

(10)测量:

①测量转向架侧挡与车体间(2、5位轴处)的左右自由间隙之和为38～42mm,若超出范围时,可以通过加减垫片的方法调整,左右侧加垫厚度应相同。

②测量转向架垂向止挡与车体间(1、6位轴处)的左右自由间隙之和为196～200mm,若超出此范围时,可以通过加减垫片的方法调整,需要注意的是,左右侧加垫厚度应相同。

五、HXD_{1D} 型电力机车库内架车与落车

1. 架车前准备

(1)人员场地:钳工4名、电工4名、管道工1名、起重工4名,技术等级为中级或中级以上;地沟深度为1100～1200mm,风源600kPa。

(2)工装设备及工具:架车机4台(能够承载85t总重,且最低要有1700mm的升降行程)、液压千斤顶(8t)、固定支撑墩4台(能够承载85t总重)、棘轮扳手、风动扳手、扭力扳手、套筒、呆扳手、十字起、一字起、老虎钳等钳工工具。

(3)完成管道架车作业:将车体与转向架的连接软管拆除,软管应悬挂并固定在车体端,管路外露接口(含转向架)应用管堵进行封堵,防止异物进入管内,确保管内通畅、清洁。

2. 电工架车作业

(1)将主电源开关打至"隔离"位,切断司机室辅助主开关,拆除所有外部电源。

(2)将轴温、轴报、自动过分相、防滑速度传感器、监控速度传感器的插头从插座上旋出或拆下,并将固定这些插头线缆的紧固夹拆下。拆开轴端盖,取出回流线。

(3)操作架车机将车体支撑上升至150mm左右,拆除软风道。

(4)将车体与转向架牵引电机连接的铜绞接地线拆下,旋出电机温度速度传感器插头,将电机大线从牵引电机接线盒内拆下,恢复时要注意按要求涂胶。

3. 钳工架车作业

(1)将连接在牵引杆的安全钢丝绳(一)和安全钢丝绳(二)进行拆卸,并保存好拆卸下来的紧固件;对牵引杆与法兰组件连接处的螺栓进行拆卸,并对拆卸下的螺栓进行统一保存;将牵引杆与法兰组件进行分离。

(2)分别拆卸Ⅱ系垂向油压减振器与转向架、横向油压减振器与车体、抗蛇行油压减振

器与车体的连接螺栓,使相应减振器与转向架或车体分离。

(3)操作架车机将机车车体支撑上升至150mm左右,再拆除软风道与转向架电机连接处。

(4)拆除所有转向架与车体的连接后,再用移动式架车机将车体缓慢升起至Ⅱ系弹簧能够拆卸下来的位置。

(5)用盖板将每个电机风道完全盖住,严防异物掉入。

(6)将Ⅱ系弹簧上所加垫片的厚度做好记录,拆下Ⅱ系弹簧,并推出转向架。

(7)将固定支撑墩放置于车体底下,再操作架车机将车体缓慢降落固定支撑墩上,以防止架车机不能长时间支撑车体,而发生安全事故。

4.落车作业

(1)如果已经拆下转向架,准备更换一个新的或检修过的转向架,应确认所安装的转向架配置正确,HXD_{1D}型电力机车转向架组装限度见表11-4。

HXD_{1D}型电力机车转向架组装限度(单位 mm)　　　表11-4

序号	名称	原形	限度	
			C4修	禁用
1	扫石器橡胶板距轨面高度	30^{+5}_{0}	25~30	
2	扫石器安装板距轨面高度	≥70	≥70	
3	撒砂管出砂口距轨面高度	25~30	25~30	
4	撒砂管出砂口距踏面距离	15~30	15~30	

(2)同一转向架重新安装到同一车体上或者安装到和移出时相同位置的、同类机型的另一车体上,须检查、调整转向架的高度。此时,Ⅰ系悬挂系统因无变化而不必调整。

(3)转向架已彻底检修且重新安装到拆卸时相同的或不同的车体上,须全面检查、调整转向架的高度和Ⅰ系悬挂系统。

(4)安装牵引装置。

(5)安装Ⅱ系垂向、横向、抗蛇行油压减振器。

(6)安装车体与转向架之间的空气管路及电气连接线。

5.试验调试

(1)转向架气动设备的泄漏试验:恢复所有到转向架的气动连接,检查车体和转向架之间的空气管路和转向架气动部件中的空气管路是否有任何泄漏。

(2)最终调试:在机车整备功能试验内进行所有转向架安装部件的功能试验,特别是制动功能试验。

六、HXD_{1D}型电力机车定检修程试验

机车进行C_1~C_3修后,须上电自检合格后进行高压试验和制动试验;机车进行C_4修后,须进行低压试验、高压试验、制动试验;试验须分别在两端司机室操作。

1.低压试验(C_4修)

低压试验包括蓄电池及控制电源试验、受电弓试验、主断路器试验、扳键开关检查、控制

手柄检查、机车保护功能测试、安全测试检查、照明检查、库内辅机测试等。各项试验结果符合技术条件中相关规定。

2. 高压试验($C_1 \sim C_4$ 修)

高压试验包括:辅助压缩机、受电弓升降、主断路器分合、蓄电池电压、变压器油泵、主变流器水泵、主压缩机、各通风机、取暖装置及空调机组起动和运转状态检查;网压下的主变流器试验、自动过分相功能检查、轮缘润滑功能检查、撒砂检查、辅助设施检查、列车供电及保护试验、牵引试验等。各项试验结果符合技术条件中相关规定。

3. 制动试验($C_1 \sim C_4$ 修)

制动试验包括基础制动装置、制动机自检、制动机模式设置、自动制动、单独制动、惩罚制动、紧急制动、停放制动、双管供风、后备制动等。各项试验结果符合技术条件中相关规定。

任务实施

1. 教师下发学习任务工单(见本教材配套学习任务工单中任务 11.2),明确任务内容,并给出本次任务的实施方法与评价标准。

2. 学生课前研究学习计划、查找相关学习资源,按要求完成预习任务。

3. 教师进行课堂讲解、现场教学或操作演示。

4. 将学生按 5~8 人为限组成若干个学习小组,以小组形式组织讨论、交流。教师全程关注每个小组的学习进程,提出引导性意见,激发学生学习兴趣,提高学生自主学习能力。

5. 完成学习任务后,小组要进行总结汇报演讲,或针对实践技能的掌握进行实作演示,学生进行自我评分及小组评分,给出学习任务中的成绩。

6. 教师对学生测试检查或成果展示情况给出评分,并根据学生的自评分、互评分给出综合评分。

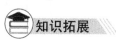

零部件腐蚀损伤

腐蚀是指金属和周围介质发生化学或电化学作用而造成的破坏,其结果是使金属零件表面的成分、性质、尺寸和形状发生变化,从而缩短了金属零件的使用期限(寿命)。按其机理划分腐蚀可分为化学腐蚀和电化学腐蚀两大类。

1. 化学腐蚀

化学腐蚀是指金属和外部介质直接起化学作用,不产生电流,同时腐蚀产物生成于反应表面。产生化学腐蚀必须要有腐蚀介质存在。例如,机油中含有酸、碱杂质就是腐蚀介质,机油在工作过程中被氧化而产生有机酸,这些有机酸就会腐蚀金属零件,对铅青铜合金的轴瓦腐蚀力特别大,能将铅腐蚀掉。机油中含硫为 5%~6%,硫对钢铁有很大的腐蚀作用。高温下即使没有腐蚀介质,金属也能和空气中的氧等介质起作用,产生腐蚀。

化学腐蚀是否强烈取决于腐蚀后在金属表面形成的膜的性质。不同金属形成的膜是不同的。例如,钢、铁等金属与腐蚀介质接触后,被一层疏松的膜分开,但腐蚀介质能缓慢地渗透过疏松的膜,继续腐蚀金属。又如,铝、不锈钢等金属与腐蚀介质接触后,会产生一层坚硬的膜将介质隔开，使腐蚀停止进行。如果膜破裂了，则继续腐蚀金属。

2. 电化学腐蚀

电化学腐蚀是指金属和电解液起电化学作用的破坏过程。电化学腐蚀有电流产生，阳极金属腐蚀，同时腐蚀产物并不完全覆盖于反应表面。电化学腐蚀远比化学腐蚀来得严重和普遍。电化学腐蚀的机理一般被认为是微电池作用原理。因此，产生电化学腐蚀必须有电解液和电位差两个条件同时存在。

凡含有酸、碱和盐类物质的水溶液都是电解液。大气中含有水汽和其他物质(如二氧化碳、二氧化硫等)常吸附和凝聚于金属表面，形成一层薄膜，实际上这层薄膜就形成了电解液，它的腐蚀速度能增加 10~30 倍。不同的金属或同一金属具有不同的组织结构，在电解液中经常形成不同的电位，能产生电流，导致阳极金属溶解，即腐蚀。金属零件具有不同程度的应力，应力越大，晶格的扭曲程度也越大，在电解液中金属原子容易逸出，使电位降低。因此，应力大与应力小两部分金属之间便存在电位差，使应力大的部分金属腐蚀。

3. 防腐措施

(1) 在金属表面上覆盖保护层，如采用电镀、喷镀、熔镀、气相镀、化学镀等方法，在金属表面覆盖一层金属或合金(如镍、铬、铜、锡、锌等)作为保护层；用非金属材料涂在被防护的金属零件表面以组成保护层，常用的非金属材料有油漆、塑料、橡胶等，临时性防腐可涂油或油脂；用化学或电化学方法，在金属表面覆盖一层化合物薄膜，如磷化、发蓝、钝化、氧化等。上述这些是在机车零部件中经常使用的防腐措施。

(2) 采用阳极保护法或阴极保护法。

(3) 处理腐蚀介质，使其腐蚀性不起作用。

(4) 正确选用材料和提高结构设计的合理性。

复习思考题

1. 如何用轴列式表示机车走行部的结构特点？
2. 简述机车轴重、单轴功率和结构速度之间的相互关系。
3. 试比较 SS_{9G}、HXD_3、HXD_{1D} 型电力机车转向架的有关技术参数。
4. SS_{9G} 型电力机车中修落车调整要求是什么？
5. HXD_3 型电力机车总组装与调试的工装设备工具有哪些？
6. HXD_{1D} 型电力机车 C_4 修的高、低压试验项目有哪些？

项目12　机车运用维保

项目描述

通过现场参观机车整备作业和课堂观看虚拟整备演示,以激发学生对电力机车运用维保的兴趣;通过理论知识讲解和实践技能操作,引导学生掌握运用整备作业流程、机车整备检查范围、运用维护保养方法;通过小组PPT汇报和提问环节,检测学生对知识的掌握程度。

教学目标

☞ 知识目标

1. 掌握 SS_{9G}、HXD_3、HXD_{1D} 型电力机车和 FXD_3 型动力车的运用整备作业流程。
2. 掌握 SS_{9G}、HXD_3、HXD_{1D} 型电力机车和 FXD_3 型动力车的机车整备检查范围。
3. 掌握 SS_{9G}、HXD_3、HXD_{1D} 型电力机车和 FXD_3 型动力车的运用维护保养方法。
4. 了解零部件疲劳损伤、整备信息化管理、机破分析制度。

☞ 技能目标

1. 会按作业流程对机车进行整备检查。
2. 能对主要零部件进行正确的维护保养。

☞ 素质目标

1. 培养敬业爱岗、遵章守纪、乐于奉献的职业道德。
2. 养成精检细修、严守操作规程的工匠精神。

背景知识

机车在投入运用前的一切准备工作称为运用整备。机车投入运用后,其零部件因各种原因而出现磨耗、破损、松动等现象,严重时导致事故,直接影响机车寿命和行车安全。因此,在机车出库前,要求地勤检查司机以高度认真负责的态度检查车体设备和走行部,以便及早发现问题,并加以整修,确保行车安全。机车运用与维护保养是不可分割的统一体,维护保养能够促进运用,运用必须加强维护保养,只有这样才能减少或避免机破、临修的发生。

一、整备作业原则

机车整备作业除应具备良好、先进的整备设施外,还应坚持"一个统一""二个范围""三个结合"的原则。"一个统一"是指整备场内无论是运用车间的人员、检修车间的行修人员,还是监控装置检测人员,均由值班员统一指挥;"二个范围"是指机车乘务员和地勤人员要有明确的作业范围、程序标准,各岗位分工明确,使整备作业程序化、规范化;"三个结合"是指地勤检查与行修维修相结合、清洁保养要求自动刷洗与重点擦拭相结合、质量信息要求地勤人员与乘务员相结合。

二、整备作业方式

根据整备设备的配置,机车整备作业有以下三种方式:

(1)机车入段→机车清洗→机车转向或直接进入整备线→打开隔离开关→补给各种润滑油脂、上砂、机车检查、给油、处理故障→闭合隔离开关→动车驶出检查地沟→机车等交路→机车出段。

机车在专门的清洁台位上进行清洗,有利于缩短整备作业时间。

(2)机车入段→机车转向或直接进入整备线→打开隔离开关→补给各种润滑油脂、上砂、机车清洗、机车检查、给油、处理故障→闭合隔离开关→动车驶出检查地沟→机车等交路→机车出段。

由于没有专门的机车清洗设备,该作业方式有一定的局限性,一般在整备作业量较少时采用。

(3)机车入段→机车清洗→补给各种润滑油脂及上砂→机车转向或直接进入整备线→打开隔离开关→机车检查、给油、处理故障→闭合隔离开关→动车驶出检查地沟→机车等交路→机车出段。

补给各种润滑油脂、上砂等作业在专门的发放台位上进行,将油脂发放与机车检查由平行作业改为流水作业,相应地延长了整备作业时间。

三、运用维护保养

运用维护保养的好坏,关系到机车可靠性和性能发挥,并直接影响铁路行车安全。因此,为了提高机车运用效率和延长机车使用寿命,除提高检修人员的维修水平和检修质量外,广大机车乘务员还应配合库内整备保养人员,本着"修养并重、预防为主"的方针,以极端认真负责和对技术精益求精的态度,掌握规律,不断积累,运用保养经验,提升机车质量,为铁路运输安全正点当好先行,提供可靠稳定的牵引动力。

任务 12.1　运用整备作业

任务描述

通过认知 SS_{9G}、HXD_3、HXD_{1D} 型电力机车和 FXD_3 型动力车的整备作业流程,熟练掌握电力机车整备检查方法和检查要求,培养团结协作意识,为后续学习打下基础。

知识准备

机车整备包括各种冷却油液、润滑油脂及砂子的供应,机车各部的日常检查、修理、给油、清洁、保养以及机车乘务员交接班等。整备作业必须保证各项工作为一个整体,做到作业流程顺畅,避免相互干扰,缩短作业时间,提高运用效率。为机车整备作业而设置的各种设施称为整备设备。

一、整备作业流程

电力机车整备作业流程应根据作业场地、设备条件、入库台数来编制,图 12-1～图 12-3 提供了 HXD_{1C} 型电力机车入库整备作业流程、车顶部及走行部检车作业工步、走行部步伐检车的一个应用实例。

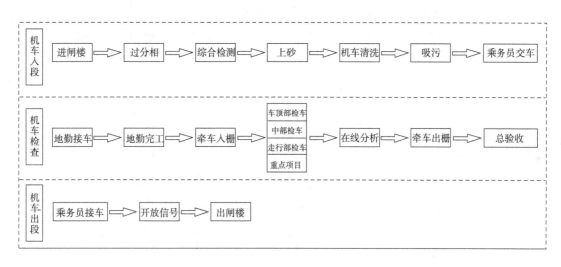

图 12-1　HXD_{1C} 型电力机车入库整备作业流程图

二、机车整备检查

电力机车检查按时间划分可分为日常检查和定期检查；电力机车检查按形式划分可分为静止检查和动态检查。其中，日常检查是指机车每完成一个交路或一次循环后入段进行整备作业中的检查或在中间站换班、外段（折返段）整备由机车乘务员或检查司机进行的检查；定期检查是指机车每运用一段时间或完成一定的走行公里后对机车进行较大范围的检查；静止检查是指在无动力电源时对机车进行的检查；动态检查是指在牵引运行中对机车的巡视检查或停车后立即对有关发热部件的检测等。

1. 基本规定（相关教学资源见二维码16～二维码19）

（1）应做到检查顺序熟练不乱，名称、术语、技术参数正确无误，不漏检、不错检。

（2）步伐、锤击、动作、顺序协调一致，做到自上而下、从里到外、由左向右，采用检、听、嗅、摸、测、撬、晃等方法进行。

（3）一般检查时，左手拿电筒、右手握锤。电筒、手锤不能倒手，不能触地。放置电筒、手锤要有固定位置，做到光照、目视、锤击一致，动作协调。

（4）检查低矮零件时，做到一腿半曲，一腿稍弓，斜身向着检查部件。

（5）检查内侧部件时，做到两脚叉开站稳，上身前探。

（6）检查部件底部时，对较高的部件直身仰视检查；对较低的部件采用下蹲仰视。

（7）使用仪器测量时，应按操作规定进行。

（8）司机负责机车内部、顶部的检查和高、低压试验，对机车发生的故障进行判断，指导学习司机正确、及时地处理好故障，维持运行。

（9）学习司机负责机车下部的检查和机车的全面给油工作，协助司机做好高、低压试验；并在司机的指导下，正确、及时地处理好机车故障，确保行车安全。

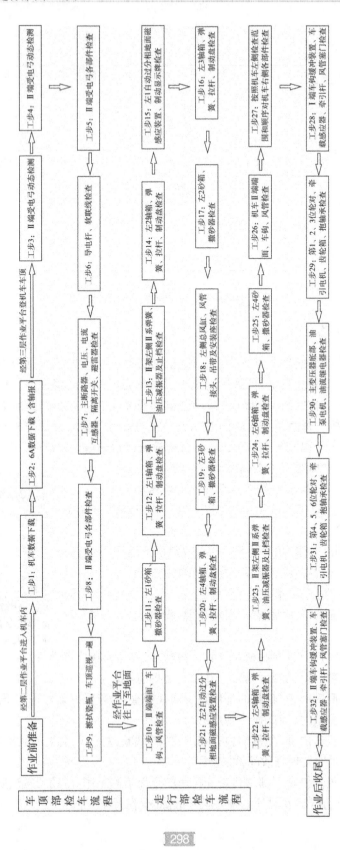

图 12-2 HXD₁c 型电力机车车顶部及走行部检车作业工步

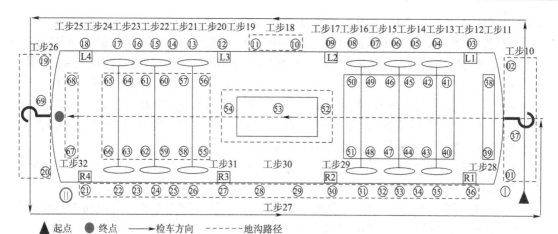

图 12-3　HXD_{1C} 型电力机车走行部步伐检车示意图

2. 检查方法

机车检查主要有目视法、锤检法、手检法、量具检查法、万用表检查法、兆欧表检查法、试灯检查法等,机车乘务员应非常熟悉所用机车的原理构造、部件名称、安装位置及正常状态,掌握该车型的运用特点及容易出现故障的部件和关键部位,充分合理地利用检查时间。

（1）目视法是通过目视检查机车的一种方法,在使用锤检和手检的同时,也要进行目视,做到手、眼、锤、灯配合协调,动作一致。目视法主要适用于检查各种仪表的指针、铅封、漆封,各种按键开关、刀开关、万能转换开关、按钮开关及塞门的位置；各部件有无断裂、变形、脱落及其他不良状态；油压减振器、变压器冷却油路、压缩机及齿轮箱有无泄漏,各部油位是否正常,各类电器的导线绝缘,连接及触点接触状态等。

（2）锤检法可分为锤击、锤触、锤撬三种检查法。锤击检查法主要靠锤击的音响、锤柄对力的传递和用另一只手直接接触敲击处的感觉,以判断螺栓(螺母)的紧固程度,适用于检查各部件的紧固螺栓和螺钉,敲击螺栓和螺钉时,应向紧固方向敲击,以免把紧固的螺栓敲松；锤触检查法是指对一些直径较小的管路和卡子,以及不宜锤击的螺钉或脆弱部件,可用检查锤轻轻触动,检查其是否泄漏或松动；锤撬检查法是指用锤柄或锤尖撬动部件,用以检查横向、径向的活动量等。

（3）手检法可分为手动检查法和手触检查法。对锤击容易损坏的部件,应采用手动检查法。其中,对较小的螺钉、管接头用手旋拧,检查其是否松动或泄漏；对电器部件的安装、接线等应采用晃、拍等方法检查其牢固程度；对排水阀及其把手、手轮、开关等应用手扳动,切勿锤击,以防损坏。手触检查法是指用手掌或手指触及发热处所,以感觉其温度,手触检查应在停车或关机后马上进行,适用于检查容易发热的各轴箱、轴承等部件。

（4）使用塞尺、直尺、卷尺及专用量具测量有关部件的间隙、开距、限度、高度等各限度尺寸。

（5）使用万用表测试电压、电阻、电流的数值,以检查电器或电气线路的状态。

（6）使用兆欧表测量电路或电器的绝缘电阻。

（7）使用试灯测试电路中的断路、虚接故障。

3. 注意事项

（1）检查前,机车必须处于制动或防溜状态,并做好安全防护；遵守"先联系,后检查"的原则,并通知有关作业人员,在操纵手柄、开关处挂好禁动标志。

(2)检查时,应以有条不紊的顺序、正确的姿势和适当的方法进行,要求做到:顺序检查,不错不漏;姿势正确,步伐不乱;锤分轻重,目标明确;耳听目视,仔细周到;测试工具,运用自如;鼻嗅手触,灵活熟练;仪表量具,运用自如;判断故障,迅速果断;消除隐患,保证质量。

(3)禁止反方向敲击螺母、螺栓或打在螺栓、螺母的棱角上;检查带电部件及转动部件时,禁止手触,以防触电或挤伤;用手晃动、拍击、拧动部件时,用力要适当,防止部件损伤,尤其在检查线路接头与紧固件松紧时,要顺时针推动。

(4)检查带有压力的管子、细小管接头螺母及直径 M14 以下螺母时,对光洁度要求较高或有镀层的零件,禁止用锤子敲击。

(5)在进行电气检查试验时,应严格遵守操作程序,既要避免造成电器误动作而损坏电气设备,又要防止异物落入电器间或电器装置内部。

(6)对于加封的部件(如铅封、漆封等)严禁随意破封,各种保护装置不得随意改变其动作参数。

(7)在进行车顶检查时,机车应停在安全区内,办妥停电手续,并挂好接地线;应从车顶门登顶,严禁从其他部位爬上车顶。在检查过程中,应注意防止跌落和摔伤,确保人身安全。

(8)司机升弓做高压试验前,必须确认各高压室和地沟内无人后方可试验。高压试验的升降弓,必须按规定鸣笛和呼唤应答后方可进行,以保证安全。

(9)各部件检查完毕后,必须恢复正常位置、状态。

4. 日常检查

1)交接班检查

(1)机车到达本次交路终点站并入段后,到达的机车乘务员、机车保养人员要按照分工,抓紧时间先详细检查各摩擦、转动部分及各电机的温度,并做好整台机车的检查、修理、试验、给油、清扫工作,然后就发现的问题和处理的情况详细填写交接班记录,为接班乘务员打好基础。

(2)接班检查要简单明了,重点突出,作业时间不宜过长,以免造成出乘前疲劳。为此,接班与交班检查要明确分工,接班者应特别注意与行车安全直接有关的部件检查,确认机车的整备状态,并详细了解机车在上一班的运行情况,认真阅读交接班记录。

2)运行途中检查

(1)学习司机负责机车走廊巡视检查,其检查的时机由各机务段在操纵示意图中规定。一般要在始发站出站后和每次通过分相绝缘器后,以及机车有异常状态时进行巡视检查。走廊巡视检查时,应在出站后开始,于到达前方站前返回,保证两人确认进站信号;去走廊巡视检查时,要先与司机取得联系,尽量保持各控制手柄位置稳定。在检查中如发现有不良情况时,要立即向司机报告,两人密切配合,尽可能维持运行,对能处理的问题要及时、果断地处理,防止事态扩大。

(2)中间站停车时,乘务员应下车检查走行部:①确认车钩及风管(重联时包括重联线)的连接状态;②轮箍有无过热、弛缓,动轮踏面有无擦伤、剥离,轮缘润滑是否良好;③轴箱温度是否正常,有无漏油现象,弹簧装置是否良好,闸瓦及基础制动装置有无不良现象,各管路系统及主变压器外壳是否有漏油,速度表传动装置等是否良好。

5. 定期检查

机车在中修或小辅修前,整备车间要按规定范围进行检查,按机车部件分类顺序填写

"机统-28"预报本,并在小辅修开工前24～72h内将"机统-28"预报本送交检修车间。"机统-28"预报本能反映机车在两次修程间的运用质量及检修工作后的检修质量,确保检修车间能及时掌握机车的技术状态,做到合理地安排机车修程。机车入库后,机车乘务员或指定人员要按规定时间参加机车的复检,若发现不良处所时,应一次提出检修活票;检修中,机车乘务员或指定人员要按时参加检修汇报会,听取对机车保养的评定和意见,同时提出对修理工作的要求。日勤组人员在机车交车前,应将该台机车在复检中和检修中发现的超修活及时填写到在"机统-28"预报本上,在机车交车的同时,由检修部门及时将"机统-28"预报本退还整备车间保管。

6. 检查顺序

电力机车静止检查时要遵守自上而下、从里到外、由左向右的检查顺序(图12-4、图12-5),这是对机车乘务员基本功训练的要求。实行轮乘制的机务段,机车检查工作完全由地勤检查人员和辅修检查人员按分工进行检查,从而形成检查专业化。专业检查的特点:质量高、速度快、不易发生漏检;便于积累检查经验;能及时发现机车薄弱环节和惯性故障;掌握机车质量动态,从而不断提高机车检查水平。

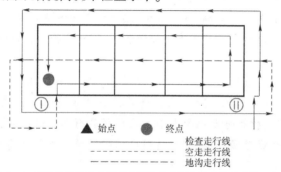

图12-4 车体设备双边走廊式布置的电力机车静止检查路线示意图

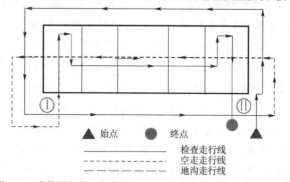

图12-5 车体设备中央走廊式布置的电力机车静止检查路线示意图

任务实施

1. 教师下发学习任务工单(见本教材配套学习任务工单中任务12.1),明确任务内容,并给出本次任务的实施方法与评价标准。

2. 学生课前研究学习计划、查找相关学习资源,按要求完成预习任务。

3. 教师进行课堂讲解、现场教学或操作演示。

4. 将学生按5~8人为限组成若干个学习小组,以小组形式组织讨论、交流。教师全程关注每个小组的学习进程,提出引导性意见,激发学生学习兴趣,提高学生自主学习能力。

5. 完成学习任务后,小组要进行总结汇报演讲,或针对实践技能的掌握进行实作演示,学生进行自我评分及小组评分,给出学习任务中的成绩。

6. 教师对学生测试检查或成果展示情况给出评分,并根据学生的自评分、互评分给出综合评分。

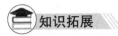

零部件疲劳损伤

裂纹与折损是机车零部件常见的损伤现象之一。实践证明,裂损往往是引起零部件繁重修理或报废的原因,而某些重要零件的裂损甚至招致严重的事故。随着机车向大功率、高速重载、轻型化方面发展,裂损问题更显突出。对于零件折损,有的是受一次渐增载荷或冲击载荷作用所造成的,有的是在不太大的载荷长期作用下造成的。其原因大多是设计制造和修理不良或运用不当的结果,如材料有缺陷、焊缝不良、热处理或组装不正确、操纵不当等。而大多数机车零件,则是受多次交变载荷作用下产生裂纹和折损的,这种形式的损坏叫作疲劳破坏。

1. 疲劳破坏机理

疲劳是材料在交变载荷作用下的一种破坏现象。疲劳破坏的发生取决于交变载荷所引起应力的大小、交变载荷的循环次数以及材料的抗疲劳强度三个因素。当交变载荷所引起的应力小于一定数值时,材料可以承受无限多次循环载荷而不致破坏,这个数值叫作疲劳强度极限。如果应力大于疲劳强度极限时,材料所承受的循环次数就有限度,达到这个循环次数时,材料就会破坏。

金相分析结果表明,材料的疲劳破坏是由于材料在交变载荷的作用下,首先产生了微观裂纹,然后逐渐加深和扩展,形成宏观裂纹。随着循环次数的增加,裂纹不断扩展,即有效面积不断缩小,当有效面积缩小到某一尺寸不能承受外加载荷时,即发生断裂。整个破坏过程大致可分为五个阶段:①局部地区出现滑移;②裂纹成核(产生);③微观裂纹扩展(裂纹长度小于0.05mm);④宏观裂纹扩展(裂纹长度大于0.05mm);⑤断裂。

在常规的"无限寿命"设计中,都是根据疲劳强度极限曲线和安全系数进行设计的。可是零件在运用过程中仍然过早地发生意外破坏,这是由于用来确定材料疲劳特性的试样与实际零件存在着很大的差异。疲劳强度极限曲线是用表面经过精心抛光的光滑试样通过试验获得的,但实际上,零件在制造、检修和运用的过程中,往往由于各种原因,使零件表面存在着各种缺陷。当带着这类裂纹的零件在承受交变载荷作用时,即使其交变载荷所引起的应力小于疲劳强度极限,表面上存在的裂纹可能不断扩展,最终导致零件的疲劳破坏。

2. 疲劳破坏原因

(1) 金属材料和热加工方面的缺陷。金属材料在冶炼、轧制、锻、铸和热处理时,在其内部或表面留有局部缺陷(如非金属夹杂、气孔、表面过烧、表面裂纹等),对材料的强度影响很大。这些缺陷如果恰好位于危险断面内,特别是接近表面时,极易引起局部应力上升,使裂纹不断扩展,这是一种危险的隐患。

(2)零件结构上的缺陷。零件在结构、形状上的不合理常能造成局部应力集中,引起惯性的疲劳裂损。例如,零件断面变化过于急剧、过渡处圆角半径过小、有尖锐边角等,都会引起局部应力集中。强度和硬度越高的材料,对应力集中的敏感性越大。因为塑性较好的材料在局部应力作用下,可以产生局部塑性变形而使应力分布于四周。

(3)冷加工方面的缺陷。表面机械加工质量对零件的使用寿命有很大影响。表面加工质量不仅指表面粗糙度,还包括加工过程中,在其表面留下的残余应力和一定深度的冷作硬化加工层,它们对于疲劳强度极限都有直接影响。

(4)运用检修中产生的缺陷。零件在搬运时碰伤以及在检修时锤击打伤,都会造成应力集中。修理时用冷压或火烤弯曲的零件,会使零件产生内应力或破坏金相组织,降低材料的强度。此外,不正确的组装,会造成很大的附加应力,往往也是导致疲劳破坏的原因。

3. 防止措施

(1)加强检验,查明缺陷。

金属材料本身的内在缺陷以及热加工方面的缺陷,往往是疲劳裂损的危险隐患,应及时查明,并加以处理。

(2)防止额外载荷和应力集中。

在设计上要注意零件结构的合理性,保证零件的表面加工质量、组装的正确性以及各零件的正常工作条件等手段,以有效避免应力集中发生。

(3)防止增加循环应力的次数。

(4)防止削弱材料的疲劳强度。

任务 12.2 整备检查范围

任务描述

通过认知 SS_{9G}、HXD_3、HXD_{1D} 型电力机车和 FXD_3 型动力车的整备检查范围,熟练掌握电力机车整备检查范围,培养团结协作意识,为后续学习打下基础。

知识准备

一、SS_{9G} 型电力机车车体设备整备检查范围

(1)机车前端部:Ⅰ端前部及排障器左侧、Ⅰ端左侧总风软管、Ⅰ端车钩、风管支撑架、Ⅰ端右侧总风软管及制动软管、列车供电插座。

(2)机车左侧:Ⅰ端左侧司机室门、Ⅰ端排障器左内侧、Ⅱ系高圆弹簧、第一总风缸左侧、主变压器、第一总风缸右侧、左侧车体及百叶窗、Ⅱ系高圆弹簧、Ⅰ端入库插座、Ⅱ端排障器左内侧、Ⅱ端左侧司机室门。

(3)机车后端部:Ⅱ端排障器左右侧、Ⅱ端总风软管、Ⅱ端车钩、Ⅱ端制动软管、Ⅱ端制动软管。

(4)机车右侧：Ⅱ端右侧司机室门、Ⅱ端排障器右内侧、Ⅱ系高圆弹簧及自动过分相装置、右侧车体及百叶窗、第二总风缸左侧、主变压器、第二总风缸右侧、Ⅱ系高圆弹簧、Ⅰ端入库插座、Ⅰ端排障器右内侧。

(5)机车前端部：Ⅰ端右侧司机室门。

(6)机车Ⅰ端底部：Ⅰ端排障器内侧、车钩钩尾框、第二总风缸、变压器油散热器、变压器底部、第一总风缸。

(7)机车Ⅱ端底部：参照机车Ⅰ端底部检查。

(8)机车底部Ⅱ端排障器。

(9)机械间左侧走廊：电空制动屏柜、蓄电池、Ⅱ端低压柜、TVM430 主机、Ⅱ端高压柜、第三通风机(7mA)、机车顶盖/照明灯/滤网、油冷却器(13mA)、第一劈相机(1MG)、第一通风机(5mA)、复轨器、安全钥匙箱、第一空气压缩机(3mA)。

(10)Ⅰ端司机室。

(11)机械间右侧走廊：Ⅰ端低压柜、牵引接触器(93KM)、Ⅰ架制动风机及制动电阻、Ⅰ端高压柜、第四通风机(8mA)、变压器油箱、第二劈相机(2MG)、第二通风机(6mA)、第二空气压缩机(4mA)。

(12)Ⅱ端司机室。

(13)机车顶部：车顶扶梯、车顶门及联锁开关、主变压器风机进风装置、制动电阻散热装置、Ⅱ端受电弓、Ⅱ端空调上部、无线接收器、右侧导电杆、主断路器、左侧导电杆、避雷器、Ⅰ端受电弓、Ⅰ端空调上部、无线接收器、制动电阻散热装置、高压电压互感器、车顶门。

二、HXD$_3$型电力机车车体设备整备检查范围

1. 车体

检查车体各部件完整、安装牢固，螺栓、螺母、管接头等不得松动，车体油漆无损伤，车号、端标、段标等完好；检查车顶门及车顶大盖密封件良好；排障器安装牢固，距轨面高度符合技术要求；排障器、扫石器应无裂纹及破损，安装牢固，脚踏板牢固；测量排障器距离、轨面高度 90~120mm。

2. 车钩

(1)车钩各零部件不得有裂纹，各零部件摩擦面须涂润滑油，检查"三态"作用良好。

(2)测量车钩开度，闭锁状态时为 110~130mm，全开状态时为 220~250mm。

(3)车钩在锁闭后，钩舌尾部与锁铁垂直面的接触高度、钩舌尾部与锁铁的横向间隙、钩锁铁垂直活动量，均须符合限度规定。钩体防跳凸台的作用面须平直。检查钩舌与钩体的上下承力面接触应良好。

(4)钩舌销与钩耳孔、钩舌销与钩舌孔、钩舌与上钩耳之间的间隙符合限度规定；钩尾销尺寸及钩尾销与钩尾销孔的间隙等符合限度规定；车钩尾部与从板间隙符合限度规定。

(5)检查车钩复原装置，均衡梁、吊杆、磨耗板不得有裂纹及变形弯曲。车钩提杆装置良好。

(6)车钩扁销防脱装置良好。

(7)车钩的中心高度符合要求、左右摆动灵活,车钩中心线距轨面垂直高度为815～890mm。

(8)检查钩舌销销套无松脱,车钩防跳装置良好。

(9)分解钩舌、钩舌销、锁铁,对其进行电磁探伤。

(10)对钩体、钩尾扁销进行电磁探伤。钩尾扁销螺栓裂纹、直径小于18mm时更换。

3.变压器

(1)器身:外观检查油箱、散热器、连接法兰、波纹管及其他管道、接口、各阀堵的状态与密封性检查干燥器;检查油位,油量不足时补充。

(2)瓷瓶:检查各高、低压绝缘装置的状态。

(3)线路:检查铜排及其防振紧固件、母线、导电杆及其缓冲簧,检查出线装置、传感器及接线状态。

4.辅助机组及电路

(1)各交流辅机:检查风筒、电机的安装状态,检查接线柱、引出线、线鼻子,螺栓无松动。

(2)线路:检查各母线及连接状态。

5.高压电器及线路

(1)受电弓:清扫、检查受电弓各部及阀板过滤器,更换不良滑板,测量最大升弓高度和弓头水平度,测试自动降弓装置,测试升、降弓时间和静态接触压力。

(2)主断路器:清洗、检查各瓷瓶,检查各部联线。

(3)车顶其他设备:擦拭并检查车顶各绝缘子及避雷器状态,清扫检查车顶各高压母线及各编织软线连接状态,清扫检查高压电压互感器状态,清扫检查高压电流互感器及其接线状态,清扫检查高压连接器状态,清扫检查高压隔离开关各部及连线。

(4)电空接触器:检查接触器各部及连线,手动电空阀检查接触状态。

(5)线路及其他:检查各电阻、电容及其接线状态,检查各闸刀开关、接触器及接线状态,检查电压、电流传感器及接线状态,检查各插头、插座及风管路状态。

6.低压电器、仪表及线路

(1)电磁接触器:外观检查接触器各部及接线状态。

(2)继电器:检查各继电器及连线状态。

(3)控制线路:外观检查各端子排线状态,检查各插头、插座的插接情况。

(4)电阻、电容:外观检查各电容、电阻及接线状态。

(5)开关:外观检查各开关(包括自动开关)状态。

(6)司机室内部分电器及照明:外观检查主台并试验扳键开关的断合性能,外观检查主台各显示屏状态,外观检查插座、重联电话、电热玻璃状态及连线,外观检查头灯、照明灯、标志灯、指示灯工作情况。

(7)空调机组:通电进行运转试验(4～10个月)。

(8)空调电源:对整个空调电源进行通电试验(4～10个月)。

(9)蓄电池:外观检查蓄电池各连线及箱体可见部分状态,检查蓄电池上安全阀状态(每周一次)。

(10)弓网检测装置:外观检查蓄电池状态;外观检查行程开关、各传感器状态;外观检查摄像机状态,并清洁镜片油污,清洁镜片;外观检查高低压隔离信号传输通道状态;外观检查主机、监视器状态;外观检查各设备安装可靠,每次回库进行转储数据。

(11)仪表:外观检查各电表及连线,外观检查主变油温表及传感器,外观检查各机械压力表,外观检查速度表及传感器,外观检查各电测压力表及传感器,检查各仪表的有效期应符合要求。

7. 变流装置、电源柜、微机电子柜及其他电子装置

(1)变流装置:外观检查变流装置可见各部及连线。

(2)电源柜:外观检查电源柜各部件及连线状态。

(3)微机电子柜:检查微机电子柜各电子插件的安装状态良好,外观检查各插头、插座状态良好,检查各自动开关状态良好。

(4)其他电子装置:外观检查控制器及连线状态,试验手柄各位置作用状态良好,检查CCB-Ⅱ控制装置各部及插头、插座,检查空气干燥器电控器各部及接线。

8. 空气制动机及空气管路

(1)主压缩机:外观检查电机各部及联轴节状态;检查安装座减震垫及固定螺栓紧固状态;检查油过滤器指示,更换红色指示滤芯;检查空气滤清器指示器,更换红色指示滤芯;检查润滑油油位,油细分离器及油过滤器无漏油,运转检查无异音和严重振动,冷却器上方排风状态良好。

(2)辅助压缩机:外观检查辅助压缩机、联轴器各部状态良好及润滑油位正常。

(3)制动机:检查电空制动控制器及DKL装置各部接线、插头、插座连接状态良好,外观检查各电空阀、过电压吸收器、压力调节器、压力开关,机能试验。

(4)空气管路:试验风笛、雨刷、手动撒砂阀作用良好;检查各风管路应无漏泄、松动和裂损,各塞门位置正确,各处铅封良好;检查制动缸应无漏风、无卡,轮缘喷油器手动试验,动作良好,辅助风缸排水管连接牢靠,排水阀处于开启状态;检查制动软管、总风联管、平均管状态,更换到期或不良件。

(5)空气干燥器:外观检查空气干燥器各部件状态良好、管路无泄漏及塞门位置正确,旁通阀铅封良好,启动试验控制盒性能良好,排污电空阀动作正常。

9. 监控装置、自动过分相装置、轴温监测装置等运行监控器

(1)线路:导线不许有过热、烧损、老化现象,断股不超过总数10%,线束及导线应固定完好,导线不得拉得过紧。

(2)主机显示器:外观检查盒体应完好无损,盒体及支架应安装牢固,转录插座应良好。

(3)铅封锁:主机铅封锁检查应良好。

(4)插头接线:插接牢固,端子、接线螺栓紧固。

(5)试验:开机后自检良好,核对日期、时间,误差为±15s,校对车号,输入车次、车站等有效,管压显示误差±0.02MPa,紧急制动试验、常用制动试验、充风试验以及自动停车功能(降级)试验应符合要求。

(6)自动过分相装置:外观检查感应器、防护橡胶板安装及接线状态,外观检查信号处理

装置的状态用磁铁或测试仪进行联机试验。

三、HXD$_{1D}$型电力机车车体设备整备检查范围

1. 车顶设备

(1)受电弓、导电软连线：检查弓头和滑板转动灵活，缓冲良好。检查滑板不得有裂纹或缺陷，安装牢固，无漏风；滑板容许其厚度磨损到4mm，所有紧固件应紧固到位；各导电软连线应安装良好，软连线断股不大于原形的5%；受电弓气囊、空气管路及各接头连接处不得有老化、龟裂、漏气现象；在降弓位检查钢丝绳不得松散及断股，阻尼器无损坏、漏油现象。各铰接部件作用良好，不得卡滞；测量受电弓升降弓时间及静态压力，静态接触压力为70±5N，升弓时间6~10s；降弓时间≤6s；检查自动降弓装置空气管路、试验阀、快速降弓阀无漏风，检查支持绝缘子是否有损坏，擦拭各绝缘子表面。

(2)避雷器：安装牢固，检查绝缘子及各部件无破损，擦拭车顶部避雷器表面。

(3)高压穿墙电缆：高压套管安装牢固，引线无损坏，连接可靠，清洁绝缘子表面。

(4)高低音风笛：安装牢固，音响正常，风路畅通无泄漏。

(5)电笛：安装牢固，音响正。

(6)其他：车顶各室顶盖螺栓紧固、防缓标记清晰，车顶通风网罩无破损，安装牢固，检查车顶无异常杂物。

2. 车体

(1)前后端：高、低音风笛外观完好，前窗玻璃、刮雨器完好，制动管、总风管连接器口面与地面应垂直，胶圈无老化、丢失，软管无老化、龟裂，水压试验牌不超过3个月；风管卡子无松动，检查折角塞门状态良好、接口无泄露，机车信号感应装置安装牢固，接线无破损、脱落，各门、窗、扶手、脚踏板安装牢固无开焊，后视镜安装牢固。

(2)车体中部：各库用插座安装牢固，盖、锁闭装置良好，内部无灼痕、积水。

(3)车体下部：总风缸安装牢固、紧固螺栓无松动、排水塞门状态良好，悬挂钢丝绳安装良好、无断股。排障器有无明显变形、紧固件是否紧固，扫石器橡胶是否破损超限。

3. 车钩

检查车钩摆动是否灵活(重联车钩不检查)；车钩三态是否正常(重联车钩不检查)；缓冲器是否泄漏，变形单元位置指示板与托板间隙是否超过5mm；车钩、钩舌、尾框无裂纹；车钩配件齐全，螺栓紧固无松动、开口销完好；车钩防跳销作用良好。

4. 网侧柜

(1)主断路器：外观良好，绝缘子无裂损，绝缘子表面光洁，无裂损、状态良好；金属法兰盘不许有裂纹、锈蚀，螺纹完好，与绝缘体浇铸牢固，不允许有裂纹、掉块现象；插座及辅助联锁触头系统各部件表面清洁，不许有裂损、变形；高压试验测试110V控制单元板逻辑控制顺序正确，不允许有误动作；联锁触头接触良好，通断正确；检查高压连接端、接地连接端是否无损并且连接良好。

(2)接地开关：检查软联线，软联线不得有断裂、脱股、磨损等；检查闸刀簧片接触处可靠、油润良好。

(3)高压电压互感器：外观良好，安装牢固，绝缘子无裂损，接线紧固，防缓标记清晰；检

查法兰与机车间的密封圈是否有损坏、老化等影响密封性能的现象。

(4)高压隔离开关：检查安装座安装牢固，绝缘子无裂损；检查闸刀簧片接触处应接触可靠、油润良好；检查调压阀、压力气缸等管路接头应无漏风现象，接线紧固，防缓标记清晰。

5. 主变压器、线路及变压器油泵

(1)外观检查主变压器器身无损伤，固定销、安装螺栓无松动；阀门、压力释放阀及油泵、油管、连接法兰无漏油。

(2)T型终端接地线外套无损坏，与车体接地点可靠连接。

(3)外观检查油流继电器及接线良好，油温继电器安装牢固，指针不得弯曲变形。

(4)检查主变侧边高压套管绝缘瓷瓶清洁无油污。

6. 司机室

(1)司机控制器扳键开关：司机控制器的铭牌及标识符号应齐全、完整、清晰、正确，各紧固件齐全，紧固状态良好，牵引制动单元手柄以及方向转换单元手柄在各个挡位之间应转动灵活，无机械卡阻，相邻两挡位之间不应出现停滞现象，司机控制器牵引制动单元与方向转换单元之间的联锁关系应正确。

(2)电子阀控制器、后备制动阀：制动控制器的铭牌及标识符号应齐全、完整、清晰、正确；各紧固件齐全，紧固状态良好，自动制动、单独制动手柄转换灵活、不卡滞，相邻两档位之间不应出现停滞现象；自动制动单元与单独制动单元之间的联锁关系应正确，查看一个往返交路LCDM故障履历故障记录，有故障记录及时报修，CCB Ⅱ 系统试验，观察LCDM显示的压力符合规定(仅在插电钥匙司机室实施)，机车实施制动正常，重联位穿销无丢失，后备制动阀安装牢固，位置标识清晰。

(3)CCU显示屏：检查显示器外观完好，表面清洁，按键作用良好，显示正确，检索CCU屏，故障履历中无异常故障信息。

(4)司机室辅助设备：司机室侧窗拉动灵活，锁闭正常，联络电话安装牢固、作用良好，司机室按钮、扳键开关标志清晰，作用良好；检查微机屏安装牢固，各界面显示正常；检查遮阳帘无损伤，动作灵活。刮雨器动作灵活；检查司机座椅状态，各部件齐全，安装牢固，动作灵活；司机室及各门锁正常，电线路无烧损、松动现象，查室内玻璃无破损，各门状态；检查电热玻璃加热是否正常(当年10月至次年3月份检查其性能)，引出线是否有磨损、破裂现象，加热丝是否有断裂现象，紧急放风阀不漏风，铅封齐全，车前照灯、标志灯、副灯、室内照明正常，灭火器安装稳固，压力值在范围内；检查有效期，空调制冷、制热效果良好，暖风机、膝炉加热良好，换气扇风叶转动平稳无异音，风量正常，网压/控制电压表、风压表、速度表刻度清晰可见，指示正确。

7. 机械间

(1)控制电源柜：柜体安装牢固，柜门锁闭良好。自动开关外观正常，安装螺钉紧固，接线无松动、过热、老化现象。充电模块、充电机监控单元外观正常。蓄电池电压表显示良好，确认蓄电池电压应在88V以上，合主断后确认充电电压在110V左右。

(2)低压电器柜：柜体安装牢固，柜门锁闭良好。确认各断路器位置正确。检查三相自动开关、断路器、转换开关、继电器、直流接触器、发光二极管、模块、接触器等状态良好。

(3)蓄电池柜：柜体无破损，安装牢固，柜门锁闭良好。

(4)安全联锁：KIS—7三级安全联锁钥匙箱钥匙、锁芯旋转无卡滞情况，钥匙在解锁位能正常拔出。BSV安全联锁箱操作手柄打到"ON"位，电路连通，气路打开；操作手柄打到"OFF"位，电路断开，气路封闭；钥匙只有在手柄位于"OFF"位时才能插入或取出，此时手柄被锁住。只有当插入钥匙并旋转90°打开锁时，才能进行手柄的操作。

(5)变流装置和冷却系统：柜体安装牢固，柜门锁闭良好。检查冷却管道无渗漏；主变流柜柜门联锁状态良好，边插卡箍紧扣无松动。

(6)列供柜：检查各电器设备安装良好无损坏。检查各连接螺栓是否松动，导线、接线柱接线牢固无过热变色；控制箱安装牢固，插座插接良好，插件安装紧固，转换开关良好。电度表、保护显示灯状态良好，显示正确。快速熔断器表面无过热、变形，保险没跳开。A、B组空载试验正常。检查列供柜外观无异常，对外连接件紧固良好；控制箱风扇工作正常，无异音；列供柜工作正常无异音；从显示屏上查看列供数据界面，确认系统的工作状态良好；从显示屏上检索历史故障记录，查看有无列供故障记录。

(7)过分相装置：过分相主机安装紧固，插头、插座插接良好；检查试验按钮作用良好，指示灯显示正确；手动试验正常。感应磁缸安装牢固。

(8)卫生间：检查清洁无异味，无漏风、堵塞、漏水；检查各设施外观完好，无松脱、泄漏；检查状态指示灯、照明灯、排风扇状态良好；检查水箱水位状况，无水则需加水。

(9)复合冷却器：检查冷却液回路是否漏液，各管接头是否紧固；检查油路是否漏液，各管接头是否紧固；检查干燥剂，超过一半变为无色需更换；检查油位和冷却液位需正常。检查风机有无异音；运行水泵至少3min，检查有无异音；外观检查布赫继电器安装牢固，各部清洁无异状。

(10)辅助滤波柜：外观清洁，可见部位状态良好；装配螺栓、螺母无松动。

(11)高压电缆总成：车顶终端螺栓、车内终端螺栓、T型终端螺栓各部螺栓紧固，无松动；车顶终端伞群表面清洁，硅胶表面绝缘子无裂纹；T型终端接地线外套无损坏，与车体接地点可靠连接；车顶法兰防水垫圈防水效果正常，无漏水。

(12)辅助设备：机械间内各部位清洁，无油污；顶棚无漏雨迹象；中间走板状态良好。门密封良好，开关正常；升弓阀板各接头无漏风，各调压阀、限压阀漆封良好，塞门在工作位；主断路器、隔离开关气路管系无漏风；原边电流互感器外观清洁，浇注体无破损，电缆安装良好，引线与接线端子的接触良好；风笛、撒砂气路管系无漏风；机械间灯照明功能正常。

(13)6A系统：检查各插件板状态良好；检查司机室、机械间的摄像头及烟火传感器工作良好；检查6A系统自检情况；下载数据进行分析。

(14)线路及各种线路连接器：检查排接线，线鼻紧固，导线无松脱，无过热老化，绝缘良好，线号齐全清晰，线束及导线应固定完好，导线不得拉得过紧；检查各可见穿线孔防磨胶皮安装良好，导线和各框架无摩擦；检查各可见能见插头、插座连接可靠。

(15)冰箱、微波炉：放置平稳，固定良好。冷藏箱上部无覆盖；清洁冷藏箱内部、背部及侧面灰尘；门封用胶条必须保持清洁，不要损坏；线路无破损，防护到位。微波炉固定牢固，配件齐全，门开闭良好；微波炉内腔清洁，无食物残渣及污垢；电源接线牢固，无破损，防护到位。插头、插座无变形、过热、破损。

8. 辅助机组

检查牵引电机通风机组、冷却塔风机组、辅助滤波柜风机组各安装螺栓紧固,转时无异常声响、异常振动。

9. 空气制动机及空气管路

(1) 主压缩机:所有气、油路系统各接头、连接件紧固,无松动、锈蚀,不漏气、漏油;电机外观良好。检查真空指示器,根据显示红色或箭头指向(5kPa)时更换新滤芯;检查油位正常,油无乳化、缺油时补油;控制盒外部接线,捆扎牢固无互磨、无破损;空压机运转检查无异音和严重振动、外观检查正常,泵风时间符合规定。

(2) 辅助压缩机:外观检查辅助压缩机器各可见部安装状态良好,润滑油位正常;启动试验,性能良好。

(3) 空气干燥器:各扳钮开关、电磁阀手动杆、球阀在正确位置,干燥器接线牢固,干燥塔作用良好,转换正常。

(4) 双管供风模块:安装牢固,管路接头连接可靠,管体无裂损、泄漏;各塞门位置正确;调压阀作用良好、无泄漏;供风试验符合要求。

(5) 制动柜:所有接头、连接紧固件不漏风,紧固螺钉不松动,连接线及插座紧固,网络通信线连接牢固;各模块塞门位置正确,钥匙联锁阀作用良好。

(6) 空气管路:试验风笛、手动撒砂阀作用良好;检查各可见风管应无泄漏、松动和裂损,各塞门位置正确,各处铅封良好。检查制动缸应无漏风、无犯卡。

(7) 主风缸、升弓风缸、弹停风缸:所有接头、连接紧固件不漏风;检查排水阀密封良好,每次出入库进行风缸排水;检查安全阀铅封齐全,无泄漏。各风缸安装牢固。

(8) 喇叭轮喷撒砂控制模块:塞门手柄位置正确,无缺损,安装牢固无泄漏,动作灵活无卡滞;各电磁阀安装牢固,表面清洁,接线牢固,线号清晰。

10. 其他

(1) 微机屏检索:翻阅检查显示屏相关故障记录,确认相应状态。

(2) 数据转储分析:对机车微机数据进行转储分析,发现问题及时预报。

(3) 高、低压试验:高、低压试验符合要求。

(4) 列供试验:双套 600V 供电空载试验。

(5) 制动机机能试验:制动机机能试验符合要求(包括双管供风试验)。

(6) 随车工具:检查确认随车工具箱铅封无破损,灭火器位置放置正确,铅封良好,在使用期限范围内;检查确认复轨器、止轮器、接地棒、接地线齐全良好。

四、SS_{9G} 型电力机车走行部整备检查范围

1. 机车左侧走行部

L_1 砂箱及撒砂装置、动轮及制动装置、轴箱、抗蛇行油压减振器、牵引杆装置;L_2 轴箱、动轮及制动装置、砂箱及撒砂装置;L_3 轴箱、砂箱及撒砂装置、动轮及制动装置;L_4 砂箱及撒砂装置;L_2 蓄能制动器;L_3 砂箱及撒砂装置;L_4 动轮及制动装置、轴箱;L_2 蓄能制动器;L_5 动轮及制动装置、轴箱;牵引杆装置;L_2 抗蛇行油压减振器;L_6 轴箱、动轮及制动装置、砂箱及

撒砂装置。

2. 机车右侧走行部

R_6 砂箱及撒砂装置、动轮及制动装置、轴箱;R_2 抗蛇行油压减振器;牵引杆装置;R_5 轴箱、动轮及制动装置、撒砂装置;R_3 蓄能制动器;R_4 轴箱、动轮及制动装置;R_3 砂箱及撒砂装置;R_4 砂箱及撒砂装置;R_3 动轮及制动装置、轴箱;R_1 蓄能制动器;Ⅱ系高圆弹簧;R_2 动轮及制动装置、轴箱;牵引杆装置;R_1 抗蛇行油压减振器;R_1 轴箱、动轮及制动装置、砂箱及撒砂装置。

3. 机车底部Ⅰ转向架

牵引装置、左侧扫石器;一轴左右撒砂装置、制动装置;Ⅰ转向架构架;一轴及轴箱;一位牵引电机上部、内部;第一空心轴外套;左右轮缘喷油器;第一齿轮箱后部、一位牵引电机端部;二轴、三轴参照一轴部位检查。

4. 机车底部Ⅱ转向架

参照机车底部Ⅰ转向架部位检查。

五、HXD_3 型电力机车走行部整备检查范围(表12-1)

HXD_3 型电力机车走行部整备检查范围　　　　表12-1

序号	项目	范围及作业标准	异地趟检	本地趟检	月检	季检	半年检	一年检
1	转向架	(1)检查电机吊杆座、减振器座焊缝和各横梁与侧梁连接处焊缝,不得有裂纹	√	√	√	√	√	√
		(2)检查轴箱吊钩与构架上轴箱止挡之间的间隙,间隙为 10+1mm	×	×	√	√	√	√
		(3)检查牵引杆及安装螺栓和防脱落装置状态良好	√	√	√	√	√	√
2	电机悬挂装置	(1)检查电机悬挂装置的安装螺栓紧固、不松动,防缓标记齐整,开口销齐全	√	√	√	√	√	√
		(2)目测吊杆及吊杆座上无裂缝,橡胶垫片无破损和老化	√	√	√	√	√	√
		(3)目测电机吊杆和电机安装座的接触面紧密,不得有间隙存在	√	√	√	√	√	√
		(4)检查电机与构架的间隙不小于2mm	×	×	√	√	√	√
3	两系悬挂装置	(1)检查高圆簧、减振垫,如老化、变形应更换	×	×	√	√	√	√
		(2)两系垂向减振器连件和紧固件不得损坏,橡胶弹性元件不得老化,否则应更换;橡胶连接衬套出现磨损变形则需更换	×	√	√	√	√	√
		(3)检查横向、垂向油压、抗蛇行减振器安装螺钉无松动、漏油现象	×	√	√	√	√	√
		(4)检查横向止挡、垂向止挡和摇头止挡状态良好,测量横向、垂向和摇头止挡间隙符合规定	×	×	√	√	√	√

续上表

序号	项目	范围及作业标准	异地趟检	本地趟检	月检	季检	半年检	一年检
4	牵引装置	(1)检查牵引座螺栓紧固状态及漆封状态,防缓标记清晰、不错位	√	√	√	√	√	√
		(2)检查牵引座、牵引杆连接螺栓紧固力矩及漆封状态,防缓标记清晰、不错位	√	√	√	√	√	√
		(3)检查金属部件中橡胶无裂纹、鼓胀	×	×	√	√	√	√
		(4)检查牵引杆及防脱落装置状态;检查牵引杆橡胶球铰安装状态;检查长、短牵引杆连接销状态及挡板螺栓紧固状态						
		(5)牵引销给油,牵引装置每个零件的磨损不大于0.3mm	×	×	√	√	√	√
		(6)检查牵引装置离轨面的最低距离不得超限	×	×	√	√	√	√
5	基础制动装置	(1)基础制动装置各部件的连接螺栓不得松动	√	√	√	√	√	√
		(2)检查闸片摩擦面的任何部位不超过规定的极限尺寸:厚度≥5mm			√	√	√	√
		(3)制动盘允许存在沿径向、周向热裂纹;从摩擦面内外边缘开始的长度不超过60mm;热裂纹长度不超过65mm。摩擦面不允许有大于1.5mm深的刻痕,不允许有大于2mm的凹面和倾斜磨损			√	√	√	√
		(4)检查单元制动缸及夹钳的螺栓、螺母及衬套等零件不得松动、丢失和损坏;各转动部分定期给油润滑	√	√	√	√	√	√
		(5)单元制动缸能够正常制动,闸片能压紧轮盘制动盘			√	√	√	√
		(6)单元制动缸缓解良好,活塞杆复位时,不得有卡滞现象;闸片对轮盘摩擦间隙正常			√	√	√	√
		(7)单元制动缸不漏泄,管卡无松动、互磨,单元制动缸间隙调整器作用良好			√	√	√	√
		(8)对停放装置进行试验,制动与缓解正常,并制动后手动拉环缓解停放制动装置,作用良好	×	×	√	√	√	√
		(9)夹钳及附属配件无变形及松动现象	√	√	√	√	√	√
6	驱动装置	(1)目测驱动装置密封性,齿轮箱外罩应无泄漏迹象;各部连接螺栓紧固	√	√	√	√	√	√
		(2)检查齿轮箱有无裂损、甩油现象	√	√	√	√	√	√
		(3)趟检作业齿轮箱有甩油时,检查齿轮箱的油位,不足时补油	√	√	×	×	×	×
		(4)检查齿轮箱的油位,最低油位在规定范围内	×	×	√	√	√	√
		(5)检查螺栓无松动			√	√	√	√
		(6)检查清除磁性油堵上金属微粒	×	×			√	√
		(7)检查各螺栓紧固状态	√	√	√	√	√	√

续上表

序号	项目	范围及作业标准	异地趟检	本地趟检	月检	季检	半年检	一年检
6	驱动装置	(8)疏通通气器,修复损坏的油漆	×	×	√	√	√	√
		(9)更换齿轮箱油	×	×	×	×	×	√
		(10)抱轴轴承压油(用油枪打油,油脂型号:Mobiltemp SHC32)	×	×	×	×	√	√
		(11)目测滚动抱轴承外观无漏油。各部连接螺栓紧固	√	√	√	√	√	√
		(12)打开齿轮箱上的检查孔盖,检查大小齿轮状态,观察传动端外封环是否变色或窜出,同时查看非传动端端盖有否变色或润滑脂稀释从电机非传动端盖处外流现象。若发现传动端外封环已有变色或窜出,更换故障轮对及电机	×	×	×	×	√	√
7	砂箱	(1)砂箱无破损,检查砂箱支座、扫石器支架,安装螺栓紧固可靠	√	√	√	√	√	√
		(2)砂箱盖及卡子齐全,作用良好,砂管畅通	√	√	√	√	√	√
		(3)检查撒砂管距轨面高度为 30~70mm	√	√	√	√	√	√
		(4)砂箱、砂管、加热装置安装牢固,接线完好,风管路不泄漏,砂箱盖紧固、密封良好	√	√	√	√	√	√
8	轮喷装置	(1)检查轮喷装置安装牢固,轮喷软管良好,轮喷罐油不足时补足	×	√	√	√	√	√
		(2)疏通或清洗轮缘润滑装置喷嘴,喷嘴与车轮之间隙符合要求	×	×	×	×	√	√
		(3)轮喷装置动作试验良好	×	√	√	√	√	√
9	轴温报警装置	(1)检查微机显示屏故障信息中上有无报警信息	×	√	√	√	√	√
		(2)检查控制盒上 110V、5V 灯应长亮	×	√	√	√	√	√
		(3)检查 RUN 灯应以一定的频率闪烁	×	√	√	√	√	√
		(4)机车 485T、485R 灯应闪烁	×	√	√	√	√	√
		(5)SNR I、SNR II 灯应长亮	×	√	√	√	√	√
		(6)装置线路、插头无松动、松脱现象	×	√	√	√	√	√
10	轮对	(1)检查测量轮对踏面、轮缘	×	×	√	√	√	√
		(2)目测检查轮对踏面、轮缘无异常,发现轮缘、踏面异常用"轮对简易检查器"测量	√	√	×	×	×	×
		(3)检查车轮踏面磨耗状态,轮缘垂直磨耗高度不超过 18mm,轮缘厚度在距踏面滚动圆向上 10mm 处测量不小于 23mm。踏面擦伤深度不大于 0.7mm;踏面磨耗深度不大于 7mm	×	×	√	√	√	√
		(4)检查轮辐,无可见裂纹	√	√	√	√	√	√
		(5)检查注油孔螺栓紧固状态	×	√	√	√	√	√

续上表

序号	项目	范围及作业标准	异地趟检	本地趟检	月检	季检	半年检	一年检
11	轴箱	(1)检查轴箱无明显漏油现象;轴箱装配各紧固螺栓,不得有松动现象;轴箱体、前端盖及后端盖不许有裂纹	√	√	√	√	√	√
		(2)检查轴箱橡胶减振垫无老化、裂纹和钢板脱开现象;检查轴箱拉杆橡胶关节,不允许老化、裂纹和挤出现象;拉杆安装螺栓不得松动,防缓标记齐整	√	√	√	√	√	√
		(3)外观检查弹簧状态良好,不得有裂纹、折断、倾斜,簧圈不得接触,圆簧有裂纹时应更换	√	√	√	√	√	√
		(4)检查轴箱接地装置的电刷是否磨耗到限,以便及时更换碳刷,保证接地装置的正常工作	×	×	×	×	√	√
		(5)分解轴箱端盖、轴承压盖,外观检查轴承状态,对车轴进行超声波探伤	×	×	×	×	√	√
		(6)二、五位轴箱轴承在机车运行40万km,补油180~200g (油脂型号:FAGL222或FAGL22)	×	×	×	×	×	√

六、HXD_{1D}型电力机车走行部整备检查范围(表12-2)

HXD_{1D}型电力机车走行部整备检查范围 表12-2

序号	项目	检查内容及标准	修程	检查方法
1	牵引装置	牵引杆橡胶件无挤出现象,配件无丢失		目视
2	齿轮箱	(1)检查齿轮箱油位观察镜油位是否在规定范围内		目视
		(2)检查齿轮箱周围有无漏油点		目视
		(3)齿轮箱箱体外观检查良好		目视
3	轮对	(1)检查踏面是否擦伤、剥离超限		目视
		(2)检查制动盘是否有严重拉伤及裂纹		目视
4	电机、抱轴箱	(1)检查电机、抱轴箱上有无异物,有无漏油现象		目视
		(2)检查抱轴箱体是否有过热变色现象		目视
5	制动器、闸瓦	(1)检查制动指示牌显示正常		耳听
		(2)检查闸瓦有无破损、偏磨、到限情况,两侧间隙之和不大于4mm		目视
		(3)检查蓄能制动器手拉环是否完整		目视
6	砂箱	(1)检查砂箱盖是否密封		手检
		(2)检查撒砂器、砂管状态,砂子能否正常撒在轨面上		目视
		(3)检查向前向后能否正常撒砂		目视

续上表

序号	项目	检查内容及标准	修程	检查方法
7	轮缘润滑装置	(1)检查轮喷喷嘴能否正常喷油		目视
		(2)检查轮喷阀、管路是否漏风,储脂罐盖子能否密封		目视
8	轴箱	(1)检查轴端接地线是否破损		目视
		(2)检查轴箱是否有过热变色现象		目视
		(3)检查拉杆橡胶件无挤出、破损现象		目视
9	弹簧	检查Ⅰ、Ⅱ系弹簧有无断裂现象		目视
10	油压减振器	检查油压减振器是否漏油严重		目视
11	紧固件	检查走行部各紧固件是否松动,防缓标记是否错位		目视

任务实施

1. 教师下发学习任务工单(见本教材配套学习任务工单中任务12.2),明确任务内容,并给出本次任务的实施方法与评价标准。

2. 学生课前研究学习计划、查找相关学习资源,按要求完成预习任务。

3. 教师进行课堂讲解、现场教学或操作演示。

4. 将学生按5~8人为限组成若干个学习小组,以小组形式组织讨论、交流。教师全程关注每个小组的学习进程,提出引导性意见,激发学生学习兴趣,提高学生自主学习能力。

5. 完成学习任务后,小组要进行总结汇报演讲,或针对实践技能的掌握进行实作演示,学生进行自我评分及小组评分,给出学习任务中的成绩。

6. 教师对学生测试检查或成果展示情况给出评分,并根据学生的自评分、互评分给出综合评分。

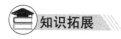

整备信息化管理

机车整备信息化管理分为机车质量信息化管理和整备生产信息化管理。

1. 机车质量信息化管理

(1)质量数据的分类。

将整备作业过程中产生的25项基本质量数据按来源分为以下4类:

①在线检测5项,包括走行部比对、自动过分相、受电弓、轮对探伤和轮对测量。

②车载数据4项,包括6A、轴报、大功率专家诊断和制动机试验分析。

③检查数据11项,包括运用日志、动态报活、检查司机、一体化检修组、五项专检组、电务检查报活、油水砂、机车清洗、保洁、吸污等。

④预报活数据5项,包括阶段性普查、整治、CMD专修、技术跟踪和配件周期性管理。

(2)质量数据的卡控。

对检测设备采集的大功率机车数据、受电弓、轮对检测探伤、6A、轴报和制动机试验等数据均实现整备系统自动报活,实行检报修验的闭环卡控,纳入整备合格证管理。

2.整备生产信息化管理

(1)整备痕迹管理,规范生产流程。

利用整备管理信息系统按照入库、检查、出库三个流程,网络图会自动采集机车从进闸到出闸20项作业痕迹的数据,通过痕迹项点间逻辑关系的运算,利用人车定位技术,将轨迹管理用于作业环节,让所有的痕迹依照整备作业流程运作,实现对每台整备机车生产过程的信息化卡控。

(2)调度智能化的管理。

①将生产调度员、计划员、在线设备分析员等进行整合,形成整备作业集中统一指挥。

②建立以事件触发为条件的提醒预警模块,让调度在第一时间通过系统掌握生产动态,及时对生产组织进行调整。

(3)调度智能化的动态管理。

①调度管理界面。系统设置调度管理界面,将信息分为入库、检查和出库三个板块显示在一个界面上,做到调度足不出户就能掌握现场第一手信息。

②通过整备系统、北羊系统和股道自动化系统的数据共享,实现场内机车动态实时监控,及时掌控机车动向,合理组织生产。

③整备系统将自动分析不良作业行为信息,通过语音和弹窗等方式进行通知预警,由调度下发整备任务书,做到实时纠偏,实现了现场盯控由人控向机控的转变。

④整备系统采用日报表的形式对整备作业中的不良信息进行汇总统计,分别由对应部门落实责任追究,实现不良信息的闭环管理。

任务 12.3 运用维护保养

任务描述

通过认知 SS_{9G}、HXD_3、HXD_{1D} 型电力机车和 FXD_3 型动力车的运用维护保养要求,熟练掌握电力机车给油、补砂、换闸瓦等操作技能,培养团结协作意识,为后续学习打下基础。

知识准备

一、SS_{9G} 型电力机车运用维护保养

1.机车维护保养通用要求

(1)认真做好机车交接班和运行中的检查,及时处理并消除机车上的常见故障,防止机车带病运行。

(2)常清扫机车,保持良好的清洁状态,要特别注意裸露的导电体及绝缘体的清洁,及时

消除隐患。临时断开的导线接头,要包上良好的绝缘并固定,导线绝缘包皮不能与车体相摩擦,禁止使用不合规格的熔断器。

(3)机车上除司机室以外严禁吸烟,灭火器具要配备齐全,定期检查,保证作用良好,并熟练掌握其使用方法。易燃物品要放在固定安全的地点,禁止在任何一端的取暖电炉上烤棉丝等物;司机室无人时严禁开启取暖设备。

(4)当电气设备着火时,可使用1211(二氟一氯一溴甲烷)型灭火器或干粉灭火器灭火;灭火时要断开电源,打开门窗。在寒冷地区,应根据气候特点制订有效的机车防寒措施,加强防寒工作的检查,保养好机车,消灭冬季的机车风路冻结,换向器结霜等冻害。

2. 转向架保养要求

1)转向架通用要求

(1)检查各紧固件紧固状态,不得松动。检查轴箱拉杆方轴与轴箱体及构架相连接处,其槽底部应保持3~8mm间隙。轴箱和固定空心轴处轴承温升,不允许超过标准值。弹簧系统是否有异状,一旦发生要及时处理。各种减振器是否漏油,若漏油应更换。

(2)检查基础制动器动作是否良好,闸瓦与车轮踏面间隙是否在4~8mm范围内,制动器杠杆端部与制动器手轮之间间隙是否在1±0.5mm范围内。

(3)检查牵引杆方轴与车体相连接处,其槽底部应保持2~5mm间隙。检查齿轮箱距轨面最低位置(120mm),各齿轮箱油位是否在规定的油位,如油量不足,应加油后动车。

(4)检查排石器角钢底边距轨面高度是否在70~80mm范围内,空气管路系统是否漏风,若漏风应及时处理。

(5)机车出库或长时间停放起车前,检查储能停车制动器是否缓解,如未缓解,拉动手动缓解阀,机车缓解后方可动车。

2)构架及基础制动装置

(1)要求对构架侧、横梁及各安装座进行目测,确保构架侧、横梁及各安装座无变形、裂纹和开焊。焊缝开焊时允许焊修。

(2)检查闸瓦、闸瓦托及安装座不允许有裂损;检查闸瓦磨耗情况,闸瓦与车轮踏面的间隙应保持均匀,其间隙应在规定范围内;闸瓦磨耗到限或破损应及时更换。

(3)检查制动器体不允许有裂损及泄漏,制动器各件动作应灵活,保持各脂润处润滑良好,并定期补充油脂。在进行制动、缓解试验时,应无卡滞、不缓解或不上闸现象,确认各制动器动作良好后方可出车。

(4)检查各紧固件,不允许有松动;各类管接头无泄漏现象。

3)轮对驱动装置

(1)外观检查齿轮箱无裂纹、严重漏油及领圈偏磨现象;齿轮箱油位应在油尺上、下刻度之间,运用中经常检查齿轮箱油位,严禁无润滑运行;各安装螺栓不允许有松动现象。

(2)齿轮箱内装18号双曲线齿轮润滑油,首次使用(当齿轮箱内无润滑油时),每个齿轮箱中加入4kg,以后可根据油位进行补加,一般走2万~3万km后进行补给。若润滑油内有大量灰尘、杂物混入时应及时更换。在北方寒冷地区采用美孚齿轮油SHC220润滑齿轮。

(3)外观检查驱动系统各部件不允许有裂纹、磕碰及相关连接部件磨损现象。在使用过程中应对轴承进行补脂(高速铁道Ⅲ型脂),直至从密封处溢出新脂为止,一般运行5万~7万km补脂1次。

(4) 应经常检查各紧固件是否紧固,以防事故发生。

(5) 外观检查橡胶元件老化情况,一般运行在段修时应更换。

(6) 检查机车动轮弛缓线,应清晰且位置正确,踏面应无严重剥离和擦伤现象。检查轮对各部位不许有裂纹、车轮踏面磨耗状态:轮缘垂直磨耗高度不超过18mm,轮缘厚度不小于24mm,踏面磨耗深度不大于7mm。外观检查轮对,踏面擦伤深度不超过0.7mm,踏面上的缺陷或剥离长度不超过40mm且深度不超过1mm,当车轮踏面磨耗到限或规定的技术参数到限时必须重新旋轮。

(7) 在运用过程中,电机输出端轴承、驱动轴承由传感器测出的最高温升为55K,最高温度为90℃。在运用过程中若发现轴温报警,必须降速运行回段修理;如降速后仍报警必须及时检查。

(8) 在运用过程中注意监听牵引齿轮啮合情况,若发现异常时,应拆检齿轮表面状况,避免齿轮失效破坏。

(9) 检查牵引软风道应连接牢固,不允许有破损。

4) 弹性悬挂装置

(1) Ⅰ、Ⅱ系弹簧组在工厂已根据要求选配好,在检修时勿把弹簧垫片分离,最好原拆原装。在段修时应对其工作高度进行测试,且符合限度要求,一般使用两个段修期应换新,并观察有无异常现象,一旦出现裂纹、断裂、倾斜、簧圈压死等异常现象,应换新。Ⅰ、Ⅱ系橡胶垫在运用时发现裂纹、剥离、损坏和老化现象时应更换。一般在段修时更换橡胶垫。

(2) 检查轴箱装配中的各个紧固件,不允许有松动现象。当发现轴箱拉杆橡胶件产生裂纹或剥离现象时应更换。在使用过程中应对轴承进行补脂(高速铁道Ⅲ型脂),一般运行5万~7万km补脂1次,其加脂量为轴承容积的1/3~1/2,加脂量不足或过多都有可能造成轴箱发热严重。

(3) 引起轴箱发热的原因:润滑油脂不足(会造成干摩)或过多(散热不良引起发热);油脂变质;油脂变脏(砂、污物或其他颗粒性杂质掉入轴箱内);轴承组装间隙太小;轴头与轴挡的接触不平。在机车运用过程中,轴箱轴承由传感器测出的最大温升为55K,最高温度为90℃。在运用过程中,若发现轴温报警,必须降速运行,到段后查明原因并经处理后方可继续使用,若降速后仍然报警必须及时检查。

(4) 应定期对减振器进行维护和检查,确保减振器无漏油和偏磨现象,各零部件完好无损,连接件和紧固件无损坏,橡胶密封件和弹性元件无老化现象。应定期更换减振器内的工作油,运行20万~30万km测试其工作特性,保证其阻力特性曲线无畸变现象,不符合规定要求的应及时更换。

5) 牵引装置

(1) 各紧固件螺栓、螺母、圆柱销等应无松动现象;牵引杆组装、连接杆、拐臂、焊缝不得有裂纹和变形。

(2) 牵引杆组装、拐臂组装、连接杆处各螺栓、螺母、圆柱销止动片等应无松动现象。

(3) 检查各组装间隙,不得超限。

(4)各销套应每1万km注入3号锂基脂1次,以保持销套间良好润滑。

(5)牵引杆和连接杆在第2次段修时应换新。

6)电机悬挂装置

(1)检查电动机悬挂座、上下吊杆、支座等无裂损、变形等现象。

(2)检查所有连接螺栓应无松动、脱出,连接止口应无损坏。

(3)检查防落装置状态必须良好。

(4)电机悬挂臂、悬挂座外观良好,螺栓无松动,关节轴承转动灵活,否则应添加润滑油。

7)砂箱、扫石器及轮轨润滑装置

(1)砂箱内应装符合标准要求的砂子。在进行撒砂试验时,砂管应有砂子撒出,如没有砂子撒出,应检查砂箱内的砂子是否结块或砂管是否堵塞。

(2)检查扫石器的橡胶板底部与钢轨上表面的距离为 25 ± 0.5 mm。当其距离小于标准值时应调整扫石器高度,如调整后仍达不到标准值时,应即时更换橡胶板。

(3)轮缘润滑装置在运用期间,油脂罐及其支架应无裂纹、变形,油脂罐应无漏油,紧固螺栓应无松动,橡胶软管应无裂纹等缺陷。当软管老化、破裂时应更新。外螺纹应完整无损,否则须调整。当安装本套装置时,一定要注意管路的清洁,以防脏物进入电控阀、喷头和油脂罐。油脂罐内存留油脂应不小于1/3满罐量。检查更换油脂罐盖密封胶圈以防止漏风。机车架修时应对油脂罐内进行一次全面清洗,清除杂质和沉积油垢。连接气管和油脂管时切忌接错,否则将造成喷头漏风和不喷脂现象。每运行4万~6万km时应对喷头进行一次清洗检修,以防喷头堵塞。日常检修发现软管漏油、漏风时应更换软管。

(4)在保证喷头不会与车轮碰撞的条件下,尽量避免油脂在轮缘踏面及轮缘上部的附着,保证油脂喷射到轮缘根部的磨耗区。

8)闸瓦更换与调整

(1)先把闸瓦退到最大间隙位置。

(2)拔出闸瓦签圆销,抽出闸瓦签,从闸瓦托中取出闸瓦。

(3)将新闸瓦放入闸瓦托中,将闸瓦签插入,插入闸瓦签圆销,并将尾部折成90°。

(4)顺时针方向旋动手轮,使闸瓦紧贴车轮踏面,然后再向相反方向旋动手轮一周,此时,闸瓦间隙为要求的正常间隙4~8mm。

(5)更换闸瓦时,应将同一单元制动器上的两块闸瓦同时更换。

(6)按(或拉)脱钩杆,使棘钩脱离棘轮轮齿,同时逆时针(或顺时针)转动手轮,使闸瓦后退(或前进),保证闸瓦与车轮踏面间的缓解间隙为4~8mm。

(7)为使闸瓦上下端间隙均匀,可用扳手调整闸瓦托上的六角螺栓,来调整闸瓦定位弹簧,改变闸瓦托的位置,使闸瓦与车轮踏面的间隙均匀。

(8)用扳手拧紧螺母,使六角螺栓与闸瓦托锁紧。

9)给油与补砂

机车在牵引运行中,各运动部件会因相对位移的改变产生各种摩擦,摩擦产生的摩擦力对外增加了机车的运行阻力;对内使各运动部件产生磨耗和发热,严重时还会导致各部件烧损和熔化,而良好的油润可以有效地减缓上述不良影响,因此,给油是运用保养工作的重要环节之一。

(1)机车给油要及时、不错、不漏地进行,做到部位准确、油量适当,既能满足润滑要求,又能节约油料。经常保持给油工具、给油处所和油脂的清洁,机车上应备有一定数量的常用润滑油脂,不同种类的油脂不得混用、混装。

(2)根据各部件及装置摩擦面磨耗程度的不同以及所需润滑脂的不同,机车给油分为日常给油和定期给油两种。其中,日常给油在交接班时进行,定期给油在状态修时进行。根据轮乘制和包乘制的不同特点,以及不同机型和运用条件等情况,由机务段制定机车各部位给油周期和补油量,明确机车乘务员和机车保养人员的分工,加强责任制。在实行包乘制的机务段,一般由机车乘务员(副司机)负责给油作业;在实行轮乘制的机务段,有专职的给油副司机负责给油作业。

(3)机车乘务员应熟悉给油范围及周期,按要求定量给油。经常对机车各给油装置进行检查,保证不低于规定的油位,补油时应与规定的油脂标号相同,严禁随意代用。给油作业完毕后,应将所有检查孔盖、防护网罩、加油口盖等恢复到正常状态。

(4)机车回段后,应向砂箱补足砂。机车用砂要能使其在砂管内均匀流动,不会结成砂块堵塞砂管。砂子应保持松散状态,不致黏附在砂箱壁上,其中要有一定大小的颗粒,过小时容易从钢轨上吹掉,过大时容易从钢轨上滚落。砂粒要具有足够的硬度和强度,其中含石英量越多,硬度和强度就越大。

10)给油部位及周期(表12-3)

SS_{9G}型电力机车给油部位及周期　　　　　表12-3

项目	零部件名称	使用部位	润滑油名称	用量(每件)	更换周期	备注
1	牵引电机	电机轴承	铁路机车牵引电动机轴承脂	2160g	每次小修	补油:齿轮端260g,非齿轮端100g
2	TSA—230AD系列螺杆空气压缩机	给油口	RS32空压机油	—	日常检查补油	窥油孔2/3处
2	标顶螺杆空气压缩机	给油口	RS32空压机油	—	日常检查补油	油管2/3处
2	V-2.4/9空气压缩机	给油口	200号空压机油	7500mL	—	窥油孔2/3处
3	TSA—230AD空气压缩机电机	电机轴承	铁路机车牵引电动机轴承脂	300mL	每次小、辅修	补油20~30g
4	V-2.4/9空气压缩机电机	电机轴承	铁路机车牵引电动机轴承脂	300mL	每次小、辅修	补油20~30g
5	牵引风机电机	电机轴承	铁路机车牵引电动机轴承脂	300mL	每次小、辅修	补油20~30g

续上表

项目	零部件名称	使用部位	润滑油名称	用量(每件)	更换周期	备注
6	变压器通风机电机	电机轴承	铁路机车牵引电动机轴承脂	210mL	每次小、辅修	补油20~30g
7	劈相机	电机轴承	铁路机车牵引电动机轴承脂	440mL	每次小、辅修	补油20~30g
8	司机控制器	—	3号锂基脂	—	每次小、辅修	保持油润
9	电空接触器	(销)	3号锂基脂	—	每次小、辅修	保持油润
10	制动风机电机	润滑脂加油口	铁路机车牵引电动机轴承脂	139mL	每次小修	补油20~30g
11	速度传感器	轴承	3号锂基脂	20~30g	每次小修	
12	闸刀开关	刀夹、闸刀	凡士林	20~30g	每次小辅修	按状态补油
13	受电弓	润滑脂加油口	壳牌润滑脂 Shell Aivania R3	—	—	按状态补油
14	主变压器	油箱内	45号变压器油	2500kg	大修时应对油过滤处理	—
15	轴箱轴承	轴箱腔体内	铁道Ⅲ型脂	每轴箱1000g	小2、小4次	轴箱开盖检查时,缺油即补
16	牵引装置球关节及销	加油孔处	3号锂基脂	每处30~50g	小修	应经常保持润滑油膜
17	电机悬挂球关节及销	加油孔处	3号锂基脂	每处30~50g	小修	应经常保持润滑油膜
18	齿轮箱	加油孔处	Mobil SHC220 齿轮油	6L	日常检查,缺油即补	保持油位在两刻线之间
19	轮对驱动轴承	加油孔处	铁道Ⅲ型脂	新造、大修、中修第一次加油,每位轮轴的加油量为(870+30-20)g	每次小修每位轴的补油量为(300+20-20)g	—
20	轮缘喷油器	HB-2	JH型石油脂	每罐4000mL	日常检查,缺油即补	—

续上表

项目	零部件名称	使用部位	润滑油名称	用量(每件)	更换周期	备注
21	基础制动装置	滑动部件及销	3号锂基脂	每处10~30g	每次小辅修加油,日常检查,缺油即补	应经常保持润滑油膜
22	车钩及防跳保护装置	车钩提杆滑动部位及销	3号锂基脂	保持油润	每次小辅修加油,日常检查,缺油即补	—
23	司机室门走廊门	铰链	3号锂基脂	—	日常检查补油	补油20~30g
24	司机座椅	滑动部件	3号锂基脂	300mL	每次	补油20~30g
25	辅助压缩机电机	轴承	3号锂基脂	—	每次小修	补油20~30g
26	辅助压缩机	给油口	铁路机车压缩机油合成油型150(200号空压机油)	210mL	每次	补油至油尺上下刻线之间
27	位置转换开关	滑动部位	3号锂基脂	20~30g	每次小辅修	按状态补油
28	高压电压互感器	油箱	45号变压器油	50kg	中修时应对油过滤处理	—

二、HXD$_3$型电力机车运用维护保养

机车维护检查人员必须是经过培训合格具备资格的人员,为确保人身安全,所有的检查和维护应在断主断、降弓状态下进行,即使断开主断路器,在某种情况下也会有危险电压存在,应对有电容的电器进行放电。另外,刚停止工作的电器可能温度很高,要注意防止烫伤;在检查空气管路时应注意防止压缩空气对人可能造成的伤害;在检查机车上标有"危险!""注意!"等标志牌的电器时要格外小心。转向架给油部位及周期见表12-4。

转向架给油部位及周期   表12-4

项目	部件名称	使用部位	润滑油名称	用量(每件)	更换周期	备注
1	牵引电机	轴承	L-XEGEB2	传动端15~20g 非传动端20~30g	2万km	—
2	牵引齿轮	齿轮箱内	SHC75W-90LS	11L×6	检查补油	美孚或BP
3	车钩	车钩提杆滑动部位及销	3号锂基脂	20~30g	4年	—

续上表

项目	部件名称	使用部位	润滑油名称	用量(每件)	更换周期	备注
4	制动单元	除塑料衬套外的销轴及衬套	Kluber;Staburags;NBU30PTMA	受环境影响,根据经验	—	
5	轴箱轴承	轴承	FAGL222	FAG804116 轴承 30 万 km 补充 180~200g	所有轴承每 80 万 km 或 5 年	—
6	抱轴轴承	轴承	Mobiltemp	每年或 15 万 km 补充 150g	大修 3 年	

三、HXD_{1D}型电力机车运用维护保养

1. 机车日常保养

1)车体

(1)扶手、门窗、锁及地板,均须清洁完好,安装正确,作用可靠。

(2)车体顶盖螺栓紧固、齐全、密封良好、不得泄漏,车顶人孔盖开关灵活,气动撑杆作用良好。砂箱盖密封良好、不得泄漏。

(3)排障器应无裂纹及破损,安装牢固,排障器上排障板的最底面距轨面高度符合限度规定。

(4)各橡胶密封定期检查,若出现老化、破损现象则必须更换。

2)钩缓系统

(1)当前、后磨耗板有裂纹及变形时应及时整修。

(2)缓冲器与从板座及尾框各工作面必须接触,其组装中心偏差、尾框厚度及尾框安装从板处的磨损量,均须符合限度规定。

(3)对缓冲器进行外观检查,检查缓冲器是否存在异常磨耗或裂纹等情况,是否存在胶泥泄漏。如有上述情况,则需更换。

(4)车钩各零部件不得有裂纹,"三态"作用必须良好。

(5)车钩在锁闭后时,钩舌尾部与锁铁垂直面的接触高度、钩舌与锁铁的间隙、钩锁铁垂直活动量,均须符合限度规定。钩体防跳凸台的作用面须垂直,钩舌与钩体的上下承力面接触良好。

(6)钩舌销与钩耳孔、钩舌销与钩舌孔之间的间隙,钩舌与上钩耳的间隙,车钩的开度、车钩的中心高度、钩尾销尺寸及钩尾销与钩尾销孔的间隙等符合限度规定。

(7)车钩复原装置作用良好,均衡梁与吊杆不得有裂纹。

(8)钩尾扁销及螺栓、钩身托板及螺栓等紧固齐全。

3)变形吸能元件

安装紧固件良好,当元件焊接处开裂或元件变形超过 5mm 时需更换,通过变形检测板与托架组成之间的距离可检测到变形吸能元件是否变形,正常时变形检测板紧靠托架组成。

4)转向架构架

在日常运用和检修时,应对构架进行检查,尤其应检查电机悬挂座、牵引座、制动器安装

座、各拉杆座与构架本体之间的焊缝和各横梁与侧梁连接处的焊缝。

5) 驱动单元

目测检查驱动单元外部是否损坏,螺钉连接是否牢靠,密封是否良好;齿轮箱油位检测;首次运用1.5万~2万km后,齿轮箱首次换油,检查磁性油堵上的金属微粒并对其清理。

6) 轮对轴箱

(1) 检查轴箱、齿轮箱传动轴承处的温度;轴箱体外表上中部温升不超过40K,最高温度不超过90℃;齿轮箱传动轴承温升不超过80K,最高温度不超过120℃。

(2) 机车运行时齿轮箱不得有明显的漏油(箱体大面积湿痕或成滴状)。

(3) 传动齿轮在架车解体转向架时应对其齿面、齿圈进行检查,均不得有裂纹,齿面状态应符合磨耗限度表的规定。

(4) 齿轮箱内装有齿轮润滑油,使用时每齿轮箱中加入约8kg润滑油,以后可根据油位高低进行补加;若在使用过程中发现油变质或含有大量灰尘、杂物及硬物混入时应及时更换。

(5) 轴箱保养:检测轴箱的所有零部件是否损伤;损伤的零件要修理或更新;轴箱轴承须目测检查外观是否有异常,包括异常磨损、油脂泄漏过多等;轴承单元必须使用液压机进行安装及拆卸。

(6) 轮对保养:在日常运用和检修时,目视检查有无损坏(如裂纹、变形等)、有无松动部件和缺少的部件,有破损的部件必须更换;检查车轮轮缘的磨耗限度;检查车轮踏面偏差;测量轮缘高度、厚度和宽度以及轮径;依据铁路总公司有关规定及修程对车轮、车轴进行磁粉探伤、超声波探伤。

7) 牵引装置

目视检查牵引装置是否有损坏(如裂纹、变形、脱落等),如有则必须更换有缺陷的零部件;各紧固件是否有松动、脱落现象,如有则应对其重新进行紧固;橡胶关节是否有穿透性裂纹或严重变形的情况,如有则应进行更换;牵引装置油漆是否有损坏,如有则应对其进行补漆处理。

8) 电机悬挂装置

目视检查各紧固件是否有松动、脱落现象,如有则应对其重新进行紧固;各橡胶关节是否有穿透性裂纹或严重变形的情况,如有则应进行更换;电机摆杆、电机悬挂座有无裂纹;电机摆杆油漆是否有损坏,如有则应进行补漆处理。

9) Ⅰ、Ⅱ系悬挂装置

(1) 目测检查Ⅰ、Ⅱ系弹簧是否有损坏(如裂纹、变形等),是否有松动和缺失配件情况。

(2) 检查减振器防尘罩有无磨损,是否泄漏以及接头变形情况。泄漏标准:减振器缸外侧大面积范围内覆盖了油;检查人员用手触摸减振器外壳,手指变湿;减振器外表面有厚厚的油膜或油尘混合物;减振器外壳滴油。接头变形标准:橡胶套严重变形或磨损;中间孔变形成椭圆形;橡胶套不圆。

(3) 检查轴箱拉杆组装有无损坏(如裂纹、变形等)、有无松动部件和缺少的部件;橡胶关节中的橡胶是否存在穿透性裂纹、鼓包等。

10）附属装置

目视检查各部件应无损坏（如裂纹、变形等）并检查是否有松动和缺件现象，应更换有缺陷的部件；各橡胶件是否有老化、开裂、断裂等现象；扫石器安装板、扫石器橡胶板轨面高度的调整。

11）空气管路系统、砂箱

（1）目视检查各部件是否有损坏（如裂纹、变形等），并检查是否有松动和缺件现象，应更换有缺陷的部件。

（2）检查撒砂管和压缩空气连接处是否有损坏，连接是否紧固；检查撒砂系统是否正常工作；调整撒砂管。

12）轮缘润滑装置保养要求

目测喷头喷射位置是否正确，进行手动试验；检查喷头是否有泄漏，否则进行校正。

2．机车长期备用保养

1）车体

（1）应存放在无尘、干燥、通风的地方；避免阳光直射，阳光直射可能导致橡胶密封件加速老化。

（2）检查车体油漆，生锈处除锈补漆；油漆损坏处补漆。

（3）车体所有外露螺钉、螺栓、螺母、垫圈、防护板、开口销、电镀表面及其他机械结合处和没有涂油漆的金属表面，如果存放时间超过 3 个月时，应涂防锈油脂。

（4）断开前窗电热玻璃加热电源开关。

（5）存放时间超过 3 个月时，机车门（包括入口门、走廊门、顶盖登顶门）铰链应涂防锈油脂。

（6）车钩钩头的各摩擦面应涂润滑脂，缓冲器不得涂润滑脂。

2）转向架储存

（1）通常转向架应存放在无尘、干燥、通风的地方。此外，还应对转向架进行防护，以防机械损坏、潮湿和其他化学和热影响。

（2）转向架上的橡胶组件应采取保护措施以免受阳光直射，阳光直射可能导致橡胶件加速老化。

（3）转向架上的所有螺钉、螺栓、螺母、垫圈、防护板、开口销、导管、电镀表面及其他机械结合处和没有涂油漆的金属表面，如果要储存较长时间，应涂防锈油脂。

（4）应对电机风口进行可靠的密封，防止异物进入。

（5）为了避免对轴承（滚动元件和接触面）的接触侵蚀，必须定期转动轴承。

注意：为了避免轴承的接触腐蚀，必须在某一时间范围内移动转向架至少 10m 的距离！根据储存场所种类，时间范围计算如下：

①户外储存：每 3 个月。

②室内储存：每 6 个月。

③有空调的室内储存：每 12 个月。

3）储存后的重新调试

（1）第一次滚动转向架之前，必须拆除电机上的运输保持装置。

(2)目视检查转向架有无损坏(如裂纹、变形等)以及有无松动和缺少的部件;严禁使用有破损的部件!

(3)检查所有橡胶部件有无裂纹和膨胀。严禁使用有破损的橡胶件!橡胶弹性件的储存期不宜超过2年,如储存期较长,在使用时则应进行有关检验。

(4)齿轮箱油位检查,若转向架存储时间超过1年,需更换齿轮箱润滑油。

(5)转向架长时间存放后,必须将横向减振器拆下垂直放置,防尘罩置上,将横向减振器内空气排空,并在减振器许用行程范围内移动。然后再将横向减振器安装到转向架上。

4)机车给油部位及周期(表12-5)

HXD$_{1D}$型电力机车给油部位及周期　　　　　表12-5

序号	零部件名称	使用部位	油脂名称	生产厂家	用量(每件)	更换周期	备注
1	主司机控制器	轴的转动接触处;定位凸轮的齿以及对应杠杆的滚轮;弹簧;轴连锁杆	美孚SHC 100润滑油脂	美孚	500g	6~12个月(补油)	补油120~150g
2	TKS42B制动控制器	转动轴的转动接触处;定位凸轮滚动处等需润滑的部分	美孚SHC 100润滑油脂	美孚	500g	6~12个月(补油)	补油120~150g
3	空调机组	压缩机	润滑油(酯类)	杜邦	1L	8~12年	
4	TSA-230ADⅦ主压缩机	压缩机机头	3057M	Anderol公司	6L	每工作2000h或者2年换油,以先到达项为准	日常检修补油至油视镜两油刻度线之间
5	制动柜(DK-2)	分配阀滑阀、节止阀磨合部位及各O形圈处,中继阀各O形圈处,重联阀各O形圈处,紧急阀各O形圈处	H201甲基硅油	天津乐泰化工有限公司	15~20g	1年	—
6	入口门	铰链位置	3号锂基脂	无锡炼油厂	0.01kg	6个月(补油)	—
7	走廊门	铰链位置	3号锂基脂	无锡炼油厂	0.01kg	6个月(补油)	

续上表

序号	零部件名称	使用部位	油脂名称	生产厂家	用量（每件）	更换周期	备注
8	车钩	钩舌与车钩的转动部位；车钩与磨耗板之间	3号锂基脂	无锡炼油厂	200g	6个月	—
9	车钩	钩舌与车钩的转动部位；车钩与磨耗板之间	3号锂基脂	无锡炼油厂	200g	6个月	—
10	后视镜	轴、销	Molykote G Rapid Plus	道康宁	500g	6~12个月（补油）	补油120~150g
11	后视镜	气缸传动轴	乐泰 8104 润滑剂	乐泰	—	—	—
12	转向架齿轮箱	小齿轮端盖	Mobilith SHC 220	美孚	5g	根据维修计划	—
13	转向架齿轮箱	齿轮箱	Mobil delvav synthetic gearoil 80W-140	美孚	7200g	根据维修计划	—
14	转向架轮缘润滑装置	轮缘润滑装置	轨道脂（北方脂）	铁科院金化所	3600g	根据维修计划	—
15	转向架轴箱组装	轴箱体内空与轴承配合面	NBU30PTM	道康宁	0.1g	根据维修计划	—
16	转向架轴箱组装	轴承与车轴配合面	MOLYKOTE	道康宁	0.1g	根据维修计划	—
17	转向架制动器安装	螺栓与套之间	NBU30PTM	道康宁	0.1g	根据维修计划	—
18	牵引电机	电机轴轴承	润滑脂 MOBILITH SHC220	埃克森美孚公司	100g（补油脂）	每10万~12万km（补油脂）	补油100g

续上表

序号	零部件名称	使用部位	油脂名称	生产厂家	用量（每件）	更换周期	备注
19	轮盘制动装置	制动缸	89D 润滑脂	中国石油化工有限公司润滑油分公司	200g	4~6年	—
20	轮盘制动装置	销套	NBU 30 PTM	Kluber Stab-urags	50g	4~6年	—
21	受电弓	下臂杆组装深沟球轴承 不锈钢丝绳组装深沟球轴承	7253 航空润滑脂	北京纵横机电技术开发公司	5g	修正1级	—
22	受电弓	弓角组焊滑板支架	凡士林	商业惯例	5g	更换滑板	—
23	受电弓	拉杆组装螺栓	Chesterton 防卡剂 No.785	艾志机械工业技术有限公司	5g	修正1级	—
24	高压隔离开关	闸刀、触头	Molykote G Rapid Plus	道康宁	500g	6~12个月（补油）	补油120~150g
25	高压隔离开关	气缸轴	乐泰8104	乐泰	100g	6~12个月（补油）	补油80~100g
26	主断路器	肘节机构弹簧运动部位	Molykote G Rapid Plus	道康宁	500g	6~12个月（补油）	补油120~150g
27	主断路器	动静触头、软连线导电部位	Kluber Syntheso Glep	道康宁	500g	6~12个月（补油）	补油120~150g
28	主断路器	压力气缸内壁、推板表面、弹簧支架内腔	Molykote 33 Light	道康宁	500g	6~12个月（补油）	补油120~150g
29	主断路器	底板、橡胶密封件连接部位	道康宁4	道康宁	500g	6~12个月（补油）	补油120~150g
30	主断路器	不锈钢紧固件连接部位	Molykote W2	道康宁	500g	6~12个月（补油）	补油120~150g

续上表

序号	零部件名称	使用部位	油脂名称	生产厂家	用量（每件）	更换周期	备注
31	主断路器	橡胶O形圈	Molykote G Rapid Plus	道康宁	500g	6~12个月（补油）	补油120~150g
32	高压接地开关	软连线紧固螺栓	乐泰胶243	Loctite公司	10g	—	—
33	高压接地开关	键8×7×20	Molykote longterm W2润滑脂	道康宁	5g	—	—
34	高压接地开关	刀片、簧片	美孚SHC100润滑脂	美孚公司	100g	3~6个月（补油）	补油

四、FXD₃型电力动力车运用维护保养

1. 车体

(1) 车顶盖螺栓紧固、齐全、密封良好，不得漏雨。

(2) 排障器应无裂纹及破损现象，安装牢固，排障器最底面距轨面高度符合限度规定。

(3) 各橡胶密封定期检查，若有老化、破损现象必须更换。

(4) 在日常检查维护中，应对开闭装置的相对滑动部件用润滑油给予适当润滑，防止因锈蚀产生动作不良。检查螺栓连接等紧固件拧紧力矩是否符合要求，红色防松标记线是否标记完好。若出现松动，则按照拧紧力矩将其拧紧。另外，应定期对开闭装置进行开启或关闭动作试验，进行运行状态检查，保证动作正常。

2. 车钩缓冲装置

(1) 检查各件有无明显变形及可见裂纹，如零件有明显变形或裂纹应实施更换。

(2) 检查安装螺栓及连接螺母有无松动现象。

(3) 检查车钩解钩手柄位置是否正确，确保连挂到位（手柄末端与车钩纵向中心线基本平行或偏差不超过10°）。

(4) 检查钩高调节用M16紧固螺母及备母有无松动现象。

(5) 检查钩尾销下端开槽螺母处开口销是否剪断。

(6) 观察支架水平方向有无可见弯曲，弯曲低于17mm时调修或更新；若弯曲严重时应同时对钩尾销与支架配合面台阶处探伤。

(7) 检查缓冲器内半筒是否脱出，运行中途停站时脱出量按35mm控制；库检时脱出量按15mm控制；段修时脱出量按8mm控制。

3. 构架

日常运用和检修时应加强对构架进行检查，尤其是检查电机吊座、减振器座焊缝和各横梁、侧梁连接处焊缝。

构架不允许随意动用电焊,若需要电焊一定要就近搭接接地线,同时注意保护好其他零部件。构架产生裂纹,允许焊修;在焊修前应在裂纹末端钻一个不小于 $\phi 6$ 的止裂孔,然后沿裂纹开坡口,根除裂纹后才能进行焊修。焊修后应采取措施消除焊接应力,经焊修部位应经常观察,并做好记录。

4. 轴承

所有轴承在运行 100 万 km 或 3 年后,应解体清洗、检查并重新加脂,加脂量为 360～400g;更换油脂时应使用轴承厂家推荐的性能等同的油脂牌号。

5. 驱动单元

(1)具有下列情况之一时:

①针对新组装的齿轮箱。

②安装新齿轮后。

③驱动装置拆卸并重新组装后,在动力车第 1 次行驶 1 个月或 1.5 万 km(最长 4 年)后,更换新齿轮油。

(2)更换齿轮油时应注意:

①打开磁性放油堵与密封环,并清洗磁铁。没有固体颗粒的精细磨损属于正常现象,如果发现任意不正常的大块,则齿轮箱需要做进一步检查。

②必须有足够的时间将尽可能多的油排放出去(至少 45min)。

③加油至接近油位表的上端标志位置,大约需要 9L 油。

④用新的密封圈密封放油堵和加油口螺堵。

(3)每月或 1.5 万 km 检查一次齿轮箱油位,每运行 1 万 km 检查一次螺钉连接。

(4)每运行 20 万 km(最长不超过 4 年)更换一次齿轮油。

6. 轮盘式制动单元

(1)制动盘的连接螺栓不得松动。

(2)检查摩擦面的任何部位是否超过规定的极限尺寸(磨耗限度为每侧 5mm),如果超过规定的磨耗极限值,必须更换制动盘。

(3)制动盘允许存在沿径向、周向热裂纹;从摩擦面内外边缘开始的长度不超过 60mm;其余热裂纹长度不超过 65mm,摩擦面不允许有明显的台阶与沟槽、拉伤,但允许有 1mm 深的擦伤和小于 2mm 的凹面。

(4)检查单元制动缸及夹钳的螺栓、螺母及衬套等零件不得松动、丢失和损坏。

(5)检查单元制动缸制动缓解作用良好。

(6)单元制动缸能够正常制动,闸片能压紧轮盘制动盘。

(7)单元制动缸缓解良好,活塞杆复位时,不得有卡滞现象;同时闸片对轮盘摩擦环不得有压力。

(8)单元制动缸不得漏泄,动力车单机试验符合要求。

(9)单元制动缸间隙调整器作用良好。

注意:

①施行停放制动后,拉动手动缓解拉手,应能完全缓解。

②检查时不允许敲打制动盘任何部位。

③检查时必须保证动力车不溜车。

7. 牵引杆装置

(1) 经常检查牵引杆连接螺栓的紧固性。

(2) 检查安全钢丝绳。

(3) 检查牵引座筒及牵引杆看是否有裂纹。

8. 轮缘润滑装置

(1) 检查油脂罐内必须加注指定的 JH1 北方脂、JH1 极寒脂或者 TKLG HD1060 环保极寒润滑脂,若未按规定加入其他油脂,有造成气动泵内部活塞机构阻滞、导致气动泵损坏等严重后果的风险,动力车每运行 1 万 km 需根据油脂罐内润滑脂存量添加润滑脂。

(2) 当动力车处于停车时,按下气动控制单元手动测试按钮,装置将自动运行送气喷脂程序 5 个周期(一次喷脂/间断为 1 个周期);按下按钮,当电控器灯点亮后保持 3s 以上,装置将自动运行 50 次,观察喷头是否出脂。对于装置初次注脂调试或长期存放后重新启用,可能需要连续 3~5 个循环,即喷脂 150~250 次,才能达到稳定均匀喷脂工作状态。

如果测试过程中风压不够,要求动力车再次打压,并继续测试直至润滑脂喷出。同时要求观察喷脂状态,所喷油脂圆斑中心应基本对准轮缘过渡圆弧根部(不准偏向踏面)。

(3) 动力车每走行 70 万~100 万 km,需要对油脂罐内进行一次全面清洗,清除杂质和沉积油垢。

9. 撒砂装置

(1) 撒砂单元、撒砂管及管卡安装螺栓紧固可靠,撒砂管嘴距离轨面及车轮踏面的距离应符合规定;检查撒砂管嘴是否堵塞。

(2) 撒砂支架无裂纹,安装螺栓紧固可靠。

(3) 撒砂单元与转向架之间的软管长度应尽量大,确保转向架相对车体回转时软管有足够的伸长余量。

任务实施

1. 教师下发学习任务工单(见本教材配套学习任务工单中任务 12.3),明确任务内容,并给出本次任务的实施方法与评价标准。

2. 学生课前研究学习计划、查找相关学习资源,按要求完成预习任务。

3. 教师进行课堂讲解、现场教学或操作演示。

4. 将学生按 5~8 人为限组成若干个学习小组,以小组形式组织讨论、交流。教师全程关注每个小组的学习进程,提出引导性意见,激发学生学习兴趣,提高学生自主学习能力。

5. 完成学习任务后,小组要进行总结汇报演讲,或针对实践技能的掌握进行实作演示,完成引导文 3-1,学生进行自我评价及小组评价,给出学习任务中的成绩。

6. 教师对学生测试检查或成果展示情况给出评分,并根据学生的自评分、互评分给出综合评分。

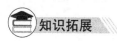

机破分析制度

机车因部件故障出现下列情形之一:①机车在运行区间因部件故障,不能继续牵引列车运行;②机车在站内因部件故障,不能按发车信号准时发车;③调车机车因部件故障,不能按发车信号准时动车;称为"机破"若发生上述质量故障,但未列为机破者,应按机破性质进行分析。机车在运行区间因部件故障而中断牵引,经判断处理不能继续运行的机破,要在15min之内迅速请求救援;经判断处理能维持运行,应尽量维持进前方站处理;若判断维持不了进终点站,则应提前通知车站、运转值班室做好换车准备。

1. 机破信息传递与处理

(1) 发生机破后,机车乘务员应及时将机破概况告知机务段运转值班室,运转值班人员应及时联系将机车扣回检查分析。如在外段已找出故障原因,并经处理已上线运用的机车,技术科应及时与外段技术科联系,落实机破原因。

(2) 机车乘务员退乘时必须实事求是地填写机破概况,货运机车机破一式三份(运用科、技术科、安全科各一份),客运机车机破一式四份(段长科、运用科、技术科、安全科各一份),由运转值班室按最快捷的方式交安全科和技术科。

(3) 故障机车回段后,运转值班室应立即将机车扣下并通知技术科(整备技术),技术科(整备技术)负责组织技术人员、运转、检修(整备)车间等有关部门认真检查机车,找出故障原因,消除隐患。凡未经技术科(整备技术)同意,任何部门不得上机车修活,以防破坏事故现场,给机破调查分析带来困难。

(4) 技术科长(副科长)或检修工程师每天要将机破(包括弓网故障)情况报告机务处。

2. 机破分析定责原则

根据机破发生的实际情况,分为4大类责任:①管理责任(含技术、验收等管理部门);②检修(整备)责任;③运用责任;④其他责任(含材质、大修厂、承修段及其他有关部门)。本着机车质量从源头抓起的原则,机破定责重点强调定检修责任。发生机破必须制订切实可行的纠正措施,并以机破通报的形式要求相关车间、科室进行整改,机务段组织职能部门进行质量跟踪和检查验证。"小而广"机破定责率要求达到100%,重点定检修或管理责任。新造及大修机车在包保期内发生机破需列大厂责任时,由机务段申请,经审核批准方可列转。新造及大修机车经过辅修后发生的"小而广"机破不能列转大厂责任。

复习思考题

1. 什么叫作机车整备作业?试比较三种整备作业方式的异同。
2. 简述HXD_{1D}型电力机车入库整备作业流程。
3. 机车检查方法有哪些?各自的适用范围是什么?
4. SS_{9G}型电力机车转向架的维护保养有哪些通用要求?
5. 简述HXD_3型电力机车轴箱的库内整备检查范围及作业标准。
6. HXD_{1D}型电力机车给油部位有哪些?机车检查给油作业中应注意哪些安全事项?
7. 什么叫作机破?机破分析定责原则有哪些?

项目 13　机车实作技能训练

项目描述

通过实践技能操作,引导学生掌握电力机车受电弓的小辅修检查要求及检查方法、走行部的整备检查要求及检查方法以及假设故障的查找方法;通过现场计分的方式,检测学生对知识的掌握程度。

在完成本项目的 2 个任务后,填写模块 3—项目 13 学习任务工单。

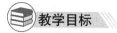

教学目标

☞ **技能目标**

1. 掌握 TSGD-300 型受电弓的小辅修检查要求及检查方法。
2. 掌握 SS_8 型电力机车走行部的整备检查要求及检查方法。
3. 假设故障的查找方法。

☞ **素质目标**

1. 培养敬业爱岗、遵章守纪、乐于奉献的职业道德。
2. 养成精检细修、严守操作规程的工匠精神。

任务 13.1　车顶受电弓检查

任务描述

1. 按本任务"实训操作环节"的要求,对电力机车车顶受电弓进行小辅修作业检查。
2. 在本任务的检查范围内,实训指导老师设置 8~10 个假设故障,供学生查找。

实训操作环节

1. 作业前的准备

(1)劳动防护用品穿戴齐备:按要求穿好工作服、防油鞋,戴好安全帽,系好安全带。

(2)做好安全防护措施:停放制动装置处于制动位,在车体外侧醒目位置插上禁动红旗,在车轮下方放置止轮器;登车顶作业时将安全带固定在可靠位置。

(3)工卡量具及耗材:弹簧秤、高度尺、尖嘴钳、秒表、手电筒、检点锤、开口扳手(22-24mm)、直尺(150mm)、锉刀(200mm)、抹布、清洁剂。

相关资源见二维码 20。

二维码20
车顶受电弓检查

2. 车顶受电弓检查作业程序(表13-1)

车顶受电弓检查作业程序　　　　表13-1

工步名称	作业步骤	作业图示	主要技术要求	安全风险提示
1. 机械间部分检查作业	(1)从Ⅰ室上车,检查走廊上方大盖安装螺栓、平垫、弹簧垫应齐全,安装紧固,防缓标识清晰	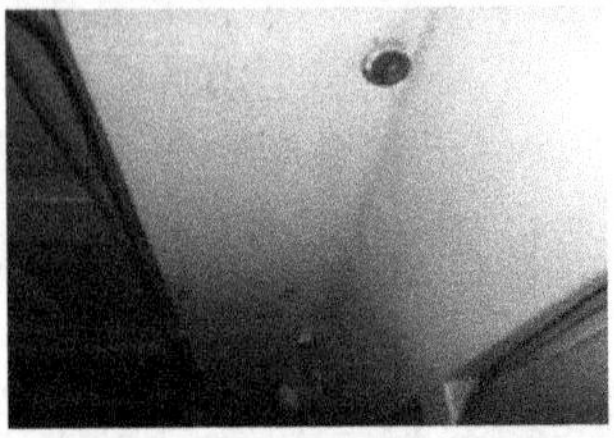		上车顶作业时不要行走车顶边缘,注意防止滑倒。不要从车下投扔或者往车上投送物品
	(2)检查车顶大盖缝隙无漏水痕迹,密封胶条无脱落、失效	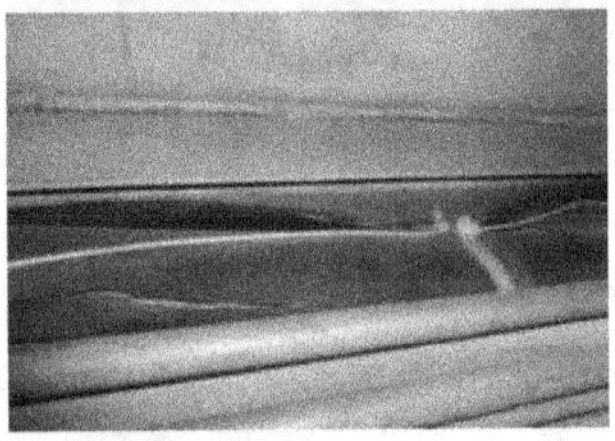		
	(3)检查车体内Ⅰ端受电弓的风管、卡码、接头安装紧固,防缓标识清晰,风管无磨碰、破损	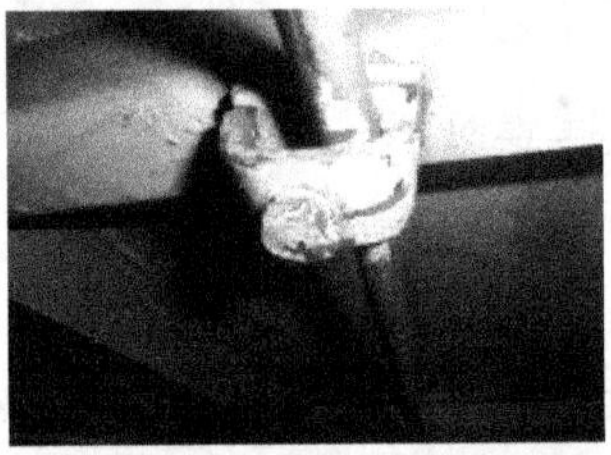		
	(4)检查Ⅰ端受电弓大控制箱安装牢固,箱内各部件良好,风管无松破。卸下空气滤清器进行清洁异物			
	(5)按工步1~4检查Ⅱ室电器间			
	(6)从车外楼梯登顶检查受电弓			

续上表

工步名称	作业步骤	作业图示	主要技术要求	安全风险提示
2. 车顶部分检查作业	（1）检查Ⅰ端受电弓导电杆卡码、螺栓应紧固；软连线不得有烧伤、线耳氧化		软连线断股不得超过5%	上车顶作业时不要行走车顶边缘，注意防止滑倒。不要从车下投扔或者往车上投送物品
	（2）检查滑板不得有崩裂、变形，安装螺母、风管接头紧固；用锉刀对滑板不平整的部位进行打磨；用直尺测量滑板厚度	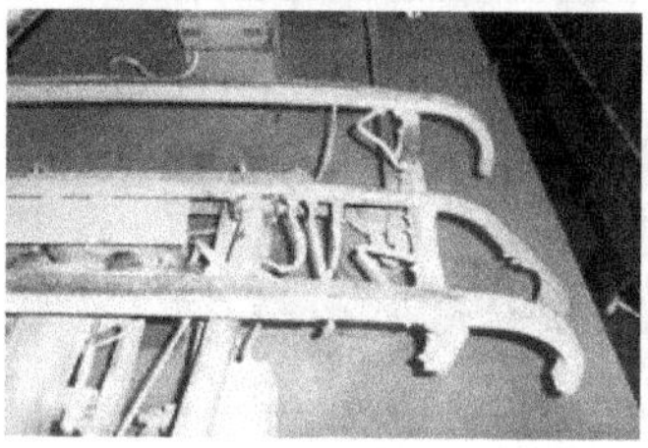	滑板厚度：铝托底面到磨耗面最薄处的高度不得低于24mm。滑板崩块时必须进行打磨，打磨弧度必须大于直径100mm圆弧过渡	
	（3）检查左、右弹簧盒安装螺栓紧固，弹簧垫片弹性良好，不得与弹簧盒槽座两侧相碰。尼龙套无松旷。手同时按压内外滑板，松手后弹簧垫片能复原			
	（4）检查受电弓平衡梁无裂纹、变形现象；气囊挡板及两端羊角安装牢固，挡板与气囊无碰磨			
	（5）检查受电弓气囊及风管不得有老化、龟裂、破损及变形现象，钢丝绳不得断股			

续上表

工步名称	作业步骤	作业图示	主要技术要求	安全风险提示
2. 车顶部分检查作业	（6）检查受电弓上臂杆、下臂杆、下拉杆不得有裂纹、变形现象。手提上臂杆，各转轴转动灵活。平衡拉杆弹性良好，球形关节无旷动、窜出，防脱垫配齐			上车顶作业时不要行走车顶边缘，注意防止滑倒。不要从车下投扔或者往车上投送物品
	（7）检查阻尼器无漏油、破损，安装螺栓紧固	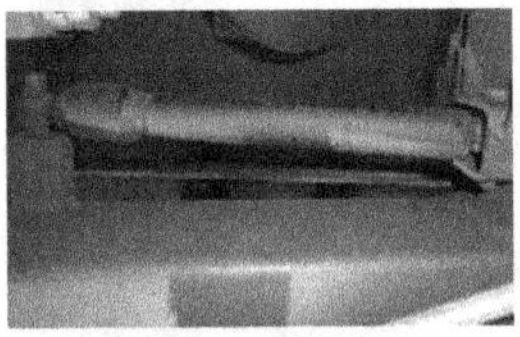		
	（8）打开快速ADD阀箱门检查ADD阀、风管、接头不得有破损、漏风，安装螺栓紧固	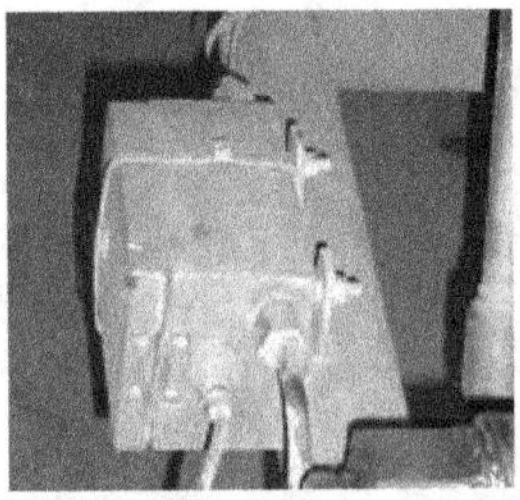		
	（9）检查受电弓软连线不得有烧伤，断股不得超限，不得有烧伤、灼伤，线耳安装螺钉紧固	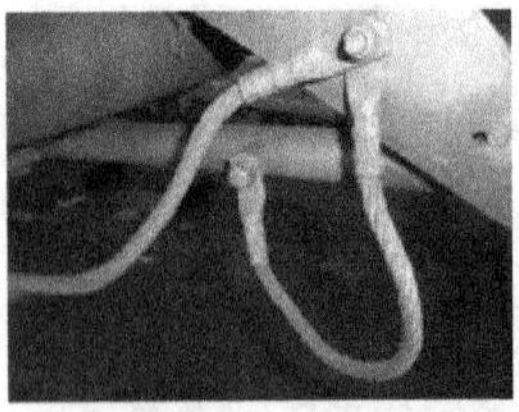	软连线断股超过10%时换新	
	（10）检查各绝缘子无烧伤、破损，安装牢固，用清洁剂、抹布对绝缘子进行清洁			

续上表

工步名称	作业步骤	作业图示	主要技术要求	安全风险提示
2. 车顶部分检查作业	（11）检查PU-4风管（白色管）及铜风管无裂纹、破损，接头紧固	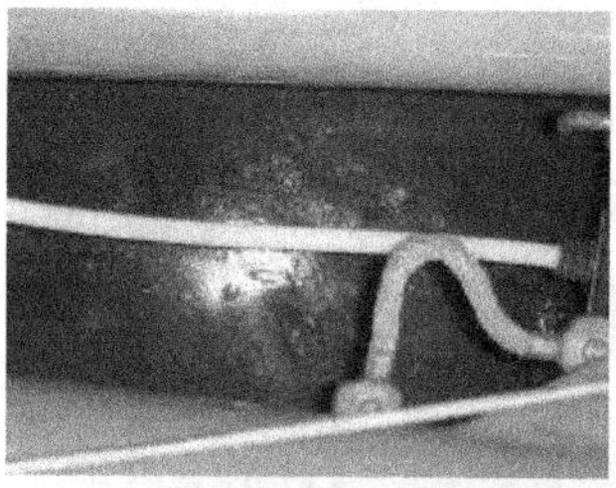		上车顶作业时不要行走车顶边缘，注意防止滑倒。不要从车下投扔或者往车上投送物品
	（12）按相同工步检查Ⅱ端受电弓	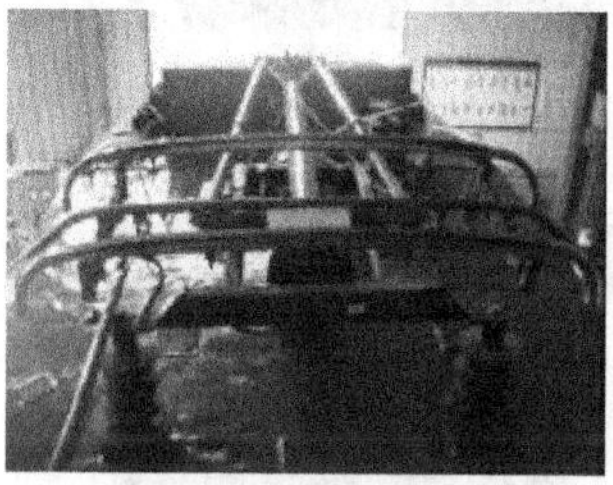		
3. 交验检查作业(低压试验)	（1）升弓后检查受电弓气囊无变形，各类风管、气囊无漏风			升、降弓前要呼唤应答
	（2）测量最大升弓高度（由车顶至滑板顶面的距离），当受电弓高度需要调整时，通过调整气囊钢丝绳或下导杆达到技术要求		最大升弓高度：2300±200 mm	
	（3）用弹簧秤拉住弓头平衡梁，以0.05m/s匀速从1.9m下拉到1.5m，测量匀速下降接触压力，以0.05m/s匀速上升，测量匀速上升接触压力		（1）下降接触压力：85±5N；(2)上升接触压力：55±5N	

续上表

工步名称	作业步骤	作业图示	主要技术要求	安全风险提示
3. 交验检查作业(低压试验)	(4)当受电弓上升到1.9m左右,指针停留的位置为静态接触压力		测量静态接触压力 70±5N	升、降弓前要呼唤应答
	(5)当静态接触压力需要调整时,通过调整控制箱的压力调整阀,使接触压力符合要求			
	(6)试验 ADD 阀,将受电弓升至离止挡 0.6m 高,打开保护风管的其中一个接头,受电弓应能迅速降弓至离止挡。试验完后,必须关闭试验阀			
4. 交验检查作业(高压试验)	(1)测量受电弓升弓时间,当升弓时间不符合要求时,调整控制箱升弓阀		升弓时间:6~8s	(1)升弓前做好呼唤应答。(2)升弓后,不得进入电器间
	(2)测量受电弓降弓时间,当降弓时间不符合要求时,调整控制箱降弓阀		降弓时间:5~7s	
	(3)升弓时,初始动作要快,接近接触网导线时动作要缓慢,减少受电弓升起来时对接触网导线的冲击力			
	(4)降弓时,受电弓离开接触网导线的动作要快,避免产生拉弧现象,接近落到车顶时,动作要慢,以减少受电弓对车顶的冲击力			

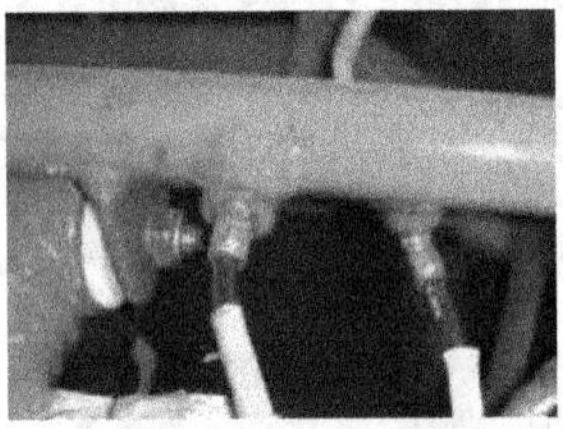

任务 13.2　走行部地沟检查

任务描述

1. 按本任务"实训操作环节"的要求,对电力机车走行部地沟进行整备检查;
2. 在本任务的检查范围内,实训指导老师设置 8~10 个假设故障,供学生查找。

实训操作环节

1. 作业前的准备工作

(1)劳保防护品穿戴齐备:按要求穿好工作服、防滑鞋,戴好安全帽;禁止穿短裤和露出脚趾的鞋。

(2)做好安全防护措施:停放制动装置处于制动位,在车体外侧醒目位置插上禁动红旗,在车轮下方放置止轮器。

(3)工卡量具及耗材:检点锤、抹布。相关资源见二维码21。

二维码21
走行部地沟检查

2. 走行部地沟检查作业程序作业程序(表13-2)

走行部地沟检查作业程序　　　　　　　表13-2

工步名称	作业步骤	作业图示	主要技术要求	安全风险提示
1. 排障器、信号传感器检查	排障器、排障器支撑座、支撑杆应无变形,螺钉紧固。机车信号传感器安装螺钉紧固,开口销齐全完好,接线无松脱	 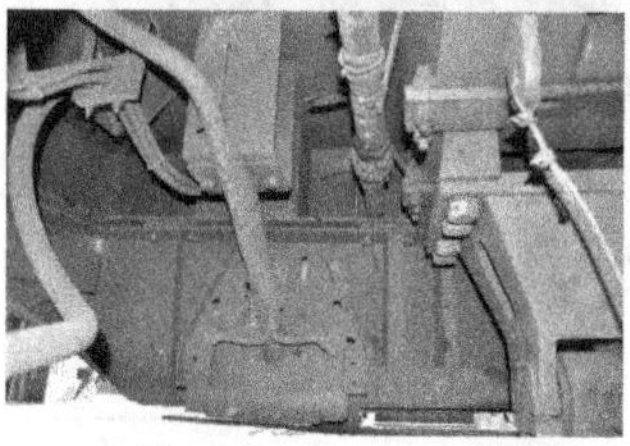		
2. 车钩缓冲装置检查	(1)车钩扁销无窜动,止退销螺母无松动,开口销完好、开度大于60°			

续上表

工步名称	作业步骤	作业图示	主要技术要求	安全风险提示
2.车钩缓冲装置检查	(2)缓冲器与从板、从板与从板座间工作面间隙必须符合要求;缓冲器壳体、钩尾框及尾框销孔无裂纹,缓冲器各安装螺钉紧固;缓冲器托板无变形,托板螺钉紧固			
3.牵引杆检查	(1)车钩牵引座安装螺钉紧固,各部无裂纹;牵引杆(一)外观良好,无弯曲、变形、裂纹现象,安全吊索齐全、完好,卡码锁紧良好	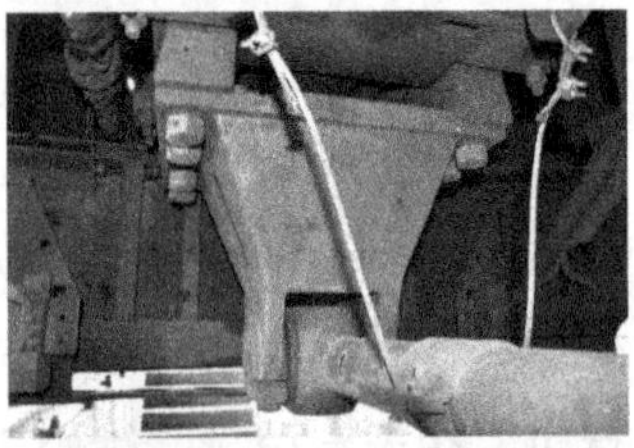		
	(2)牵引销托板螺钉紧固,螺栓止动片状态良好;橡胶关节无老化、变形、外挤现象			
	(3)牵引杆(一)、(二)连接叉部无裂纹、变形,心轴状态良好,托板螺钉紧固,止动片状态良好,橡胶关节无老化、变形、外挤现象;牵引杆(二)吊座及托板螺钉紧固,止动片状态良好,防脱钢丝绳状态良好			
	(4)牵引杆(二)无弯曲、变形、裂纹现象,安全吊索齐全完好,卡码锁紧;牵引杆(二)中梁牵引座各部无裂纹,牵引销螺钉紧固,开口销完好,橡胶关节无老化、变形、外挤现象,防脱钢丝绳状态良好			

续上表

工步名称	作业步骤	作业图示	主要技术要求	安全风险提示
4.牵引电机及相关设备检查	(1)电机上挂座螺栓齐全紧固			
	(2)电机及轴承端盖螺钉齐全紧固,轴承端盖无高热现象,轴承通气孔无堵塞,轴温报警装置传感器无松脱,黄油嘴完好			电机盖安装状态良好,防脱锁闭机构作用正常
	(3)电机盖密闭良好,无变形,锁闭机构作用正常			
	(4)电机通风滤网无异物、堵塞,轴承通气孔无堵塞,黄油嘴完好			
	(5)牵引电机左、右侧接线盒大线外观良好,无过热、烧损及碰磨现象,卡码紧固	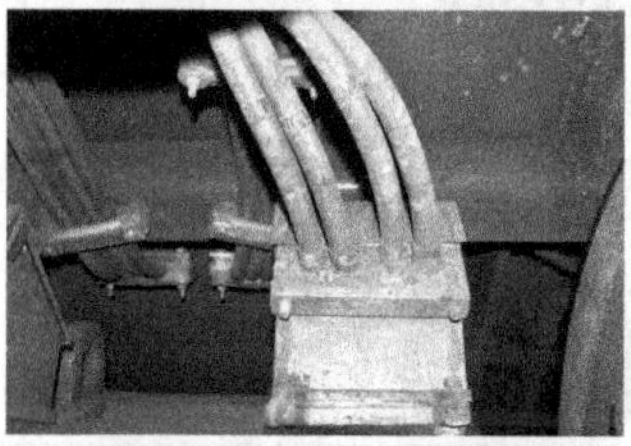		
	(6)牵引电机通风道外观良好,无移位、松脱、破损现象			

续上表

工步名称	作业步骤	作业图示	主要技术要求	安全风险提示
5. 电机悬挂装置检查	(1)前、后端梁与空心轴悬挂臂吊座焊接处无裂纹;空心轴悬挂臂吊座各部无裂纹	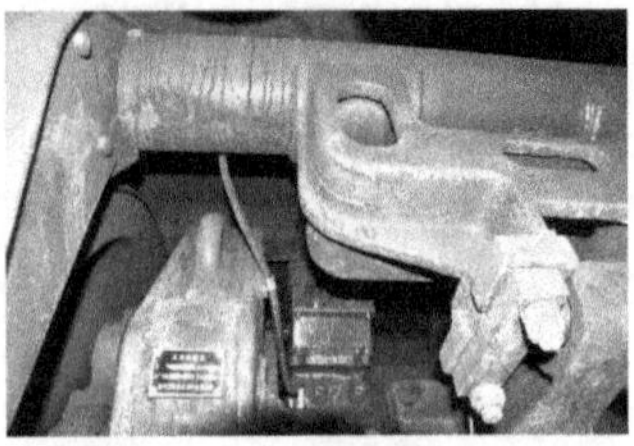 		
	(2)空心轴悬挂臂外观良好,各部无裂纹,悬挂臂心轴托板螺钉及压盖螺钉齐全紧固			
	(3)六连杆、传力销外观无异常,压盖螺钉齐全紧固,缓冲胶无明显变形、裂纹			
6. 驱动单元检查	(1)空心轴套与牵引电机悬挂座安装螺钉齐全紧固			
	(2)空心轴套与悬挂臂安装螺栓齐全紧固,悬挂臂无裂纹			

续上表

工步名称	作业步骤	作业图示	主要技术要求	安全风险提示
6. 驱动单元检查	(3)齿轮箱无裂漏、甩油(裂漏及甩油时须确认油位,并按规定补充),加油口紧固;箱体合口及各安装座螺栓齐全紧固,安装座无裂纹			
	(4)轴温检测传感器无松脱			
7. 单元制动器检查	(1)单元制动器来风管卡码紧固,接头无松漏,软管无裂漏。(2)单元制动器安装牢固,上挂销无松脱。(3)闸瓦间隙调整装置及脱钩拉环外观良好			
	(4)闸瓦无反装、混装、蹦块,磨耗未到限,间隙正常;穿销、锁闭销及开口销完好;吊杆下销防缓螺母正常,缸体螺钉紧固;上下间隙平衡,调整螺杆无松脱	 	闸瓦缓解间隙4~8mm	闸瓦穿销、锁闭销必须穿插到位,锁闭良好

续上表

工步名称	作业步骤	作业图示	主要技术要求	安全风险提示
8. 总风缸检查	(1) 总风缸进出风管接头无漏风,箍带无裂纹。 (2) 排水阀安装牢固,防护罩完好。 (3) 排除总风缸积水	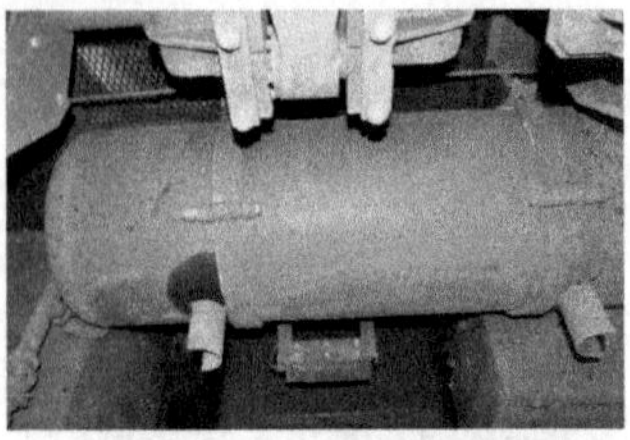	总风缸积水必须排除干净	
9. 干燥器箱检查	(1) 干燥器箱安装螺钉紧固,111号塞门及风管路支架良好,接头无松漏			
	(2) 干燥器箱底部排污堵无松脱			

📖 模块小结

不论你今后从事电力机车驾驶(电力机车司机)、电力机车整备(机车整备工、机车检查保养员),还是从事电力机车检修(电力机车钳工),都必须熟知电力机车整机与转向架的技术参数、机车运用维保、走行部检查技术要求。

通过本模块的学习,学生应掌握机车组装与调试、运用维保、车顶受电弓检查、走行部地沟检查方法,对机车的结构与组成有一个较为全面地认识,为后续的理论知识学习和技能训练打下扎实的基础。

最后,请完成本教材配套学习任务工单中"模块3 组装调试与运用维保 学习任务小结"。

参 考 文 献

[1] 余卫斌.韶山9型电力机车[M].北京:中国铁道出版社,2006.
[2] 周大林.韶山9型电力机车乘务员[M].北京:中国铁道出版社,2006.
[3] 王冰.电力机车总体[M].北京:中国铁道出版社,2008.
[4] 莫坚.电力机车检修[M].北京:中国铁道出版社,2008.
[5] 王学明.机车转向架技术[M].成都:西南交通大学出版社,2009.
[6] 鲍维千.机车总体及转向架[M].北京:中国铁道出版社,2010.
[7] 江利国,汪科,谢小宁.电力机车构造[M].成都:西南交通大学出版社,2016.
[8] 张中央,李益民,江利国.机车新技术[M].3版.成都:西南交通大学出版社,2017.
[9] 中国铁路总公司.铁路技术管理规程(普速铁路部分)[S].北京:中国铁道出版社,2014.
[10] 中国铁路总公司.HXD_3型电力机车检修技术规程(C1—C4修)V1.0[S].北京:中国铁道出版社,2015.
[11] 中国铁路总公司.HXD_{1D}型电力机车检修技术规程(C1—C4修)V1.0[S].北京:中国铁道出版社,2015.
[12] 铁道部运输局.铁路机车概要(交—直流传动内燃、电力机车及液力传动内燃机车)[M].北京:中国铁道出版社,2009.
[13] 中国铁路总公司.铁路机车概要(交流传动内燃、电力机车)[M].北京:中国铁道出版社,2017.
[14] 铁道部.韶山9型电力机车段修技术规程[S].北京:中国铁道出版社,2007.